Ich lerne wie ein Zombie

Hans-Reinhard Schmidt

Ich lerne wie ein Zombie

Plädoyer für das Abschaffen von ADHS

2., Vollständig überarbeitete und
aktualisierte Auflage

Mit einem Fallbeispiel von Peter R. Breggin

Hans-Reinhard Schmidt
Praxis für Psychotherapie
Bornheim, Nordrhein-Westfalen, Deutschland

Ursprünglich erschienen bei Centaurus Verlag & Media UG, Freiburg i. B., 2010

ISBN 978-3-658-14129-5   ISBN 978-3-658-14130-1   (eBook)
https://doi.org/10.1007/978-3-658-14130-1

Die Deutsche Nationalbibliothek verzeichnet diese Publikation in der Deutschen Nationalbibliografie; detaillierte bibliografische Daten sind im Internet über http://dnb.d-nb.de abrufbar.

© Springer Fachmedien Wiesbaden GmbH, ein Teil von Springer Nature 2019
Das Werk einschließlich aller seiner Teile ist urheberrechtlich geschützt. Jede Verwertung, die nicht ausdrücklich vom Urheberrechtsgesetz zugelassen ist, bedarf der vorherigen Zustimmung des Verlags. Das gilt insbesondere für Vervielfältigungen, Bearbeitungen, Übersetzungen, Mikroverfilmungen und die Einspeicherung und Verarbeitung in elektronischen Systemen.
Die Wiedergabe von Gebrauchsnamen, Handelsnamen, Warenbezeichnungen usw. in diesem Werk berechtigt auch ohne besondere Kennzeichnung nicht zu der Annahme, dass solche Namen im Sinne der Warenzeichen- und Markenschutz-Gesetzgebung als frei zu betrachten wären und daher von jedermann benutzt werden dürften.
Der Verlag, die Autoren und die Herausgeber gehen davon aus, dass die Angaben und Informationen in diesem Werk zum Zeitpunkt der Veröffentlichung vollständig und korrekt sind. Weder der Verlag, noch die Autoren oder die Herausgeber übernehmen, ausdrücklich oder implizit, Gewähr für den Inhalt des Werkes, etwaige Fehler oder Äußerungen. Der Verlag bleibt im Hinblick auf geografische Zuordnungen und Gebietsbezeichnungen in veröffentlichten Karten und Institutionsadressen neutral.

Umschlaggestaltung: deblik, Berlin

Springer ist ein Imprint der eingetragenen Gesellschaft Springer Fachmedien Wiesbaden GmbH und ist ein Teil von Springer Nature
Die Anschrift der Gesellschaft ist: Abraham-Lincoln-Str. 46, 65189 Wiesbaden, Germany

Die Diagnose ist die häufigste Krankheit.
Karl Kraus

Für Monika, Simon, Niels und Ellen

Vorwort zur 2. Auflage

Seit der 1. Auflage dieses Buches sind 8 Jahre vergangen, in denen viele Hundert neuer Forschungsstudien zu ADHS erschienen sind. Wenn man in der wissenschaftlichen Internet-Suchmaschine PubMed das Stichwort ADHD eingibt, werden mehr als 35.000 Studien angezeigt, aber die Kontroverse um ADHS ist (und bleibt) nach wie vor hochaktuell und ungelöst.

Die biologistische ADHS-Forschung befindet sich in einer Sackgasse, eine Umkehr und grundsätzliche Neuorientierung – weg vom Konstrukt einer spezifischen medizinischen Krankheit, hin zur Betonung der Epigenetik und der Umwelteinflüsse – ist dringend notwenig.

Bonn Hans-Reinhard Schmidt
im September 2018

Inhaltsverzeichnis

1	**Einleitung**	1
	Literatur	3
2	**ADHS: Was soll das sein?**	5
	Literatur	17
3	**Gibt es ADHS überhaupt?**	19
3.1	ADHS-Symptome sind unspezifisch	22
3.2	Gibt es ADHS etwa doch?	37
	Literatur	38
4	**Welche Ursachen soll ADHS haben?**	41
4.1	Suche Rat vor der Tat	43
	Literatur	46
5	**Die unmögliche Diagnose**	49
5.1	Mütter auf der Suche	55
5.2	(K)ein Fall von ADHS	56
5.3	Der blinde Fleck	58
	Literatur	59
6	**Was so alles von ADHS behauptet wird**	61
6.1	ADHS ist eine Hirnfunktionsstörung	62
6.2	ADHS ist genetisch bedingt	72
6.3	Noch einmal: ADHS ist vererbt	87

6.4	ADHSler sind hochbegabt	94
6.5	ADHSler sind kreativ	99
6.6	ADHS ist unheilbar	100
6.7	Eine Aufmerksamkeitsstörung ist kennzeichnend	109
6.8	ADHS ist eine Störung der Exekutivfunktionen	110
6.9	Typischer Hyperfokus	111
6.10	ADHS ist erziehungsunabhängig	112
Literatur		118

7 Einige Therapien — 125
7.1	Traumata	125
7.2	Psychotherapie verändert das Gehirn	126
7.3	Psychomotorik	127
7.4	Familientherapie	128
7.5	Homöopathie	129
7.6	Biofeedback	130
7.7	Alm statt Ritalin	130
Literatur		131

8 Wie ADHS entsteht — 133
8.1	ADHS ist hausgemacht	134
8.2	Schon vor der Geburt geht es los	136
Literatur		137

9 Die schwache ADHS-Forschung — 139
9.1	Viel heiße Luft	140
9.2	Rück- oder vorausblickend	141
9.3	Keine Kausalitäten	143
9.4	Umdenken fällt schwer	147
9.5	Geleugneter Umwelteinfluss	147
9.6	Missachtung der Neuroplastizität	149
9.7	Missachtung der Epigenetik	150
9.8	Forschung in der Sackgasse	152
9.9	Pharmafinanzierte Forschung	154
Literatur		154

10 Die große Ernüchterung — 157
10.1	Die MTA-Studie	158
Literatur		162

11 ADHS bei Erwachsenen · 165
- 11.1 Wenders Vermächtnis · 165
- Literatur · 172

12 Hinter den Kulissen · 173
- 12.1 Die Biologisierung · 173
- 12.2 Die Krankheitserfinder · 176
- 12.3 Die Absolution · 178
- 12.4 Das Geschäft · 181
- 12.5 Die Erlaubnis zum Dopen · 184
- Literatur · 188

13 Die Wiedergeburt von MCD · 191
- Literatur · 195

14 Ist ADHS die gute alte Neurose? · 197
- Literatur · 201

15 Jeder Jeck ist anders · 203
- 15.1 Entwicklungsgestörte Kinder · 203
- 15.2 Verhaltensgestörte Kinder · 206
- 15.3 Gesunde Kinder · 210
- 15.4 Medizinalisierte Kindesmisshandlung · 211
- Literatur · 213

16 Im Spiegelkabinett: Komorbidität · 215
- Literatur · 218

17 Wie wirkt „Ritalin"? · 219
- 17.1 Die Wirkung einer Droge · 220
- 17.2 Weltweiter Amphetaminmissbrauch · 223
- 17.3 Ritalin verändert das Gehirn · 224
- 17.4 Ist Ritalin sicher? · 226
- 17.5 Plötzliche Todesfälle · 227
- 17.6 Selbstmordgedanken durch Strattera · 228
- 17.7 Verringert Ritalin die Knochendichte? · 229
- 17.8 Die Cochrane-Studie · 229
- 17.9 Zur Psychologie der ADHS-Diagnose und Medikation · 230
- 17.10 Ritalin wirkt auch ohne ADHS · 231
- 17.11 Ritalin hemmt das Wachstum · 233

17.12	Seifenblase Ritalin	234
17.13	Macht Methylphenidat Krebs?	236
17.14	Dr. Peter R. Breggin	237
Literatur		246

18 ADHS und Sucht — 251
18.1	Wie Kokain	251
18.2	Wird hier unter den Teppich gekehrt?	253
18.3	„Wir waren höllisch überrascht!"	254
18.4	Es ist alles komplizierter	255
18.5	Die zweite Seite der Medaille	257
Literatur		258

19 ADHS und Hirndoping — 261
19.1	Doping für alle	264
Literatur		265

20 Ein Paragraf und sein Missbrauch — 267
20.1	ADHS und § 35a	269

21 Konsenserklärungen und andere Weisheiten — 273
21.1	Die ADHS-Konsens-Konferenz: Ende der Epidemie?	274
21.2	Barkley will die Diskussion beenden	276
21.3	Timimi	277
21.4	Kinderarzt Hans von Lüpke	280
21.5	Die Italienische Erklärung	281
21.6	Konferenz ADHS	281
Literatur		289

22 Hallo Eltern — 291
22.1	Eltern tun gut daran, eine ADHS-Diagnose zu bezweifeln	292
22.2	Eine Mutter schreibt	294
22.3	Hauptaufgabe: Ein harmonisches Familienleben	295
22.4	Deprivationsforschung	297
22.5	Eltern sind verschieden	298
22.6	Protektionsforschung	299
22.7	Trotz Trennung und Scheidung: Eltern bleiben Eltern	300
22.8	Das Märchen vom ADHS-Kind	302
22.9	Warum immer nur Verhaltenstherapie?	303

22.10	Die Praxisstudie	305
22.11	Pillen für den Körper, Psychotherapie für die Seele?	305
22.12	Positive Erziehung	306
22.13	Sinnvolle Trainings- und Elternkurse	311
22.14	Zehn Goldene Regeln bei ADHS-Verdacht	312
22.15	Familientherapie bei ADHS	315
22.16	Odysseen fehlgeschlagener Therapien	316
22.17	(K)ein Problem der Kindererziehung?	317
22.18	Mutimodale Therapie greift zu kurz	318
22.19	ADHS braucht man gar nicht	321
	Literatur	322

23 Können wir ADHS-Kinder verstehen?   325
Literatur   328

24 Familientherapie ist die Methode der Wahl   329
Literatur   331

25 Unsere impulsiven Kinder: Ein wahrnehmungspsychologisches Konzept   333
   25.1   FAIR   335
Literatur   337

26 Schlussplädoyer   339

Weiterführende Literatur   341

1
Einleitung

Inhaltsverzeichnis

Literatur 3

Eltern unruhiger, unaufmerksamer oder einfach sehr lebhafter Kinder hören heute immer öfter Ratschläge wie: „Lass ihn doch mal auf ADHS testen." Oder: „Meiner war auch so, aber seit wir endlich die Diagnose ADHS haben und er Ritalin nimmt, ist es viel besser in der Schule mit ihm geworden." Oder: „Ich kann einen Arzt empfehlen, der bei ADHS kompetent ist und Ritalin verschreibt. Geh doch auch mal zu ihm (aber rasch, denn er hat lange Wartezeiten!)". Oder: „Ich habe hier im Internet einen Fragebogen zur Selbstdiagnose von ADHS gefunden. Bei mir traf alles genau zu. Versuche ihn doch auch mal!"

Nicht selten greifen Eltern solche Ratschläge dankbar auf und wirken erleichtert, nun endlich eine Erklärung dafür gefunden zu haben, warum ihr Kind so auffälliges Verhalten an den Tag legt. Oft haben sie sich schon länger intensiv mit dem Phänomen ADHS beschäftigt und die feste Überzeugung gewonnen, dass ihr Kind daran leide. Nun fehlt ihnen nur noch ein Arzt oder Psychologe, der diese Eigendiagnose bestätigt.

Wieder anderen Eltern reden immer mehr Ärzte, Psychologen, Lehrer und Erzieherinnen ein, ihr Kind habe ADHS, und sie sind keineswegs erleichtert, sondern entsetzt und am Boden zerstört. Lehrer machen Eltern zur Bedingung, dem Kind Ritalin verschreiben zu lassen, sonst müsse es auf die Förderschule. Eine Mutter schreibt in einem Internetforum, dass ihr die Tränen über das Gesicht laufen, während sie dies schreibt: „Unser Kinderarzt hat uns heute mitgeteilt, dass Tim ADHS hat. Ich hatte davon bisher noch nie etwas gehört. Der Arzt hat uns genau erklärt, was da im Gehirn unseres Kindes alles nicht funktioniert. Nun sind wir geschockt und sehr sehr traurig. Wem ging es genauso und wer kann uns etwas trösten?"

ADHS, das Kürzel für „Aufmerksamkeits-Defizitstörung mit (oder ohne) Hyperaktivität", ist mittlerweile weltweit zur am häufigsten gestellten kinderpsychiatrischen Diagnose geworden. In den USA stieg die Zahl der als angeblich behandlungsbedürftig eingestuften Kinder von 1 Million im Jahr 1990 auf über 10 Millionen Kinder im Jahr 2000. In Deutschland rechnet man derzeit mit bis zu 500.000 angeblich behandlungsbedürftigen Kindern. Kein anderes Medikament verzeichnete derartige Zuwachsraten wie Methylphenidat (Handelsnamen zum Beispiel Ritalin oder Medikinet). Weltweit nehmen derzeit jeden Tag circa 10 Millionen Kinder solche auf das meist noch in Entwicklung begriffene kindliche Gehirn wirkende Psychopharmaka ein. Bei der Forsa-Elternumfrage „Kindergesundheit" gaben 44 Prozent der Eltern auf die Frage, welche Erkrankung sie bei ihrem Kind am meisten fürchten, an: ADHS. Erst weit danach rangierten zum Beispiel Neurodermitis, Asthma oder Diabetes. Die Eltern hielten ADHS also für die gefürchtetste Kinderkrankheit (Forsa 2009). Auch immer mehr Erwachsene erhalten inzwischen die ADHS-Diagnose und passende Psychopharmaka, nachdem die Forschung herausgefunden zu haben glaubt, dass sich ADHS bei Kindern oft nicht „auswächst", sondern im Erwachsenenalter fortdauert.

Was hat es aber bei einer kritischen Betrachtung mit diesem Phänomen ADHS wirklich auf sich? Handelt es sich tatsächlich um eine medizinisch-neuropsychologische Krankheit, um eine genetisch bedingte, vererbbare, ursächlich erziehungsunabhängige und unheilbare Stoffwechselstörung des Gehirns, die langjährig mit Psychopharmaka behandelt werden muss, wie es bestürzte Eltern in der Presse und vielerlei wohlfeilen Elternratgebern lesen, wie es in einschlägigen Internetforen behauptet und von angeblich „Betroffenen" und Fachleuten mit Nachdruck verbreitet wird? Was sollten Eltern wissen, wenn sie mit einem solchen „Verdacht auf ADHS" bei ihrem Kind konfrontiert werden?

Ich möchte noch ausdrücklich betonen, dass ich bei meiner grundsätzlichen Kritik am Konstrukt ADHS keineswegs das Leid oder die Störungen der betroffenen Menschen leugne oder verharmlose. Es geht mir ausschließlich darum, ob ihre Probleme mit der angeblichen Krankheit ADHS richtig verstanden oder, was schlimm wäre, nicht in Wahrheit missverstanden, übersehen und falsch behandelt werden.

Ich werde in diesem Buch alle einschlägigen ADHS-Medikamente, die den Wirkstoff Methylphenidat enthalten, pauschal mit „Ritalin" bezeichnen, weil dieser Name in der Bevölkerung inzwischen weithin bekannt ist.

Literatur

Forsa-Erhebung. (2009). Kindergesundheit. https://www.presseportal.de/pm/17951/1370921. Zugegriffen: 24. Sept. 2018.

2

ADHS: Was soll das sein?

Inhaltsverzeichnis

Literatur 17

ADHS ist mittlerweile weltweit eine der häufigsten kinder- und jugendpsychiatrischen Diagnosen. Auch bei Erwachsenen nimmt sie in letzter Zeit immer mehr zu. Wenn Sie sich nun aber informieren wollen, was ADHS eigentlich sein soll, werden Sie in der Literatur und im Internet eine verwirrende Vielfalt unterschiedlicher Erklärungen, Definitionen und Beschreibungen finden.

Einer der weltweit führenden Verfechter des ADHS-Konstrukts ist der amerikanische Psychologe Russel A. Barkley. Seiner Ansicht nach ist ADHS eine Entwicklungsstörung der Selbstbeherrschung, bei der es zu Problemen in den Bereichen Aufmerksamkeit, Impulskontrolle und Überaktivität komme. Es geht ihm dabei nicht vordergründig um Unaufmerksamkeit und gesteigerten Bewegungsdrang, wie in vielen anderen ADHS-Büchern zu lesen sei, sondern um die Fähigkeit der betroffenen Kinder, zukünftige Ziele und Auswirkungen ihres Verhaltens berücksichtigen zu können. Es handele sich um eine chronische Störung, die also nicht nur vorübergehender Natur sei und ursächlich auch nichts mit der familiären Erziehung der Kinder zu tun habe. Vielmehr liege eine reelle Krankheit, eine genetisch bedingte Hirnfunktionsstörung vor. ADHS sei eine ebenso reelle Krankheit wie Blindheit, Gehörlosigkeit, Kinderlähmung oder andere körperliche Handikaps. Er sei „fest davon überzeugt, dass das ständige Herumzappeln und andere so schwer erträgliche Verhaltensweisen von Kindern mit ADHS auf eine Anomalie ihres Gehirns zurückzuführen" seien (Barkley 2002, S.43 ff.).

Sehr ähnlich, nämlich als einen hirnfunktionell bedingten Defekt der Selbstregulation mit dem Schwerpunkt einer Aufmerksamkeitsstörung, hatte es vorher schon die Kanadierin Virginia Douglas, eine Pionierin der ADHS-Forschung, beschrieben (Douglas 1983).

In Deutschland geht Döpfner ebenfalls davon aus, dass bei Kindern mit einer sogenannten hyperkinetischen Störung (so lautet der gemäß dem in Deutschland üblichen diagnostischen Klassifikationsschema ICD-10 verwendete Terminus für ADHS) eine „grundlegende Dysfunktion des kortikalen-striatalen Netzwerks" vorliegt, wobei erbliche und genetische Faktoren der Vorrang gegenüber Umwelteinflüssen zukomme. Familiären Belastungsfaktoren komme keine primäre ätiologische Bedeutung zu. Entwicklungsstörende familiäre Bedingungen gingen eher mit aggressivem und dissozialem, aber kaum mit hyperkinetischem Verhalten einher. Immer wieder melden sich „Betroffene", die selbst (oder deren Kind) ein „Hypo" seien, ein „Träumerchen", jemand, der auffallend wenig aktiv, also hypoaktiv, aber angeblich aufmerksamkeitsgestört sei. Andere sprechen vom „reinen ADS", wenn nur eine Aufmerksamkeitsstörung vorliege, was vorwiegend bei Mädchen auftrete.

Döpfner et al. schreiben dazu:

In den Fachkreisen besteht Uneinigkeit darüber, ob für die Diagnose einer hyperkinetischen Störung Auffälligkeiten in allen 3 Kernbereichen (Unaufmerksamkeit, Hyperaktivität, Impulsivität) vorliegen müssen oder ob es verschiedene Unterformen von hyperkinetischen Störungen gibt, nämlich:

- hyperkinetische Störungen mit Auffälligkeiten in allen 3 Kernbereichen
- hyperkinetische Störungen, die hauptsächlich durch Aufmerksamkeitsschwächen, aber weniger durch Impulsivität und motorische Unruhe gekennzeichnet sind, und
- hyperkinetische Störungen, die hauptsächlich durch Impulsivität und motorische Unruhe und weniger durch Aufmerksamkeitsschwächen gekennzeichnet sind. (Döpfner et al. 2000).

Also ein ziemliches Durcheinander! Und von Hypoaktivität im Zusammenhang mit dem Hyperkinetischen Syndrom ist schon gar keine Rede, das Stichwort Hypokinese bzw. Akinese kommt auch sonst nur im Zusammenhang mit psychiatrischen Krankheitsbildern wie Parkinson-Syndrom oder Schizophrenie vor.

Cordula Neuhaus, eine in deutschen ADHS-Kreisen bekannte Psychologin, sieht die Aufmerksamkeitsstörung mit oder ohne Hyperaktivität als Spezifikum für ADHS. Außerdem aber seien die betroffenen Kinder sehr sensibel und impulsiv, seien auffallend hilfsbereit und hätten einen sehr ausgeprägten Gerechtigkeitssinn. Sie seien sehr tier- und naturlieb, hätten ein sehr gutes Gedächtnis, seien für alles und jedes offen, könnten sich sehr gut orientieren, seien spontan emphatisch und gutmütig. Man dürfe sie nur nicht tief und nachhaltig verletzen. Die Autorin fährt fort:

> Phantasiereichtum, Wendigkeit, ständiges Hinterfragen, bei ungewöhnlichen Assoziationsschritten, ungewöhnlichen Ideen und bei entsprechender Motivation auch erstaunliche Beharrlichkeit sind Faktoren für immer wieder außergewöhnlich erscheinende Spitzenleistungen, zu denen jeder Mensch mit dem ADS in seinem Interessengebiet ab und zu in der Lage ist, je nach Begabung mehr oder weniger „sensationell" (Neuhaus 1999).

Das Syndrom sei zweifelsfrei neurobiologisch-genetisch verursacht. Solche Kinder habe es im Übrigen immer schon gegeben, nur fielen sie heute einfach mehr auf (Neuhaus 1999).

Unter der Überschrift „ADHS": klärt der Pharmakonzern Lilly auf seiner website auf:

Aufmerksamkeits**d**efizit-/**H**yperaktivitäts**s**törung (ADHS) bezeichnet einen nicht nur bei Kindern auftretenden Symptomkomplex ... Ältere, teilweise noch gebräuchliche Bezeichnungen sind Zappelphilipp-Syndrom, psycho-organisches Syndrom (POS) und minimale cerebrale Dysfunktion (MCD). Bei manchen Patienten tritt ausschließlich eine hyperkinetische Störung, bei anderen alleine eine Aufmerksamkeitsdefizit-Störung auf. Meistens bestehen jedoch Aufmerksamkeitsdefizit und Hyperaktivität gemeinsam.

ADHS ist gekennzeichnet durch erhebliche Beeinträchtigungen der Konzentrations- und Daueraufmerksamkeitsfähigkeit, Störungen der Impulskontrolle sowie Hyperaktivität oder innere Unruhe. Das Syndrom wird in der Literatur schon seit über 100 Jahren beschrieben, in Zeiten als man über die Ursachen noch sehr wenig wusste. Allgemein bekannt ist die Darstellung des Krankheitsbildes als „Zappelphilipp", den der Frankfurter Arzt Heinrich Hoffmann 1845 sehr anschaulich im „Struwwelpeter" beschrieb (Lilly Pharma 2015).

Erste Anzeichen der Krankheit treten angeblich bereits im Säuglingsalter auf, können sich aber auch erst im Schulalter zeigen, wird weiter behauptet. Viele spätere ADHS-Kinder seien als Babys Schreikinder. Kleinkinder mit

ADHS fielen durch ihr trotziges und störendes Verhalten auf. Sie hätten große Schwierigkeiten sich an Regeln und Gebote zu halten, und sie integrierten sich sehr schwer in die Gemeinschaft. Im Kindergarten beteilige sich das „ADHS-Kind" nicht konstruktiv an Gruppenspielen. Es erlebe Gruppenbeschäftigungen als Überforderung und versuche daher, solchen Situationen auszuweichen oder störe andere Kinder beim Spielen. Zudem hätten ADHS-Kinder eine enorm niedrige Frustrationsgrenze, was das Spielen in der Gruppe fast unmöglich mache. Auch dominierten sie gerne und wollten im Mittelpunkt stehen. Auf der anderen Seite zögen sie sich auch oft alleine in eine Ecke zurück. Konstruktives Spielen mit anderen sei für ADHS-Kinder schwierig und gelinge nur mit Freunden, die sich auf die Fremdbestimmung einlassen können. Manche ADHS-Kinder seien in ihrer Entwicklung zurückgeblieben, lernten verhältnismäßig spät Laufen und könnten sich später nicht selbst ankleiden oder ihre Schuhe binden. Probleme könne es bei einigen Kindern auch mit der Sauberkeitserziehung geben. Andere ADHS-Kinder neigten angeblich zum Bettnässen und zu Schlafstörungen. Die Eltern von ADHS-Patienten seien häufig ratlos, fühlten sich überfordert und gäben sich selbst die Schuld für das „ungezogene" Verhalten ihres Kindes (Lilly Pharma 2015).

Wir lesen weiter, dass die Symptome der ADHS nicht sehr spezifisch seien und auch bei anderen Erkrankungen auftreten könnten. Berücksichtigt werden sollten Schilddrüsenerkrankungen, Lungenerkrankungen, Hirntumoren, Hirnhautentzündungen, Kopfverletzungen, Durchblutungsstörungen, Chorea Huntington, Multiple Sklerose und Teilleistungsstörungen, Legasthenie, Autismus, Asperger-Syndrom, Hochbegabung. Um organische Störungen auszuschließen, werden Blutuntersuchungen, EEG, Computertomogramm oder Kernspintomographie des Kopfes durchgeführt. Abgegrenzt werden müssten auch psychische Störungen, wie Depressionen, Angststörungen, Schizophrenie, Borderline-Persönlichkeiten, antisoziale Persönlichkeitsstörung sowie Alkohol- und Drogenabhängigkeit. Zur Differenzialdiagnose gehörten daher auch Fragen nach den Familienverhältnissen, nach zum Beispiel Konflikten, Trennung, Misshandlung, schwerer Erkrankung der Eltern aber auch nach dem sozialen Umfeld, Missbrauch von Alkohol, Medikamenten und Drogen (Lilly Pharma 2015).

Der größte deutsche Selbsthilfeverein für ADHS ist ADHS Deutschland mit circa 250 Elterngruppen und einer telefonischen Beratung zu ADHS. Auf seiner Website werden wir aufgeklärt, dass die Kennzeichen der Störung vornehmlich in drei verschiedenen Bereichen lägen:

- dem Wahrnehmungsbereich (Aufmerksamkeit) zum Beispiel in Form von leichter Ablenkbarkeit, Tagträumerei, mangelndem Durchhaltevermögen, Kritikempfindlichkeit, extremer Vergesslichkeit,
- dem Sozialisationsbereich durch zum Beispiel Impulsivität mit spontanem Handeln ohne vorheriges Nachdenken, mangelnde Selbststeuerungsfähigkeit, niedrige Frustrationstoleranz, Schwierigkeiten, planvoll zu handeln und sich selbst zu organisieren, Antrieblosigkeit sowie
- dem motorischen Bereich mit zum Beispiel Zappeligkeit, Ungeschicklichkeit in Grob-/Feinmotorik, falscher Kraftdosierung.

In der Regel kämen begleitend hinzu: eine seelische Entwicklungsverzögerung, ein schnelles psychisches und physisches Ermüden, ein extrem ausgeprägter Gerechtigkeitssinn und eine erhebliche Beeinflussbarkeit durch andere.

Die Symptomatik sei bei jedem Betroffenen aber ganz individuell ausgeprägt. Gehäuft träten weitere Erkrankungen im Zusammenhang mit ADHS (assoziierte bzw. komorbide Störungen) auf: im Kindesalter zum Beispiel Lese-Rechtschreibschwäche, Rechenschwäche und Tic-Störungen; im Erwachsenenalter zum Beispiel Ängste, Depressionen, Suchtverhalten. Nach heutigem wissenschaftlichen Erkenntnisstand handele es sich bei ADHS wahrscheinlich um eine Regulationsstörung im Frontalhirn auf genetischer Grundlage. Die Reizweiterleitung sei durch sogenannte Neurotransmitter bewirkt (unter anderem Dopamin und Noradrenalin), die der Körper selbst produziere. Die Ausschüttung und Aufnahme dieser Botenstoffe befinden sich bei ADHS-Betroffenen nicht im Gleichgewicht. ADHS sei im Übrigen nicht heilbar. Der Betroffene könne aber lernen, unter besseren Bedingungen zu leben und zu arbeiten (ADHS Deutschland 2018).

Eine bei Betroffenen recht verbreitete und originelle Auffassung von ADHS vertritt das amerikanische Multitalent Thom Hartmann, ein angeblich selbst von ADHS Betroffener. Von **ihm** stammt die These, die heutigen ADHS-Betroffenen stammten genetisch von den „Jägern" ab, die sich vor Tausenden von Jahren im Unterschied zu den „Farmern" herausgebildet haben. Er nennt sie „Hunter" oder „Späher". Seine These, die wissenschaftlich durch nichts belegt (und auch gar nicht belegbar) ist, hat sich in populärwissenschaftlichen Kreisen sehr verbreitet, nicht zuletzt wegen ihrer an sich eher lobenswerten Implikation, dass es sich bei ADHS nicht um eine krankhafte Störung, sondern um eine vererbte und damals (sozusagen vor Tausenden von Jahren) sinnvolle Verhaltens- und Wahrnehmungsweise handelt, die bei einigen heutigen Menschen einfach noch da ist, aber leider eben nicht mehr in die modernen Zeiten passt (Hartmann 2001).

Bei ADHS handelt es sich um ein Störungsbild, das durch einfachen Konsens von Fachleuten definiert ist. Wenn es um die Diagnose einer ADHS geht, verwenden europäische Fachleute die ICD-10 (Internationale Klassifikation der Krankheiten der WHO, 10. Revision). In den USA, dem Stammland von ADHS (dort ADHD genannt), verfahren sie allerdings seit 2013 nach der DSM-V (5. Ausgabe des Diagnostic and Statistical Manual of Mental Disorders). Diese Diagnosekataloge sind ständig in Überarbeitung und werden ebenfalls durch Konsensusbildungen von Fachleuten erstellt.

Dem ICD-10 zufolge soll für die Diagnose Folgendes überprüft werden:

A. In Bezug auf Alter und Entwicklungsstand nachweisbare Abnormität von Aufmerksamkeit und Aktivität zu Hause. Gekennzeichnet durch mindestens 3 dieser Aufmerksamkeitsschwierigkeiten:

- Kurze Dauer spontaner Aktivitäten
- Mangelnde Ausdauer beim Spielen
- Überhäufiges Wechseln zwischen verschiedenen Aktivitäten
- Stark beeinträchtigte Ausdauer bei der Bewältigung von Aufgaben, die von Erwachsenen gestellt werden
- Ungewöhnlich hohe Ablenkbarkeit während schulischer Arbeiten wie Hausaufgaben oder Lesen
- Ständige motorische Unruhe (Rennen, Hüpfen etc.)
- Bemerkenswert ausgeprägte Zappeligkeit und Bewegungsunruhe während spontaner Beschäftigungen
- Bemerkenswert ausgeprägte Aktivität in Situationen, die relative Ruhe verlangen (wie zum Beispiel Mahlzeiten, Reisen, Besuche, Gottesdienst)
- Schwierigkeiten, sitzen zu bleiben, wenn es verlangt wird

B. In Bezug auf Alter und Entwicklungsstand nachweisbare Abnormität von Aufmerksamkeit und Aktivität im Kindergarten oder in der Schule (falls zutreffend). Gekennzeichnet durch mindestens 3 dieser Aufmerksamkeitsschwierigkeiten:

- Außergewöhnlich geringe Ausdauer bei der Bewältigung von Aufgaben
- Außergewöhnlich hohe Ablenkbarkeit, das heißt häufiges Zuwenden zu externen Stimuli
- Überhäufiger Wechsel zwischen verschiedenen Aktivitäten, wenn mehrere zur Auswahl stehen
- Extrem kurze Dauer von spielerischen Beschäftigungen

- Beständige und exzessive motorische Unruhe (Rennen, Hüpfen etc.) in Situationen, in denen freie Aktivität erlaubt ist
- Bemerkenswert ausgeprägte Zappeligkeit und motorische Unruhe in strukturierten Situationen
- Extrem viele Nebenaktivitäten bei der Erledigung von Aufgaben
- Fehlende Fähigkeit, auf dem Stuhl sitzenbleiben zu können, wenn es verlangt wird

C. Direkt beobachtete Abnormität von Aufmerksamkeit oder **Aktivität. Diese muss in Anbetracht des Alters und des Entwicklungsstandes des Kindes sehr ausgeprägt sein. Anzeichen dafür können sein:**

- Direkte Beobachtung der Kriterien wie in A oder B geschildert, nicht nur berichtet durch Eltern oder Lehrer
- Beobachtung abnormer motorischer Aktivität, unstrukturierten Arbeitsverhaltens oder mangelnder Ausdauer bei Beschäftigungen in einer Situation außerhalb von zu Hause oder Schule (wie zum Beispiel Klinik)
- Signifikante Beeinträchtigung in psychometrischen Tests, die die Aufmerksamkeit prüfen

D. Ausschluss tiefgreifender Entwicklungsstörungen:

- Kriterien für eine tiefgreifende Entwicklungsstörung, Manie, Depression oder Angststörung werden nicht erfüllt
- Beginn der Symptomatik vor dem 6. Lebensjahr
- Dauer der Symptomatik mindestens 6 Monate
- Intelligenzquotient (IQ) über 50

Wenn die Kriterien der hyperkinetischen Störung erfüllt sind, eine Störung des Sozialverhaltens nach den Kriterien jedoch nicht vorliegt, liegt eine Störung der Aktivität und Aufmerksamkeit (ADS) vor. Wenn sowohl die Kriterien der hyperkinetischen Störung als auch die der Störung des Sozialverhaltens erfüllt sind, handelt es sich um eine Aufmerksamkeitsdefizit-/Hyperaktivitätsstörung (ADHS oder amerikanisch ADHD). Eine Gruppe von anderen hyperkinetischen Störungen (HKS) ist in einem weiteren Punkt der ICD-10 genau spezifiziert.

Werden die allgemeinen Kriterien erfüllt, während eine Unterscheidung in eine der anderen Gruppen nicht möglich ist, kommt die Kategorie „Andere hyperkinetische Störungen" zur Anwendung. Für diese Patienten kann die Behandlung im Einzelfall sehr unterschiedlich sein.

Eine Unterteilung in ADHS-Subtypen wird im ICD-10 also nicht vorgenommen. Auch gibt es keine irgendwie geartete Kriterienliste oder die Bedingung einer notwendigen Anzahl zu erfüllender Kriterien. Stattdessen wird die Symptomatik rein auf der Verhaltensebene beschrieben. Im ICD-10 wird bei Erfüllung der entsprechenden Merkmale die Diagnose „Einfache Aktivitäts- und Aufmerksamkeitsstörung" vergeben, die mit F90.0 kodiert wird (ICD-10 2016; MedizInfo 2018).

Bis 2013 galt in den USA der DSM-IV. Hier wurde die Aufmerksamkeitsdefizit-/Hyperaktivitätsstörung durch Kriterien aus den Bereichen Unaufmerksamkeit, Hyperaktivität und Impulsivität definiert. Soll eine Aufmerksamkeitsdefizit-/Hyperaktivitätsstörung diagnostiziert werden, gelten für die Symptome, dass diese

- seit mindestens 6 Monaten bestehen,
- nicht mit dem Entwicklungsstand des Kindes zu vereinbaren sind und
- als unangemessen zu beurteilen sind.

Nicht alle Kinder zeigen gleichzeitig Auffälligkeiten in allen 3 Problembereichen. Einige Kinder weisen eine starke Hyperaktivität auf, zeigen jedoch nur eine geringe Aufmerksamkeit. Weiterhin gibt es Kinder, deren Unaufmerksamkeit stark ausgeprägt ist, die jedoch keinerlei Hyperaktivität oder impulsives Verhalten zeigen. Diese Kinder unterscheiden sich in ihrem Verhalten deutlich, werden jedoch alle mit der Diagnose Aufmerksamkeitsdefizit-/Hyperaktivitätsstörung bedacht. Um eine genauere Beschreibung dieser Subgruppe vorzunehmen, können im DSM-IV Subtypen bestimmt werden:

- Aufmerksamkeitsdefizit-/Hyperaktivitätsstörung, Mischtypus
- Aufmerksamkeitsdefizit-/Hyperaktivitätsstörung bei vorherrschender Unaufmerksamkeit
- Aufmerksamkeitsdefizit-/Hyperaktivitätsstörung bei vorherrschender Hyperaktivität-Impulsivität

Weiterhin kann eine „Teilremittierte Aufmerksamkeitsdefizit-/Hyperaktivitätsstörung" und eine „Nicht näher bezeichnete Aufmerksamkeitsdefizit-/Hyperaktivitätsstörung" diagnostiziert werden. Unter letzterer Diagnose werden Kinder, Jugendliche und Erwachsene zusammengefasst, die einige Symptome der Störung zeigen, jedoch nicht die erforderliche Anzahl der Kriterien aufweisen.

Der Bereich der Unaufmerksamkeit ist durch folgende Kriterien definiert:

1. Beachtet häufig Einzelheiten nicht oder macht Flüchtigkeitsfehler bei den Schularbeiten, bei der Arbeit oder anderen Tätigkeiten.
2. Hat oft Schwierigkeiten, längere Zeit die Aufmerksamkeit bei Aufgaben oder Spielaktivitäten aufrechtzuerhalten.
3. Scheint häufig nicht zuzuhören, wenn andere ihn/sie ansprechen.
4. Führt häufig Anweisungen anderer nicht vollständig aus und kann Schularbeiten, andere Arbeiten oder Pflichten am Arbeitsplatz nicht zu Ende bringen (nicht aufgrund oppositionellen Verhaltens oder von Verständnisschwierigkeiten).
5. Hat häufig Schwierigkeiten, Aufgaben oder Aktivitäten zu organisieren.
6. Vermeidet häufig, hat eine Abneigung gegen oder beschäftigt sich häufig nur widerwillig mit Aufgaben, die länger andauernde geistige Anstrengungen erfordern (wie Mitarbeit im Unterricht oder Hausaufgaben).
7. Verliert häufig Gegenstände, die er/sie für Aufgaben oder Aktivitäten benötigt (zum Beispiel Spielsachen, Hausaufgabenhefte, Stifte, Bücher oder Werkzeug).
8. Lässt sich öfter durch äußere Reize leicht ablenken.
9. Ist bei Alltagstätigkeiten häufig vergesslich.

Folgende Kriterien sind dem Bereich Hyperaktivität und Impulsivität zugeordnet, wobei die Kriterien 1–6 Hyperaktivität und die Kriterien 7–9 Impulsivität umschreiben:

1. Zappelt häufig mit Händen oder Füßen oder rutscht auf dem Stuhl herum.
2. Steht in der Klasse oder in anderen Situationen, in denen Sitzenbleiben erwartet wird, häufig auf.
3. Rennt häufig umher oder klettert exzessiv in Situationen, in denen Sitzenbleiben erwartet wird.
4. Hat häufig Schwierigkeiten, ruhig zu spielen oder sich mit Freizeitaktivitäten ruhig zu beschäftigen.
5. Ist häufig „auf Achse" oder handelt oftmals, als wäre er/sie „getrieben".
6. Redet häufig übermäßig viel.
7. Platzt häufig mit Antworten heraus, bevor die Frage zu Ende gestellt ist.
8. Kann nur schwer warten, bis er/sie an der Reihe ist.
9. Unterbricht und stört andere häufig (platzt zum Beispiel in Gespräche oder Spiele anderer hinein).

Für beide Bereiche gilt, dass mindestens 6 Kriterien zutreffen müssen, dass Unaufmerksamkeit bzw. Hyperaktivität und Impulsivität diagnostiziert werden darf.

Weiterhin mussten einige Symptome schon vor dem 7. Lebensjahr aufgetreten sein und aktuell in mindestens 2 Lebensbereichen auftreten. Eine Aufmerksamkeitsstörung durfte jedoch nicht diagnostiziert werden, wenn Verhaltensauffälligkeiten durch andere Störungen bedingt sind, wie beispielsweise Teilleistungsstörungen (Lese-Rechtschreib-Störung, Dyskalkulie), depressive Störungen, Angststörungen, psychotische Störungen oder autistische Störungen. Weiterhin wurde für die Diagnose einer Aufmerksamkeitsdefizit-/Hyperaktivitätsstörung eine deutliche Beeinträchtigung der sozialen, schulischen oder beruflichen Leistungsfähigkeit gefordert.

Im DCM-V wurden einige wichtige Neuerungen beschlossen: Während ADHS bisher zu den Störungen des Sozialverhaltens gehörte, wird sie nun zu den „Neurodevelopmental Disorders" gezählt, gemeinsam etwa mit Autismus oder Lese-Rechtschreib-Störung (LRS). Es soll damit verdeutlicht werden, dass ADHS eine körperlich begründbare Störung sei und keine psychogene Verhaltensstörung. Dieser für unsere Kritik zentrale Punkt wird uns noch ausführlicher beschäftigen. Bemerkenswert ist auch, dass Autismus nun keine Ausschlussdiagnose mehr sein soll wie noch im DCM-IV.

Die Zahl der für die Diagnose notwendigen Symptome wurde für Erwachsene ab 17 Jahren bei Aufmerksamkeitsproblemen sowie Hyperaktivität/Impulsivität von 6 auf 5 Symptome verringert. Wichtig ist auch, dass das Alterskriterium für die Erstmanifestation einer ADHS vom 7. auf das 12. Jahr angehoben wurde. All diese willkürlichen Veränderungen werden die Diagnosezahlen und damit den Medikamentenumsatz in Zukunft weiter erhöhen.

Unabhängig von solchen Diagnosekatalogen lesen wir weiterhin, dass ADHS nach vorsichtigen Schätzungen bei etwa 3–5 Prozent aller Kinder vorkommen soll, bei weniger vorsichtiger Schätzung bei bis zu 17 Prozent, also bei jedem 6. Kind (Rothenberger et al. 2004; Barbaresi et al. 2002). Demnach müssten in jeder unserer Grundschulklassen bis zu 5 an ADHS erkrankte Schüler sitzen. ADHS wird teils als medizinische Krankheit im Sinne einer Hirnfunktionsstörung betrachtet, teils als vorwiegend psychische Verhaltensstörung und teils als bloßes „Anderssein" im Sinne einer Variante normalen menschlichen Verhaltens. Wieso gerade die vorgeblichen Kernsymptome Hyperaktivität, Impulsivität und Aufmerksamkeitsdefizit die Störung ausmachen sollen, wird nirgends erklärt. Wer hat sich eigentlich diese syndromatische Dreieinigkeit ausgedacht? Warum gerade *diese* Verhaltensweisen, warum gerade deren drei? Und besteht überhaupt Einigkeit über diese Dreieinigkeit?

Keineswegs! Nicht einmal die Kernfrage, ob diese 3 Kernsymptome wirklich ein echtes Syndrom bilden oder nicht doch nur für jeweils ganz unterschiedliche Störungen bzw. Krankheiten stehen, ist klar. Überwiegend unterscheidet man zwischen ADHS mit oder ohne Hyperaktivität als Subtypen. Ein Aufmerksamkeitsdefizit soll also immer dabei sein, Hyperaktivität kommt beim kombinierten Subtyp hinzu. Hyperaktivität alleine scheint gar nicht erst vorzukommen. Oder doch? Im deutschen Diagnostikbetrieb gibt es immerhin das Hyperkinetische Syndrom. Aber wo bleibt die Impulsivität? Ist sie wirklich ein eigenes Symptom oder nicht nur ein Aspekt der Hyperaktivität?

Forscher wie Diamond bezweifeln schon länger, dass **ADHS ohne Hyperaktivität** überhaupt ein Subtyp von ADHS ist. Es sei vielmehr eine andere Störung als ADHS, sowohl hinsichtlich der Ätiologie, der typischen Verhaltensweisen, der Komorbiditäten und der medikamentösen Behandlung. Auch Adams et al. sehen dies so und regen entsprechende weitere Forschungen an (Diamond 2005; Adams et al. 2008). Die Symptome sollen sich auch nicht nur zu Hause, sondern auch zum Beispiel in der Schule äußern und bereits seit früher Kindheit kontinuierlich fortbestehen. Die Diagnose sollte nicht vor dem 6. Lebensjahr gestellt werden. Auch eine Medikation soll erst ab dem 6. Geburtstag erlaubt sein, obwohl sich auch diese Grenze immer mehr auflöst und schon Kindergartenkinder medikamentös „therapiert" werden. Auch Grizenko et al. finden bedeutsame Unterschiede zwischen ADHS mit und ohne Hyperaktivität bei ihren Versuchspersonen, sowohl was die Ätiologie, die Medikamentenwirkung und die Genetik betrifft. Sie vermuten denn auch, dass es sich um zwei ganz unterschiedliche Störungen handelt (Grizenko et al. 2009). Auch auf die Frage, wie oft ADHS bei Kindern vorkommt, finden wir keine klare Antwort. Obwohl die Angaben sehr schwanken, hat man sich für Deutschland mittlerweile auf eine Prävalenz von 4,2 Prozent geeinigt. Für die Niederlande finden wir aber nur 1,8 Prozent, für die USA 6,8 Prozent und für Kolumbien sogar 11,5 Prozent (Deutsche Bundesärztekammer 2005). Diese extremen Häufigkeitsunterschiede haben zum Teil ihre Ursache in den verwendeten Diagnosekatalogen. Der ICD-10 trägt im Vergleich zum weniger strengen DSM-IV zu einer Prävalenzminderung von circa 1,5 Prozent bei; der DCM-V wird dies noch verstärken. Aber auch ganz unterschiedliche Diagnoseprozeduren und die mangelhafte Einhaltung der empfohlenen Diagnoserichtlinien tragen zum uneinheitlichen Bild bei. Die überwiegende Mehrzahl von ADHS-Diagnosen ist von daher überhaupt nicht vergleichbar oder ganz falsch (Angold et al. 2000).

Dasselbe gilt für ADHS bei Erwachsenen. Mit der Diagnose einer „Erwachsenen-ADHS" gibt es noch mehr Probleme als mit derjenigen bei Kindern. Dies unter anderem deshalb, weil das Bestehen der „Krankheit" seit der Kindheit (seit dem 6. oder 12. Lebensjahr) belegt sein muss. Meist werden die erwachsenen Patienten selbst befragt, wie sie rückblickend ihre Kindheit beurteilen. Dass dieses Vorgehen eine Menge Fehlermöglichkeiten in sich birgt, liegt auf der Hand. Die Patienten können natürlich bewusst oder unbewusst beeinflussen, wie die Diagnose aussehen wird. Das rückblickende Vorgehen kann außerdem in keiner Weise dem strengen Ausschlussverfahren gerecht werden, das bei der Diagnostik eigentlich grundsätzlich berücksichtigt werden müsste.

Untersuchungen, wie zuverlässig solche Selbstauskünfte von Patienten über ihre „ADHS-Vergangenheit" sind, gibt es kaum. Einige Forscher haben aber inzwischen herausgefunden, dass nur 27 Prozent aller Erwachsenen, die die Diagnose ADHD erhalten hatten, richtig diagnostiziert worden waren, 73 Prozent aber nicht. Die Autoren kannten die Kindheitsdiagnosen ihrer erwachsenen Versuchspersonen aus einer prospektiven, 16 Jahre andauernden Längsschnittuntersuchung. Sie ließen die 25-jährigen Erwachsenen von Diagnostikern, die diese Kindheitsdiagnosen nicht kannten, untersuchen und nach ihren Kindheitserinnerungen befragen. Die rückblickende Selbstauskunft konnte dann mit der „wirklichen" Diagnose aus der Kindheit verglichen werden. Die Autoren schließen daraus, dass rückblickende ADHS-Diagnosen bei Erwachsenen, die sich auf Selbstauskünfte beziehen, in den meisten (drei Viertel) Fällen falsch sind (Manuzza et al. 2002). Auch wenn zusätzliche Informationsquellen herangezogen werden (wie frühere Schulzeugnisse oder Auskünfte von Eltern), kann dies der Subjektivität solcher Diagnosen nicht abhelfen. Angesichts der derzeit verbreiteten Attraktivität der Diagnose ADHS bei zunehmend vielen Erwachsenen und Ärzten ist der Willkür bei der Diagnostik keine Grenze gesetzt.

Alles ziemlich chaotisch, finden Sie nicht auch? Wie oft es ADHS wirklich gibt, weiß eigentlich niemand.

Unruhige, impulsive oder unaufmerksame Kinder hat es natürlich immer schon gegeben, auch solche, bei denen eines oder mehrere dieser Merkmale extrem ausgeprägt schienen. Heinrich Hoffmann, Frankfurter Arzt und Geburtshelfer, beschrieb bereits 1845 ein anscheinend nervöses Kind in seinem „Struwwelpeter". Sein „Zappelphilipp" wird heute oft als eine frühe Darstellung von ADHS herangezogen, obwohl man die Geschichte auch ganz anders, nämlich als Beispiel für eine infolge autoritärer Erziehung gestörte Familiendynamik, auslegen kann (Seidler 2004). Die Diskussion um ein Verständnis von Hoffmanns Zappelphilipp steht damit beispielhaft für die gesamte Kontroverse um ADHS: medizinische Krankheit oder einfühlbares psychoreaktives Verhalten?

Literatur

Adams, Z. W., Derefinko, K. J., Milich, R., & Fillmore, M. T. (2008). Inhibitory functioning across ADHD subtypes: recent findings, clinical implications, and future directions. *Developmental Disabilities Research Reviews, 14*(4), 268–275.

ADHS Deutschland. (2018). http://www.adhs-deutschland.de/Home/ADHS/ADHS-ADS/Was-ist-ADHS.aspx. Zugegriffen: 1. Aug. 2018.

Angold, A. et al. (August 2000). Stimulant treatment for children: A community perspective. *Journal of the American Academy of Child and Adolescent Psychiatry, 39*(8).

Barbaresi, W. J., Katusic, S. K., Colligan, R. C., Pankratz, V. S., Weaver, A. L., Weber, K. J., et al. (2002). How common is attention-deficit/hyperactivity disorder? Incidence in a population-based birth cohort in Rochester, Minn. *Archives of Pediatrics and Adolescent Medicine, 156*, 217–224.

Barkley, R. A. (2002). International consensus statement on ADHD. *Journal of the American Academy of Child and Adolescent Psychiatry, 41*(12), 1389.

Deutsche Bundesärztekammer. (2005). Stellungnahme zur Aufmerksamkeitsdefizit-/Hyperaktivitätsstörung (ADHS). http://www.bundesaerztekammer.de/downloads/ADHSLang.pdf. Zugegriffen: 31. Juli 2018.

Diamond, A. (2005). Attention-deficit disorder (attention-deficit/ hyperactivity disorder without hyperactivity): A neurobiologically and behaviorally distinct disorder from attention-deficit/hyperactivity disorder (with hyperactivity). *Development and Psychopathology, 17*(3), 807–825.

Döpfner, M., Frölich, J., & Lehmkuhl, G. (2000). *Hyperkinetische Störungen.* Göttingen: Hogrefe.

Douglas, V. I. (1983). Attentional and cognitive problems. In M. Rutter (Hrsg.), *Developmental Neuropsychiatry*. New York: Guilford.

Grizenko, N., Paci, M., & Joober, R. (2009). Is the inattentive subtype of ADHD different from the combined/hyperactive subtype? *Journal of Attention Disorders.* https://doi.org/10.1177/1087054709347200.

Hartmann, T. (2001). *Eine andere Art, die Welt zu sehen. Das Aufmerksamkeits-Defizit-Syndrom* (9. Aufl.). Lübeck: Schmidt-Römhild.

Internationale Klassifikation psychischer Störungen (ICD, Kapitel V) (2016). Göttingen: Hogrefe.

Lilly Pharma (2015). ADHS. www.lilly-pharma.de/gesundheit/adhs/index.asps.

Mannuzza, S., Klein, R. G., Klein, D. F., Bessler, A., & Shrout, P. (2002). Accuracy of adult recall of childhood attention deficit hyperactivity disorder. *The American Journal of Psychiatry, 159*(11), 1882–1888.

MedizInfo. (2018). Diagnosekriterien. http://www.medizinfo.de/kinder/probleme/diagnosekriterien.htm. Zugegriffen: 13. Aug. 2018.

Neuhaus, C. (1999). *Das hyperaktive Kind*. Ravensburg: Ravensburger.

Rothenberger, A., Döpfner, M., Sergeant, J., & Steinhausen, H. C. (2004). ADHD – beyond core symptoms. Not only a European perspective. *European child & adolescent psychiatry*, 13.

Seidler, E. (2004). „Zappelphilipp" und ADHS: Von der Unart zur Krankheit. *Deutsches Ärzteblatt*, 101(5), A-239/B-207/C-199.

3

Gibt es ADHS überhaupt?

Inhaltsverzeichnis

3.1 ADHS-Symptome sind unspezifisch. 22
3.2 Gibt es ADHS etwa doch? 37
Literatur 38

Wussten Sie, dass es Ritalin schon gab, bevor ADHS dazu erfunden wurde? Der renommierte Wissenschaftsjournalist Jörg Blech weiß zu berichten, alles habe damit begonnen, dass der Pharma-Chemiker L. Panizzon im Jahre 1944 rein zufällig das Molekül für Methylphenidat entdeckte, wovon seine Frau Rita naschte und die belebende Wirkung lobte, weswegen der Stoff dann auch Ritalin getauft wurde. Frau Rita konnte mit dem Stoff besser Tennis spielen, während ihr Mann selber keine besondere Wirkung verspürte. Man hatte also nicht etwa ein Medikament zur Therapie einer bereits existierenden Krankheit gesucht oder gefunden, sondern zufällig einen Wirkstoff (ein Amphetaminderivat), von dem man noch gar nicht recht wusste, wofür er zu gebrauchen sein könnte (nach Blech 2003). K. Conners und L. Eisenberg gaben dann später Dexedrine, einen verwandten Wirkstoff, versuchsweise an 2 Schulklassen mit farbigen Unterschichtkindern in Baltimore, USA. Und siehe da: Das ansonsten nervige und rüpelhafte Verhalten der Schüler „normalisierte" sich auffallend. Es war ein Mittel gefunden, das Verhalten der Kinder an Ghetto-Schulen chemisch zu beeinflussen. Man bemerke: Es lagen nicht irgendwelche medizinischen Diagnosen bei den Kindern zugrunde. Es waren einfach verhaltensschwierige

Ghetto-Kids, deren Sozialverhalten chemisch angepasst werden sollte, anstatt an ihren chronisch traumatisierenden psychosozialen Verhältnissen sozialpolitisch etwas zu verbessern. Aber immer noch hatte man keine richtige Krankheit gefunden, gegen die das Mittel helfen sollte. Denn dass man verhaltensschwierige und psychosozial benachteiligte Kinder mit einem Psychopharmakon einfach nur chemisch ruhigstellte, hätte natürlich niemand so ohne weiteres akzeptieren können. Das wäre ein Kunstfehler, ein Tabubruch, eine moderne Art der Kindesmisshandlung, ein politischer Skandal gewesen. Also musste man eine offizielle medizinische Krankheit finden, denn anders ließ sich das Mittel auch nicht erfolgreich vermarkten.

Zunächst verfiel man auf die Idee, dass Kinder eben krank seien, wenn das Mittel bei ihnen wirkte, wenn nicht, waren sie einfach gesund. Man nannte die Krankheit zunächst „funktionelle Verhaltensstörung", was die amerikanische Gesundheitsbehörde FDA aber bald untersagte, weil es zu unspezifisch sei. Prompt wurde das Leiden umbenannt in „minimale zerebrale Dysfunktion (MCD)", was sich aber wissenschaftlich auch als unbrauchbares Konstrukt erwies (Schmidt 1992). Daraufhin geisterte das Syndrom „hyperkinetische Störung" durch Kindergärten und Schulen, bis der amerikanische Psychiaterverband endlich das Kürzel „ADHS" erfand (nach Blech 2003).

Edward Shorter fasst dies in seiner „Geschichte der Psychiatrie" sehr treffend so zusammen:

Betrachten wir zum Beispiel die Probleme heranwachsender Jugendlicher. Lange Zeit waren Schwärmereien wie die eines Tom Sawyer als etwas in diesem Alter völlig Natürliches gewertet worden. In den sechziger Jahren wurden sie jedoch plötzlich als krankhaft eingestuft, und man schoss gleich mit schwerem Kaliber. Plötzlich hieß es in der Terminologie der fünfziger und sechziger Jahre, dass solche Verhaltensweisen zumindest durch „geringfügige Hirnfunktionsstörungen" verursacht würden. Mit anderen Worten: Tom Sawyer hatte einen Dachschaden. Diese Diagnose wurde zwar als völlig absurd später wieder verworfen, doch dafür begann man sich auf Hyperaktivität und Konzentrationsschwäche zu stürzen, weil es manchmal anstrengend ist, Jungen im Klassenzimmer zur Ruhe zu bringen. Ohne auch nur einen Blick auf die Lehrerpsyche zu werfen, griffen Erziehungswissenschaftler dankbar nach dieser neuen Pathologisierung der Knabenpsyche. 1968 wurde die „hyperkinetische Reaktion", die sich angeblich während der Kindheit oder Adoleszenz durch Ruhelosigkeit und Unaufmerksamkeit manifestiert, zum offiziellen Fachbegriff: 1980 erfand man dafür die Formulierung „hyperaktive Aufmerksamkeitsschwäche" (ADHD, „attention deficit disorder with hyperactivity"). Bis heute ist unklar, ob es unter den mit ADHD diagnostizierten Kindern einen harten Kern gibt, der unter organischen Störungen leidet. Aber das Entscheidende war, dass die Behandlung solcher Fälle nur von Medizinern durchgeführt werden konnte, zum Beispiel mit dem amphetaminartigen Präparat „Ritalin" (Methylphenidat). Bis 1995 verschrieben Ärzte in den USA dieses Präparat 6 Millionen mal jährlich, 2,5 Millionen amerikanische Kinder (derzeit bereits ca. 4 Millionen) nahmen es ein. Das ist eine Möglichkeit, sich einen Marktanteil zu sichern. (Shorter 2003)

Eines ist natürlich unstrittig: Es gibt übermäßig aktive, unruhige, impulsive und unkonzentrierte Kinder und Erwachsene. Das wissen wir alle. Die grundlegende Frage ist nur, ob diese Menschen an einer Krankheit ADHS leiden oder ob ihre Auffälligkeiten nicht doch sehr unspezifisch oder multikausal sind, das heißt viele unterschiedliche Ursachen haben können oder ohnedies ganz normal sind. Bewegen sich diese Verhaltensauffälligkeiten im Schwankungsbereich der Normalität, oder bilden sie eine eigenständige Krankheit bzw. Störung? Es stellt sich die Frage nach der wissenschaftlich belegbaren Existenz einer von anderen Störungen abgrenzbaren und spezifischen Krankheit namens ADHS. Wir werden sehen: Die derzeit herrschende Lehre, ADHS sei eine spezifische neuropsychologische Krankheit, hält einer genaueren wissenschaftlichen Überprüfung nicht stand. Die Kernsymptome Unaufmerksamkeit, Hyperaktivität und Impulsivität sind nicht spezifisch für ADHS. Andere sogenannte komorbide psychiatrische Diagnosen und Lernprobleme wie Depressionen, psychoreaktive Verhaltensstörungen und Ängste überschneiden sich in der Symptomatik zu mindestens 60, ja bis zu 80 Prozent mit ADHS (Furman 2008).
Der amerikanische Psychologe Armstrong meint hierzu:

Es gibt deutliche Hinweise dafür, dass sog. ADHS-Kinder je nach Alltagskontext keine störungstypischen Symptome zeigen. Zunächst einmal wirken 80 Prozent von ihnen nicht als ADHSler, wenn sie in der Arztpraxis sind. Auch scheinen sie sich in anderen nicht-familiären Zusammenhängen, in denen es einen direkten Kontakt zu einem Erwachsenen gibt (und dies trifft besonders dann zu, wenn dieser Erwachsene zufällig ihr Vater ist), ganz normal zu verhalten. Weiterhin sind sie in Schulklassen von den sog. normalen Kindern nicht zu unterscheiden, wenn sie ihre Lernaktivitäten selbst wählen und steuern dürfen. Zum Dritten scheinen sie ganz normal zu funktionieren, wenn sie für besondere Handlungen, die dazu dienen sollen, Aufmerksamkeit zu zeigen, belohnt werden. Viertens, und das ist besonders wichtig, verhalten sich sog. ADHS-Kinder ganz normal, wenn sie mit Dingen beschäftigt sind, die sie interessieren, die in gewisser Weise neu für sie sind und die einen gewissen Anreiz auf sie ausüben. Und schließlich werden etwa 70 Prozent dieser Kinder erwachsen und stellen dann fest, dass ADHS augenscheinlich einfach verschwunden ist. Es ist deshalb verständlich, dass die Vorstellungen über die Prävalenz von ADHS weit auseinandergehen, viel weiter, als die 3–5 Prozent, die populäre Bücher und Artikel als Standard vorgeben. Russell Barkley stellt in seinem klassischen Werk über das Aufmerksamkeitsdefizit: „ADHS: Ein Handbuch für Diagnostik und Therapie" heraus, dass „die Werte davon abhängen, wie man ADHS jeweils definiert, welche Population man gerade untersucht, von der geografischen Herkunft der Stichprobe und sogar vom Grad der Übereinstimmung zwischen Eltern, Lehrern und Fachleuten … Schätzungen schwanken zwischen 1 bis 20 Prozent." In Wirklichkeit schwanken die Schätzungen noch stärker, als Barkley meint. In einer epidemiologischen Studie in England wurden nur 2 von 2199 Kindern als „hyperaktiv" diagnostiziert (0,09 Prozent). In Israel dagegen wurden 28 Prozent der Kinder von Lehrern als hyperaktiv eingestuft. Und in einer älteren Studie in den USA schätzten Lehrer 49,7 Prozent der Jungen als ruhelos, 43,5 mit einer „kurzen Aufmerksamkeitsspanne" und 43,5 Prozent als „unaufmerksam für das, was andere sagen" ein. (Armstrong 1996)

3.1 ADHS-Symptome sind unspezifisch

Es gibt zahlreiche Störungsbilder, die eine Symptomatik zeigen können wie ADS bzw. ADHS und die theoretisch differenzialdiagnostisch ausgeschlossen werden müssten:

Autistische Störungen – Hospitalismus – Bindungsstörung – Reaktionen auf schwere Belastungen – Anpassungsstörungen – Schlafstörungen – stereotype Bewegungsstörung – Störungen des Sozialverhaltens – auf den familiären Rahmen beschränkte Störung des Sozialverhaltens – Störung des Sozialverhaltens bei fehlenden sozialen Bindungen – Störung des Sozialverhaltens bei vorhandenen sozialen Bindungen – Störung des Sozialverhaltens mit oppositionellem, aufsässigem Verhalten – Angststörungen – Depression – Ticstörungen – Substanzabusus (Alkohol, Drogen, Koffein, Medikamente) – hebephrene Schizophrenie – Manie – emotional instabile Persönlichkeitsstörung – Borderline-Persönlichkeitsstörung – Anorexia nervosa – Lese-Rechtschreib-Störung/Legasthenie – Rechenstörung – Zentrale Hörstörung/auditive Wahrnehmungsstörung – Störung der visuellen Wahrnehmung – kombinierte Störung schulischer Fertigkeiten – Hochbegabung – Lernbehinderung – geistige Behinderung – frühkindliche Hirnschädigungen – leichte kognitive Störung vor, während oder nach einer Vielzahl zerebraler und systemischer Infektionen und körperlicher Erkrankungen (einschließlich HIV) – Chorea minor (Sydenham) – Enzephalitis (akut oder subakut, zum Beispiel subakute sklerosierende Panenzephalitis) – Encephalomyelitis disseminata (Multiple Sklerose) – Organische Persönlichkeitsstörung nach lokaler Hirnschädigung – Postenzephalitisches Syndrom – Organisches Psychosyndrom nach Schädel-Hirn-Trauma – Sehstörungen – Hörstörungen – Allergien (zum Beispiel Neurodermitis) – Epilepsie (Absencen, komplex-partielle Anfälle) – Hyperthyreose – andere Stoffwechselerkrankungen (Diabetes mellitus, Phenylketonurie, etc.) – chromosomale Störungen wie zum Beispiel Fragiles X-Syndrom, Klinefelter-Syndrom, etc.) – neurotoxische Substanzen, zum Beispiel Bleiintoxikation – Zink-, Eisen-, Magnesium- oder Vitaminmangel – medikamentöse Nebenwirkungen (zum Beispiel Phenobarbital, Carbamazepin, Fluoxetin, andere antriebssteigernde Antidepressiva) – Ehekonflikt der Eltern – Krankheitsfall in der Familie – Alkoholproblem oder andere psychische Störung eines oder beider Elternteile – Misshandlung – sexueller Missbrauch – Beziehungsprobleme zu Erziehern/Lehrern und/oder Gleichaltrigen (Spitczok von Brisinski 2002).

Diese Aufzählung ist sicher nicht vollständig. Vor Kurzem fanden spanische Forscher, dass die mütterliche Einnahme des Schmerzmittels Paracetamol ADHS- und Autismus-Symptome verursachen könne (Avella-Garcia et al. 2016). Auch früh eingeschulte Kinder und Kinder von minderjährigen Müttern hätten ein erhöhtes ADHS-Risiko. Ein Omega-3-Fettsäuremangel solle ADHS hervorrufen, weswegen man zum Beispiel mehr Hering essen sollte. Auch ein bei Kindern selten entdeckter Bluthochdruck könne ADHS machen sowie mütterlicher Schwangerschaftsdiabetes oder Adipositas der schwangeren Mutter und vor allem familiäre Armut samt aller damit verbundenen gesundheitlichen und psychosozialen Risiken. Von einer spezifischen Symptomatik kann also bei ADHS keinerlei Rede sein. Allein dieser Umstand belegt die Unbegründetheit eines eigenständigen Krankheitskonstrukts ADHS.

Als guter Menschenkenner haben Sie sicher schon beobachtet, dass Menschen lächeln, manche mehr, manche weniger. Manche lächeln sogar sehr oft und auch in unpassenden Situationen, zum Beispiel wenn sie getadelt oder geschimpft werden, bei Beerdigungen oder sonstigen eigentlich traurigen Anlässen. Sie lächeln also nicht nur zu oft, sondern auch sozial unpassend. Ja, sie lächeln sogar provozierend, sie grinsen frech. Andere wiederum lächeln auch dann nicht, wenn es die meisten „Normalos" spontan tun.

Nachdem Sie diese Alltagsbeobachtungen, nach denen sich Menschen im Merkmal „Lächeln" unterscheiden lassen, gesammelt haben, teilen Sie die Menschen in unterschiedliche Lächel-Kategorien ein, zum Beispiel normale Lächler, starke Lächler, unpassend Lächelnde, Nichtlächler, etc. Und dann fangen Sie an, darüber zu grübeln, was diese Menschen sonst noch tun, wie das miteinander zusammenhängen mag und wie es zu erklären ist. Sie stellen die Theorie auf, dass sozial unangepasstes oder provozierendes Lächeln eine Störung, ja sogar eine medizinische Krankheit sei (psychopathologisches Lächeln; PPL). Vielleicht haben Sie sogar ein Medikament bereitliegen, das die Gesichtsmuskulatur erschlaffen und unpassendes Lächeln verschwinden lässt. Und nun erforschen Sie in vielen guten und schlechten Studien alle möglichen und unmöglichen Unterschiede zwischen diesen pathologischen Lächlern und den „Normalos", mit und ohne Ihr Medikament. Und wenn Sie Unterschiede finden, glauben Sie, Ihre Theorie, PPL sei eine Störung oder Krankheit, werde dadurch bestätigt.

So ähnlich ist man bisher bei ADHS vorgegangen, und demselben Trugschluss unterliegt die ADHS-Forschung von Anfang an. Aus allgemein verbreiteten Verhaltensunterschieden lassen sich aber nicht ohne Weiteres Schlüsse auf Störungen oder Krankheiten ziehen, schon gar nicht lässt sich die Frage, ob es sich bei PPL und ADHS um spezifische, von anderen Störungen abgrenzbare Störungen oder Krankheiten handelt, damit beantworten. Dass es ADHS gibt, lässt sich mit Studien, die Verhaltensunterschiede inklusive ihrer hirnphysiologischen oder -biologischen Korrelate messen, allein eben nicht belegen. Aber geglaubt wird das offensichtlich andauernd. Wenn sich Menschen mit ADHS von Menschen „ohne" irgendwie unterscheiden, muss es ADHS doch geben, so lautet dieser Trugschluss. Diese verquere Logik behauptet, auf die Spitze getrieben, dass Menschen mit krummer Nase minderwertig seien. Und vor solcher Pseudologik sei ernsthaft gewarnt.

Ob es ADHS als eigenständiges Syndrom oder als eigenständige Krankheit gibt, lässt sich aber nur herausfinden, wenn man Vergleiche mit anderen Störungen oder Krankheiten anstellt. Man muss also „ADHSler" nicht mit „Normalos", sondern mit anderen Störungen oder Krankheiten vergleichen (differenzielle Validität). Erstaunlicherweise (oder auch nicht) ist das bisher fast gar nicht geschehen. Den offenkundig gewaltigen Überschneidungsgrad mit vielen anderen Störungsbildern betrachtet man lieber als sogenannte Komorbiditäten, obwohl der Schluss naheläge, dass es sich um ganz unterschiedliche Störungen mit ähnlichem oder gleichem Symptombild handeln könnte. Oder dass aus einer bestimmten Symptomatik beliebig viele, angeblich unterschiedliche Krankheiten mit allerdings gleicher Symptomatik erfunden werden. Die Unsitte hat inzwischen zu solchen Absurditäten geführt, dass derzeit kaum noch jemand eine Lese-Rechtschreib-Störung (LRS), eine feinmotorische Entwicklungsstörung oder eine psychoreaktive Verhaltensstörung allein hat – nein, ADHS ist als allumfassende

Grundstörung (wie nach Art einer kostenlosen Dreingabe) immer mit dabei. „Ohne" geht gar nicht mehr. Eine Mutter drückt dies so aus: „Nicht nur, dass unser Sohn eine Wahrnehmungsstörung hat, jetzt hat er auch noch ADHS! Ein Unglück kommt wirklich selten allein, aber warum gerade bei uns?" (pers. Mitteilung 2008).

Man muss sich über die nicht nur chronisch einäugige, sondern auch oft methodenschwache und kurzsichtige ADHS-Forschung immer schon sehr wundern und sich zum Beispiel fragen, ob ADHS nicht in sehr vielen Fällen eine gute alte Neurose ist. Oder ob es nicht eine Wiederkehr des MCD-Konstrukts ist. Oder welche Forschung denn bisher belegt habe, dass ADHS eine eigenständige Störung sei.

Umso aufschlussreicher ist das Ergebnis einer Studie aus der Kinder- und Jugendlichenpsychiatrie der Universität Göttingen. Banaschewski et al. stellen fest, dass die bisherige Forschung genau diese Frage, ob es ADHS als von anderen unterscheidbare spezifische Störung überhaupt gibt, im Unklaren lasse. Aus ihrer Forschungsübersicht bisheriger Vergleiche von ADHS mit anderen neuropsychologischen, neurobiologischen und genetischen Korrelaten ziehen sie den ernüchternden Schluss, dass es bisher keine ADHS-Spezifität gibt (Banaschwski et al. 2005).

Vor einigen Jahren veröffentlichte R. Barkley in USA die bekannte internationale Konsenserklärung zur ADHS (Barkley 2002). S. Timimi und weitere 32 Wissenschafter und Praktiker reagierten darauf mit einer prononcierten Replik. Sie stellen fest, dass der Forschungsstand nicht die Behauptung stütze, bei ADHS-Kindern handele es sich um eine homogene Gruppe mit einer gemeinsamen und spezifischen neurobiologischen Störung. Es gebe keine kognitiven, metabolischen oder neurologischen Marker für ADHS, weshalb es auch keinen medizinischen Test für die Diagnose gebe. Es gebe bereits seit 30 Jahren offenkundige Schwierigkeiten, die Störung überhaupt eindeutig zu definieren. Bei drei Viertel aller mit ADHS diagnostizierten Kinder werden auch die Kriterien für andere psychiatrische Störungen (Verhaltensstörungen, Angststörungen, Depressionen etc.) erfüllt. Solch hohe Komorbiditäten legten aber den Schluss nahe, dass sich das ADHS-Konstrukt zur Erklärung des klinischen Alltags gar nicht eigne. Forschungsergebnisse zur Genetik und Vererbung seien reine Interpretationssache. Die Genetik von ADHS sei nicht unterscheidbar von Verhaltensstörungen und anderen externalisierenden Störungen, und auch die Vererbung sei nicht spezifisch, falls es eine solche überhaupt gibt (Timimi et al. 2004).

Lydia Furman ist Ärztin am Rainbow Babies & Children's Hospital, Cleveland, USA. Ihr lesenswerter Beitrag im Journal of Child

Neurology verdient eine besondere Würdigung, fasst er doch sehr treffend zusammen, worauf wir hier hinauswollen. Ich übersetze kommentarlos die Zusammenfassung:

Was ist ADHS?
Die Aufmerksamkeitsdefizit-Hyperaktivitätsstörung (ADHS) wird als die meistverbreitete neuropsychologische kindliche Störung dargestellt. Wir bezweifeln aber, dass ADHS eine Krankheit per se ist. Stattdessen handelt es sich vielmehr um eine Ansammlung von Symptomen aller möglichen emotionalen und psychologischen Störungen und/oder Lernschwierigkeiten. Immer mehr Kinder, vor allem Jungen, werden mit ADHS diagnostiziert und ganz simpel mit Stimulanzien behandelt. Eine sorgfältige Sicht der wissenschaftlichen Studien lässt an diesem Zustand Bedenken aufkommen:
  Die Kernsymptome Unaufmerksamkeit, Hyperaktivität und Impulsivität sind nicht spezifisch für ADHS. Andere sogenannte komorbide psychiatrische Diagnosen und Lernprobleme wie Depressionen und Ängste überschneiden sich in der Symptomatik zu 12 bis 60 Prozent mit ADHS. Dazu kommen diagnostische Probleme und die Erfolge evidenzbasierter Behandlungsmethoden ohne Einsatz von Psychostimulanzien. Es gibt keinen zuverlässigen neuropsychologischen Test für ADHS. Strukturelle und funktionelle neurologisch-bildgebende Verfahren konnten keinerlei spezifische Ätiologie entdecken. Ein eindeutiger genetischer Marker konnte ebenso wenig gefunden werden, und Erblichkeitsstudien sind mit familiären Umweltfaktoren konfundiert. Die Gültigkeit der revidierten Conners-Skala wurde inzwischen ernsthaft in Frage gestellt, Eltern- und Lehrerfragebögen für Schulkinder sind häufig diskrepant und legen den Schluss nahe, dass der Gebrauch subjektiver, mit Einschätzskalen oder Interviews erhobener Daten keine zuverlässige diagnostische Grundlage abgibt. Studien, die das Verhalten unter Stimulanziengabe erforschen, zeigten keine Unterschiede zwischen ADHS- und Nicht-ADHS-Kindern. Zusammenfassend lässt sich feststellen, dass die derzeit herrschende Lehre, ADHS sei eine spezifische neuropsychologische Krankheit, einer genaueren wissenschaftlichen Überprüfung nicht standhält. Wir müssen stattdessen die erzieherischen, psychologischen, psychiatrischen und familiären Bedürfnisse der Kinder besser berücksichtigen, um ihnen gerecht zu werden.
(Übersetzt aus Furman 2005)

ADHS: Eine der größten Kontroversen in der Geschichte der Kinder- und Jugendpsychiatrie, stellt auch Prof. Dr. med. Peter Riedesser, Lehrstuhlinhaber für Kinder- und Jugendpsychiatrie und Psychotherapie und Direktor der Klinik am Universitätsklinikum Hamburg-Eppendorf fest. Er schafft das kleine Kunststück, auf ganzen 7 Buchseiten, noch dazu überwiegend in Tabellenform, all das an ADHS-Kritik zusammenzufassen, was wichtig ist. Er stellt das Pro und Kontra für ADHS kritisch gegenüber:

Pro:

- Es gibt ein deutlich abgrenzbares Krankheitsbild (nosologische Entität) ADHS.

Kontra:

- Diagnosekriterien sind vage formuliert. Formulierungen wie „oft", „exzessiv" etc. lassen weiten Spielraum für den Rater/Diagnostiker. Dies ist einer der Gründe für die extremen Unterschiede der Prävalenzraten.
- Die Diagnose kommt durch Aufsummieren von Verhaltensbeobachtungen zustande. Der Cutpoint wird von Konsensuskonferenzen willkürlich festgelegt.
- Wenn das Kind sechs von neun „ärgerlichen", aber nicht unbedingt krankhaften in DSM-IV dargestellten Verhaltensweisen zeigt, soll das ein Beweis dafür sein, dass sein Gehirn defekt ist („his/her brain ist defective").
- Wird eine Störung des Kindes oder ein Unbehagen des Raters/der Bezugsperson gemessen? Was ist „normal", zum Beispiel beim Temperament?
- Es herrschen diagnostische Willkür und Konfusion: Keine deutliche Unterscheidbarkeit von Phänomen, Symptom, Syndrom und Morbus.
- Kultureller, schulischer und familiärer Kontext werden bei der Diagnostik nicht berücksichtigt.
- Dem ADHS-Konstrukt liegt kein entwicklungspsychologisches Konzept zugrunde: Aufmerksamkeit, Motorik, Selbstregulation und Beziehungsregulation entwickeln sich im Kontext der Beziehung mit den frühen parental figures.
- Die durch Medikamente erzielte Verhaltensänderung wird zur Validierung der Diagnose benutzt („ex juvantibus"). Jedoch: Stimulanzien wirken bei allen Störungen, bei denen die Aufmerksamkeit beeinträchtigt ist, auch bei müden Gesunden. (Riedesser 2006)

Der Frankfurter Kinder- und Jugendlichenpsychotherapeut und Dozent an der Universität Frankfurt Frank Dammasch, leitender Mitarbeiter am Institut für analytische Kinder- und Jugendlichenpsychotherapie Hessen, berichtet in einem interessanten Beitrag in der Zeitschrift „Analytische Kinder- und Jugendlichenpsychotherapie" über seine psychoanalytische Therapie eines „typischen" ADHS-Kindes. Unter dem Titel: „Er weiß nicht, wo er anfängt und wo er aufhört" stellt er seine psychotherapeutische Erfahrung mit dem 7-jährigen Tom zur Diskussion, der auch ihn fast zum Verzweifeln gebracht hätte. Er fasst seine Fachmeinung zur Frage, ob ADHS eine medizinische Krankheit sei, wie folgt zusammen:

Der aktuelle Disput, ob bei ADHS eine physiologische oder eine psychologische Genese angenommen werden muss, entkräftet sich durch die neurobiologische Hypothese, dass ähnlich der Entwicklung des psychischen Apparates die neuronalen Strukturen des Gehirns sich auch nachgeburtlich aufbauen im interaktiven Wechselspiel von physiologischem Erbe und Umwelterfahrung. Baut sich zum Beginn des Lebens die Organisationsstruktur des Gehirns gebrauchsabhängig auf, so werden die neuronalen Bewegungen auch im späteren Leben durch Beziehungserfahrungen beeinflusst. Dies bedeutet, dass letztlich auch eine langfristig verändernde Psychotherapie Einfluss auf die Struktur der chemischen Prozessabläufe im Gehirn haben wird. Der Mensch ist gleichzeitig ein biologisches und soziales Wesen. (Dammasch 2003)

Bemerkenswert differenziert äußert sich auch die Bundesärztekammer in einer Stellungnahme zu ADHS:

Die Ursachen und Entstehungsbedingungen der ADHS sind noch nicht vollständig geklärt. Es gilt aber als sicher, dass das Störungsbild nicht auf eine einzige Ursache zurückzuführen ist, sondern dass mehrere Komponenten an der Verursachung beteiligt sind. Darüber hinaus sind manche neurobiologischen Befunde auch bei anderen kinderpsychiatrischen Störungen zu erheben, d. h., das störungsspezifische pathophysiologische Gefüge der ADHS lässt sich derzeit erst annähernd beschreiben. (Deutsche Bundesärztekammer 2005)

Auch Matthias Wenke, M.A., Therapeut und Autor, betont, dass es keine Krankheit ADHS gibt. Bei ADHS gibt es aus seiner Sicht keine Diagnoseklarheit. Es tummeln sich Dutzende von widersprüchlichen Verhaltensauffälligkeiten, es gibt keine spezifische Kernsymptomatik, zumal hinter der Bezeichnung ein falscher Begriff von Aufmerksamkeit steht, nämlich als Eigenschaft statt als Tätigkeit. Der Kriterienkatalog von ADHS ist eine Liste von Wertungen von Verhaltensweisen, die für bestimmte Vertreter der Gesellschaft/des Schulsystems als unerwünscht gelten, was also eine normative Setzung und keine medizinische Datenerhebung darstellt. Es gibt demzufolge keine Krankheit ADHS. Das Drama besteht darin, dass man offenbar lieber kranke als unglückliche Kinder haben wolle. Das „Etwas ADHS" wird von Wenke als ein Kunstprodukt herausgearbeitet, als ein kulturelles Konstrukt, das Klarheit vorgaukelt, die es nicht gibt, das im Gegenteil sogar viele Zusammenhänge verschleiert, nämlich den Sinn des Verhaltens der betroffenen Kinder und ihrer Lebensgeschichten. Dieser sozusagen alltägliche Biologismus, demzufolge Lehrer, Eltern und Ärzte immer rascher bereit sind, auffälliges kindliches Verhalten auf ein „biochemisches Ungleichgewicht" zurückzuführen, anstatt über ihre eigene Beteiligung daran nachzudenken, bedarf denn auch nach Ansicht Wenkes einer dringenden und kritischen Reflexion. Es wird nicht mehr nach dem Warum eines Verhaltens, nach seinem Sinn in einer phänomenalen, subjektrelativen Welt gefragt. Statt eines therapeutischen Dialogs zwischen Erwachsenem und Kind wird das Kind zum bloßen Diagnose- und Medikationsobjekt. Die derzeit weit verbreitete Biologisierung kindlichen Verhaltens betrachtet Wenke als antidialogisch und antipädagogisch. Gesellschaftlicher Wandel wird aus seiner Sicht gegenwärtig biologistisch als angebliche medizinische Störung und Krankheit in unseren Kindern verortet. Die scheinbar psychiatrische Diagnose ADHS und ihre pseudowissenschaftliche Verbrämung sollen Eltern, Lehrer, Ärzte, Psychologen, Erzieherinnen etc. dabei unterstützen, bedrohliches kindliches Verhalten verdrängen zu können, die je ganz eigene dialogische Verantwortlichkeit zu leugnen (Wenke 2006).

Der Professor für Sonderpädagogik Georg Feuser, der Ritalin sogar für ein Verbrechen an den Kindern hält, sagt ebenfalls, dass es ADHS als Krankheit nicht gibt. Auf die Frage, was ADHS eigentlich sei, sagt er:

> Es ist das, was man als solches diagnostiziert. Die Weltgesundheitsorganisation hat für ADHS einen Katalog mit Verhaltensauffälligkeiten erstellt. Zeigt sich bei einem Kind ein bestimmter Anteil, hat es ADHS. Es ist keine wirkliche Diagnose. Das ist, wie wenn Sie einen Raster machen und sagen: Wenn hier unten am Seilergraben alle fünf Sekunden ein Auto vorbeifährt, ist es eine hochbefahrene Straße. Fährt alle zehn Sekunden eines, handelt es sich um eine normal befahrene Straße. Sie sagen nichts darüber aus, weshalb alle fünf Sekunden ein Auto fährt und was das mit der Stadtentwicklung zu tun hat. Diese Form von Diagnostik ist eine rein merkmalbezogene Diagnose an der äußersten Peripherie. (Feuser 2009)

Und zur Frage, ob ADHS eine Krankheit sei:

> Nein. Das wird vordergründig angenommen. Weil ich die Verkehrsdichte am Seilergraben wahrnehme, sage ich, er ist eine hochbefahrene Straße. Würde ich eine Begründung suchen, sähe ich: hier fahren so viele Autos, weil das Limmatquai gesperrt ist. Die Sache hat nichts mit dem Seilergraben selbst zu tun. (Feuser 2009)

Unruhige, unaufmerksame Kinder sind also nicht im Sinne einer individuellen Krankheit gestört, sondern sie reagieren systemisch auf ihre Umwelt. Die Ursachen für ihr Verhalten liegen nicht isoliert in ihnen selbst, etwa in ihren Genen, sondern in der psychosozialen Umwelt, der sie ausgesetzt sind.

Der amerikanische Neurologe Fred A. Baughman kritisiert seit Jahren ADHS und antwortet auf die Frage, ob es eine Krankheit ADHS gebe, mit einem klaren Nein. Seiner Ansicht nach handelt es sich beim Konstrukt ADHS um einen enormen Betrug, weil eine medizinische, körperliche Krankheit behauptet werde, die in Wahrheit gar keine sei. Da man bei ADHS keinerlei spezifische körperliche Störungen, Dysfunktionen oder kausale Anomalien finde, könne man auch nicht von einer körperlichen Krankheit sprechen (Baughman 2001).

Auch der amerikanische Arzt und Familientherapeut L.H. Diller antwortet auf die Frage, ob ADHS eine echte Krankheit oder ein „Amerikanisches Märchen" sei, eindeutig: Es ist ein Märchen! Diller markiert die Entwicklung von ADHD in den USA mit 3 Ereignissen: Als erstes der amerikanische Arzt George Still, der bereits 1902 die „Dreieinigkeit" der ADHD-Symptomatik als neurologisch verursacht beschrieben hat, woran Russell Barkley später anknüpfte. Dann 1937 Charles Bradley, der zufällig die konzentrationssteigernde Wirkung von Stimulanzien bei Kindern entdeckte. Bradley schrieb damals, die Stimulanzien „schienen" einen paradoxen Effekt auszuüben. Dabei war er sich vollkommen klar darüber, dass die niedrig dosierten Wirkstoffe bei jedem Kind beruhigend wirkten. Trotzdem entstand sehr rasch das Märchen von der paradoxen Wirkung bei hyperkinetischen Kindern, das sich bis in die Gegenwart sogar bei Fachleuten erhalten habe.

Der dritte Markstein sei 1980 die Neufassung des DSM-III (heute: DSM-IV), der „Amerikanischen Psychiater-Bibel", gewesen. Das Papier sei eigentlich nur für Forschungszwecke geschrieben worden, wurde aber trotzdem sehr bald zum hauptsächlichen Diagnoseinstrumentarium und zur alleinigen Grundlage der ärztlichen Leistungsabrechnung. Der DSM-III habe den Höhepunkt einer 50-jährigen kontroversen Auseinandersetzung der amerikanischen Psychiatrie mit der Freud'schen Psychoanalyse dargestellt, die seit dem durch die Nazi-Terrorherrschaft erzwungenen Exodus der Psychoanalytiker aus Europa nach den USA vorherrschend gewesen war. Von da an wollte man sich auf keinerlei psychoanalytische Spekulationen bei psychiatrischen Störungen mehr einlassen, sondern sich auf „reine" und „objektive" Verhaltensbeschreibungen und -listen beschränken. Ab sofort war eine Mutter nicht mehr „schuld" an den Problemen ihres Kindes, ja nicht einmal das Kind selbst war mehr verantwortlich: Es war das gestörte Gehirn des Kindes! So fiel man von einem Extrem prompt ins andere, und daran krankt die Diskussion bis heute. Diller setzt sich auch kritisch mit der ADHS-Diagnostik und Behandlung, aber auch mit der Rolle der Pharmaindustrie auseinander. Der Einfluss der Pharmaindustrie dürfe bei der Frage, wie amerikanische Eltern sich und ihre Kinder wahrnehmen, in keiner Weise unterschätzt werden. Er glaube nicht, dass es seinerzeit eine wirklich planmäßige Absprache zwischen Ärzten, Selbsthilfegruppen und Pharmaindustrie hinsichtlich ADHS und Ritalin in den USA gegeben habe (wofür es ja auch in einigen Prozessen keine Beweise gegeben hat, weswegen die Verfahren eingestellt wurden. Solcher Absprachen bedürfe es gar nicht, wenn, wie Adam Smith bereits gesagt habe, die „unsichtbaren Hände" des Kapitalismus und des Profits hemmungslos am Werke seien. Da wäscht dann automatisch eine Hand die andere.

Diller geht auch auf die seiner Ansicht nach einseitig bioreduktionistischen Modelle und Forschungen bei ADHS ein, betont den fundamentalen Fehler der Kausalinterpretation der Befunde bildgebender Verfahren und beklagt die Vernachlässigung der Wechselwirkung von Genetik und Erfahrung bei allen ADHS-Modellen. Besonders die genaue Erfassung der Familiendynamik der Kinder als konkreter Niederschlag der familiären Umwelt vermisst er in diesem Zusammenhang. In seiner klinischen Praxis geht er denn auch familientherapeutisch vor. Er legt zum Beispiel großen Wert auf die Mitwirkung der Väter in Diagnostik und Therapie. Er sieht mindestens einmal und ausführlich die gesamte Familie des Kindes. Er arbeitet aber auch mit den Kindern allein. Diller beleuchtet das ethische Dilemma eines Arztes, der die gesellschaftlichen Ursachen für ADHS einerseits, die Nöte der Kinder andererseits sieht. Die Gesellschaft könne er nicht ändern, dennoch wolle er das Kind nicht unkritisch medikamentös „anpassen" helfen. In Amerika gebe es heute eine immer intolerantere Gleichmachermaschinerie, die immer weniger Bandbreite kindlichen Verhaltens akzeptiere. Geringe Abweichungen vom kulturell definierten „Standard" bekämen sehr rasch medizinischen Krankheitswert. Mark Twains Tom Sawyer und Huckleberry Finn bekämen heute Ritalin, um sie zu disziplinieren. Im heutigen Amerika fühle er (Diller) sich manchmal wie eine moderne Kassandra, die eine Zukunft vorhersagt, die niemand hören wolle. Aber er habe gewarnt (Diller 2003).

Der international renommierte amerikanische Psychiater Peter Breggin (auch das „Gewissen der Psychiatrie" genannt) stellt ebenfalls fest, dass das Konstrukt ADHS erfunden wurde, um das bereits vorherrschende Bedürfnis in Psychologie und Psychiatrie, Kinder mit Psychostimulanzien behandeln zu können, zu rationalisieren. Von Anfang an ging es dabei um Probleme in Schulklassen, in denen eine 1:1-Pädagogik (bei der der Lehrer sich intensiv mit einzelnen, besonders bedürftigen Kindern beschäftigen kann) nicht möglich ist. Die Diagnose ADHS entwickelte sich als eine Liste von Verhaltensweisen, die das Unterrichten in großen Schulklassen erschweren und der besonderen Zuwendung des Lehrers oder eines Erwachsenen bedürften. Fast jedwedes kindliche Verhalten, das die Fähigkeit oder Geduld des Lehrers beansprucht bzw. seine Kraft und Aufmerksamkeit strapaziert, wurde als Diagnosekriterium aufgenommen. Alles, was den ordnungsgemäßen, ruhigen und vom Lehrer kontrollierten Ablauf des Schulunterrichts störte, fand in die Diagnoseliste des amerikanischen DSM-IV Eingang. Ein Kriterium für Hyperaktivität lautet zum Beispiel: „Verlässt oft seinen Platz in der Klasse oder sonstwo, wenn das Sitzenbleiben erwartet wird." Ein Kriterium für Impulsivität heißt: „Redet oft dazwischen oder antwortet, bevor die Frage zu Ende gestellt ist." Für ein Aufmerksamkeitsdefizit spricht es angeblich, wenn das Kind „sich oft nicht auf Einzelheiten konzentrieren kann und häufige Flüchtigkeitsfehler macht". Wie sich ein Kind fühlt, ob es Angst hat oder deprimiert ist, spielt keine Rolle. Dabei ist lange bekannt, dass sogenanntes ADHS-Verhalten in Gruppen weit verbreitet ist, in denen Kinder sich frustriert, ängstlich, gelangweilt oder vernachlässigt fühlen. ADHS-Verhalten, auch wenn es extrem ausgeprägt ist, ist immer normales Verhalten und bildet kein eigenes Syndrom, bei dem ein konsistentes Symptombündel mit einer gemeinsamen, spezifischen Ursache vorhanden ist. Stattdessen hat das Verhalten Dutzende unterschiedliche Ursachen und Hintergründe. Meistens handelt es sich um normale, gesunde Kinder, die geängstigt, gelangweilt, frustriert, wütend, emotional verletzt, undiszipliniert, einsam, in der Klasse über- oder unterfordert sind. Viel seltener leiden sie wirklich an einer echten Krankheit, wie einer Hirnverletzung oder einer Drüsenstörung, die dann aber einer speziellen Medikation ohne Psychostimulanzien bedarf (Breggin 2002).

Der Frankfurter Kinderarzt und Autor Hans von Lüpke wirft ein:

> Stillschweigende Voraussetzung ist häufig die Vorstellung von einem Individuum, dessen Symptome als Ausdruck seiner Krankheit zu werten sind. Zu fragen bleibt, ob „Hyperaktivität" nicht auch als Bewältigungsstrategie verstanden werden könnte – als der Versuch, sich handlungsfähig und kohärent zu fühlen –; ob bei der „Aufmerksamkeitsstörung" nicht die Bedeutung dessen, auf was sich Aufmerksamkeit beziehen soll, entscheidend ist – auch die Hirnforschung spricht ja heute davon – und ob „Impulsivität" erst recht keine primäre „Pathologie" darstellt, sondern nur im Kontext psychodynamischer Prozesse zu beurteilen ist. Hinzu kommt das Zusammenspiel mit der Umwelt und deren „Störungen" – das individuelle Symptom als Antwort in diesem Kontext. (Lüpke 2002)

Beim ADS bzw. ADHS handele es sich um ein „Krankheitsbild", bei dem eine Vielzahl möglicher Auslöser in einem jeweils unterschiedlichen Zusammenspiel zu Manifestationen führen kann, deren Bedeutung sich erst im Zusammenhang klären lässt (Lüpke 2002).

Hartmut Amft, Sozialmediziner an der Fachhochschule Darmstadt, sagt auf die Frage, ob ADHS eine Krankheit sei:

> Um handlungsfähig zu sein, müssen wir unsere Aufmerksamkeit fokussieren. Ähnlich wie ein punktstrahlender Bühnenscheinwerfer nur ein kleines Feld beleuchtet und alles andere im Dunkeln lässt, erfasst unser Bewusstsein immer nur einen winzigen Teil der Informationsmenge, ein Hunderttausendstel oder gar nur ein Zehnmilliardstel. Wenn wir beispielsweise starke Zahnschmerzen haben, können wir uns meist auf nichts anderes konzentrieren. Und wenn wir ein spannendes Buch lesen, nehmen wir von der übrigen Welt nichts mehr wahr. ADHS ist die Abkürzung für „Attention Deficit Syndrome" und eine amerikanische Erfindung. „Aufmerksamkeitsdefizitsyndrom" ist lediglich eine „Eindeutschung". M.E. ist in keinem der deutschen Lehrbücher der Kinder- und Jugendpsychiatrie ... ein Krankheitsbild namens ADHS zu finden. ADHS als Diagnose ist auch nicht aufgeführt im derzeit gültigen Klassifikationssystem der Weltgesundheitsorganisation, also der lCD-10 der WHO ... Es ist natürlich nicht so, dass es keine erziehungsschwierigen, lernunwilligen, zappeligen und unruhigen Kinder in Deutschland gegeben hätte. Die deutsche Kinderpsychiatrie hat aber nie von dem „Syndrom des erziehungsschwierigen Kindes" gesprochen. Warum nicht? Nicht, dass die deutsche Psychiatrie besonders kinderfreundlich gewesen wäre. Der Grund ist auch nicht, dass die Psychiatrie meinte, ein erziehungsschwieriges Verhalten könne nicht als Krankheit angesehen werden, weil dieses in der Regel das Resultat eines nicht gelingenden Erziehungsprozesses sei. Nein, der Mainstream der deutschen Kinderpsychiatrie war vielmehr bis in die 80-er Jahre hinein der Ansicht, dass, wenn ein Kind bei der Erziehung Schwierigkeiten macht, das Hirn des Kindes nicht richtig funktioniere ... Das sog. Aufmerksamkeitsdefizitsyndrom ist in erster Linie eine Verhaltensbewertung, die Kinder von außen erfahren. ADHS ist keine Krankheit und erst recht keine Krankheitseinheit, sondern eine behaviorale Beschreibung eines sozial unerwünschten Verhaltens, die Kinder von außen erfahren. (Amft 2002)

Manfred Gerspach, Professor an der Hochschule Darmstadt, führt aus, dass die vorliegenden Untersuchungs- und Forschungsergebnisse sich dahingehend zusammenfassen lassen, dass Hyperaktivität und ADHS offensichtlich keine klar definierten Störungsbilder sind, sondern unspezifische Bewältigungsstrategien bei Beeinträchtigungen ganz unterschiedlicher Art:

> Es ist keine Untersuchungsmethode bekannt, die das Vorliegen eines ADHS eindeutig belegen oder ausschließen könnte. Meist wird das Symptom nicht erwünschten Verhaltens in den Mittelpunkt gestellt. Schon allein der Begriff der „Konzentrationsstörung" offenbart die Schwammigkeit der Argumentation.

Diese vor allem im Schulalter gestellte Diagnose bezieht sich allein auf die Tatsache, dass die Konzentration des Kindes nicht da ist, wo sie Eltern und Lehrer gerne hätten. Man kann aber davon ausgehen, dass jeder Mensch immer konzentriert ist, und zwar auf das, was für ihn gerade Bedeutung hat. Dies könnte für ein Kind während des Unterrichts die Frage sein, was der Vater meint, wenn er im Zuge einer lautstarken Auseinandersetzung erklärt, dass er seine Koffer packen will. Irgendwie klang das nicht nach Urlaub, etwas Bedrohliches lag in seiner Stimme. Was könnte er gemeint haben? Im Unterricht erscheint dieses Kind „konzentrationsgestört". Hier liegt also kein Konzentrationsdefizit vor, sondern allerhöchstens eine „Aufmerksamkeitsinkonsistenz". (Gerspach 2002)

Im Übrigen hält Gerspach ADHS für ein „psychosoziales Strukturproblem" (Gerspach 2004).

Auch Dieter Mattner, ebenfalls Professor an der Hochschule Darmstadt, spricht bei ADHS vom von der Biologisierung abweichenden Verhalten und erkennt darin keine eigenständige Krankheit. Er stellt fest, dass bei ADHS lediglich das Etikett eines altvertrauten Phänomens ausgetauscht wurde. War man doch gerade von der inflationären Massendiagnose MCD scheinbar abgegangen, weil sich herausgestellt hatte, dass die Auffälligkeiten der Kinder primär in psychosozialen Risikofaktoren und nicht in einem frühkindlichen Hirnschaden wurzelten, so breitet sich nun das Etikett ADHS in noch weit größerem inflationären Ausmaß aus. Sogar Kinder ohne Hyperaktivität und Erwachsene finden nun Platz innerhalb eines aufgeblähten Scheinsyndroms (Mattner 2006).

Bereits 1983 wendet sich Reinhard Voß, Professor in Koblenz, empathisch gegen „Pillen für den Klassenfrieden". Er betont:

> Zu Recht sind wir stolz darauf, dass wir heute nicht mehr, wie in vergangenen Jahrhunderten, Schulen schon von der Ferne aus an dem Geschrei geschlagener Kinder erkennen können. Doch in mir wächst die Angst jener Vision, von jener Schule des 21. Jahrhunderts, deren skandalöse Stille eher einer Friedhofsruhe gleicht und in der der erstickte Schrei der Kinder den Besucher erschaudern lässt. Kinder, apathisch, aber brav und angepasst, denen nun auch die letzte Kraft genommen wurde, sich gegen die sich häufenden Schuldzuweisungen der Erwachsenen zu wehren. Denn auch ohne das Mittel der pharmakologischen Disziplinierung vollziehen Kinder bis auf den heutigen Tag sehr häufig die verpassten Karrieren ihrer Väter und Mütter, bilden sie oft die Prügelknaben für zerrüttete Ehen, werden sie „verhaltensgestört" (gemacht), um kinderfeindliche Schulverhältnisse, unfähige Lehrer und falsch konzipierte Schul- und Lehrerausbildungscurricula zu verschleiern. (Voß 1983)

Konferenz ADHS, eine freie Vereinigung einiger deutscher ADHS-kritischer Fachleute, die auch in diesem Buch häufiger zu Wort kommen, stellt in einer Konsenserklärung fest:

> ADHS ist keine objektivierbare medizinische Krankheit, sondern ein Kulturprodukt. Sie wird im Rahmen von interessen- und industriegeleiteten Konsens-Konferenzen per Beschluss definiert. (Konferenz ADHS 2018)

Teilnehmer solcher Konferenzen waren bisher als Befürworter einer medikamentösen Behandlung von ADHS bekannt, ohne ihre finanziellen Verbindungen zur Pharmaindustrie offen zu legen. Mehr als die Hälfte der 28 Autoren, die am DSM-V arbeiten, mussten inzwischen Einkünfte aus der Pharmaindustrie offenlegen, der Leitautor der Konferenz sogar von 13 verschiedenen Firmen. Das Konstrukt ADHS entspringt dem gegenwärtig immer noch anhaltenden Trend zur Biologisierung der menschlichen Kultur. Unter einer naturwissenschaftlichen Ausrichtung sollen im Rahmen einer Synthese auch die Sozialwissenschaften „biologisiert" werden (Soziobiologie). Obwohl diese Vereinheitlichung heute bereits als gescheitert gelten kann, wird sie bei ADHS weiter realisiert. Ein genetischer Determinismus bzw. Purismus, der Milieueinflüsse auf Entwicklung und Verhalten weitgehend leugnet, beherrscht unverändert einseitig die Szene. Die Herstellung eindimensionaler Ursache-Wirkungs-Zusammenhänge beim Krankheitsmodell ADHS bleibt hinter den aktuellen Erkenntnissen der Hirnforschung zurück. Dies ist antidialogisch und antipädagogisch (Konferenz ADHS 2018).

In Italien gibt es seit 2005 eine große nationale Kampagne gegen ADHS unter dem Motto: Giù Le Mani Dai Bambini (Hände weg von den Kindern). Es handelt sich dabei um die größte, je in Italien organisierte Aktion zur Verteidigung des Rechts auf Gesundheit von Kindern und Jugendlichen und im Vergleich zu ähnlichen Initiativen in Europa zurzeit diejenige, die am schnellsten wächst. Mittlerweile haben über 400 Institutionen und Personen ihr Ziel, „die Bevölkerung (Lehrer, Eltern, die Jugendlichen selbst usw.) umfassend und korrekt über den Missbrauch bei der Verabreichung von Psychopharmaka an Kinder und Jugendliche zu informieren, denn mit über 11 Millionen Kindern, die allein in den USA von Amphetaminen abhängig sind, handelt es sich längst um einen wirklichen Notstand im Gesundheitswesen, der auch nach Italien importiert wird". Es wird herausgehoben, dass die These einer Krankheit ADHS eine reine Hypothese bleibt. ADHS ist im besten Falle eine einfache Aneinanderreihung von störenden Verhaltensweisen, was zu wenig ist, um eine Krankheit zu kennzeichnen.

Es bestehe die Gefahr, dass ADHS derzeit überwiegend wirtschaftlichen Interessen diene, und nicht dem Wohle unserer Kinder (Giú Le Mani Dai Bambini 2005).

Der bekannte Göttinger Neurobiologe Gerald Hüther entwickelte ein differenziertes entwicklungsneurobiologisches Konzept von ADHS, das nicht allein für ADHS-Verhalten, sondern allgemein für das Verständnis und die Prävention von psychosozialen, expansiven Entwicklungsstörungen und ihre zentralnervösen Korrelate zukunftsweisend ist. Auf dieses Modell komme ich später noch ausführlicher zurück. Hüther betont: „Unsichere Bindungsbeziehungen, fehlende Strukturen und Rituale, inkompetente Erziehungsstile und Überlastung der Eltern und daraus resultierende übermäßige Reizexposition dürften aufseiten der primären Bezugspersonen dafür verantwortlich sein" (Hüther 2006), dass eine frühe und zu starke Stimulation dopaminerger Neurone im Mittelhirn stattfindet und einen Kreislauf zwischen neuronalen Strukturen und Umwelterfahrungen auslöst, der Jahre später zu übermäßig expansivem Verhalten und mangelnder autonomer Impulskontrolle führt. Solange eine angeblich genetisch bedingte „Stoffwechselstörung" bzw. ein angebliches „Dopamindefizit" für kindliche Verhaltensprobleme verantwortlich gemacht werden, muss jeder Versuch einer Vorbeugung oder Psychotherapie nutzlos erscheinen. Dieses „alte Modell" muss endlich überwunden werden, die sogenannte ADHS-Forschung muss aus dieser selbstgeschaffenen Sackgasse in Zukunft heraus, so Hüther (Hüther 2006).

Auch Heinemann und Hopf wundern sich, dass ADHS heute immer noch als primär biologisch determinierte Störung betrachtet werde. Immer schon könne man von circa 1–2 Prozent Kindern ausgehen, die objektivierbare frühkindliche Hirnschädigungen aufweisen. Die im Vergleich hierzu enorme Zunahme an ADHS-Diagnosen gehe denn auch nicht auf eine verbesserte, sondern im Gegenteil auf eine inflationierende, schlechtere Differenzialdiagnostik zurück. Dabei werde jede Bewegungsunruhe sofort als ADHS bezeichnet, so, als wäre jede Angst sofort eine Angstneurose. Dass gleichen Symptome aber mannigfaltige Ursachen zugrunde liegen können, werde übersehen (Heinemann und Hopf 2006). Auch Schlottke et al. stellen fest:

> Zwar gilt die Aufmerksamkeitsdefizit-/Hyperaktivitätsstörung (ADHS) als eine der am häufigsten diagnostizierten und untersuchten Störungen im Kindes- und Jugendalter, doch sind sowohl die Prävalenzdaten als auch die in den jeweiligen Diagnosesystemen (DSM-IV-TR bzw. ICD-10, Kapitel F) als spezifisch für ADHS ausgewiesene Merkmale weder konsistent, noch mit den verfügbaren Untersuchungsinstrumenten zureichend (valide, reliabel, trennscharf) objektivierbar. (Schlottke et al. 2009)

Roggensack zeigt in ihrem Buch „Mythos ADHS" auf,

> wie eine lineare biologisch-medizinische Erklärung zunächst dazu führt, ein Krankheitsbild zu konstruieren, das dann als Begründung für die Verabreichung von Psychopharmaka an Kinder herangezogen werden kann. Die hohe gesellschaftliche Toleranz gegenüber dieser Behandlung von Kindern ist geschichtlich beispiellos. Darüber hinaus macht sie darauf aufmerksam, dass durch diese Perspektive eine Betrachtung und Analyse des Verhaltens von Kindern in einer gänzlich veränderten Welt verhindert wird. Sie entwickelt ein alternatives Verstehensmodell, das das vielschichtige Bedingungsgefüge unmittelbar mit einbezieht. So sind auch individuelle Erfahrungen und Lebensgeschichten von Kindern immer in Abhängigkeit von den gesellschaftlichen Rahmenbedingungen zu sehen. Bei Erwachsenen werden „Hyperaktivität" und Multi-Tasking-Fähigkeiten heutzutage positiv gewertet. „Warum nicht auch bei Kindern?" (Zitat aus dem Buch-Klappentext, Roggensack 2012)

Diese kleine Aufzählung von ADHS-kritischen Stimmen ist sicher nicht vollzählig, soll aber hier fürs Erste beendet sein. Es sollte deutlich geworden sein, dass es eine bedeutsame Gruppe von Fachleuten gibt, die das gegenwärtige schulmedizinische Konstrukt ADHS für unangemessen und wissenschaftlich falsch halten. Im gegenwärtigen ADHS-Mainstream werden diese Stimmen gern verdrängt und ausgeblendet, im vorliegenden Buch sollen sie deshalb eine deutlich vernehmbare Stimme bekommen. In Sachen ADHS gibt es in Wirklichkeit eine breite „schweigende Mehrheit" der Wissenschaftler und – vor allem – der klinischen Praktiker.

3.2   Gibt es ADHS etwa doch?

Erfahrene Kliniker wissen zu berichten (und leidgeprüfte Mütter und Väter wissen es schon länger), dass es Kinder gibt, die zwar von Säuglingszeit an körperlich und psychisch gesund sind und in ganz normalen Familien aufwachsen, aber durch ihre extreme Hypersensibilität und „Informationsüberreagibilität" auffallen. Eine primäre oder sekundäre Verhaltensstörung liege bei diesen Kindern nicht vor, und auch sonst gäbe es keinerlei Erklärung für ihre Nervigkeit. Der Leiter der Wiener Universitätsklinik für Neuropsychiatrie des Kindes- und Jugendalters Friedrich findet solche Kinder unter seinen kleinen Patienten (also nicht in der Normalbevölkerung) etwa in 0,8 Prozent der Fälle. Amft kann dies aus seiner langjährigen Praxis als Haus- und Landarzt bestätigen. Solche Kinder gäbe es aber in der Gesamtbevölkerung nur im Promillebereich (Amft et al. 2004).

Diese seltenen Kinder haben aber mit dem gegenwärtigen ADHS-Konstrukt wenig zu tun. Vielleicht waren sie einmal der Auslöser für die Entwicklung des ADHS-Konstrukts nach dem Motto, dass nicht zuletzt aus kommerziellen Gründen aus einer Mücke ein Elefant gemacht werden sollte. Denn dass es seit Geburt besonders sensible Kinder gibt, fällt in den Normalbereich menschlicher Entwicklungen. Dass solche Kinder erhöhte Ansprüche an ihre (familiäre) Umwelt stellen, ist ebenfalls ganz natürlich. Der springende Punkt ist ein ganz anderer: Wie kann man moderne Familien darin unterstützen, diesen anstrengenden und anspruchsvollen, aber ansonsten ganz normalen Kindern die nötigen und förderlichen Entwicklungsbedingungen bereitzustellen? Familie, Kindergarten, Schule sind (nicht nur) hier sehr gefragt. Denn dass sich solche hypersensiblen Babys bei entsprechender Förderung ganz normal entwickeln und nicht die Kriterien einer ADHS erfüllen, ist bekannt.

Literatur

Amft, H. (2002). Die ADS-Problematik aus der Perspektive einer kritischen Medizin. In H. Amft, M. Gerspach, & D. Mattner (Hrsg.), *Kinder mit gestörter Aufmerksamkeit*. Stuttgart: Kohlhammer.

Amft, H. (2004). Die ADS-Problematik aus der Sicht einer kritischen Medizin. In H. Amft, M. Gerspach, & D. Mattner (Hrsg.), *Kinder mit gestörter Aufmerksamkeit*. (2. Aufl.). Stuttgart: Kohlhammer.

Armstrong, Th. (1996). ADD: Does It really exist? *Phi Delta Kappan, 77*(6).

Avella-Garcia, C. B., et al. (2016). Acetaminophen use in pregnancy and neurodevelopment: Attention function and autism spectrum symptoms. *International Journal of Epidemiology*. https://doi.org/10.1093/ije/dyw115.

Banaschewski, T., et al. (2005). Towards an understanding of unique and shared pathways in the psychopathophysiology of ADHD. *Developmental Science, 8*(2), 132–140.

Barkley, R. A. (2002). International consensus statement on ADHD. *Journal of the American Academy of Child and Adolescent Psychiatry, 41*(12), 1389.

Baughman, F. A. (2001). Attention-deficit hyperactivity disorder & all biological psychiatry as fraud. http://www.adhdfraud.org/commentary/7-4-01-1.htm. Zugegriffen: 31. Juli 2007.

Blech, J. (2003). *Die Krankheitserfinder. Wie wir zu Patienten gemacht werden*. Frankfurt a. M.: Fischer.

Breggin, P. R. (2002). *The Ritalin fact book*. New York: Perseus.

Dammasch, F. (2003). Er weiß nicht, wo er anfängt und wo er aufhört. Psychoanalytisches Verstehen des ruhelosen Kindes. *Analytische Kinder- und Jugendlichenpsychotherapie, 34*(2), 157–183.
Deutsche Bundesärztekammer. (2005). Stellungnahme zur Aufmerksamkeitsdefizit-/Hyperaktivitätsstörung (ADHS). http://www.bundesaerztekammer.de/downloads/ADHSLang.pdf. Zugegriffen: 31. Juli 2018.
Diller, L. H. (2003). ADHD: Realta o Mito Americano? *Quaderni ACP, 10*(3), 24–25.
Feuser, G. (26. September 2009). Ritalin ist ein Verbrechen. *Weltwoche.*
Furman, L. M. (2005). What is attention-deficit hyperactivity disorder (ADHD)? *Journal of Child Neurology, 20*(12), 994–1003.
Furman, L. M. (2008). Attention-deficit hyperactivity disorder (ADHD): Does new research support old concepts? *Journal of Child Neurology, 23*(7), 775–784.
Gerspach, M. (12. April 2002). Von Zappelphilippen und anderen Derwischen. Vortrag in Brühl. http://www.ads-kritik.de/Gerspach.htm. Zugegriffen: 31. Juli 2018.
Gerspach, M. (2004). Unkonzentrierte Kinder verstehen lernen. In H. Amft, M. Gerspach, & D. Mattner (Hrsg.), *Kinder mit gestörter Aufmerksamkeit* (2. Aufl.). Stuttgart: Kohlhammer.
Giú La Mani Dai Bambini. (2005). Italienische Konsenserklärung. http://www.giulemanidai-bambini.org/. Zugegriffen: 31. Juli 2006.
Heinemann, E., & Hopf, H. (2006). *AD(H)S: Symptome, Psychodynamik, Fallbeispiele, Psychoanalytische Theorie und Therapie.* Stuttgart: Kohlhammer.
Hüther, G. (2006). Die nutzungsabhängige Herausbildung hirnorganischer Veränderungen bei Hyperaktivität und Aufmerksamkeitsstörungen. Einfluss präventiver Maßnahmen und therapeutischer Interventionen. In M. Leuzinger-Bohleber, Y. Brandl, & G. Hüther (Hrsg.), *ADHS – Frühprävention statt Medikalisierung.* Göttingen: Vandenhoeck & Ruprecht.
Konferenz ADHS. (2018). Positionserklärung. https://www.konferenz-adhs.org/de/standpunkt/positionserklaerung. Zugegriffen: 31. Juli 2018.
Lüpke, H. von (2002). ADHS: Ist wirklich alles so klar? ADS-Kritik. http://www.ads-kritik.de/ADS-Kritik18.htm. Zugegriffen: 04. Sept. 2018.
Mattner, D. (2006). ADS – die Biologisierung abweichenden Verhaltens. In M. Leuzinger-Bohleber, Y. Brandl, & G. Hüther (Hrsg.), *ADHS – Frühprävention statt Medikalisierung.* Göttingen: Vandenhoeck & Ruprecht.
Riedesser, P. (2006). Einige Argumente zur ADHS-Kontroverse in der Kinder- und Jugendpsychiatrie. In M. Leuzinger-Bohleber, Y. Brandl, & G. Hüther (Hrsg.), *ADHS – Frühprävention statt Medikalisierung.* Göttingen: Vandenhoeck & Ruprecht.
Roggensack, C. (2012). *Mythos ADHS. Konstruktion einer Krankheit durch die monodisziplinäre Gesundheitsforschung.* Heidelberg: Carl Auer (E-Book).

Schlottke, P. F., Strehl, U., & Lauth G. W. (2009). Aufmerksamkeitsstörungen. In S. Schneider & J. Margraf (Hrsg.), *Lehrbuch der Verhaltenstherapie. Band 3: Störungen im Kindes- und Jugendalter*. Berlin: Springer.

Schmidt, M. H. (1992). Das MCD-Konzept ist überholt. *Deutsches Ärzteblatt, 89*, 273–276.

Shorter, E. (2003). *Geschichte der Psychiatrie*. Reinbek: Rowohlt.

Spitczok von Brisinski, I. (2002). Einführung in das Thema Aufmerksamkeitsstörungen (ADS, ADHS, HKS). In *Attention, please! (Be-)Handlungsmöglichkeiten bei Störungen der Aufmerksamkeit (ADS und HKS)* (S. 6–9). Köln: Hartmannbund.

Timimi, S., et al. (2004). A critique of the international consensus statement on ADHD. *Clinical Child and Family Psychology Review, 7*(1).

Voß, R. (Hrsg.). (1983). *Pillen für den Störenfried?*. Hamm: Ho heneck.

Wenke, M. (2006). *ADHS – Diagnose statt Verständnis? Wie eine Krankheit gemacht wird*. Frankfurt a. M.: Brandes & Apsel.

4

Welche Ursachen soll ADHS haben?

Inhaltsverzeichnis

4.1 Suche Rat vor der Tat 43
Literatur 46

Es gibt derzeit mindestens 6 Theorien, wie ADHS entstehen soll:

1. Die Dopaminmangel-Theorie
2. Die Theorie gestörter Exekutivfunktionen (zum Beispiel Barkley 1997a)
3. Das Modell der Statusregulation (zum Beispiel Sanders 1983)
4. Das Aufschub-Aversions-Modell (Sonuga-Barke et al. 1992)
5. Die dynamische Entwicklungstheorie (Sagvolden et al. 2005)
6. Die entwicklungsneurobiologische These (Hüther 2001, 2006)

Wir wollen diese Theorien hier nicht in aller Ausführlichkeit betrachten, nur so viel sei gesagt: Den ersten 5 ist gemeinsam, dass die jeweils gestörten Funktionen angeblich eine genetische Ursache haben, also vererbt werden und eine körperlich begründbare Krankheit ausmachen.

Die letzten 15 Jahre galt unumstritten, dass eine erhöhte Dopamintransporterdichte (DAT) im Gehirn von ADHSlern die biologische Ursache der Krankheit sei. Dougherty et al. hatten 1999 in einer Studie mit 6 ADHS-Patienten eine um 70 Prozent erhöhte Transporterdichte gefunden (Dougherty et al. 1999). Einige weitere Studien konnten dies später mit anderen Methoden teilweise bestätigen (Krause et al. 2000). Die Dopamintransporter sorgen dafür, dass der Botenstoff Dopamin aus dem synaptischen Spalt zwischen 2 Nervenzellen immer wieder zurückgeholt wird. Wenn DAT also erhöht ist, wird zu viel Dopamin zurücktransportiert, sodass im synaptischen Spalt ein dauernder Dopaminmangel herrscht. ADHS wäre also als eine Dopaminmangelkrankheit. Auch Hüther und Bonney sehen 2002 noch eine Bestätigung der Theorie der erhöhten Transporterdichte, folgern daraus aber nicht einen synaptischen Dopaminmangel, sondern vielmehr einen Überschuss (Hüther 2002). Die Dopaminmangel-Theorie ist derzeit immer noch am populärsten und liegt anderen Theorien mal mehr, mal weniger zugrunde. Ein solcher Dopaminmangel bei ADHS wurde bis heute aber nirgends nachgewiesen. Der französische Forscher Francois Gonon vom Nationalen Forschungsinstitut der Universität Bordeaux hat in einer aktuellen Studie diese Theorie kritisch untersucht und sagt im Abstract dazu Folgendes:

> Psychostimulanzien erhöhen das extrazelluläre Dopamin, wobei zahlreiche Überblicksstudien behaupten, sie würden dadurch einen genetisch bedingten Dopaminmangel ausgleichen. Diese sog. Dopaminmangel-Theorie basiert aber auf einer zu stark vereinfachenden Dopamin-Belohnungstheorie. Ich stelle die Richtigkeit dieser Theorie für ADHS in Frage und betone die Schwäche der bisherigen neurochemischen, genetischen, neuropharmakologischen und bildgebenden Befunde, die diese Theorie belegen sollen. Als Resultat stelle ich heraus, dass man diese Theorie nicht mehr in den Vordergrund einer Behandlungsbegründung von ADHS mit Psychostimulanzien rücken sollte (Gonon 2009).

Auch die Sache mit der erhöhten Transporterdichte hat sich in letzter Zeit in weiteren Studien nicht bestätigen lassen. Bisherige Studien krankten oft daran, dass nicht klar war, ob die gefundenen Hirnveränderungen nicht etwa nur die Folge von früherer Medikation waren. Volkow et al. fanden in einer neueren Studie mit nie medizierten ADHS-Patienten, die sie mit Gesunden verglichen, denn auch keinerlei Hinweis auf eine solche erhöhte Transporterdichte. Ganz im Gegenteil zeigte sich überraschenderweise ein umgekehrter Trend: Die Gesunden hatten dichtere Dopamintransporter als die ADHSler (Volkow et al. 2007). In einer Übersicht über 12 andere Studien verschiedener Forscher mit größeren Versuchsgruppen und verfeinerter Methodik finden Swanson und Volkow ein insgesamt widersprüchliches Bild: In 2 Studien zeigte sich eine Tendenz zu niedrigerer Transporterdichte bei ADHS, in einer weiteren eine sogar bedeutsam niedrigere, in 4 anderen kein Unterschied und in 5 Studien eine Tendenz zum Anstieg, davon aber nur in einem einzigen Fall (nämlich demjenigen von Dougherty aus

1999) ein starker. Die Mehrheit der Studien konnte also keine bedeutsam erhöhten Transporterdichten bei ADHS finden, wie sie Dougherty vor nunmehr 10 Jahren in seiner kleinen Studie ohne eine Kontrollgruppe und mit fraglicher früherer Medikationsfolge seiner Versuchspersonen gesehen hatte. Swanson und Volkow betrachten deshalb die Theorie der erhöhten Transporterdichte bei ADHS als überholt und wundern sich, dass sie nach wie vor in der Literatur als belegt hingestellt wird. Sie sehen stattdessen die Theorie bestätigt, der zufolge Stimulanzien bloße Dopaminagonisten sind, also Substanzen, die die Wirkung von Dopamin im Gehirn nachmachen (Swanson und Volkow 2009).

Trotz Tausenden von Forschungsstudien ist also nach wie vor nicht bekannt, welche Transmitterverhältnisse bei angeblichen „ADHSlern" im Gehirn vorliegen sollen und welche diesbezügliche Ursache ADHS haben könnte. Auch der berühmte amerikanische Psychiater P. R. Breggin hält die Dopamintheorie bei ADHS für „blanken Unsinn". Angesichts der Tatsache, dass man bereits über 100 verschiedene Transmitter kennt (und das sind sicher nicht alle, die es gibt), findet er es geradezu naiv, sich an einem einzigen davon (Dopamin) so festzubeißen, wie es bei ADHS geschieht. Dies zeige eine sehr unbedarfte Auffassung von der ungeheuren Komplexität des menschlichen Gehirns (Breggin 2002).

4.1 Suche Rat vor der Tat

Dieses Motto über unserer Rathaustür sagt es bereits: Unter Exekutivfunktionen versteht man „höhere" kognitive Leistungen wie zum Beispiel Vorausplanen, Hemmung ungeeigneter versus Mobilisierung geeigneter Verhaltensweisen, Nachdenken, schrittweises, überlegtes Vorgehen nach dem Motto: Erst denken, dann handeln. Also alles, was ein „vernünftiges" Kind macht, anstatt mit einem Wutausbruch, Unruhe, Impulsivität oder Unaufmerksamkeit die Selbstbeherrschung zu verlieren und sozusagen durchzudrehen. ADHS wird hier durch eine genetisch bedingte Störung der Regulation dieser Funktionen erklärt. Willcutt kommt allerdings zum Ergebnis, dass Störungen der Exekutivfunktionen zwar eine Rolle spielen, aber weder notwendig noch hinreichend seien, um ADHS zu erklären (Willcutt et al. 2005). Und auch Lydia Furman findet in einer Metaanalyse, dass Defizite der Exekutivfunktionen ADHS nicht erklären können (Furman 2008).

Das Modell einer Statusregulation geht davon aus, dass ein nicht optimaler energetischer Status des Kindes das ADHS erklärt. Es wird von grundlegenden kognitiven Zuständen und ihrem energetischen Level ausgegangen.

Unterschiede zwischen ADHS-Kindern und „normalen" seien minimal, wenn sich die ADHS-Kinder in optimalen Bedingungen befinden. Aber was sind solche optimalen Bedingungen? Liegen sie nur im Kind, oder sind sie nicht auch aufgaben- und kontextabhängig und von Kind zu Kind ganz unterschiedlich? Die Annahmen dieser Theorie sind nicht spezifisch für ADHS (Johnson et al. 2009).

Das Aufschub-Aversions-Modell geht von der Beobachtung aus, dass ADHS-Kinder (nur diese?) oft nicht warten wollen. Sie könnten es zwar, aber sie wollten nicht. Es handelt sich also um so etwas wie eine Motivationstheorie für ADHS; im Unterschied zu den bisher erwähnten eher kognitiven Konzepten. In letzter Zeit wurden Elemente der Theorie gestörter Exekutivfunktionen in dieses Modell eingebaut. Vorrangig wird das Kernsymptom Impulsivität erklärt, sodass das Modell die übrigen ADHS-Kernsymptome nicht genügend berücksichtigt. Johnson verlangt auch bei dieser Theorie mehr spezifische und prüfbare Annahmen. Derzeit sei unklar, welche Untersuchungsergebnisse spezifisch für oder gegen dieses Modell sprechen (Johnson et al. 2009).

Die dynamische Theorie basiert keineswegs, wie ihr Name nahezulegen scheint, auf psychoanalytischen oder tiefenpsychologischen, sondern auf verhaltenstherapeutisch-behavioristischen Grundannahmen. Irgendetwas soll bei ADHS-Kindern verändert sein, wenn es um die Verstärkung neuen und um die Löschung unangepassten alten Verhaltens geht. Besonders letzteres funktioniere nicht, weil die Kinder (wieder mal!) einen Dopaminmangel im Gehirn hätten. In dieses Modell wurden in letzter Zeit ebenfalls Elemente der Aufschub-Aversions- sowie der Exekutivtheorie eingebaut, sodass sich alle diese Modelle immer mehr überschneiden. Wie es mit der Annahme eines Dopaminmangels aussieht, haben wir bereits erwähnt.

Alle diese Modelle beeindrucken durch ihr mechanistisch-biologistisches Menschenbild, das ihnen zugrunde liegt. Keine dieser Theorien berücksichtigt den immensen, wahrscheinlich sogar ausschlaggebenden Einfluss von psychosozialen Lernerfahrungen auf das in Entwicklung befindliche kindliche Zentralnervensystem. Deshalb erscheinen sie unspezifisch, monokausal und marginal (Voß 1988). Alle diese Theorien unterstellen ungeprüft ein einheitliches, spezifisches Störungsbild „ADHS", was angesichts der derzeitigen Forschungslage unzulässig erscheint. Wenn ADHS „mutikausal" (ein verschleiernder Ausdruck für das vorherrschende Nichtwissen um die Ursache) sein soll, bräuchte es eine Theorie, die diese Multikausalität auch erfasst.

Diese Mängel weist die Theorie Hüthers nicht auf. Er vereinigt in seiner Auffassung der Entstehung von ADHS-Verhalten psychoanalytische, entwicklungspsychologische sowie bindungstheoretische Erkenntnisse mit neueren hirnbiologischen Forschungsfortschritten. Eine genetisch bedingte Hirnstoffwechselstörung namens ADHS gibt es für ihn nicht. Vielmehr geht er von der grundsätzlichen Plastizität des menschlichen, insbesondere des kindlichen Gehirns aus, das je nach Gebrauch, Nutzungsbedingungen bzw. Erfahrungen in der Entwicklung unterschiedlich aufgebaut wird und unterschiedlich funktioniert. Gestörte Bindungsbeziehungen, fehlende Strukturen und Rituale, Stress und inkompetente Erziehungsstile sowie Überlastung der Eltern und daraus resultierende übermäßige und stressige Reizexposition sind aufseiten der primären Bezugspersonen dafür verantwortlich, dass eine zu frühe und zu starke Stimulation dopaminerger Neurone im Mittelhirn stattfindet und einen Kreislauf zwischen neuronalen Strukturen und Umwelterfahrungen auslöst, der später zu übermäßig expansivem Verhalten und mangelhafter autonomer Impulskontrolle führt (Hüther 2001, 2006). In Wechselwirkung mit dieser übermäßigen Stimulation können aufseiten des Kindes angeborene Störungen verschiedenster Genese, frühe Traumatisierungen, eine besondere Sensibilität oder ein „mismatch" elterlicher Erwartungen und kindlicher Reaktionen hinzukommen. Besonders empfindliche ADHS-Verhaltensweisen können bereits intrauterin erworben werden, wie Studien mit „embryo transfer" und „cross-fostering" im Tierversuch gezeigt haben. Dabei werden zum Beispiel Embryos von unauffälligen Muttertieren „hyperaktiven" Leihmüttern eingebracht oder Neugeborene von Ersatzmüttern aufgezogen, die sich im Verhalten von der genetischen Mutter unterscheiden (Hüther 2006).

Übermäßige, erfahrungsabhängige Stimulation dopaminerger Neuronen führt nach Hüther zu einer Hyperinnervation vor allem des präfrontalen Kortex. Dort kommt es durch die dauernd erhöhte Dopaminausschüttung zu einer verstärkten Stimulierung von Wachstumsprozessen neuronaler Strukturen und Vernetzungen. Die früh gestressten Kinder entwickeln sozusagen ein überentwickeltes dopaminerges System. Wachsen sie nun weiterhin unter ungünstigen psychologischen Bedingungen heran, unter denen ihre erhöhten zerebralen „Angebote" nicht gut genug genutzt und stabilisiert werden können, kommt es zu einer Rückbildung nicht genutzter Strukturen („pruning") und damit zu unzureichend entwickelten exekutiven Frontalhirnfunktionen, also zum Beispiel zu Defiziten der Impulskontrolle, der Handlungsplanung und Folgenabschätzung. Dies wiederum führt wiederum zu andauernder Überstimulierung dopaminerger Neurone im Mittelhirn. Das Kind gerät sozusagen in einen Teufelskreis übersteigerten Antriebs und gleichzeitiger mangelhafter Antriebskontrolle (Hüther 2001, 2006).

Hüthers Theorie besticht durch ihre nahtlose Verbindung der Erkenntnisse der modernen Hirnforschung mit den Erkenntnissen der Psychoanalyse, der Entwicklungspsychologe und der Bindungsforschung. Expansive kindliche Verhaltensweisen und ihre zerebralen Korrelate werden erklärt, ohne den Kausalfehler des gängigen schulmedizinischen ADHS-Modells zu wiederholen, demzufolge die zerebralen Korrelate die primäre, genetisch bedingte Ursache des Verhaltens sein sollen. Stattdessen betont Hüther ausdrücklich die primäre Bedeutung psychosozialer Lernerfahrungen für die Entwicklung und Funktion des kindlichen Gehirns. Dadurch eröffnet seine Theorie weite präventive, psychoedukative und therapeutische Spielräume bis ins sozialpolitische Feld hinein, die das starre schulmedizinische Modell weitgehend verhindert. Defizite der Frontalhirnfunktionen erklären nicht eine genetisch bedingte Krankheit ADHS, sondern weisen auf zerebrale Nutzungsbedingungen (sprich: Erfahrungen) hin, denen ein Kind in seiner Entwicklung ausgesetzt war.

Russell Barkley, der amerikanische ADHS-Guru, sieht in ADHS eine Störung der Frontalhirnfunktionen, eine Störung der Selbstkontrolle (Barkley 1997b). Er verharrt auf der Annahme einer genetischen Ursache und medizinischen Krankheit und schätzt deshalb psychologische Ursachen als irrelevant ein, obwohl er gelernter Psychologe ist. Umgekehrt ist Gerald Hüther gelernter Neurobiologe, aber dennoch ein guter Psychologe. Na also, geht doch!

Literatur

Breggin, P. R. (2002). *The Ritalin fact book: What your doctor won't tell you: What your doctor won't tell you about ADHD and stimulant drugs*. Nashville: Westview Pub Inc.

Barkley, R. A. (1997a). *ADHD and the nature of self-control*. New York: Guilford Press.

Barkley, R. A. (1997b). Behavioral inhibition, sustained attention, and executive functions: Constructing a unifying theory of ADHD. *Psychological Bulletin, 121*, 65–94.

Dougherty, D. D., Bonab, A. A., Spencer, T. J., Rauch, S. L., Madras, B. K., & Fischman, A. J. (1999). Dopamine transporter density in patients with attention deficit hyperactivity disorder. *Lancet, 354*(9196), 2132–2133.

Furman, L. M. (2008). Attention-deficit hyperactivity disorder (ADHD): Does new research support old concepts? *Journal of Child Neurology, 23*(7), 775–784.

Gonon, F. (2009). The dopaminergic hypothesis of attention-deficit/hyperactivity disorder needs re-examining. *Trends in Neurosciences, 32*(1), 2–8.

Hüther, G. (2001). Kritische Anmerkungen zu den bei ADHD-Kindern beobachteten neurobiologischen Veränderungen und den vermuteten Wirkungen von Psychostimulanzien. *Analytische Kinder- u. Jugendlichenpsychotherapie, 32*, 471–486.

Hüther, G. (2002). Die Folgen traumatischer Kindheitserfahrungen für die weitere Hirnentwicklung. Arbeitsgemeinschaft für Sozialberatung und Psychotherapie. http://www.agsp.de/UB_Veroffentlichungen/Aufsatze/Aufsatz_34/aufsatz_34.html. Zugegriffen: 29. Juni 2008.

Hüther, G. (2006). Die nutzungsabhängige Herausbildung hirnorganischer Veränderungen bei Hyperaktivität und Aufmerksamkeitsstörungen. Einfluss präventiver Maßnahmen und therapeutischer Interventionen. In M. Leuzinger-Bohleber, Y. Brandl, & G. Hüther (Hrsg.), *ADHS – Frühprävention statt Medikalisierung*. Göttingen: Vandenhoeck & Ruprecht.

Johnson, K. A., Wiersema, J. R., & Kuntsi, J. (2009). What would Karl Popper say? Are current psychological theories of ADHD falsifiable? *Behavioral and Brain Functions, 5*(1), 15.

Krause, K.-H. et al. (2000). Neurobiologie der Aufmerksamkeits-/Hyperaktivitätsstörung. *Psyche, 26*.

Sagvolden, T., Aase, H., Johansen, E. B., & Russell, V. A. (2005). A dynamic developmental theory of attention-deficit/hyperactivity disorder (ADHD) predominantly hyperactive/impulsive and combined subtypes. *The Behavioral and Brain Sciences, 28*, 397–468.

Sanders, A. F. (1983). Towards a model of stress and performance. *Acta Psychologica, 53*, 61–97.

Sonuga-Barke, E. J., Taylor, E., Sembi, S., & Smith, J. (1992). Hyperactivity and delay aversion I. The effect of delay on choice. *Journal of Child Psychology and Psychiatry and Allied Disciplines, 33*, 387–398.

Swanson, J. M., & Volkow, N. D. (2009). Psychopharmacology: Concepts and opinions about the use of stimulant medications. *Journal of Child Psychology and Psychiatry and Allied Disciplines, 50*(1–2), 180–193.

Volkow, N. D., Wang, G. J., Newcorn, J., Fowler, J. S., Telang, F., Solanto, M. V., et al. (2007). Brain dopamine transporter levels in treatment and drug naïve adults with ADHD. *NeuroImage, 34*(3), 1182–1190.

Voß, R. (1988). *Medikamentengebrauch und auffälliges Verhalten von Kindern im Alter von 6–14 Jahren*. Der Minister für Arbeit, Gesundheit und Soziales des Landes NRW. Dortmund: Zentrum für Bildung und Gesundheit.

Willcutt, E. G., Doyle, A. E., Nigg, J. T., Faraone, S. V., & Pennington, B. F. (2005). Validity of the executive function theory of attention-deficit/hyperactivity disorder: A meta-analytic review. *Biological Psychiatry, 57*(11), 1336–1346.

5

Die unmögliche Diagnose

Inhaltsverzeichnis

5.1 Mütter auf der Suche 55
5.2 (K)ein Fall von ADHS 56
5.3 Der blinde Fleck. 58
Literatur 59

Die leider verstorbene Helga Rühling stellte fest, dass die inflationäre Vergabe der AD(H)S-Diagnose eine unzulässige Reduktion gesellschaftlicher Probleme auf individuelle kindliche Störungen darstellt und notwendige schulische Reformen verhindert. Je nach Bewertung werden inzwischen bis zu 17 Prozent einer Schulklasse als aufmerksamkeitsgestört betrachtet. In manchen Kindereinrichtungen haben bereits bis zur Hälfte aller Kinder mit der AD(H)S-Diagnose zu tun bekommen (Rühling 2003). Angesichts dieser Zustände ist es wichtig, sich die grundsätzlichen und ungelösten Probleme der Diagnostik bei ADHS vor Augen zu führen. Ich glaube, unabhängig davon, ob es ADHS überhaupt gibt, dass das diagnostische Instrumentarium und die diagnostische Praxis völlig inakzeptabel sind. Dies deshalb, weil

- es keinerlei standardisierte, objektive, valide und zuverlässige Testverfahren speziell für ADHS gibt. Tests messen bestenfalls ein unspezifisches Verhalten und erlauben keinerlei Aussage darüber, ob dem Verhalten eine spezifische Krankheit namens ADHS zugrunde liegt;
- sich die Diagnostik bei Kindern fast ausschließlich auf Verhaltensbeschreibungen der Mütter, seltener der Lehrer oder Erzieherinnen,

bei Erwachsenen auf Selbstbeschreibungen beschränkt. Solche Beschreibungen und die dabei zur Anwendung kommenden Fragebögen sind unspezifisch, subjektiv beeinflusst und beziehungs- und untersucherabhängig. Besonders problematisch ist die Selbstbeschreibung von „Betroffenen", deren Wahrnehmung ja möglicherweise verändert oder gestört ist. Sogar Barkley warnt vor den üblichen Fragebögen. Er kritisiert ein zu undifferenziertes Vorgehen bei der Diagnostik von ADHS und hebt dabei besonders auf die Fragebögen zur Selbstbeurteilung ab, wodurch zum Beispiel die Diagnose ADHS „vom unaufmerksamen Typ" zu schnell gestellt werde. Die Diagnostik dürfe nicht nur auf dem Item Aufmerksamkeitsstörung basieren. Auch bei anderen Krankheitsbildern (zum Beispiel Depressionen) könne Unaufmerksamkeit vorkommen. Als Antwort auf die Frage „Ist jede Unaufmerksamkeit ein ADS" antwortet Barkley mit einem klaren „Nein". Er warnt davor, diesen Selbstbeurteilungsfragebögen in der Diagnostik einen zu großen Stellenwert zu geben (Barkley 1998). Man muss außerdem wissen, dass es gar keine allgemeinverbindlichen Kriterien für die Diagnosenstellung des ADHS bei Erwachsenen gibt. Im Wesentlichen werden hier einfach die Kriterien zur Diagnostik von Kindern angewandt;

- die sonst oft zur Anwendung kommenden psychologischen oder neurologischen Testverfahren nichts ADHS-Typisches aussagen und für diese Störung nicht konstruiert oder geeicht sind. Es sind Testverfahren, die auch sonst bei anderen Untersuchungen angewendet werden, wobei der Untersucher aber keinerlei wissenschaftliche Auswertungskriterien für ADHS hat. Dies bleibt seiner eigenen Entscheidung überlassen;
- die Diagnose mithilfe der gängigen Kriterienkataloge des DSM-IV und ICD-10 ebenfalls nicht beobachterunabhängig ist. Die Kriterien kranken unter ungenauen oder fehlenden Definitionen und nichtrepräsentativen Häufigkeitsverteilungen ihrer Merkmale. Keiner weiß, warum zum Beispiel 6 dieser Kriterien erfüllt sein müssen (und wann genau sie erfüllt sind), und nicht 5 oder 7. Die Gültigkeit dieser Kataloge ist fraglich, ihre Zuverlässigkeit (Beobachterübereinstimmung bzw. Retest) nur teilweise gegeben. Eine Befragung von 500 Ärzten in den USA ergab, dass nicht einmal 10 Prozent von ihnen das DSM-IV als Hauptinstrument bei der Diagnose benutzen; nicht wenige fanden es sogar für eine „gute" Diagnose hinderlich. Bisherige wenige Validitätsuntersuchungen der Diagnose ADS belegen lediglich, dass Menschen, die in bestimmten Situationen verhaltensauffällig sind, auch in anderen Situationen verhaltensauffällig sind: ein ubiquitäres und wohl kaum ADHS-spezifisches Ergebnis. ICD-10 und DSM-IV sind obendrein nicht identisch, sodass die Diagnose

unterschiedlich ausfällt, je nachdem, wo ein Kind lebt und welcher Katalog angewendet wird. Das macht auch den internationalen Vergleich von Forschungsstudien, die somit unterschiedlich zustande gekommene Diagnosen verwenden, meist fraglich;
- die sogenannten komorbiden Störungen (zum Beispiel Lernstörungen, Verhaltensstörungen, Wahrnehmungsstörungen etc.) einen sehr großen (bis zu 90 Prozent) Überschneidungsbereich mit ADS haben. Es ist wissenschaftlich unklar, ob sich ADHS als eigenständiges Syndrom von diesen „komorbiden" Störungen überhaupt abgrenzen lässt. Wahrscheinlich gibt es diese Störungen (die für sich betrachtet durchaus existieren) als „komorbid" gar nicht, weil es auch ADHS nicht gibt;
- ADHS eine Hirnstoffwechselstörung zugrunde liegen soll. Diese wird aber, obwohl einzig beweisend, für die Diagnose gar nicht untersucht. Deshalb weiß niemand, ob die gegenwärtig erhobenen ADHS-Diagnosen auf diese Hirnstoffwechselstörung schließen lassen;
- Untergruppierungen zu ADHS (mit und ohne Hyperaktivität; mit und ohne Hypoaktivität) ungeklärt und differenzialdiagnostisch schwierig bis unmöglich sind. Gibt es ADHS mit und ohne Hyperaktivität? Keiner weiß das genau. Manche bejahen dies, andere behaupten gar, der ADHS-ler würde grundsätzlich „hin- und herpendeln" zwischen „Hypo" und „Hyper". Hyperaktivität wie auch Aufmerksamkeit und Impulsivität sind Merkmale, die nicht nur uneinheitlich definiert, sondern auch uneinheitlich oder gar nicht messbar sind, Normen liegen (außer für Aufmerksamkeit) keine vor. Es besteht keine Einigkeit darüber, dass diese Trias überhaupt kennzeichnend für ADHS ist. Manche Wissenschaftler sagen, man solle nur die Aufmerksamkeitsstörung heranziehen, Hyperaktivität weglassen (zum Beispiel Specht), andere betonen, dass grundsätzlich alle 3 Merkmale erfüllt sein müssten (zum Beispiel Barkley). Die einen sehen in ADHS eine krankhafte Störung (zum Beispiel Barkley), die anderen lediglich eine verkannte „Jäger- bzw. Farmerkonstitution" bzw. eine positive Variante des Normalen (zum Beispiel Hartmann). Es verwundert nicht, dass ein so unscharf und uneinheitlich, ja widersprüchlich definiertes Syndrom diagnostisch nicht fassbar sein kann;
- all diese Unzulänglichkeiten zu einer uneinheitlichen Diagnosepraxis führen, bei der Diagnosen innerhalb von 3 Minuten bis zu mehreren Stunden oder Tagen gefunden werden. Die Dauer der Diagnostik allein kann dabei aber angesichts der Unzulänglichkeit der eingesetzten Instrumentarien auch kein ausreichendes Effizienzmerkmal sein (Rühling 2003).

Die Untersuchungsergebnisse von Angold et al., die bei über 60 Prozent aller mit ADHS diagnostizierten Kinder in den USA eine Falschdiagnose feststellen, beunruhigen nachhaltig. Sie belegen, dass in der klinisch-diagnostischen Praxis sehr oberflächlich und die diagnostischen Richtlinien leichtfertig ignorierend vorgegangen wird. Das mag mit daran liegen, dass diese Richtlinien unpraktisch, weil zu zeit- und kostenaufwendig sind, andererseits fachlich für viele Praktiker auch nicht überzeugend, weil teils willkürlich-theoretisch erstellt. Ausschlussdiagnosen („wenn nichts mehr übrig bleibt, nennen wir's halt ADHS") bei einem Syndrom („was es genau ist, wissen wir nicht") bringen natürlich von Hause aus diagnostische Unmöglichkeiten und unhandbare Diagnoseprozeduren mit sich, zumal das diagnostische Instrumentarium (Fragebogen, Eltern- und Lehrerbeurteilungen) methodisch problematisch ist und das Syndrom selbst uneinheitlich und vieldeutig beschrieben wird.

Was bei der Diagnostik wie genau, zuverlässig und valide eigentlich gemessen wird, weiß niemand. Wird eine medizinische Krankheit gemessen oder nur normale Verhaltensvariationen oder ganz „alltägliche" psychoreaktive Verhaltensstörungen unterschiedlichster Genese? Wenn 3 Fachleute über ADHS sprechen, meint wahrscheinlich jeder von ihnen etwas anderes, ganz abgesehen von den vielen nur ganz oberflächlich informierten Eltern betroffener Kinder, die teils abenteuerliche Vorstellungen von den Problemen ihrer Kinder wider besseren Wissens und aufgrund der mangelhaften Aufklärung durch „Fachleute" mit dem Etikett ADHS bemänteln. Ein eindeutiger biologischer bzw. morphopathologischer Marker für die „Krankheit ADHS" existiert natürlich erst recht nicht, sonst hätte man ja den ganzen gegenwärtigen Schlamassel mit der unzuverlässigen und vieldeutigen, rein klinischen Verhaltensdiagnostik nicht. Nach wie vor gibt es keinen eindeutigen ADHS-Test, weder einen psychologischen noch einen medizinischen. Die subjektive Natur der ADHS-Diagnose ist einer der Gründe für die extremen Unterschiede in der Behandlung mit Ritalin. In Deutschland machte die Behauptung einer Ärztin die Runde, sie erkenne ADHS-Kinder oft bereits an ihren Augen. Viele ADHS-Kinder hätten so kleine Augen. Das Lid gehe bis zur Pupille. Mit Medikamenten hätten die Kinder auf einmal ganz große Augen. (Es wird übrigens auch in Elternkreisen berichtet, dass viele Mütter schon an den Augen sehen, ob die Kinder ihre Medikamente in der Schule genommen hätten oder nicht.)

Nach einer zweitägigen Anhörung von Sachverständigen vor den Nationalen Instituten der Gesundheits-Konsens-Konferenz für ADHD in den USA erklärte 1998 der einzige Kinderarzt des Panels die Diagnose eine „Verwirrung". Ein anderer prominenter pädiatrischer Forscher nannte sie öffentlich eine „Verlegenheitslösung". Das gegenwärtige Konzept von ADHD, wie es in der amerikanischen Psychiatrie im statistischen Diagnosehandbuch (DSM-V) und in der Alltagspraxis der medizinischen Versorgungswirklichkeit festgelegt ist, erzeugt beträchtliches Durcheinander und Widersprüche bei der Frage, wer Ritalin erhalten oder nicht erhalten sollte.

Die Diagnose ADHS wird oft falsch gestellt, darauf weist auch die Vereinigung Analytischer Kinder- und Jugendlichenpsychotherapeuten (VAKJP) hin. Stellt der Kinderarzt die Diagnose Aufmerksamkeitsdefizit- und Hyperaktivitätssyndrom (ADHS), sollte das Kind einem Psychotherapeuten vorgestellt werden. Die Verordnung von Methylphenidat zur alleinigen Therapie sei der falsche Weg. „Die Diagnose ADHS wird oft falsch gestellt, beispielsweise schon bei Unruhe oder einer außergewöhnlichen Belastung des Kindes", so erklärt Hans Hopf die Position der VAKJP in dieser Frage. Die Psychodynamik des Kindes und die psychosozialen Bedingungen im Elternhaus zu beurteilen sei in einer Psychoanalyse oder Verhaltenstherapie besser möglich. Wichtig sei auch, die Eltern begleitend in die Behandlung mit einzubeziehen. „In der Therapie merken die Kinder oft, dass sie das verordnete Medikament nicht mehr brauchen – ein erster Schritt zur Heilung", sagt Hopf. Gemeinsam mit dem behandelnden Arzt sei dann zu entscheiden, Methylphenidat zu reduzieren oder abzusetzen (Deutsches Ärzteblatt vom 14. Dezember 2001).

Auch die extrem unterschiedlichen Prävalenzschätzungen bei ADHS gehen darauf zurück, dass Unterschiedliches unterschiedlich gemessen wird. In einer Untersuchung des nordrhein-westfälischen-Gesundheitsministeriums fanden 40 Prozent der Mütter Verhaltensstörungen bei ihrem Kind, aber nur in 13 Prozent der Fälle wurden die Kinder von Lehrern, Eltern oder Kinderärzten als hyperaktiv eingestuft. Und nur bei ganzen 1,3 Prozent der Kinder stimmten Eltern, Lehrer oder Kinderärzte bei einem bestimmten Kind darin überein (Voß 1988). Da die Diagnose nur gestellt werden darf, wenn die Symptomatik in mehreren Lebensbereichen (Schule, Elternhaus) gleichzeitig auftritt, dürfte man also eigentlich nur von einer Prävalenz von 1,3 Prozent ausgehen.

Ich betone noch einmal: Es gibt nach wie vor keinen ADHS-Test, kein einheitliches, überzeugendes Diagnosevorgehen. Jeder macht es etwas anders, keiner so wie der andere. Was dabei wirklich und wie exakt und gültig gemessen wird, weiß im Grunde niemand. Die Gültigkeit der gängigen Diagnoseinstrumente ist zweifel- und fehlerhaft, weil unspezifisches Verhalten mittels willkürlicher Kriterien als ADHS-Diagnose hingestellt wird.

Stellen Sie sich bitte einmal vor, Sie fragen auf dem Frankfurter Hauptbahnhof 5 Bahnbedienstete, wann der nächste ICE nach Köln fährt, und Sie erhalten 5 unterschiedliche Auskünfte. Sie würden sicher zur Überzeugung kommen, dieses Frage-Antwort-Verfahren sei unzuverlässig. Sie würden vielleicht lieber selber auf den schriftlichen Fahrplan schauen, um eine zuverlässige Auskunft zu erhalten. So ähnlich verhält es sich mit den gängigen Einschätzskalen bei der Diagnostik von ADHS – mit einem bedeutsamen Unterschied: Es gibt keinen zuverlässigen „Fahrplan", auf dem Sie selber nachsehen könnten!

Australische Forscher um R. Gomez haben in 2 anspruchsvollen Studien nachgewiesen, dass die in der Praxis üblichen Einschätzskalen, die bei einer ADHS-Diagnostik sehr oft von Eltern und Lehrern ausgefüllt werden müssen, nicht viel taugen. Eltern und Lehrer beurteilten mithilfe solcher gängiger Ratingskalen ihre Kinder bzw. Schüler, in Studie 1 ganze 1475 australische und in Studie 2 insgesamt 285 brasilianische Grundschüler. In beiden faktorenanalytischen Studien zeigte sich sehr deutlich, dass von Seiten der Beurteiler (Lehrer, Eltern) so starke Unterschiede und Fehlerquellen ausgingen, dass kaum Hinweise auf die für eine gültige Diagnose notwendige übereinstimmende und unterscheidende Funktion dieser Schätzskalen zu finden waren. Eltern, Ärzte und Lehrer stimmen in der Beurteilung der Kinder fast nie überein, obwohl eine solche Übereinstimmung in mindestens 2 Lebensbereichen (Familie und Schule) Voraussetzung für die Diagnose ADHS ist.

Kurz gesagt: Diese Schätzskalen sind durch Vorurteile, Schätzfehler und subjektive Einflüsse auf der Seite der Beurteiler bzw. der Skalen selbst dermaßen störanfällig, dass sie für eine gute Diagnostik einfach nicht viel taugen (Gomez et al. 2003). Auch Furman beurteilt die bei der ADHS-Diagnostik gängigen Ratingskalen als ungeeignet (Furman 2008). In einer etwas älteren, aber nach wie vor interessanten Studie unterzogen Langhorne et al. die Fragebogendaten von 94 ADHS-Kindern einer Faktorenanalyse und fanden kein einheitliches Störungsmuster bei den Kindern. Stattdessen fanden sie, das 64 Prozent der Varianz der Fragebogenbeurteilungen auf die beurteilenden Eltern, Lehrer und Ärzte selbst zurückzuführen waren, nicht etwa auf die Kinder. Das bedeutet, dass sich die Kinder je nach Beurteiler und Situation überwiegend ganz unterschiedlich darstellten, obwohl für die Diagnose eine situationsübergreifende Störungskonstanz gefordert wird (Langhorne et al. 1976).

Angesichts der Masse von Kindern, die bisher unter Anwendung solch ungenauer Testinstrumente diagnostiziert wurden, wundert einen gar nichts mehr, wenn man beobachtet, welch stark unterschiedliche Störungsbilder

Kinder zeigen, die die Diagnose AD(H)S teilen. Der Einwand, solche Schätzskalen würden ja nie allein eine Diagnose begründen, sondern eine Kombination verschiedener Verfahren, würde nur dann aus der Misere helfen, wenn diese anderen Verfahren zuverlässiger und gültiger wären als die hier behandelten Schätzskalen. Aber daran sind ebenfalls starke Zweifel erlaubt. Viele mangelhafte oder unspezifische Testverfahren zusammen bilden natürlich erst recht keine gute Diagnosegrundlage.

5.1 Mütter auf der Suche

Ein interessantes Phänomen liegt in der häufigen Beobachtung, dass Mütter davon überzeugt sind, ihr Kind habe die Krankheit ADHS, der Arzt oder Psychologe die Diagnose aber nicht bestätigen kann und die Mutter darüber dann äußerst unglücklich ist. Ja, sie ist unglücklich und unzufrieden, dass ihr Kind **kein** ADHS hat! Oder sie bezweifelt die Kompetenz des Arztes und sucht so lange nach einem anderen, bis sie die Diagnose ADHS endlich bekommt. Man findet in Internetforen zu ADHS immer wieder solche Beispiele. Normalerweise würde man erwarten, dass eine Mutter glücklich ist, wenn ihr Kind nicht an einer angeblich genetisch bedingten Hirnfunktionsstörung leidet. Aber weit gefehlt! Man stelle sich das mal bei irgendeiner anderen ernsten Krankheit, wie zum Beispiel Krebs, vor! Und wenn man manche pseudowissenschaftlichen Bücher über ADHS liest, dann ist ja ADHS angeblich eine ernste Krankheit, die lebenslang medikamentiert gehört. Wieso also sind diese Mütter so unzufrieden, wenn ihre selbstgefundene ADHS-Diagnose nicht bestätigt wird? In Internetforen liest man viele erstaunliche Beispiele hierfür. Eine Mutter ist zum Beispiel seit 12 Jahren davon überzeugt, ihr Kind habe ADHS. Aber bei Untersuchungen könne sich ihr Kind immer dermaßen geschickt verstellen und so nett sein, dass die Fachleute immer abwinken würden. Andere Mütter beklagen sich darüber, dass die Fachleute standardisierte Tests bei der Diagnostik verwenden (worüber sie doch eigentlich beruhigt sein sollten) und die Schilderungen der Mutter selbst angeblich gering schätzen, also der Mutter irgendwie nicht glauben. Dabei hat die Mutter die Diagnose doch längst selbst gestellt!

Wenn man genauer hinschaut und mit solchen Müttern ausführlich darüber spricht, dann stellt man fest:

- Sie sind bisher durchweg an inkompetente Fachleute geraten, die ihnen nicht geholfen haben.
- Sie haben sich aber auch von kompetenten Fachleuten bisher nicht wirklich helfen lassen wollen, weil es psychisch weh hätte tun können.

- Sie leiden unter starken Schuldgefühlen wegen persönlicher und familiärer Versäumnisse, fühlen sich aber außerstande, daraus Folgerungen zu ziehen.
- Sie haben bisher nie ernsthaft sich selbst bzw. ihre Familie als Störungsursache für ihr Kind reflektieren können.
- Sie sind also sozusagen mit ihrem Latein am Ende, weil sie subjektiv keine Erklärung für die Schwierigkeiten mit ihrem Kind haben.
- Sie lesen in ADHS-Ratgebern und einschlägigen Internetforen über ADHS und stellen die entsprechende Diagnose für ihr Kind, weil sie im Konstrukt ADHS eine entlastende und monokausale Krankheitsursache für all ihre Probleme erleben und sie Ritalin als Medikament für die Krankheit ADHS als Rettung ersehen, denn sie wüssten andererseits, wenn ihr Kind **nicht** ADHS hätte, keine Erklärung für sein Verhalten.

Die ADHS-Diagnose hat also einen psychisch stark entlastenden Effekt, der sogar größer ist als das Leid angesichts einer festgestellten medizinischen Krankheit. Dies leugnen diese Mütter auch gar nicht, begründen es aber damit, dass ihre Schuldgefühle vorher eben vollkommen unbegründet oder von unfähigen Fachleuten als falsche Störungsursache nur „eingeredet" waren.

5.2 (K)ein Fall von ADHS

Der Schweizer Psychologe Piero Rossi hat 2003 in Koblenz einen interessanten Vortrag zu ADHS gehalten. Hier wurde sehr deutlich, wie ein ADHS-Protagonist mit jahrelanger praktischer Erfahrung, also eigentlich ein „alter ADHS-Hase", immer mehr an ADHS grundlegend zu zweifeln scheint. Ich zitiere hier nur einige seiner prägnantesten Aussagen:

Zur neurobiologischen Diagnostik von ADHS

> Leider haben sich die bisherigen … Forschungsbefunde als nicht kennzeichnend genug erwiesen, um als diagnostisches Kriterium Verwendung zu finden. (Rossi 2003, S. 6)

Medizinisch ist also keine valide Diagnostik möglich.

Zur Fragebogen- und Checklisten-Diagnostik bei ADHS

> Zusammenfassend kann man sagen, dass standardisierte Fragebögen geeignete Instrumente darstellen, um Informationen über einen Patienten zu erhalten. Eine diagnostische Zuordnung [zu ADHS, Einfügung von mir] ermöglichen sie indes nicht. (Rossi 2003, S. 7)

Mit Fragebögen und Checklisten ist also auch keine valide Diagnostik möglich.

Zur testpsychologischen ADHS-Diagnostik
Als 2 „Stolpersteine" der ADHS-Diagnostik werden angeführt:

> Wenn ein Kind in der Schule und daheim Lern- und Verhaltensprobleme hat, ein ADHS-Verdacht besteht und das Kind in einer psychologischen Testuntersuchung unauffällige Leistungen erbringt, heißt das nicht zwingend, dass keine ADHS vorliegt. (Rossi 2003, S. 10)

Sowie:

> Wenn ein Kind in der Schule und daheim an Lern- und Verhaltensproblemen leidet und Tests ADHS-typische Resultate zeigen, heißt das nicht zwingend, dass eine ADHS vorliegt. (Rossi 2003, S. 11)

In Sachen Testdiagnostik der ADHS sieht es also recht düster aus (Rossi 2003, S. 13).
Besser kann man nicht umschreiben, dass die gesamte ADHS-Testdiagnostik unspezifisch und damit nutzlos ist.

Zum Aufmerksamkeitsdefizit

> Leider konnte in Untersuchungen bisher keine ADHS-spezifische Aufmerksamkeitsschwäche gefunden werden ... Wahrscheinlich wird man das ADHS-kennzeichnende Aufmerksamkeitsdefizit gar nie entdecken, da es – so meine persönliche Vermutung – gar nicht existiert. (Rossi 2003, S. 12)

Zur Testuntersuchung allgemein

> In Sachen Testdiagnostik der ADHS sieht es also recht düster aus. (Rossi 2003, S. 13)

Rossi kritisiert aber trotzdem die Empfehlungen der Forchheimer AG ADHS der Kinder- u. Jugendärzte e. V. mit ihren „ADHS-Leitlinien", die psychologische Tests als überflüssig betrachten und bestenfalls einen Intelligenztest für nötig halten. Warum, wo er doch den Nutzen solcher Tests selber bezweifelt?

Das Ausschlusskriterium E
Rossi versucht sich aus diesem vollkommen hoffnungslosen Gesamtzustand zu retten, indem er sich auf DSM-IV Punkt E bezieht, worin die sogenannte Ausschlussdiagnostik bei ADHS beschrieben ist: ADHS ist demnach angeblich das, was übrigbleiben soll, wenn alles andere ausgeschlossen ist. Für die klinische Praxis und den gesunden Menschenverstand ein ziemlich absurdes Kriterium. Denn wer hat die Zeit und das Geld, „alles andere" auszuschließen? Und vor allem: Worin besteht dieses „alles andere" überhaupt?

Rossis Ausführungen sind recht differenziert und kritisch. Man versteht allerdings nicht, wieso er nach solchen Aussagen überhaupt noch an ADHS festhält, und wie man ADHS denn nun valide und zuverlässig diagnostizieren kann. Man kann aus seinen Ausführungen eigentlich nur schlussfolgern, dass man das ganz einfach gar nicht kann.

5.3 Der blinde Fleck

Das gesamte ADHS-Konstrukt leidet unter seiner biologistischen Einseitigkeit, weshalb auch seine Diagnostik einen chronischen blinden Fleck aufweist: Psychosoziale Ursachen werden ausgeblendet, man scheint sie zu fürchten wie der Teufel das Weihwasser. In der Diagnostik spielen sie deshalb keinerlei Rolle. ADHS-Vorreiter wie Barkley behaupten, Leute wie Freud und Watson hätten den Menschen eingeredet, dass kindliche Verhaltensprobleme umweltbedingt seien. Und nun käme ADHS daher, eine ernsthafte Störung, die nichts mit Umwelteinflüssen oder misslungener Erziehung zu tun habe. Das stoße natürlich auf den heftigen Widerstand der Psychoanalytiker und Verhaltenstherapeuten (Barkley 2001). Dieser unbegründete Glaube, ADHS habe nichts mit Erziehung oder Umwelteinflüssen zu tun, führte zu einer chronischen Ausblendung solcher Umwelteinflüsse und frühkindlichen Lernerfahrungen in der gesamten bisherigen ADHS-Forschung.

Literatur

Barkley, R. A. (1998). *Attention-defizit hyperaktivity disorder*. N.Y: Guilford Press.

Barkley, R. A. (2001). ADHD. Frontline-Interview. www.pbs.org/pages/frontline/shows/medicating/interviews/barkley.html. Zugegriffen 10. Dec. 2018.

Deutsches Ärzteblatt. (14. Dezember 2001). Hyperaktive Kinder: Gleichzeitige Psychotherapie. *Deutsches Ärzteblatt, 98*(50), A-3324, B-2804, C-2604.

Furman, L. M. (2008). Attention-deficit hyperactivity disorder (ADHD): Does new research support old concepts? *Journal of Child Neurology, 23*(7), 775–784.

Gomez, R., Burns, G. L., Walsh, J. A., & de Moura, M. A. (2003). A multi-trait-multisource confirmatory factor analytic approach to the construct validity of ADHD rating scales. *Psychological Assessment, 15*(1), 3–16.

Langhorne, J. E., Jr., Loney, J., Paternite, C. E., & Bechtoldt, H. P. (1976). Childhood hyperkinesis: A return to the source. *Journal of Abnormal Psychology, 85*, 201–209.

Rossi, P. (2003). (K)ein Fall von ADHS. http://www.adhs.ch/download/docs/grundlagen/juvemus.pdf. Zugegriffen: 31. Juli 2010.

Rühling, H. (2003). *ADS – Hilfen für unruhige Kinder*. Reinbek: rororo.

Voß, R. (1988). *Medikamentengebrauch und auffälliges Verhalten von Kindern im Alter von 6–14 Jahren. Der Minister für Arbeit, Gesundheit und Soziales des Landes NRW*. Dortmund: Zentrum für Bildung und Gesundheit.

6

Was so alles von ADHS behauptet wird

Inhaltsverzeichnis

6.1	ADHS ist eine Hirnfunktionsstörung.	62
	6.1.1 Das Hirnvolumen	63
	6.1.2 Die Henne und das Ei	66
	6.1.3 Hirnbesonderheiten sind nicht die Ursache	67
6.2	ADHS ist genetisch bedingt	72
	6.2.1 Molekulargenetik	73
	6.2.2 ADHS und die Gene: Eine Irrfahrt	77
	6.2.3 Erblichkeit	80
	6.2.4 Beispiel Intelligenz	83
	6.2.5 Warum ist der Giraffenhals so lang?	84
	6.2.6 Wie stark ist die Macht der Gene?	85
	6.2.7 Genetische Ursache endlich gefunden?	86
6.3	Noch einmal: ADHS ist vererbt	87
	6.3.1 Meine Kinder wurden gleich erzogen	88
	6.3.2 Eltern erziehen ihre Kinder unterschiedlich	91
	6.3.3 Oder doch Vererbung?	93
6.4	ADHSler sind hochbegabt	94
6.5	ADHSler sind kreativ	99
6.6	ADHS ist unheilbar	100
	6.6.1 Schreibabys	105

6.7 Eine Aufmerksamkeitsstörung ist kennzeichnend................. 109
6.8 ADHS ist eine Störung der Exekutivfunktionen.................. 110
6.9 Typischer Hyperfokus 111
6.10 ADHS ist erziehungsunabhängig............................. 112
    6.10.1 Erziehung hat einen starken Einfluss 115
Literatur 118

6.1 ADHS ist eine Hirnfunktionsstörung

In einem Internet-Selbsthilfeforum klagt eine Mutter: Alle, die Lehrerin, der Kinderarzt, ihre Schwiegermutter, Nachbarn – alle würde sagen, ihr Sohn sei schlecht erzogen. Keiner glaube, dass es in Wirklichkeit aber „diese Hirnfunktionsstörung" sei und ihr Sohn nichts dafür könne. Sie surfe immerhin seit Jahren im Internet und wisse inzwischen alles über ADHS. Und nun auch das noch: Ihr Mann habe gestern einen mächtigen Krach mit ihr entfacht, weil sie angeblich solange von Arzt zu Arzt renne, bis sie einen gefunden habe, der ihr die Diagnose ADHS liefere. Er könne das nicht mehr mit ansehen, sie sei viel zu streng mit dem Sohn und solle lieber mal daran etwas ändern, als dem Kind Tabletten fürs Hirn zu geben. Der Sohn habe nichts am Gehirn und sei völlig gesund, im Gegensatz zu ihr, der Mutter! Die Mutter beschließt ihre Klage damit, dass sie nun ob der Ignoranz ihres Mannes mit den Nerven völlig fertig sei und zu Hause auszuziehen plane.

Es gibt inzwischen tatsächlich Tausende von wissenschaftlichen Studien, die irgendeine hirnbetreffende Besonderheit bei angeblichen ADHS-Patienten gefunden zu haben glauben und damit die These stützen wollen, dass ADHS mit einer Hirnfunktionsstörung erklärbar sei. Das ist nun aber gar nichts Neues. Seit jeher versuchen Medizin und Psychiatrie, Verhaltensstörungen und psychische Krankheiten mit Hirnschäden und -funktionsstörungen zu erklären. Wirklich fündig sind sie dabei noch nirgends geworden. Dabei ist die Liste bisheriger Befunde durchaus beeindruckend: Von einfachen Testaufgaben bis hin zu nur noch mit komplizierten Apparaturen und Prozeduren messbaren Hirnfunktionen und neurologischen Parametern reichen die Unterschiede von ADHS-Patienten zu sogenannten normalen Versuchspersonen. Was dabei aber fast immer übersehen wurde: Alle Versuchspersonen wurden in einem Alter untersucht, zu dem sie ihr Gehirn oft schon viele Jahre in besonderer, von ihrem Lebenslauf bestimmter und in den Studien nicht kontrollierter Weise benutzt hatten. Ihr Gehirn wies also bereits Besonderheiten auf, die nichts mit ADHS zu tun, sondern ganz andere (umweltbedingte, erfahrungsabhängige) Ursachen hatten. Und solange man nicht weiß, welche Veränderungen von Geburt an oder zumindest bereits zu Beginn einer Störung auftraten und welche erst im weiteren Verlauf entstehen, hält man leicht die erst später auftretenden und dann in einer Studie gemessenen Folgen für die Ursachen der Störung.

So geht es uns heute, wenn wir all die vielen im Gehirn von ADHS-Patienten gemessenen Veränderungen einzelner neurobiologischer Parameter bewerten sollen, nicht viel anders als den Ärzten vor der Entdeckung der bakteriellen Erreger von Infektionskrankheiten. Feststellen konnten sie bei einem infizierten Menschen vieles, den erhöhten Puls, das Fieber, die veränderte Zusammensetzung des Urins. Hätten sie damals bereits über die heute verfügbaren Techniken verfügt, so wäre die Liste der im Verlauf einer Infektionskrankheit messbaren Veränderungen ähnlich lang geworden wie die der heute angeblich festgestellten „Anomalien" im Gehirn von ADHS-Patienten. (Hüther 2002)

6.1.1 Das Hirnvolumen

Eine Vielzahl von Studien zum Hirnvolumen bei ADHS kam in den vergangenen 20 Jahren zum Ergebnis, dass das Gesamthirn oder bestimmte Hirnareale bei ADHS-Patienten kleiner seien als bei Menschen ohne ADHS, womit die eindeutige Ursache für ADHS sowie ADHS als medizinische Krankheit bewiesen zu sein schienen. Was bei all diesen Studien aber als Fehlerquelle übersehen wurde, war die Möglichkeit, dass Psychostimulanzien (und nicht ADHS) diese Hirnveränderungen verursacht haben konnten, denn die Versuchspersonen waren (im Unterschied zu den Kontrollgruppen) in diesen Studien häufig medikamentös behandelt worden. Castellanos et al. fanden zum Beispiel ein im Vergleich zu einer Kontrollgruppe um 4,7 Prozent kleineres Hirnvolumen bei ihren ADHS-Patienten. Sie schlossen daraus, dass Hirnschrumpfung die Ursache für ADHS sei, fügten ganz am Schluss aber wie nebenbei hinzu, dass 93 Prozent ihrer Versuchspersonen mit Stimulanzien behandelt worden waren und man deshalb nicht sicher sein könne, ob das geringere Hirnvolumen nicht auch medikamentös bedingt sei. Um dies ausschließen zu können, müsste man ADHS-Patienten, die niemals medikamentös behandelt wurden, mit Normalpersonen und medikamentös behandelten ADHS-Patienten vergleichen (Castellanos et al. 1996).

Festzuhalten bleibt, dass bisher keine dieser Studien mit medikamentös behandelten Versuchspersonen ein im Vergleich zu Normalpersonen gleich großes Hirnvolumen fand. Fast durchgehend war das Volumen insgesamt oder das bestimmter Areale kleiner. Man fand sogar einen linearen Zusammenhang zwischen dem Ausmaß der Hirnschrumpfung und der ADHS-Symptomstärke.

Was besagen solche Studien, wenn wir der oft unkontrollierten Störvariable „Stimulanzienbehandlung" einmal keine Bedeutung beimessen? Ein kleineres, sozusagen unterentwickeltes Hirnvolumen wäre dann zunächst einmal überhaupt nichts ADHS-Spezifisches. Ein kleineres Hirnvolumen muss zunächst einmal auch gar nichts Krankhaftes bedeuten. Andererseits findet man bei sehr vielen unterschiedlichen Störungsbildern ein verringertes Hirnvolumen in bestimmten Bereichen. Beispielsweise ist chronischer Alkoholmissbrauch verantwortlich für eine Hirnrindenatrophie und Hirnvolumenverminderung. Auch bei Depressionen und Schizophrenien (bei letzteren vor allem im Stirnhirnbereich) zeigen sich Hirnsubstanzminderungen. Menschen mit chronisch hohem Blutdruck haben mit 45 Jahren das Hirnvolumen eines 70-Jährigen. Frühgeborene Kinder haben dauerhaft ein bis zu 35 Prozent kleineres Hirn als normal ausgetragene Kinder. Menschen mit hohem Neurotizismus-Score, die über viel privaten Ärger berichten, haben kleinere Gehirne als sorgenfreie Menschen („Neurotiker-Hirn ärgert sich schrumpelig"). Chronischer Drogenmissbrauch (zum Beispiel Ecstasy) geht mit geringerem Hirnvolumen und erweiterten Liquorräumen einher. Auch chronische Mangel- und Fehlernährung ist mit reduziertem Hirnvolumen assoziiert. Aus der Reihe fallen Beobachtungen, nach denen das anfängliche Hirnwachstum bei Autisten beschleunigt zu sein scheint bis hin zu einer Vergrößerung der Hirnoberfläche bereits im 1. Lebensjahr. Man hat übrigens bisher keine eindeutigen Zusammenhänge eines reduzierten Hirnvolumens mit irgendwelchen Hirnfunktionsstörungen gefunden (mit Ausnahme der Multiplen Sklerose). Dass ein geringeres Hirnvolumen gar nicht für eine Störung stehen muss, sieht man an dem Umstand, dass das Gehirn von Frauen von Natur aus ein um 10 Prozent geringeres Volumen hat als das der Männer. Darin liegt aber natürlich keinerlei Pathologie.

Es zeigt sich, dass sehr viele ungünstige Entwicklungsbedingungen mit einem reduzierten Hirnvolumen einhergehen können. Die moderne Neurobiologie liefert immer mehr Erkenntnisse dafür, dass solche Hirnveränderungen nicht nur auf „innere" (genetische) Störungen zurückgehen, sondern auch in bisher ungeahntem Ausmaß direkt oder indirekt auf psychosoziale Stressoren. Und gerade dieser Umstand wird in den besagten ADHS-Studien in keiner Weise berücksichtigt. Es wurde oft nicht nur der mögliche Einfluss der Stimulanzien auf das geringere Hirnvolumen der Versuchspersonen ignoriert: Es wurden und werden vor allem auch die Umwelterfahrungen und Entwicklungsbedingungen der Versuchs- und Kontrollpersonen, sozusagen ihre bisherigen Hirn-Nutzungsbedingungen, völlig außen vor gelassen. Wenn ADHS-Symptome im Zusammenhang stehen mit geringerem Hirnvolumen, und geringeres Hirnvolumen auch umweltbedingte Ursachen haben kann, ist nicht auszuschließen, dass all diese Studien in ihren Versuchspersonengruppen Menschen zusammenfassen, die unter ungünstigeren oder anderen Umweltbedingungen aufgewachsen sind und deshalb ein geringeres Hirnvolumen und im Zusammenhang damit ADHS haben. In jüngster Zeit mehren sich Forschungsergebnisse, die einen deutlichen Zusammenhang zwischen Hirngewicht und körperlichem Übergewicht finden: Je mehr Kilo ein Mensch auf die Waage bringt, umso kleiner ist sein Gehirn. Raji et al. fanden zum Beispiel mit kernspintomographischen Untersuchungen, dass bei stark übergewichtigen älteren Menschen das Gehirn um 8 Prozent kleiner war als bei Normalgewichtigen. Bei fettleibigen Personen sah das Gehirn 16 Jahre älter aus als bei dünnen. Besonders betroffen waren Hirnregionen wie der Frontallappen, der Scheitellappen und der Hippocampus (Raji et al. 2009). Mir ist keine einzige ADHS-Studie zur Hirngröße bekannt, in der das Körpergewicht der Versuchspersonen kontrolliert worden wäre, als Störvariable also ausgeschlossen war. Denn eine mögliche Ursache für ein geringeres Hirngewicht kann ja eben auch der zu hohe Body-Mass-Index (BMI), also das körperliche Übergewicht sein, und nicht so etwas wie ADHS.

Um endlich wenigstens dem Dauervorwurf der fehlenden Kontrolle der Stimulanzienwirkung zu entgehen, haben Castellanos et al. eine weitere Studie vorgelegt, in der sie das Hirnvolumen von medikamentös behandelten und unbehandelten ADHS-Patienten mit sogenannten Normalpersonen vergleichen. Und siehe da: Plötzlich ist das Hirnvolumen medikamentös behandelter ADHS-Patienten nicht mehr kleiner, sondern genau so groß wie das der Normalpersonen, während dasjenige der unbehandelten ADHS-Patienten kleiner ist (Castellanos et al. 2002). Das bei ADHS vorher zu kleine Hirnvolumen wächst also nun plötzlich durch die Stimulanziengabe, wird behauptet, während alle früheren Studien bei behandelten ADHS-Patienten (unfreiwillig) genau das Gegenteil bewiesen hatten. Wenn die Stimulanziengabe das kleine ADHS-Hirn angeblich auf „Normalmaß" reifen lässt, warum hatten dann in allen früheren Studien die mit Stimulanzien behandelten ADHS-Patienten ein kleineres Hirn? Wer soll da nicht auf die böse Idee kommen, die Forscher seien in ihrem Übereifer, die Störvariable

„Stimulanzienbehandlung" auszuschalten, ein wenig über das Ziel hinausgeschossen? Hätten sie nicht herausfinden können, dass das Hirnvolumen der behandelten und der unbehandelten ADHSler gleich klein (kleiner als das der Normalpersonen) ist? Dann hätten sie doch klar gezeigt, dass die Stimulanziengabe ohne Einfluss ist, und die früheren Studien wären auch noch rehabilitiert gewesen. Aber so?

In einer aktuellen Studie mit 3242 Probanden im Alter von 14 bis 63 Jahren, darunter 1713 Personen mit der Diagnose ADHS, die übrigen „Normalpersonen", zeigte sich nun genau dies. Es wurde ebenfalls unterschieden zwischen medikamentierten und nicht medikamentierten Probanden. Wieder zeigte sich ein geringeres Hirnvolumen in bestimmten Arealen bei ADHS (Nucleus accumbens, Hippocampus, Putamen und intrakraniell, nicht aber im Pallidum und Thalamus), wobei es keinen Unterschied machte, ob eine Medikation stattgefunden hatte oder nicht. Die Medikation hatte auch keine Auswirkungen auf eine Arealvergrößerung der ADHS-Probanden (Hoogman et al. 2017).

Diese bisher nicht bestätigte Studie zeigte also keinen Zusammenhang zwischen einer Medikation und den geringeren Arealvolumina. Wie in vielen Studien wurde aber auch hier nicht kontrolliert, warum die eine Subgruppe der ADHSler nicht, die andere medikamentiert worden war. Diese für das Ergebnis wichtige Variable wurde ja nicht experimentell hergestellt, sondern einfach übernommen. Es ist denkbar, dass die medikamentierten ADHSler unter „schwererem" oder „anderem" ADHS gelitten hatten als die nicht medikamentierten, sodass die Medikamentierung eben doch einen Einfluss auf das Hirnvolumen hätte haben können, indem sie beide Untergruppen bei ungleichem Anfangszustand dann aber im Ergebnis angleicht.

Es zeigt sich also insgesamt ein unklares und widersprüchliches Gesamtbild.

6.1.2 Die Henne und das Ei

Aus dem gleichzeitigen Vorhandensein von zum Beispiel Veränderungen des dopaminergen Hirnsystems und hyperaktivem Verhalten hat man einen kausalen Zusammenhang in dem Sinne behauptet, dass die Hirnfunktionsbesonderheiten die Ursache für ADHS seien, obwohl beides auch durch etwas Drittes bedingt bzw. die Kausalität genau umgekehrt sein könnte oder zwischen beidem überhaupt kein kausaler Zusammenhang bestehen muss. Dass allein schon wissenschaftstheoretisch diese Möglichkeit besteht, sollte eigentlich Aussagen der Art, dass es eine bewiesene Tatsache sei, dass eine

Hirnstoffwechselstörung als Ursache von ADHS anzusehen sei, verbieten. Schließlich ist trotz vieljähriger Forschung kein einziger biologischer Marker gefunden worden, der eine solche kausale Tatsachenbehauptung rechtfertigen würde. Vielmehr können alle bisher gefundenen hirnfunktionellen Besonderheiten als Korrelate (als hirnfunktionelle Repräsentationen) der Erfahrungen, Lernprozesse und umweltbezogenen Einflüsse (oder, wie Hüther sagen würde: der Nutzungsbedingungen), die auf das Gehirn eingewirkt haben, betrachtet werden (Hüther 2002).

Wenn man die Hirne von langjährigen Londoner Taxifahrern nach ihrem Tode untersucht, findet man veränderte Hirnstrukturen. Waren diese Fahrer also krank? Nein, denn die Hirnveränderungen haben sich bei ihnen im Laufe vieler Jahre Fahrpraxis als Anpassung an die chaotische Londoner City herausgebildet. Hirnbesonderheiten sind also nicht automatisch die Ursache, sie sind auch Folge von besonderen Nutzungsbedingungen. Diese These, die durch immer mehr Forschungsergebnisse der Neurowissenschaften belegt wird, ist so bedeutsam, dass man sie ohne Übertreibung als Paradigmenwechsel in der gegenwärtigen Wissenschaft vom Menschen bezeichnen kann. Es ist denn auch bezeichnend, wie stark die Abwehrkräfte sind, die eine solch beunruhigende These in ADHS-Kreisen weckt, und wie heftig sie geleugnet oder als falsch hingestellt wird, damit man nicht dazulernen und umdenken muss. Hatte die „alte" Auffassung doch den Vorteil, einfach und „logisch" zu sein, eine simple Therapie (Methylphenidat) anbieten zu können, Eltern (allgemein: das psychosoziale Milieu) zu entlasten sowie durch eine Unmenge von Forschungsergebnissen scheinbar eindeutig belegt zu sein.

Und nun kommen Neurowissenschaftler daher und sagen, dass alles nicht ganz so einfach sei, wie man bisher geglaubt habe. Das menschliche Gehirn sei genetisch viel weniger programmatisch fertig und verhaltensverursachend, sondern zeitlebens „plastisch", also je nach Input ständig veränderbar. Dieser Input sei es, auf den es ankomme. Nicht angeborene, genetisch bedingte Besonderheiten des dopaminergen Systems verursachen ADHS, sondern ein Wechselspiel von (nicht ADHS-spezifischer) genetischer Grundausstattung und anschließendem Input, wobei dieser Input viel wichtiger ist, als man bisher für möglich gehalten hat.

6.1.3 Hirnbesonderheiten sind nicht die Ursache

Erfahrene Fachleute, die mit ADHS zu tun haben, praktizieren diesen Paradigmawechsel in Wirklichkeit seit langem, obwohl sie in der Öffentlichkeit mehr oder weniger den Eindruck erwecken, sie benötigten dazu das traditionelle ADHS-Konstrukt. Döpfner setzt bei der Mehrzahl (mindestens 60 Prozent) seiner sicher besonders ausgeprägten ADHS-Kinder keine Psychopharmaka ein, beim Rest nur ergänzend. Seine ADHS-Therapie ist nichts anderes als Psychotherapie mit gelegentlicher medikamentöser Unterstützung. Krowatschek kommt bei bisher circa 5000 Kindern gänzlich ohne Medikamente aus. Seine Methode ist eine reine psychotherapeutisch orientierte Übungsmethode, für deren Begründung es des ADHS-Konzepts überhaupt nicht bedarf. Bonney behandelt die Kinder mit einer kommunikationstheoretisch (aber auch anders) begründbaren Psychotherapie ohne jedes Medikament und ohne wirkliche Notwendigkeit des ADHS-Konzepts.

Diese und sicher viele andere Psychotherapeuten erzielen überzeugende Heilungserfolge, ohne das ADHS-Konstrukt in Wirklichkeit zu benötigen. Für die psychotherapeutische Praxis hat das ADHS-Konzept keinerlei wirkliche Bedeutung. Die Praxis aller gängigen Behandlungen lässt sich völlig ohne das fragliche ADHS-Konzept begründen. Aus meiner eigenen klinischen Praxis kenne ich genügend Kinder und Familien, bei denen mit klassischen Psychotherapiemethoden (insbesondere Familientherapie plus Kindertherapie) bei ADHS (ohne diese Diagnose jemals zu benötigen) Heilung erzielt werden konnte.

Es gibt keinen klaren wissenschaftlichen Beleg dafür, dass ADHS eine krankhafte Hirnfunktionsstörung ist. Man hat zwar, wie bereits erwähnt, bei Kindern mit der Diagnose ADHS vielerlei Veränderungen im Gehirn gefunden.

Bei keiner der bisher bei ADHS-Diagnostizierten gefundenen Veränderungen ist wissenschaftlich belegt, dass sie ADHS verursachen oder dass sie wirklich spezifisch für ADHS sind und nicht auch bei vielen anderen Störungen oder Verhaltensprägungen oder ganz normalen Charaktereigenschaften vorkommen. All diese unspezifischen Hirnveränderungen können, wie gesagt, auch lediglich Abbildungen bzw. Niederschläge von lebensgeschichtlichen Erfahrungen bzw. psychosozialen Umwelteinflüssen sein. Sie müssen keineswegs „angeboren", sondern sie können genauso gut durch Lebenserfahrungen erworben sein.

Das menschliche Gehirn ist viel plastischer und in seiner Entwicklung von Erfahrung viel abhängiger, als die ADHS-Forschung bisher zur Kenntnis nimmt. Hirnbesonderheiten können körperlich-genetisch mit bedingt sein, sie sind aber auch genauso erfahrungsabhängig. Die ADHS-Forschung berücksichtigt bisher nur die eine Seite der Medaille, nämlich die biologisch-genetische. Man kann diese Forschungsrichtung deshalb zu Recht als biologistisch bezeichnen. Die starke Beeinflussung der Hirnentwicklung durch Lernerfahrung und Umwelteinflüsse gerade bei Kindern wird völlig ausgeblendet.

Die moderne Hirnforschung liefert immer mehr Belege dafür, dass Erfahrungen und Umwelteinflüsse die Hirnstrukturen und -funktionen formen. So fand Braun im Tierversuch, dass die frühe Trennung der Jungtiere von ihren Eltern zur vermehrten Bildung synaptischer Verschaltungen („spines") im Gehirn führte, wie man sie zum Beispiel auch bei Schizophrenen oder beim Fragilen X-Syndrom fand. Auch die dopaminerge D1-Rezeptorendichte war deutlich erhöht. Als Folge dieser Hirnveränderungen zeigten die Tiere vermehrt hyperaktives Verhalten (Braun 2001).

Bei chronischen Schmerzpatienten, denen man in einer Psychotherapie suggeriert, ihr Schmerz sei weg, verschwindet nicht nur der körperliche Schmerz, sondern es wird auch die neuronale Aktivität der Hirnrinde hemmend beeinflusst. Psychische Prozesse (wie zum Beispiel das, was wir glauben, oder alle unsere psychischen Lernerfahrungen einschließlich von Psychotherapie) verändern messbare hirnfunktionelle Vorgänge in verblüffend ähnlicher Weise wie Psychopharmaka. Diese These belegt der Physiologe Johann Caspar Rüegg in seinem Buch mit zahlreichen Beispielen. Mit bildgebenden Verfahren kann man dem Gehirn bei seiner „Arbeit" praktisch zuschauen. Beispielsweise ist bei Menschen, die unter Waschzwang leiden, ein bestimmter Bereich unter der Hirnrinde überaktiv. Auf den Bildern kann man dies an den Farben erkennen. Werden diese Menschen nun mit Medikamenten behandelt, so ist anschließend auf den Bildern keine Überaktivität mehr zu beobachten. Gleichzeitig hat sich das Verhalten der Patienten verändert: Sie müssen sich nicht mehr andauernd waschen. Nehmen Patienten mit Waschzwang nun an einer Psychotherapie teil, so ändert sich ebenfalls ihr Verhalten. Und auf den Bildern ist zu sehen, dass in der Folge auch die entsprechenden Hirnregionen wieder normal aktiv sind.

Psychopharmaka greifen also in den Hirnstoffwechsel ein, was (für die Dauer der Medikamentenwirkung) zu einer Verhaltensänderung führt, während Psychotherapie zu einer dauerhaften Verhaltensänderung führt, die ihrerseits eine Hirnfunktionsänderung zur Folge hat. Da Psychotherapie Erfahrungen ändert, bestätigen diese Befunde gleichzeitig auch die These der Hirnformung durch Erfahrung. Das sind aufsehenerregende Erkenntnisse, die weitreichende Auswirkungen auf das traditionelle ADHS-Konstrukt haben.

Es gibt derzeit wohl kein Gebiet der Medizin, das eine so rasante Entwicklung und eine so fruchtbare wissenschaftliche Bearbeitung erfährt wie das der Neurosciences. Die Forscher gelangen dabei zu Ergebnissen, die Sigmund Freud auch aus biologischer Perspektive spät, aber eindrucksvoll Recht geben. Hirnforschung und Psychotherapie bewegen sich mehr und mehr aufeinander zu, ein eindrucksvoller interdisziplinärer Prozess (Rüegg 2007). Auch Hüther hat sich intensiv mit dem Einfluss früher Entwicklungsbedingungen auf die Ausreifung einzelner Transmittersysteme (auch des dopaminergen Systems) und neuronaler Verschaltungsmuster im Gehirn befasst: Er hat die bisher herrschende Vorstellung, ADHS sei ein Dopaminmangel im Gehirn, infrage gestellt:

> Auf diesem Gebiet sind in den letzten 10 Jahren entscheidende, neue Erkenntnisse gewonnen worden, insbesondere über die Bedeutung sicherer emotionaler Bindungen, über die Auswirkungen von Angst und Stress, über die strukturelle Verankerung früher Erfahrungen sowie über die Ausformung und die Funktion monoaminerger Systeme. (Hüther 2002)

Die Dopaminmangel-Theorie, die einen Dopaminmangel im Gehirn als Ursache für die hirnfunktionell bedingte Störung ADHS postulierte, kann mittlerweile als überholt gelten (Gonon 2009). Auch die Annahme, bei ADHS liege ein Dopamintransporter-Defizit im Gehirn vor, hat sich nicht bestätigen lassen (Volkow et al. 2007). Tausende Forschungsstudien konnten bisher nicht klären, ob bei angeblichen ADHSlern im Gehirn irgendwelche besonderen, ursächlichen Transmitterverhältnisse vorliegen oder nicht. Wer anderes behauptet, täuscht sich und andere.

> Ob im Gehirn dieser Kinder tatsächlich zu wenig (oder vielleicht auch zu viel) Dopamin freigesetzt wird, lässt sich auch mit Hilfe der neuen bildgebenden Verfahren nicht nachweisen. Und alle Veränderungen einzelner Parameter, die man mit diesen Techniken messen kann, liefern nur sehr indirekte Hinweise auf eine veränderte Aktivität des dopaminergen Systems. Auch alle in den letzten Jahren mit Hilfe molekularbiologischer Techniken unternommenen Anstrengungen, eine charakteristische, nur bei ADHS-Patienten vorkommende Störung oder einen spezifischen Defekt auf der Ebene der genetischen Anlagen festzustellen, sind bisher erfolglos geblieben. So stehen wir heute vor einem Berg von Befunden, die eine Vielzahl von Veränderungen einzelner Parameter im Gehirn von ADHS-Patienten beschreiben. Wir wissen jedoch nicht, welche dieser Veränderungen primär, also von Anfang an vorhanden waren, und welche erst später, als sekundäre Folgen einer solchen primären Störung aufgetreten sind. (Hüther und Bonney 2002, S. 56–58)

Im Licht dieser neuen Erkenntnisse erscheinen die bisher vertretenen Auffassungen über die neurobiologischen Ursachen von ADHS, über die akuten Wirkungen und die langfristigen Folgen der psychopharmakologischen Behandlung von ADHS-Kindern mit Methylphenidat als veraltete und mit dem gegenwärtigen Erkenntnisstand nicht vereinbare Modellvorstellungen.

Das alte Modell macht für die ADHS-Symptomatik ein genetisch bedingtes Dopamindefizit (unzureichende Ausbildung oder Aktivität des dopaminergen Systems) verantwortlich. Methylphenidat (Ritalin) stimuliert die Dopaminfreisetzung. Durch diese „Normalisierung" der Aktivität des dopaminergen Systems kommt es bei der Mehrzahl der betroffenen Kinder auch zu einer Besserung der Symptomatik (verbesserte Impulskontrolle und Aufmerksamkeit, verminderte Unruhe, besser kontrollierbare Aktivität).

> Diese bisher zugrunde gelegten Vorstellungen müssen meiner Ansicht nach durch ein anderes, besser mit dem inzwischen erreichten Erkenntnisstand vereinbares Modell ersetzt werden. (G. Hüther, persönliche Mitteilung 2002)

Deprivierende frühe Erfahrungen bei von Hause aus reizoffenen Kindern führen seiner Ansicht nach stattdessen zu einer Stimulation des Wachstums des dopaminergen Systems. Es wird dadurch stärker und intensiver ausgebildet, als das normalerweise der Fall ist (dopaminerge Hyperinnervation, Hüther 2002).

Die derzeitige ADHS-Forschung leitet aus dem gleichzeitigen Auftreten von Hirnbesonderheiten und Verhalten eine unerlaubte einseitig-ursächliche Beziehung ab, der zufolge die angeblich krankhafte Hirnbesonderheit das angeblich krankhafte Verhalten bedinge. Von der unzulässigen Kausalbeziehung einmal abgesehen: Ob es sich wirklich um krankhafte Hirnbesonderheiten und um krankhaftes Verhalten handelt, ist bei ADHS ebenfalls vollkommen unklar. Die oben erwähnten Londoner Taxifahrer hatten ein anderes Gehirn, waren aber keineswegs krank. Im Gegenteil, sie hatten ihr Gehirn optimal an ihre berufliche Umwelt angepasst. Dass ADHS-Verhalten krankhaft sein soll, ist reine Definitionssache und wird auch vielerorts bezweifelt. Es ist vielmehr ein Ausschnitt aus der normalen Bandbreite menschlichen Verhaltens, das aber in unserer Schnellfeuerkultur (DeGrandpre 2002) immer öfter nicht akzeptiert wird. Dass ADHS also eine wissenschaftlich belegte Hirnfunktionsstörung ist, ist also nur eine bisher unbewiesene und derzeit beliebte Forschungshypothese und umschreibt keineswegs eine wissenschaftliche Tatsache. In ADHS-Laienkreisen ist es aber eine beliebte Propaganda, der die eingangs erwähnte Mutter leider erlegen zu sein scheint.

6.2 ADHS ist genetisch bedingt

„Das Gen ist zum Fetisch geworden", so zitiert Der Spiegel den Harward-Biologen Lewontin. Anlässlich des 50-jährigen Jubiläums der Entdeckung der chromosomalen Doppelhelix, jener 2 wunderschönen Phosphat-Zucker-Stränge, zwischen denen sich Basenpaare wie Treppenstufen aufreihen, durch Watson und Crick befasste sich eine Spiegel-Geschichte sehr anschaulich mit dem „Geheimnis des Lebens" (Der Spiegel 9/2003). Darin finden sich auch einige Erkenntnisse, die für unser Thema „ADHS" sehr interessant sind und hier nicht unerwähnt bleiben sollen. Das folgende Zitat entstammt dieser Quelle:

Nach der sensationellen Entdeckung der Doppelhelix (an der übrigens außer Crick und Watson noch vier andere Wissenschaftler maßgeblich beteiligt waren, von denen aber nie so viel Aufhebens gemacht wurde: Franklin, Schrödinger, Pauling und Chargaff) brach eine Forschungs- und gentechnisch motivierte Euphorie los, die anfangs durch die Entdeckung eindeutig genetisch bedingter Krankheiten (Mukoviszidose, Down-Syndrom, Huntington) beflügelt wurde. Seitdem stoßen Verhaltensgenetiker praktisch täglich auf neue Intelligenz-, Alkoholismus-, Schüchternheits-, Homosexualitäts-Gene und lassen sich in ihrer Euphorie auch nicht dadurch abschrecken, dass sie ihre Entdeckungen meist genau so schnell wieder revidieren müssen, wie sie sie hinausposaunt haben. Doch langsam regt sich Widerstand. Immer mehr Biologen dämmert, dass ein so einfacher Gendeterminismus die Botschaft der Doppelhelix missversteht. Ernst Ludwig Winnacker, Münchner Genforscher und Präsident der Deutschen Forschungsgemeinschaft, meint, dass in der Forschung „Biologismus pur zur neuen Religion" geworden sei. Gene sind in Wirklichkeit nur mittelbar und im Sinne von Hintergrund-Modulatoren am Verhalten beteiligt.

Dabei hätte es so schön sein können: Ein Gen gibt den Befehl zur Produktion eines Proteins, das dann das Verhalten formt. „Dabei lässt sich die Geschichte des Lebens auch ganz anders lesen: Gerade die Evolution vom primitiven Bakterium bis hin zum homo sapiens kann auch verstanden werden als die Geschichte einer grandiosen Emanzipation von den Genen." Der bedeutsamste Schritt weg von der Allmacht der Gene war dabei die Entwicklung des Nervensystems. Indem die Evolution die Fessel der Gene immer mehr lockerte, stattete sie ihre Geschöpfe mit der Fähigkeit immer flexibleren, erfahrungsabhängigen Verhaltens aus. Dies zeigt sich immer deutlicher in der Entdeckung der enormen Plastizität des menschlichen Gehirns. Während Sie diesen Text hier lesen, „sprießen in Ihrem Kopf neue Nervenästlein aus, unentwegt heften sie sich aneinander, lockern ihre Bande oder sterben wieder ab". Die Hirne eineiiger Zwillinge gleichen sich deshalb nie völlig, obwohl sie identische Gene haben. Ihre unterschiedliche Lebenserfahrung macht den Unterschied aus. Der Klon-Experte Jaenisch sagt: „Jede Epoche hat ihre eigene Antwort auf die Frage nach dem Verhältnis von Umwelt und Genen. In den sechziger und siebziger Jahren wurde fast alles der Umwelt zugeschrieben, in den achtziger und neunziger Jahren den Erbanlagen. Derzeit schlägt das Pendel wieder zurück" (Der Spiegel 9/2003).

6.2.1 Molekulargenetik

Es wird immer wieder behauptet, ADHS sei stark (bis zu 90 Prozent) genetisch bedingt. Man hat ja auch schon ein paar Gene gefunden, die am sogenannten ADHS-Verhalten (was immer das genau sein mag) irgendwie beteiligt sein sollen. Solche Belege werden dann immer gern ins Feld geführt, wenn es gilt, Umwelt- und Erziehungseinflüsse bei der Entstehung von ADHS zu bestreiten. ADHS sei eine vererbbare, stark genetisch bedingte Hirnfunktionsstörung, wird damit gerne belegt. Aber stimmt das? Kann man das wirklich aus solchen Studien schließen? Zunächst belegen viele solcher genetischen Studien lediglich einen vermuteten, irgendwie gearteten und nur statistisch ermittelten Zusammenhang einiger Gene an ungenau beschriebenem, unterschiedlich gemessenem und unspezifischem menschlichen Verhalten. Ein Beleg für eine Krankheit, schon gar eine hirnfunktionelle, ist damit nicht erbracht. Schließlich sind zum Beispiel die blaue Augenfarbe oder rote Haare auch genetisch bedingt, aber deshalb keine Krankheiten. Dass es Menschen gibt, die diese sogenannten ADHS-Gene haben, ohne an ADHS zu „erkranken", und dass es unter den ADHSlern überwiegend Menschen mit vielen „life events" (widrige Lebensereignisse und -erfahrungen) gibt, wird meist außer Acht gelassen.

Es wird übersehen, dass sich die Genausstattung des Menschen langfristig den Umweltbedingungen anpasst (Stichworte: Epigenetik, Neuroplastizität, Genexpression). Das umgekehrte funktioniert ja wohl nicht, die „Natur" und unsere sonstige nicht von Menschen gemachte Umwelt kümmern sich nicht um unsere Gene. Ursache für genetische Anpassungen und dann auch Verhalten können also letztlich ebenso Umweltverhältnisse sein, nicht allein Gene. Letztere sind dann nur Garanten für bleibende Anpassungen, jedenfalls für die Dauer ihrer Passung mit der Umwelt.

Die Hautfarben von Menschen weltweit weisen zum Beispiel teils erhebliche Unterschiede auf, doch aus genetischer Sicht sind die Abweichungen dabei eher gering. Die genetischen Unterschiede zwischen Menschen verschiedener „Rassen" sind äußerst klein, sodass es eigentlich Rassen gar nicht gibt. Die Varianz im Erbgut der Afrikaner untereinander ist zum Beispiel viel größer als die Unterschiede zwischen Afrikanern und Europäern. Es ist also nicht nur politisch bedenklich, sondern auch biologisch unbegründet, von menschlichen Rassen zu reden. Das haben Forschungsergebnisse der Molekulargenetik aus den letzten 10 Jahren gezeigt. Die Gene für menschliche Hautfarben haben sich dabei jeweils als Reaktion auf die Sonneneinstrahlung (also ein Umweltfaktor) verändert bzw. durch Mutation und Selektion entwickelt. Wenn man dann also heute 5 Gene findet, die die Hautfarbe bestimmen, dann sind diese Gene erst durch unterschiedliche Sonneneinstrahlung aktiviert worden. Die Sonne hat also die Hautfarben gemacht, die Gene vermitteln dabei nur und sorgen für die nötige generationsübergreifende Speicherung und Weitergabe solcher Lerneffekte. Die komplizierten Zusammenhänge zwischen Genen und Umwelt lassen keine einseitigen, schlichten Kausalschlüsse zu.

Was die molekulargenetischen Ergebnisse für psychologische Merkmale im Bereich der menschlichen Persönlichkeit anbetrifft, so ist sehr auffallend, dass es trotz intensiver Forschungsanstrengungen erst sehr wenige Befunde gibt. Im Jahre 1995 wurde zum Beispiel über eine Assoziation zwischen einem Dopaminrezeptor-Gen (DRD4) auf Chromosom 11 und dem Persönlichkeitsmerkmal „novelty seeking" berichtet (Benjamin et al. 1996; Cloninger 1987; Ebstein et al 1996). Man nahm an, dass Menschen als Wirkung dieses Gens weniger effiziente Dopaminrezeptoren besitzen und deshalb wegen einer Dopaminunterversorgung typische Verhaltensweisen zeigen. In den letzten Jahren wurden international viele Studien hierzu durchgeführt. Die größere Zahl dieser Studien konnte die Assoziation zumindest tendenziell bestätigen, in mehreren großen und umfangreichen Untersuchungen konnte sie aber dennoch nicht nachgewiesen werden. Typisch ADHS-Forschung: Gibt es eine Studie, die irgendetwas findet, kommt die nächste, die dies nicht findet. Einen einigermaßen verlässlichen Überblick bieten hier nur Metaanalysen, also kritische Zusammenfassungen von Forschungsstudien eines bestimmten Themas durch unterschiedliche, voneinander unabhängige Forscher in einem bestimmten Zeitraum.

Aber auch bei den „positiven" Ergebnissen besteht nach wie vor das Problem einer nur ganz bescheidenen Beteiligung dieser Gene an sogenanntem ADHS-Verhalten (Bobb et al. 2004). Furman stellt in einer Metaanalyse fest, dass die Forschungsergebnisse zur genetischen Ursache für ADHS ungenügend sind (Furman 2008).

Auch Franke et al. wundern sich in ihrer Übersicht, dass es angesichts der angeblich hohen Vererblichkeit von ADHS bisher so schwer sei, die genetischen Ursachen zu finden. Viele Gene mit jeweils geringem Beitrag, zusammen mit ungünstigen Umweltfaktoren, sollen die Störung bedingen. Genomweite Linkage-Analysen haben bisher aber keine ADHS-Gene gefunden. Kandidatengen-Assoziationsstudien konnten nur einen mageren genetischen Anteil erhellen. In bisher 5 genomweiten Assoziationsstudien (GWAS) wurden ebenfalls keine bedeutsamen genetischen Verbindungen gefunden. Auch für die „klassischen" ADHS-Gene, die man bisher gefunden zu haben glaubt, gibt es insgesamt nur wenig Aufschluss. Auffallend sei auch die große genetische Überschneidung mit anderen psychiatrischen Störungen (Franke et al. 2009).

Auch Elia et al. betonen, dass man bisher zwar einige Kandidatengene für ADHS gefunden habe (also Gene, bei denen ein rein statistischer Zusammenhang mit ADHS errechnet wurde), dass diese Zusammenhänge aber sehr schwach und inkonsistent sind und in anderen Studien nicht bestätigt wurden. In ihrer eigenen Forschungsstudie mit 27 möglichen ADHS-Kandidatengenen und deren Verbindung zu 557 SNPs (das sind Variationen einzelner Basenpaare in einem DNA-Strang) fanden sie mit einer verbesserten Untersuchungsmethode letzten Endes keine einzige signifikante Verbindung (Elia et al. 2009).

In einer anderen Metaanalyse sind Wallis et al. folgenden grundlegenden Fragen nachgegangen, um die Frage der Genetik von ADHS zu klären:

- Wie komplex sind genetische ADHS-Studien angelegt?
- Welche Ergebnisse für eine primär genetische Ursache von ADHS gibt es?
- Welche Ergebnisse belegen, dass es nur wenige Gene mit erheblichem Einfluss für ADHS gibt?
- Welche besten Gene für ADHS wurden gefunden?
- Welche neuen infrage kommenden Gene wurden gefunden?
- Was weiß man über eine Gen-Umwelt-Interaktion bei ADHS (Epigenetik)?

Ihre Ergebnisse sind sehr ernüchternd: Obwohl inzwischen zwar, wie gesagt, einige infrage kommende Kandidatengene gefunden seien, so hat doch keines von ihnen einen nennenswerten Effekt, weshalb die genetische Ätiologie von ADHS weiterhin unbekannt ist. Ob die gefundenen Gene also spezifisch für ADHS sind, bleibt nach wie vor ungeklärt. Ein einziges oder nur wenige Gene mit substanziellem Effekt für ADHS gibt es nicht. Ganz aktuelle positive Funde einiger Forscher im Zusammenhang mit einer Wechselwirkung von Genen und Umweltbedingungen müssen erst noch repliziert werden. Die Autoren träumen abschließend davon, dass man in Zukunft ADHS-spezifische Gene mit nennenswertem Effekt finden müsse, deren

Wechselwirkung mit Umweltrisiken klar sei (Wallis et al. 2008). Trotz dieser mageren Forschungslage hält man ADHS unverdrossen für eine primär genetisch bedingte, hochgradig vererbbare Störung.

Auch Zhou et al. kommen in einer Metaanalyse aller bisher 7 weltweit gemachten unabhängigen und genomweiten Linkage-Studien zu einem sehr bescheidenen Ergebnis: In einigen Studien habe man zwar bedeutsamere Ergebnisse gefunden, in anderen Studien konnten sie aber meist nicht bestätigt werden. Nur ein einziger Befund auf Chromosom 16 zeigte sich statistisch bedeutsam, in 9 anderen Regionen ergaben sich nur vermutliche Hinweise (Zhou et al. 2008).

Selbst die Stellungnahme der Bundesärztekammer zu ADHS vom August 2005 betont:

> Allerdings sind die genannten genetischen Polymorphismen in der Bevölkerung weit verbreitet, sie erhöhen das Risiko für ADHS jeweils nur gering (1,2- bis 1,9-fach) und erklären jeweils weniger als 5 Prozent der Verhaltensvarianz. Daraus ist abzuleiten, dass das Auftreten einer ADHS nicht auf die Veränderung eines einzelnen Gens zurückzuführen ist. Vielmehr ist im Sinne einer multifaktoriellen Genese an Wechselwirkungen verschiedener Gene und/oder die Wechselwirkungen zwischen genetischen und exogenen Faktoren (zum Beispiel DAT-10 und mütterliches Rauchen) zu denken. Letztere sind bislang noch wenig erforscht. (Deutsche Bundesärztekammer 2005)

Der letzte, fast schamhaft-kurze Satz ist besonders eindrucksvoll, wird hier doch der umweltbezogene Faktor an der Entstehung von ADHS immerhin in Erwägung gezogen und seine bisher mangelhafte Berücksichtigung erwähnt. Die Mehrzahl aller bisher durchgeführten Genstudien zu ADHS blieb also ergebnislos oder widersprüchlich. Die Forschung hat zwar bei 4 Genen gewisse genetische Beteiligungen am ADHS-Verhalten gefunden. Aber diese Beteiligungen sind einerseits sehr schwach und nur für die Forschung, nicht für die Praxis interessant, andererseits unspezifisch. Der Zusammenhang dieser Gene mit Verhalten ist unklar. Auf keinen Fall gibt es so etwas wie ein spezifisches ADHS-Gen.

Auch der renommierte Hirnforscher Gerald Hüther stellt fest:

> Wir gehen davon aus, dass AD(H)S keine Erkrankung ist, die auf einem genetischen Defekt oder gestörten Hirnfunktionen beruht; dass weder die medikamentöse Therapie, noch viele bisher übliche psychotherapeutische Interventionen geeignete Verfahren zur Behandlung dieser sogenannten „ADHS-Kinder" sind; dass es diesen (und wohl auch vielen anderen, unauffällig

bleibenden Kindern) in unserer Gesellschaft – zum Beispiel in der Schule – an sinnvollen Aufgaben, stärkenden Gemeinschaften und authentischen Vorbildern fehlt, um ihre Potentiale entfalten zu können. (Hüther et al. 2009)

Und angesichts zehntausender Forschungsstudien zu ADHS klingt auch die Darstellung der ebenso renommierten deutschen ADHS-Forscher Döpfner und Lehmkuhl sehr ernüchternd:

> Genetische Faktoren spielen vermutlich die größte Rolle bei der Entstehung der Störung. Erworbene biologische Faktoren, z. B. durch Komplikationen in der Schwangerschaft und bei der Geburt können einen Einfluss haben. Ungünstige psychosoziale Bedingungen können die Symptomatik vermutlich verschärfen. (Döpfner 2009)

„Vermutlich", „können", „können vermutlich": Deutlicher kann die Wortwahl nicht sein, wenn man ausdrücken will, dass alles nur Vermutungen und vage Möglichkeiten sind, die genauso gut unzutreffend sein können.

6.2.2 ADHS und die Gene: Eine Irrfahrt

In der ZEIT liest man Verwunderliches über die Macht unserer Gene: Der US-Psychologe Plomin hat Tausende eineiige und zweieiige Zwillinge miteinander verglichen und fand, dass unsere Intelligenz zu 60 Prozent genetisch festgelegt sei. Dabei handelt es sich allerdings um eine traditionelle Studie zur Verhaltensgenetik, bei der gar keine Gene, sondern nur menschliches Verhalten gemessen wird. Die Verhaltensgenetik sah sich in der Vergangenheit denn auch starker Methodenkritik ausgesetzt, weshalb die Plomin-Studie eher in den Bereich wissenschaftlichen Aberglaubens fällt. Beim Vergleich eineiiger mit zweieiigen Zwillingen wird zum Beispiel von der falschen Annahme gleicher Umwelten ausgegangen (EEA, „equal environment assumption"). Gruppenunterschiede sollen dann ganz einfach auf die unterschiedlichen Gene zurückgehen.

Dabei wird aber ausgeblendet, dass sich die psychologische Umwelt bei eineiigen Zwillingen von derjenigen von zweieiigen Zwillingen deutlich unterscheidet. Die psychosoziale Umwelt reagiert auf eineiige Zwillinge anders als auf Mehrlinge oder Geschwister. Die Bindungsforschung konnte zum Beispiel zeigen, dass Geschwisterkinder zu 50–65 Prozent denselben Bindungstyp an die Mutter aufweisen, Zwillinge aber nur zu 30–50 Prozent. Zwillinge zeigten sich häufiger ganz unterschiedlich an die Mutter gebunden als Geschwisterkinder. Fazit: Studien, die die EEA bei Zwillingen unterstellen, sind daher wissenschaftlich leider ziemlich wertlos.

So hat der amerikanische Forscher Jay Joseph 2011 die Fortschritte der Verhaltensgenetik der letzten 20 Jahre insgesamt, also inklusive ADHS, kritisch analysiert und kommt zu einem sehr ernüchternden Ergebnis: Trotz erheblicher Methodenkritik an der Verhaltensgenetik mit all ihren Vergleichen von gemeinsam oder getrennt aufgewachsenen Zwillingen, eineiigen und zweieiigen Zwillingen, Adoptiv- und Geschwisterkindern behaupten immer noch Wissenschaftler, dass zum Beispiel ADHS bis zu 90 Prozent vererbt sei, obwohl Familien- und Zwillingsstudien in Wahrheit überhaupt keine Aussage über Genetik versus Umwelt zulassen. All die auftretenden Unterschiede lassen sich auch vollständig durch nichtgenetische Einflüsse erklären. Joseph resümiert:

> Wir können nicht erwarten, dass die führenden Verhaltensgenetiker eingestehen, dass die Grundannahmen ihres Forschungsgebiets falsch sind, dass ihre hochgelobten Forschungsmethoden massiv fehlerhaft und durch Umwelteinflüsse konfundiert sind, und dass familiäre, soziale, kulturelle, ökonomische und politische Einflüsse es sind, – und nicht genetische –, die psychiatrische Störungen und die Variation menschlichen Verhaltens hauptsächlich begründen. (Joseph 2011)

Nun aber noch einmal zur Molekulargenetik, bei der man nicht vom Verhalten ausgeht, sondern gezielt nach beteiligten Genen sucht. Von ihr erhoffte man sich eine Überwindung der Methodenschwäche der Verhaltensgenetik. Bobb et al. haben 2004 alle über 100 Forschungsstudien zur molekularen Genetik der ADHS der Jahre 1991–2004 kritisch gesichtet, darunter 3 genomweite Assoziationsstudien mit 94 Polymorphismen und 33 Kandidatengenen. Sie finden, dass ADHS eine sehr „komplexe" Störung mit vielfältiger, aber jeweils schwacher genetischer Beteiligung sei, und fassen dann zusammen, dass es nur für 4 Gene einigermaßen gesicherte, aber nur bescheidene und auch nur statistische Zusammenhänge gibt. 36 Prozent aller Studien konnten Zusammenhänge finden, 47 Prozent aber nicht, die restlichen 17 Prozent zeigten nur „Trends", wobei man diese 17 Prozent statistisch nicht gesicherten Studien durchaus zu den erfolglosen 47 Prozent addieren darf. Damit sind also 64 Prozent aller Genstudien zu ADHS in 13 Forschungsjahren ergebnislos geblieben. Aber auch bei den „positiven" Ergebnissen besteht nach wie vor das Problem einer nur sehr bescheidenen Beteiligung dieser Gene an ADHS-Verhalten, betonen die Autoren. Die Befunde decken meist nur circa 5 Prozent des Verhaltens ab, 95 Prozent bleiben also unklar. Die Kausalität ist dabei ohnedies immer unklar, ein statistischer Zusammenhang zweier Merkmale besagt ja nicht viel mehr, als dass der Storch die Kinder bringt, weil die Geburtenzahl zeitgleich mit der Rückkehr der Störche aus dem Süden steigt.

In einer Metaanalyse von sogar über 300 molekulargenetischen Studien zu ADHS stellen Li et al. 2014 abschließend fest: „current findings from genetic studies of ADHD are still inconsistent and inconclusive". Übersetzt: Der gegenwärtige Forschungsstand genetischer Studien zu ADHS ist immer noch uneinheitlich und ergebnislos, aber die Zukunft (und damit weitere Forschungsgelder) werde alles klären. Deutlicher kann man nicht klarstellen, wie es mit Behauptungen aussieht, ADHS sei eindeutig genetisch bedingt!

Plomin, der international bekannte Verhaltensgenetiker, konnte 2011 keinen einzigen replizierten, also in Nachfolgestudien bestätigten, Genfund anführen. Statt nun aber den Schluss aus diesem jahrzehntelangen Forschungsdesaster zu ziehen und festzustellen, dass es gar keine Gene gibt, die komplexes menschliches Verhalten kausal festmachen (Gene machen kein Verhalten, sie kodieren nur Proteine), proklamieren Forscher in Analogie zur schwarzen Materie im Weltall die sogenannte unentdeckte Erblichkeit („missing heritability"), um die krasse Differenz zwischen quantitativen und molekulargenetischen Befunden zu erklären. Es müsse diese Erblichkeit auch molekulargenetisch ganz einfach geben, man habe sie bisher nur noch nicht entdeckt.

Was aber ausschlaggebend ist: Die neueren Erkenntnisse der Epigenetik lassen die gesamte Genetik zu einem Teilbereich des Hirnstoffwechsels werden und differenzieren die bisherigen Kenntnisse. Es ist Tatsache, dass die Umsetzung von genetischen Informationen unter dem Einfluss der Umwelt geschieht.

> Es gibt einen zweiten Eingabepfad, und an dem sitzt nicht die DNA, sondern die Umwelt an der Tastatur. (Kegel 2009, S. 181)

Der damit einhergehende Fortschritt besteht zunächst darin, dass nicht mehr behauptet werden kann, es ginge bei der Genetik um die Vermittlung vorgegebener Kodierungen – die klassische Vorstellung von Erblichkeit. Ein Gen kann noch so viel Pathologie enthalten: Nur wenn es aktiviert wird, kommen diese Gene zur Wirkung. Damit gewinnen aktivierende oder abschaltende Einflüsse – sprich: Umweltfaktoren – entscheidende Bedeutung. Aber die Erkenntnisse der Epigenetik sind weit davon entfernt, eine neue Phase zur Entschlüsselung des Genoms einzuleiten. Im Gegenteil: Sie machen deutlich, dass die Genetik mit ihren unendlich vielfältigen wechselseitigen Wirkfaktoren den Gesetzen der Komplexität unterliegt und das Geschehen daher nicht durch die Eigenschaften einzelner Elemente, sondern durch deren Bedeutung im jeweiligen Kontext bestimmt wird. Offenbar orientiert sich daran auch die Rolle der Gene. Dann erscheint es weniger erstaunlich, dass der Mensch mit so wenig Genen auskommt und andere Faktoren offenbar von größerer Bedeutung sind. Angesichts dieses Erkenntnisstands ist es eher erstaunlich, dass in der Fachliteratur über die Verursachung psychopathologischer Krankheits-„Bilder" wie ADHS häufig noch die klassische Vorstellung von Erblichkeit vertreten wird, sobald familiäre Häufung und möglicherweise noch molekulargenetische Auffälligkeiten zu beobachten sind. Offenbar fällt es schwer, sich auf die Verunsicherung durch nichtlineare Systeme einzulassen. Diese Angst scheint so schwer zu wiegen, dass sie wissenschaftliche Befunde ausblenden lässt. Dies gilt nicht zufällig auch für die Thematik der Nichtlinearität in der Neurobiologie.

6.2.3 Erblichkeit

Gleichzeitig wird in der oben genannten Stellungnahme der Ärztekammer (Abschn. 6.2.1) aber behauptet, dass etwa 65–90 Prozent der phänotypischen Varianz bei ADHS auf genetische Faktoren zurückzuführen seien. Wie fragwürdig solche Aussagen allerdings sind, wird deutlich, wenn man bedenkt, dass gewöhnlich der Erblichkeitsgrad eines Merkmals als ein Schätzwert für den Anteil der genetischen Varianz an der Gesamtvarianz dieses Merkmals definiert wird. Man geht davon aus, dass sich die Gesamtvarianz eines Merkmals als Summe aus genetischer und umweltbezogener Varianz ergibt. Der genetische Schätzwert hängt also jeweils von der Größe der umweltbezogenen Variation in der jeweiligen Untersuchungsgruppe ab und lässt sich nicht ohne Weiteres verallgemeinern. Wenn in einer Untersuchungsgruppe nämlich eine sehr geringe Variation umweltgebundener Faktoren vorliegt, folgt daraus ein hoher rechnerischer Schätzwert für Erblichkeit, und umgekehrt: Wenn eine große Variation von Umweltfaktoren vorliegt, ergibt sich ein geringer Wert für Erblichkeit.

Erblichkeit lässt sich also derzeit nie absolut ermitteln. Man kann sie immer nur schätzen, wobei die Ergebnisse stichprobenabhängig ganz unterschiedlich ausfallen können, und zwar, wie gesagt, abhängig von der jeweiligen Variation der Erblichkeitsmerkmale und der Umweltmerkmale in der gerade untersuchten Stichprobe. In der berühmten Minnesota-Zwillingsstudie, in der zum Beispiel eine Erblichkeit des Intelligenzquotienten zu 70 Prozent ermittelt wurde, gab es eine nur geringe Variation der Umweltbedingungen, unter denen die untersuchten, getrennt aufgewachsenen Zwillinge aufgewachsen waren. So hatten ihre Eltern alle zum Beispiel das strenge Reglement für Adoptiveltern überstanden, was einer Selektion von Umweltfaktoren gleichkommt. Auch bei anderen soziologischen Faktoren gab es keine große Variation, sodass der rechnerische Schätzwert für Erblichkeit hoch ausfallen musste. Wenn der Milieufaktor stark variiert hätte (zum Beispiel wenn der eine Zwilling in einer europäischen Königsfamilie, der andere bei ungarischen Zigeunern oder afrikanischen Buschmännern aufgewachsen wäre), hätte sich ein wesentlich niedrigerer Wert für Erblichkeit ergeben. Aber genau der wäre hochinteressant, würde er doch sozusagen unter harten Bedingungen den Faktor Erblichkeit viel besser einkreisen.

Pinel zufolge ist allerdings die Grundannahme der Summation von genetischer und umweltbezogener Varianz, wie sie all diesen genetischen Studien zugrunde liegt, bereits falsch:

> Wie die früheren Versionen der Erbe-Umwelt-Dichotomie ist die Frage nach den Anteilen beider Einflüsse im Ansatz falsch gestellt ... Sobald Sie mehr über das interaktive Zusammenwirken von genetischen Faktoren und Erfahrung wissen, werden Sie die Unzulänglichkeiten dieser Annahme verstehen. (Pinel 1997)

Wenn man eine Beethoven-Sinfonie hört: Wer will den jeweiligen Anteil der Instrumente, der Musiker, des Dirigenten, der Komposition, der Raumakkustik oder des musikalischen Sensoriums des Publikums berechnen?

Genetische Forschungsergebnisse zu ADHS sind schon deshalb eher trivial, weil an allem menschlichen Verhalten Gene immer irgendwie beteiligt sind, also auch an ganz normalem Verhalten. Der Mensch ist schließlich eine körperlich-seelische Einheit. Niemand bezweifelt heute mehr, dass an allen Lebensformen des Menschen genetische Einflüsse beteiligt sind. Warum sollte man also gerade an sogenanntem ADHS-Verhalten keine genetischen Beteiligungen finden?

Anfangs hatte man doch tatsächlich gehofft, für ADHS ein einziges kausales Gen, also eine monogene Vererbung, belegen zu können, so wie es bei der Huntington-Krankheit, der Phenylketonurie oder der Farbenblindheit gelungen ist (Plomin 2001). Das zeigt bereits die erstaunliche Naivität vieler Forscher im Umgang mit hochkomplexem menschlichen Verhalten. Nachdem aber inzwischen niemand mehr daran glaubt, ein einziges spezifisches ADHS-Gen zu finden, geht man notgedrungen davon aus, dass ADHS polygen vererbt sei: Viele Gene mit jeweils schwacher Beteiligung wirken angeblich irgendwie zusammen. Dabei verhält es sich vermutlich ungefähr so, dass die Gene 1 und 2 von 3 und 4 beeinflusst werden, die ihrerseits von 5 und 6, aber nicht von 7 beeinflusst werden, was wiederum Gen 2, aber auch 4 beeinflusst, was aber nicht mehr von Gen 5 beeinflusst werden kann, denn die Gene 3 und 1 wirken dabei hemmend auf die Gene 2 und 4, aber fördernd auf die Gene 5, 6 und 2, während Gen 6 keinen Einfluss auf die Gene 1 und 6 hat, aber niemals mit den Genen 4, 5, 1 oder 7 zusammen vorkommt, etc. Jetzt stellen Sie sich solche (in Wirklichkeit noch viel komplizierteren) Zusammenhänge mal für mehrere Hundert beteiligte Gene vor. Und komplizierter wird die ganze Sache dadurch, dass Gene nicht nur untereinander interagieren, sondern auch mit unbekannt vielen Umweltfaktoren, und zwar bei nur einem Persönlichkeitsmerkmal nicht nur 7, sondern mehrere Hundert verschiedene Gene gleichzeitig. Über diese hochkomplexen intergenetischen Zusammenhänge weiß man allerdings noch fast gar nichts, schon gar nicht bei so etwas wie ADHS.

Noch viel komplizierter wird die ganze Angelegenheit, wenn die vermuteten Wechselwirkungen von Gen und Umwelt einbezogen werden. Man unterscheidet hier zwischen Gen-Umwelt-Kovariation und Gen-Umwelt-Interaktion (Wolf und Riemann 2008). Einerseits beeinflussen genetische Faktoren die Wahrscheinlichkeit, spezifische Umwelterfahrungen zu machen, die sich dann ihrerseits wieder auf Persönlichkeit, kognitive Fähigkeiten oder Pathologien auswirken. Dabei unterscheidet man aktive, passive und reaktive Modi, wobei inzwischen klar geworden ist: Die Sichtweise, dass Gene sozusagen von „innen" über biologische Mechanismen auf beobachtbares Verhalten einwirken und die „Umwelt" alle von außen stammenden Einflüsse meint, ist nicht mehr haltbar, weil zu einfach (Wolf und Riemann 2008; Kendler 2001).

Andererseits sensibilisieren genetische Polymorphismen für bestimmte Umwelteinflüsse. Hat man eine spezielle Lebensmittelallergie, macht sich diese erst dann bemerkbar, wenn man mit dem Lebensmittel konfrontiert wird, sonst nicht. Erst das Zusammenwirken eines genetischen Polymorphismus mit spezifischen Umwelterfahrungen bringt also eine Störung oder Krankheit zum Ausdruck. Ohne spezifische Umwelterfahrungen gibt es keine Störung oder Krankheit. Und umgekehrt gibt es ohne entsprechenden genetischen Polymorphismus trotz der Umwelterfahrung keine Krankheit. Eine solche Gen-Umwelt-Interaktion ist sicherlich für das Konstrukt ADHS von ganz besonderer Bedeutung, wie wir noch sehen werden. Auch die Annahme, dass ADHS polygen bedingt sein soll, bringt uns nur eine sehr bescheidene Erkenntnis. Denn, wie bereits gesagt, jedwedes menschliche Verhalten, also auch ganz normales, wird polygen vererbt, von der Schizophrenie über allgemeine Persönlichkeitseigenschaften bis hin zur Intelligenz.

Die wie auch immer funktionierende schwache Beteiligung vieler Gene an einem bestimmten Verhalten oder Merkmal beweist in keiner Weise dessen Krankhaftigkeit. Dass ADHS-Verhalten polygen vererbt wird, belegt nicht, dass ADHS eine Krankheit ist. Ob es sich bei ADHS-Verhalten um krankhaftes oder gestörtes Verhalten handelt, unterliegt keineswegs genetischen, sondern sehr subjektiven, kulturell und gesellschaftlich unterschiedlich gesetzten, relativ willkürlichen Beurteilungskriterien. Man weiß sowieso noch fast nichts darüber, wie Gene an außerordentlich komplizierten und durch Lernerfahrungen stark mitgeprägten menschlichen Verhaltenskomplexen überhaupt beteiligt sind. Gene kodieren zunächst einmal nur die Proteinbildung. Von so etwas wie Verhalten wissen Gene nichts. Bestenfalls 40 Prozent menschlicher Persönlichkeitsmerkmale können als überwiegend genetisch bedingt gelten (Harris 2007).

6.2.4 Beispiel Intelligenz

Bei klassischen psychiatrischen Störungen wie der Schizophrenie hat man nach vielen Jahrzehnten genetischer Forschung zwar einige Dispositionsgene, aber über deren genaue Wirkung bzw. Wechselwirkung mit einer Krankheit namens Schizophrenie keinerlei klare Erkenntnisse gewonnen. Wie kompliziert, ja vielleicht ganz unmöglich Aussagen über die Genetik von Verhalten in Wahrheit derzeit sind, sieht man am besten am Beispiel der Erforschung einer Eigenschaft wie der Intelligenz. Die quantitative Genetik hat sich bisher mit kaum etwas anderem ausführlicher beschäftigt als mit Intelligenz. Intelligenz gehört zu den bestuntersuchten Bereichen der quantitativen Genetik. Ihre bisherige genetische Erforschung kann deshalb als Vergleich dienen, wenn wir beurteilen wollen, wie es um den Versuch steht, die Genetik von ADHS zu entschlüsseln.

Man hat sich zwar für Intelligenz inzwischen auf eine generelle Vererblichkeit von circa 50 Prozent geeinigt (Petrill 2004), über die molekular-genetischen Hintergründe interindividueller Intelligenzunterschiede weiß man aber kaum etwas (Deary 2007). Allein im Bereich der Intelligenzminderung vermutet man derzeit über 300 mögliche Kandidatengene, ohne Kenntnis von deren hochkomplizierten Wechselwirkungen untereinander sowie mit Umwelteinflüssen. Bei einem Kandidatengen findet man eine zunächst rein statistische Beziehung zu einer Variablen. Nur ganz wenige dieser Kandidatengene haben sich dabei bisher bewährt (Spinath und Deary 2008).

Was aber in der Praxis und vor allem in Laienkreisen immer wieder übersehen wird, ist Folgendes: Die Aussage, die Intelligenz eines einzelnen Menschen sei zu circa 50 Prozent vererbt, ist unzulässig. Erblichkeitsschätzungen können nicht auf eine Einzelperson angewendet werden, sie sind immer nur Gruppenwerte. Deshalb muss eine korrekte Aussage lauten: 50 Prozent der Intelligenzunterschiede zwischen Menschen sind genetisch bedingt. Erblichkeitsschätzungen sind, wie bereits erwähnt, immer nur Schätzungen und keine Konstante. Sobald sich Umwelteinflüsse ändern, ändern auch sie sich. Wenn die Bildungspolitik zum Beispiel bedeutsame Änderungen einführt, ändert dies auch die Erblichkeitsschätzungen von Intelligenz (Spinath und Deary 2008). Es gibt Belege dafür, dass die Erblichkeit je nach Schicht- und Bildungseinflüssen variiert (Rowe 1999). Die Dinge sind also sehr viel komplizierter, als man denkt. Die gegenwärtige Behauptung, ADHS sei bis zu 80 Prozent genetisch bedingt, ist angesichts der mageren Forschungslage geradezu tollkühn. Niemand kann eine solche Aussage auf sich selbst oder sein Kind beziehen. Die komplizierten Wechselwirkungen vor allem mit Umwelteinflüssen sind völlig unerforscht.

Nun könnten Sie mich fragen: Warum ist Schizophrenie als polygen vererbbare Krankheit anerkannt, ADHS soll es aber nicht sein? Die Antwort fällt leicht: Die Kernsymptome einer Schizophrenie sind spezifischer als diejenigen der ADHS. Polygen vererbbar mögen beide Auffälligkeiten sein, ADHS-Symptome sind aber keineswegs spezifisch, sondern kommen, wie bereits erwähnt, bei einer Vielzahl anderer Störungen und auch im Normalbereich vor. ADHS-Verhalten kann auch im Normbereich ganz normalen menschlichen Verhaltens liegen.

6.2.5 Warum ist der Giraffenhals so lang?

Der berühmte Forscher de Lamarck hat im 19. Jahrhundert in seiner „Giraffen-Theorie" darüber spekuliert, dass der lange Hals bei den Giraffen dadurch entstanden sei, dass sie sich immer nach Baumblättern recken mussten. Dadurch habe sich ihr Hals langsam verlängert, und diese erworbene Eigenschaft habe sich seither vererbt. Erworbene Eigenschaften würden sich also in einer genetischen Verankerung niederschlagen, das Erbgut verändern. Auch Darwin hatte schon darüber nachgedacht, dass es möglich sein könnte, dass Erfahrungen genetisch vererbbar sein könnten.

Dass ein lebender Organismus mehr ist als die Summe seiner Gene, erscheint ethisch selbstverständlich. Aber Genetiker haben erst in den letzten Jahren entdeckt, dass Gene möglicherweise nur wie Marionetten sind, die von bestimmten Enzymen sozusagen an- und ausgeschaltet werden. Die moderne Epigenetik hat sich die Erforschung dieser komplizierten Mechanismen vorgenommen, über die man derzeit noch wenig weiß. Die Deutsche Forschungsgemeinschaft DFG hat sich erst dieses Bereiches angenommen. Nur in einigen Tierversuchen finden sich bisher deutliche Belege für das Wirken solcher epigenetischer Prozesse, die darüber entscheiden, was mit den Genen jeweils passiert. Allerdings hat der schwedische Sozialmediziner Gunnar Kaati herausbekommen, dass geerbter Diabetes Generationen vorher erworben sein könnte: Das Diabetes-Sterberisiko von Menschen war 4-fach erhöht, wenn ihre Großväter im Überfluss gelebt hatten. Die Ernährungsgewohnheiten der Großväter, meint Kaati, hätten ihr Erbgut verändert, und diese Veränderung wurde dann vererbt (Kaati et al. 2002, 2007). Man sieht also, wie hochkompliziert das mit unseren Genen ist! Unsere Gene und ihre Expression sind ganz und gar nicht unabhängig von Lernerfahrungen und Umwelteinflüssen.

6.2.6 Wie stark ist die Macht der Gene?

Ein kleiner Artikel in Der Spiegel ist sehr interessant. Unter dem Titel „Klonen für die Katz" wird erläutert, dass sich immer deutlicher herausstellt, dass geklonte Katzen, Schafe, Mäuse, Schweine, Kälber oder sonstige Kreaturen – obgleich sie genetisch vollkommen identisch sind – völlig anders aussehen und sich auch ganz anders verhalten. Ein Millionär hatte viele Millionen Dollar hingelegt, damit man seinen Lieblingshund klone, was aber nicht gelang. Die Forscher klonten lieber erst einmal eine Katze und stellten zum Ärger des Millionärs fest, dass die (nach 86 vergeblichen Versuchen) geklonte Katze viel mehr irgendeiner Katze aus dem Tierheim ähnelte als ihrem Klonzwilling. Auch das Verhalten war ganz anders. Geklonte Schweine verhielten sich zum Beispiel genau so unterschiedlich, wie ganz normal gezeugte Tiere. Genidentische Mäuse haben verschiedene Fellfarben, Klonkälber sind verschieden groß, unterschiedlich gemustert und schwer (Der Spiegel 13/2003). Wie stark ist also die Macht der Gene?

Obwohl also Klone und Ausgangstier völlig identische Gene haben, unterscheiden sie sich darin, welche ihrer Gene aktiv sind und welche nicht. Viele Eigenschaften, zum Beispiel bei Tieren die Fellmusterung oder die Fingerabdrücke beim Menschen, werden erst im Mutterleib festgelegt. Die Lage in der Gebärmutter, Nährstoffversorgung oder Zellwanderungen entscheiden, wie sich der Fötus entwickelt. Die Umwelt prägt also den Organismus schon vor der Geburt, eine für Biologisten wieder einmal offensichtlich erstaunliche Erkenntnis.

Die Lebensbedingungen von Säugetieren unterscheiden sich bereits in der Schwangerschaft, weshalb auch bei Klontieren Variationen auftreten. Klonen ist also keine Wiederauferstehung, sondern nur eine spezielle Form der Reproduktion. Mit sehr unangenehmen Begleiterscheinungen: Die meisten Klontiere sind krank. Das aber nur nebenbei. Welche Antwort halten die Klonversuche bereit für die alte Frage, ob eher das Erbe oder eher die Umwelt ein Leben dominiert? Sicher ist nun, dass niemand durch Klonen wiedergeboren wird, wie bisher naiv geglaubt. Trotz völlig identischer Gene ist der Klon dann doch ein anderes Wesen. Die Macht der Gene ist also recht begrenzt. Und für ADHS kann gelten, dass unter solchen Bedingungen die Aussage, ADHS sei in hohem Ausmaß genetisch bedingt und erblich, sehr gewagt daherkommt. Rael, der Gründer der Raelianer-Sekte, plante, Adolf Hitler zu klonen, um ihn vor Gericht stellen zu können. Daraus wird nun leider sicherlich nichts.

6.2.7 Genetische Ursache endlich gefunden?

Nach Belegen zur These der genetischen Ursache von ADHS gefragt, zitieren ADHS-Gläubige immer wieder eine Studie, die Genmutationen bei ADHSlern gefunden hat (Williams et al. 2010). Diese Veränderungen werden dann schlicht und einfach zur Ursache der angeblichen Krankheit erklärt. Dass es für Laien so einfach ist, wundert gerade beim Thema ADHS nicht, grassieren hier doch auch sonst die abenteuerlichsten Theorien.

In dieser Studie wird eine Kindergruppe mit ADHS-Diagnose mit einer solchen ohne ADHS hinsichtlich genetischer Veränderungen, sogenannte Copy Number Variations (CNVs) verglichen. Es zeigte sich, dass in der Kontrollgruppe 7 Prozent und in der ADHS-Gruppe 14 Prozent solcher CNVs zu finden waren. In der ADHS-Gruppe hatte ein Kind also insgesamt doppelt so viele CNVs wie in der Kontrollgruppe. Wenn man die relativ vielen minderbegabten Kinder (IQ kleiner 70) allerdings aus der Versuchsgruppe heraus rechnete, war das Risiko für die ADHS-Kinder nur noch 1,7-mal höher. Was ist hierzu aus kritischer Sicht zu sagen?

CNVs sind zunächst einmal etwas eher Normales. Circa 30.000 solcher Veränderungen sind derzeit beim Menschen bekannt, wahrscheinlich sind es viel mehr. Ununterbrochen erzeugt jede menschliche Zelle Tausende von solchen Veränderungen, die aber meist rasch repariert werden. Solche Veränderungen können Krankheiten erzeugen, müssen es aber nicht, die Kausalität ist völlig unklar. Die gefundenen Zusammenhänge sind denn auch nur statistisch-korrelativ, kausal lassen sie keine Aussage zu.

Wenn in einer Kindergruppe vermehrt solcher Veränderungen gefunden werden, kann daraus also nicht gefolgert werden, dass sie die Ursache (schon gar nicht die angeborene) irgendwelcher damit in Zusammenhang gebrachter Krankheiten oder Verhaltensauffälligkeiten sind. Es wird dabei zudem ausgeblendet, dass CNVs auch epigenetisch durch äußere Einflüsse entstehen können (zum Beispiel durch Stoffwechselstörungen, Gifte in der Nahrung, UV-Sonnenstrahlen etc.). Die gefundenen CNVs sind obendrein nicht spezifisch für so etwas wie ADHS, sie wurden zum Beispiel auch bei Minderbegabten, bei Autismus und Schizophrenie gefunden, in Zukunft bei wahrscheinlich vielem Anderen auch.

Das Wichtigste aber ist, dass solche Forschungsfunde immer nur sehr wenig Aufklärung bringen: Recht gut erforscht hinsichtlich genetischer Veränderungen sind zum Beispiel Herzerkrankungen oder Diabetes, und alle Faktoren zusammen können hier bestenfalls 10 Prozent des Krankheitsrisikos erklären. Auch in der obigen Studie hatten 86 Prozent der ADHS-Kinder keine CNVs. Für die klinische Praxis ist so etwas völlig wertlos.

Zwei Zitate aus der Studie sollen nicht unerwähnt bleiben:

1. Über ADHS „… hat man bisher keine spezifischen Gene hierfür gefunden".
2. „Unsere Befunde legen nahe, dass ADHS nicht allein ein soziales Konstrukt ist" (Williams et al. 2010).

Diesen Schluss kann man aus der Studie gerade nicht ziehen (siehe die wieder einmal völlig ausgeblendete Epigenetik).

6.3 Noch einmal: ADHS ist vererbt

Wenn Sie gefragt werden, ob es zwischen Ihren beiden Kindern in der Konzentrationsfähigkeit mehr Ähnlichkeit gibt als zwischen zwei fremden Kindern aus verschiedenen Familien, antworten Sie wahrscheinlich mit Ja. Genau so würden Sie wohl auf die Frage antworten, ob es zwischen eineiigen Zwillingen, die in derselben Familie aufgewachsen sind, in Bezug auf ihre Intelligenz mehr Übereinstimmung gibt als zwischen eineiigen Zwillingen, die getrennt voneinander in verschiedenen Familien aufgewachsen sind.

Und beide Antworten wären falsch! In Wirklichkeit gibt es, wenn man seelische bzw. geistige Merkmale betrachtet, zwischen wildfremden Kindern im Durchschnitt, wie gesagt, mehr Übereinstimmung als zwischen

Geschwisterkindern, zwischen getrennt aufgewachsenen Zwillingen mehr als zwischen gemeinsam aufgewachsenen. Das verblüfft zunächst. Aber es kann als nachgewiesen gelten, dass sich fremde Kinder und getrennt aufgewachsene Zwillinge in zum Beispiel ihrer Intelligenz im Durchschnitt mehr ähneln als Geschwisterkinder bzw. gemeinsam aufgewachsene Zwillinge. Ähnliches gilt für eine Reihe anderer psychologischer Merkmale, wie Konzentrationsfähigkeit, Gedächtnis, Leistungsbereitschaft und auch Persönlichkeitseigenschaften (Harris 2007). Zwei Jungen aus verschiedenen Familien haben zum Beispiel schon mal das Geschlecht gemeinsam, während sie beide in ihren Familien vielleicht eine Schwester haben, von der sie sich im Merkmal „Geschlecht" stärker unterscheiden als voneinander. Oder: Zwei Mädchen aus verschiedenen Familien, die beide einen älteren Bruder haben, ähnln sich psychologisch in mancherlei Hinsicht mehr als Bruder und Schwester derselben Familie (Toman 2002).

Andererseits: Fremde Kinder und getrennt aufgewachsene Zwillinge erleben ja auch verschiedene Umwelten (was aber angesichts der immer stärker werdenden Angleichung der Familien in hochentwickelten Gesellschaften immer weniger zutrifft). Nicht blutsverwandte, fremde Kinder haben normalerweise keine gemeinsamen Gene. Geschwisterkinder haben dagegen im Durchschnitt 50 Prozent, eineiige Zwillinge nahezu 100 Prozent gemeinsame Gene. Deshalb kann der Umstand, dass Zwillinge und (geringer) auch Geschwister gehäuft gemeinsam die Diagnose ADHS bekommen, theoretisch natürlich auch auf „die Gene" zurückzuführen sein. Aber eindeutig ist dies nicht, solange diese „ADHS-Gene" nicht identifiziert sind und ihr Einfluss bedeutsam ist. Und wenn man das Beispiel der Schizophrenie-Forschung oder der Alzheimer-Krankheit heranzieht, sollte man sich beim Finden solcher genetischen Ursachen keinerlei vorschnelle Hoffnungen machen. Bei Schizophrenie scheinen Hunderte von verschiedenen Genen in komplexem Zusammenwirken mit Umwelteinflüssen im Sinne eines Puzzles Einzelteile in völlig unbekannter Art und Weise beizusteuern. Bei der Alzheimer-Krankheit, die es wahrscheinlich ebenso wenig gibt wie ADHS (Stolze 2012), sind meines Wissens erst 3 solche Gene bekannt.

6.3.1 Meine Kinder wurden gleich erzogen

„Meine Kinder wurden gleich erzogen. Dass nur eines von ihnen ADHS hat, beweist die Vererbung." So eine Mutter in einem Internetforum. Stimmt das? Ist ADHS vererbt? Diese Frage deckt sich weitgehend mit derjenigen nach der Genetik. Aus Untersuchungen an Zwillingen hat man geschlossen, dass ADHS stark erblich sei und in einer Familie selten nur bei einer einzigen Person auftrete. In der internationalen Konsenserklärung zu ADHS wird behauptet, dass bei keiner psychiatrischen Erkrankung der genetische Anteil mit 70–95 Prozent so hoch wie bei ADHS sei. Hiermit vergleichbar sei etwa der Wert, der für die Vererbung der Körpergröße des Menschen beschrieben werde (Barkley 2002).

Die Behauptung einer solchen Vererbbarkeit beruft sich nicht auf molekulargenetische Untersuchungen, bei denen nach genetischen Besonderheiten gesucht wird, sondern auf Studien der quantitativen Verhaltensgenetik, also auf Familien- und Zwillingsstudien. Hier werden Umwelt- versus genetische Einflüsse aus Verhaltensbeobachtungen zu berechnen versucht. Dass das Ergebnis solcher Schätzungen stark abhängig ist von Stichprobenmerkmalen und den damit bestimmten Merkmalsvarianzen, muss klar sein, ich habe es schon erwähnt. So hat Sherman in seiner berühmten Zwillingsstudie zu ADHS eineiige und zweieiige Zwillingspaare von jeweils einem Lehrer und ihren Müttern einschätzen lassen und daraus auf eine hohe Vererbung bzw. Genetik von ADHS geschlossen. Diese Studie wird bis heute als einer der Hauptbelege für die angeblich sehr hohe Erblichkeit von ADHS gern zitiert. Dabei wird aber fleißig vergessen, was bereits der Autor selbstkritisch anmerkte: In weiteren Studien müsse man mehrere Beurteiler pro Zwillingspaar einsetzen, weil systematische Beurteilungsfehler besser kontrolliert werden müssen, besonders bei den beurteilenden Müttern (Sherman et al. 1997).

Für den individuellen Einzelfall lassen sich mit den Mitteln der quantitativen Verhaltensgenetik sowieso keine Berechnungen über den Anteil genetischer versus umweltbezogener Faktoren anstellen (Pinel 1997). Wenn ich also in meiner Familie mehrere angebliche ADHSler zu finden glaube, ist das kein Beweis für Vererbung. Aber auch im Gruppenvergleich kann man aus familiären Verhaltenshäufungen keine solchen Schlüsse ziehen, weil sich in Familien genetische und psychosoziale Umwelteinflüsse immer untrennbar miteinander vermengen. Sie sind konfundiert, sagt man dazu wissenschaftlich. Von grundsätzlichen Unzulänglichkeiten der ADHS-Diagnose sei hier einmal ganz abgesehen: ADHS-Häufungen bei Geschwistern, in Familien und bei Zwillingen können auch im subjektiven Erleben der „Betroffenen", in der Fragwürdigkeit alltäglicher Diagnosepraxis, in der Mehrdeutigkeit sogenannte ADHS-Symptome sowie in der Schwäche der Forschungsdesigns begründet sein. Eine in dieser Hinsicht typische Aussage eines angeblich ADHS-betroffen Erwachsenen, der mitteilte, dass er „überall ADHS bei anderen Menschen entdeckt, seit er selbst die Diagnose hat", mag diesen Sachverhalt verdeutlichen. Wenn über Geschwister gesagt wird, sie seien beide hyperaktiv, muss das keineswegs bedeuten, dass beide ADHS haben. Hyperaktivität (was immer das genau sein mag) kann ja bei jedem der Geschwister verschiedene Ursachen haben. Es kann auch bei beiden völlig normal sein, die Erwachsenen sind nur zu gestresst und überfordert.

Auch was Zwillingsstudien betrifft, sind die Aussagen keineswegs unumstritten, denn auch eineiige, gemeinsam aufwachsende Zwillinge teilen ihre psychosoziale Umwelt mit durchaus unterschiedlichen psychologischen Erfahrungen. Auch Zwillinge haben voneinander unterscheidbare Geschwisterrollen, sodass auch hier die Annahmen über Vererbung versus Umwelt schwierig, im Einzelfall sowieso unmöglich sind. Außer Acht gelassen wird regelmäßig der intrauterine, vorgeburtliche Umwelteinfluss auf das Kind. Auch Zwillinge teilen circa 9 Monate lang denselben mütterlichen Blutkreislauf. Die hohe Mongolismuskonkordanz bei Zwillingen kann zum Beispiel nicht auf Vererbung, sondern auf das relativ hohe Lebensalter der Mütter zurückgeführt werden (Penrose 1950). Zwillingsstudien zu ADHS, bei denen Mehrlinge mit Einlingen verglichen wurden, lassen auch noch eine ganz andere Erklärung zu: Mehrlingsgeburten sind Risikogeburten, worin durchaus eine Ursache auch für ADHS liegen kann. Mit Vererbung oder Genetik hat das dann nichts zu tun. Geringes Geburtsgewicht und Risikogeburt erhöhen allgemein das Risiko für ADHS (Strang-Karlsson et al. 2008; Huss 2008), ein wesentlicher Faktor, der bei allen Zwillingsstudien zu ADHS nicht übersehen werden darf, fast immer aber übersehen wurde. Auch andere intrauterine psychologische Auswirkungen (Stress) der werdenden Mehrlingsmutter müssen einkalkuliert werden. ADHS kann hier also weder vererbt noch genetisch bedingt, sondern ganz einfach Resultat einer Risikoschwangerschaft und -geburt sein.

Sogar getrennt aufwachsende eineiige Zwillinge wachsen, wie bereits erwähnt, oft in sehr ähnlichen psychosozialen Kontexten auf, sodass ihre Verhaltensgemeinsamkeiten immer auch auf ihre geteilte Umwelt zurückgehen können. Studien zu Diskonkordanzen, also Unterschieden bei Zwillingen fehlen außerdem fast völlig. Wenn man bei 2 Gruppen von Menschen alle Diskonkordanzen außer Acht lässt und nur nach Konkordanzen sucht, wird man sehr rasch in gewünschter Richtung fündig. Meist wird auch übersehen, dass sich die frühe psychologische Umwelt bei eineiigen Zwillingen von derjenigen von Einlingen und zweieiigen Zwillingen unterscheidet. Die psychosoziale Umwelt reagiert auf eineiige Zwillinge anders als auf Mehrlinge oder Geschwister. Die Bindungsforschung konnte zum Beispiel zeigen, dass Geschwisterkinder zu 50–65 Prozent denselben Bindungstypen an die Mutter aufweisen, Zwillinge aber nur zu 30–50 Prozent.

Zwillinge zeigten sich häufiger ganz unterschiedlich an die Mutter gebunden als Geschwisterkinder (Sagi et al. 1995; Dornes 2000). Neuronale Verschaltungsmuster des Gehirns sind auch bei eineiigen Zwillingen nach der Geburt keineswegs identisch. Auch sind sie nie wirklich 100 Prozent genetisch identisch, der Zufall spielt auch hier eine Rolle.

Eineiige, sehr früh getrennte Zwillinge gibt es ansonsten zu selten, um damit zuverlässige Studien anzustellen. Viele solcher Zwillingsstudien leiden denn auch unter Stichproben-, Methoden- und Diagnosefehlern. In einer amerikanischen Schizophrenie-Studie fand der Autor in den gesamten USA einmal ganze 19 getrennt aufgewachsene eineiige Zwillingspaare, aber leider war keiner davon schizophren. Jackson, der dies berichtet, fand seinerzeit in der gesamten 40-jährigen Schizophrenieliteratur nur ganze 2 eineiige, schizophrene Zwillingspaare (Jackson 1960). Die bisher umfassendste allgemeine Zwillingsstudie, die Minnesota-Studie, musste sich mit 59 getrennt aufgewachsenen eineiigen Zwillingspaaren begnügen (Bouchard et al. 1990). Im Übrigen sagt die Konkordanz eines bestimmten Verhaltens noch nichts über dessen Krankhaftigkeit aus. Wenn beide Kinder zum Beispiel rote Haare haben, sagt das wohl vielleicht etwas über Vererbung, aber noch nichts über eine Störung aus. Bei ADHS ist die Klassifikation als Störung zunächst einmal ein primär gesellschaftlich-kultureller, sozusagen willkürlicher Zuschreibungsprozess.

6.3.2 Eltern erziehen ihre Kinder unterschiedlich

Eltern erziehen ihre Kinder in Wahrheit teilweise sehr unterschiedlich, und Geschwisterkinder erleben ihre Familie ganz unterschiedlich. Sie wachsen subjektiv nicht selten wie in verschiedenen Familien auf. Dies wird in der gesamten ADHS-Familienforschung völlig übersehen. Ob man erstgeborener Sohn oder ein Nesthäkchen ist, macht eine stark unterschiedliche Umwelt für die Kinder aus. Dies gilt auch für Zwillinge, bei denen oft wenige Minuten über ihre lebenslänglich wirksame psychologische Geburtsrangfolge entscheiden. Verhaltensunterschiede zwischen Geschwistern werden in der ADHS-Forschung aber nicht auf diese unterschiedliche psychologische Umwelt, sondern schlicht und einfach auf so etwas wie „Vererbung" und die „Gene" bei angeblich identischer Umwelt zurückgeführt.

Geschwister wachsen aber in teilweise ganz unterschiedlichen psychologischen Umwelten auf. Allein die völlig normale Geschwisterrivalität fördert eine ganz unterschiedliche Entwicklung von Geschwistern. Man hat herausgefunden, dass sich Geschwisterkinder in ihrer Persönlichkeit (bis hin zum Intelligenzquotienten) meist mehr unterscheiden als zwei willkürlich herausgegriffene fremde Kinder gleichen Alters. Plomin und Dunn widersprechen denn auch der Annahme, dass Geschwister ihre Umwelt ähnlich erleben. Sie zeigen, wie das familiäre Zusammenspiel mit den Eltern, Geschwistern, Freunden für jedes Kind eine unterschiedliche subjektive Umwelt innerhalb derselben Familie schafft. Diese subtilen Unterschiede, so argumentieren die Autoren, formen die Persönlichkeitsentwicklung weit stärker als die geteilten Gemeinsamkeiten (Plomin und Dunn 1996). Allein Alters- und Geschlechtsunterschiede zwischen Geschwistern bringen ganz unterschiedliche und prägende Erfahrungen mit sich. Die Stellung in der Geschwisterrangfolge, die Geschlechterzusammensetzung bei Eltern (als ehemaligen Kindern) und ihren Kindern, das Alter der Kinder bei „life events" (wichtigen Ereignissen und Traumata im Familienleben), all dies (und noch viel mehr) kennzeichnet einzeln und in Kombination die Persönlichkeitsentwicklung eines Kindes. Unter sonst vergleichbaren Bedingungen unterscheiden sich Kinder derselben Familie, aber auch aus verschiedenen Familien, in ihrer psychologischen Umwelt allein durch solche objektivierbaren Daten ihrer Familienkonstellation in prägender Weise (Toman 1979, 2002). Wenn also nur ein Kind aus einer Geschwisterreihe verhaltensauffällig im Sinne von ADHS wird, kann dies genauso gut auf familiäre Einflüsse zurückgehen, die spezifisch nur dieses Kind betreffen. Ein Kind, das zum Beispiel stärker als seine Geschwister mit seinen Eltern in durch seine Stellung in der Familienkonstellation bedingten Rang- und Geschlechtskonflikten aufwächst, wird unter sonst vergleichbaren Bedingungen wahrscheinlicher verhaltensauffällig als seine Geschwister (Toman 1978, 1979, 1988, 2002; Langenmayer 1978). Mit Vererbung oder Genetik hat das nichts zu tun.

Ein weiterer wesentlicher Faktor, warum sich Kinder aus fremden Familien und getrennt aufgewachsene Zwillinge mehr ähneln als Geschwisterkinder und gemeinsam aufgewachsene Zwillinge, liegt in der natürlichen Geschwisterrivalität, die es nur bei gemeinsam aufwachsenden Kindern gibt. Geschwister wollen (müssen) sich voneinander abgrenzen, unterscheiden, um ihre ganz eigene und unverwechselbare Individualität zu entwickeln. Auch bei gemeinsam aufwachsenden Zwillingen lässt sich dies beobachten, wenn es nicht sogar von den Eltern bewusst gefördert wird. Dieser Faktor übt eine starke Wirkung auf „die Gene" aus, er kann genetische Dispositionen im Verhalten umformen, zurückdrängen oder befördern (Harris 2007).

6.3.3 Oder doch Vererbung?

Verfechter einer genetischen ADHS-Theorie werden einwenden, dass der Umstand, dass Geschwisterkinder gehäuft die Diagnose ADHS haben, in Anbetracht ihrer relativen umweltbedingten „Unähnlichkeit" wiederum die Genetik hervorhebt. Sie könnten Recht haben; entgegenhalten kann man ihnen aber, dass Geschwister ja „unähnlich", aber dennoch gemeinsam schädigend aufwachsen können: Das erste Kind einer Familie leidet zum Beispiel unter der Alkoholkrankheit der Mutter, das zweite (nachdem die Mutter abstinent geworden war), unter der Ablehnung des Vaters, der davon überzeugt ist, dieses Kind stamme vom Liebhaber seiner Frau. Schädigende Umwelteinflüsse können außerdem so gravierend sein, dass sie andere psychologische Effekte in einer Familie sozusagen niedermachen und alle Kinder mehr oder weniger betreffen. Eineiige, in derselben Familie aufgewachsene Zwillinge haben also nicht nur dieselbe genetische Ausstattung, sondern können auch gemeinsam unter dem Einfluss starker und traumatisierender Umwelteinflüsse stehen. Wenn sie dann häufiger gemeinsam ADHS haben, kann das also wieder genauso auch an den gravierenden Aspekten ihrer gemeinsamen Umwelt liegen.

Wie Sie sehen, ist das Ganze sehr kompliziert. Es läuft wieder einmal auf die besonders bei ADHS völlig ungeklärte Frage hinaus, wie Anlage und Umwelt zusammenspielen, wobei der Umweltfaktor bisher von der Forschung nahezu komplett ignoriert wurde. Unterschiede bzw. Gemeinsamkeiten zwischen Geschwistern können im Durchschnitt theoretisch zu 50 Prozent auf „die Gene" und zu 50 Prozent auf „die Umwelt" zurückgeführt werden. „So oder so", sagt man dazu im Alltag, um zum Ausdruck zu bringen, dass man es im Grunde, besonders im konkreten Einzelfall, nicht wirklich weiß.

Vererbung ließe sich am deutlichsten aufzeigen, wenn man getrennt aufgewachsene, eineiige Zwillinge untersucht (was natürlich meist unmöglich ist, so etwas gibt's einfach zu selten). Warum? Weil sich bei ihnen der familiäre Umweltfaktor am besten kontrollieren ließe und damit eindeutigere Aussagen über Vererbung und Genetik möglich wären. Geschwisterrivalität wäre als Einflussfaktor ausgeschlossen. Um den Umweltfaktor möglichst auszuschalten, wäre es optimal, wenn zum Beispiel der eine Zwilling in einer europäischen Adelsfamilie, der andere bei afrikanischen Buschmenschen aufwachsen würde. Solch eine Studie mit genügend Versuchspersonen ließe eine recht gute Aussage über Vererbung und Genetik zu. Aber kennen Sie eine solche Studie?

Bei allen unbestrittenen Verdiensten der Zwillingsforschung ist die Behauptung einer Vererbung von ADHS, so sehr sie psychisch belastete Eltern nicht selten zu entlasten vermag, also nicht widerspruchsfrei belegt und in ihrer Verabsolutierung aus denselben Gründen unzulässig wie die Behauptung einer Erziehungsunabhängigkeit. Verhaltensgenetische Studien zu ADHS kranken erheblich unter ihren methodischen Schwächen. Sie lassen viel zu viele psychologisch relevante Einflüsse unberücksichtigt. Die Behauptung, ADHS sei vererbbar, wird nichtsdestotrotz unverdrossen geglaubt und verbreitet, nicht nur in Laienkreisen, sondern auch in der Fachwelt. Jay Joseph hat diese Forschung, für die vor allem auch Faraone und Biederman in den USA stehen, kritisch unter die Lupe genommen und kommt zum Ergebnis, dass es keine wirklichen Nachweise für die genetisch bedingte Vererbung von ADHS gibt. Joseph kritisiert auch die methodischen Fehler bei Adoptionsstudien (dass sie nicht doppelblind waren, und dass man die leiblichen Eltern der Adoptionskinder nie mit untersucht hat, etc.). Insgesamt schließt er, dass die Zwillingsmethode von zweifelhafter Bedeutung für die Vererbungsforschung ist. Die der Zwillingsforschung zugrunde liegende Annahme einer gleichen Umwelt ist nicht haltbar, weil methodische Fehler und unkontrollierte Umwelteinflüsse die Ergebnisse verfälschen. Ähnliches gilt auch für getrennt aufgewachsene Zwillinge, die oft gar nicht wirklich dauernd getrennt waren. Alle bei ADHS gefundenen Verhaltensunterschiede lassen sich auch ohne die Annahme ihrer Vererbung oder Genetik erklären (Joseph 2002).

6.4 ADHSler sind hochbegabt

Einige der angeblich bewiesenen Überzeugungen unter ADHS-Anhängern beziehen sich auf Zusammenhänge von ADHS mit der Intelligenz und der Kreativität: ADHSler seien häufig überdurchschnittlich intelligent, ja sogar hochbegabt und besonders kreativ. Was man in einschlägigen Internetforen über angebliche Zusammenhänge zwischen ADHS und Hochbegabung liest, ist erstaunlich. Es hat sich bei Laien der Aberglaube verbreitet, Hochbegabung sei komorbid zu ADHS, als seien viele ADHSler gleichzeitig hochbegabt, als seien sie besonders intelligente, „andere", kreative und verkannte Genies, ja, was besonders skurril ist, als sei Hochbegabung eine Störung. Hochbegabung firmiert hier neben Asperger-Syndrom, Autismus, Borderline-Störung und anderen mehr oder weniger ausgeprägten psychiatrischen Modediagnosen. Häufig liest und hört man, dass mit ADHS diagnostizierte oder eingeschätzte Menschen besonders oder sogar hoch begabt seien, so, als wäre ADHS so etwas wie eine Elite-Klassifikation. Der ADHS-ler sozusagen als eine besonders hoch und im positiven Sinne „anders" qualifizierte Menschenkategorie. In einem Internetforum teilt zum Beispiel eine „betroffene" Mutter mit, dass man ihr Kind in einer Klinik als „psychosomatisch gestört" eingestuft habe. Dagegen verwahre sie sich nun heftig, weil das ihr Kind stigmatisieren würde. Sie bestehe auf der Diagnose ADHS (als wäre das keine Störung).

Die Diagnose ADHS wird tatsächlich von nicht wenigen Eltern und Fachleuten derzeit nicht nur als kleineres Übel im Vergleich zu möglichen anderen Diagnosen angesehen. Sie wird darüber hinaus als Merkmal besonders hochwertiger Menschen („Indigo-Kinder") propagiert. Und in diesem Kontext spielt auch die Vorstellung eine Rolle, ADSler seien häufig nicht nur besonders kreativ, sondern auch besonders intelligent. Auch Hartmanns romaneske Betrachtung der ADHSler als übriggebliebene „Jäger" gehört in diese Sparte der Idealisierungen und Mythologisierungen um ADHS. R. A. Barkley, der USA-ADHS-Guru, behauptet, dass „die meisten Kinder mit ADHS über eine durchschnittliche oder überdurchschnittliche Intelligenz verfügen". Wenn wir von einer Normalverteilung der Intelligenz auch bei ADHS-Kindern ausgehen, ist diese Äußerung aber genau so gültig wie diese: Die meisten Kinder mit ADHS verfügen über eine durchschnittliche oder unterdurchschnittliche Intelligenz. Oder auch: Die meisten verfügen über eine durchschnittliche Intelligenz. Oder: Die meisten verfügen über eine unterdurchschnittliche, normale oder überdurchschnittliche Intelligenz. Warum sagt Barkley das nicht?

An anderer Stelle widerspricht sich Barkley dann sogar selbst, indem er erklärt, dass ADHS-Kinder in Intelligenztests 7–10 IQ-Punkte bedeutsam schlechter abschneiden als „Nicht-ADHS"-Kinder (Barkley 1997). Das muss natürlich nicht bedeuten, dass diese Kinder wirklich weniger intelligent wären. Sie könnten ja auch nur in ihrem Testverhalten beeinträchtigt sein. Aber wie soll man diese „wirkliche" Intelligenz bei Kindern messen? Die Beobachtung, dass falsch behandelte hochbegabte Kinder sekundäre Verhaltensprobleme entwickeln können, hat in jüngster Zeit zu der Mode geführt, verhaltensauffällige Kinder ungeprüft als hochbegabt zu bezeichnen. Eltern entschuldigen ihre Erziehungsfehler damit, dass ihr Kind hochbegabt sei. Es handelt sich um den gleichen Abwehrmechanismus, wie wir ihn von ADHS her kennen. Eine der Ursachen erwartungswidriger Minderleistungen von Hochbegabten soll ihr ADHS sein, wird sogar in Fachkreisen behauptet. Antshel findet, dass es unter Kindern mit hohen Intelligenzquotienten durchaus solche gibt, auf die die Diagnose ADHS zutreffe, betont aber zu Recht, dass die Ansichten auf diesem Gebiet insgesamt kontrovers seien (Antshel 2007, 2008).

Der renommierte amerikanische ADHS-Fachmann Sam Goldstein hat in einer Übersicht über die vorliegenden Forschungsergebnisse hierzu Folgendes zusammengetragen:

Die Beziehung der Intelligenz zu ADHS gestaltet sich allgemein genauso wie zu anderen Verhaltensstörungen: Beurteilungen des hyperaktiv-impulsiven Verhaltens und Intelligenzmessungen stehen häufig in einem negativen Zusammenhang (das heißt, je höher das Eine, um so niedriger das Andere). Das sagt einem ja schon das Alltagswissen: Je stärker die Aufmerksamkeits-Hyperaktivitätsstörung, umso niedriger müssen eigentlich die Ergebnisse von Intelligenztests ausfallen. Allerdings ist der Zusammenhang zwischen Intelligenztestergebnissen und allgemeinen Verhaltensproblemen (im Unterschied zu ADHS) oft schwächer bis gar nicht vorhanden. Auch das kennt man aus dem Alltag: So manch „verhaltensgestörter" Schülerrebell ist völlig unauffällig in seiner Intelligenz und hat gute Schulnoten.

Intelligenztestergebnisse zeigen einen schwachen, aber bedeutsamen Zusammenhang mit Messungen der Aufmerksamkeit. Stichproben von ADHSlern weisen einen niedrigeren Verbalintelligenzquotienten auf als solche ohne ADHS, weshalb die Intelligenz in Forschungsstudien eigentlich immer mit kontrolliert werden sollte. Allerdings gehen nur circa 10 Prozent der Varianz der verbalen Intelligenztestwerte auf den Faktor ADHS zurück, weshalb die Gesamtheit der ADHSler eine normal verteilte Intelligenz haben dürfte. Goldstein weist darauf hin, dass Aufmerksamkeitsprobleme bei sehr vielen intellektuell beeinträchtigten Gruppen zu beobachten sind, und dass sie von einer Vielzahl verschiedener neurologischer Probleme verursacht werden können. Der Autor fragt sich (und uns), warum trotz der langjährigen soliden Forschungsgrundlage immer noch die Auffassung zu finden sei, ADHSler seien besonders intelligent, und warum ihre Impulsivität immer noch für eine besondere Ausprägung von Kreativität gehalten wird. Impulsivität als eine positive Eigenschaft von ADHS zu betrachten, werde vielleicht als ein Weg gesehen, der Öffentlichkeit ADHS als etwas irgendwie Wohltuendes darzustellen. ADHS sozusagen als Gabe der Natur. Aus wissenschaftlicher Sicht bleibt Impulsivität aber etwas eindeutig Belastendes.

Es gibt keinerlei wissenschaftliche Hinweise darauf, dass Kinder mit ADHS intelligenter oder kreativer seien. Die Forschung zeigt überwiegend, dass intellektuelle Prozesse unabhängig von ADHS sind. Intelligenzmängel oder eine Inkonsistenz intellektueller Leistungen dürfen deshalb in keinem Fall als diagnostischer Beleg für ADHS herangezogen werden. Goldstein meint, es sei an der Zeit, die Vorstellung, ADHSler seien smarter als die anderen und bloß unerkannte Genies, die unter ihrer ignoranten Umwelt leiden, endlich abzulegen (Goldstein 2001).

Aber auch ganz unabhängig von ADHS grassiert sogar in Fachkreisen immer noch die allgemeine Überzeugung, Hochbegabung sei ein genereller psychosozialer Risikofaktor. Dabei liegt seit einigen Jahren eine wegweisende Untersuchung von D. H. Rost vor, die Fachwelt und Laien längst eines Besseren belehren müsste. In einer der bisher größten längsschnittlichen Studien über hochbegabte und hochleistende Jugendliche mit großen Stichproben und Kontrollgruppen, wie es für Studien solcher Art bisher unüblich war, erstellte der Autor ein umfassendes und verallgemeinerbares Bild von Hochbegabung (Marburger Hochbegabten-Projekt). Nicht wenige der in der Literatur zu findenden bisherigen Annahmen werden hier als unzulässige Verallgemeinerungen und platte Vorurteile entlarvt.

So erwiesen sich hochbegabte oder leistungsbeste Schüler als psychisch besonders belastbar und psychosozial verantwortungsbewusst. Sie waren in ihrer Peer-Gruppe und in der Schulklasse gut integriert und allgemein psychisch unauffällig. Im Gegenteil, sie schnitten bei Persönlichkeitseigenschaften oft sogar positiver ab als durchschnittlich begabte Schüler. Nirgendwo in dieser vorbildlichen empirischen Studie fand sich eine Bestätigung für die These, dass Hochbegabung ein psychosozialer Risikofaktor sei. Vielmehr erwies sich Hochbegabung als psychosozial begünstigender Faktor. Hohe Intelligenz erleichtert das Leben (Rost 2000). Mir ist auch keine einzige andere Studie bekannt, die gezeigt hätte, dass in einer unausgelesenen Stichprobe von ADHSlern mehr als die in der Normalbevölkerung zu erwartenden 1–2 Prozent Hochbegabte vorkommen. Wenn einzelne Hochbegabte aber psychosozial auffällig werden oder scheitern, hat dies mit ihrer besonderen Intelligenz und Begabung primär nicht viel zu tun. Bei einer unentdeckten und infolgedessen nicht selten durch Verhaltensprobleme überlagerten Hochbegabung ist nicht die Hochbegabung, sondern deren Unerkanntheit eine Störungsursache. Es liegt dann auch nicht an einer Krankheit ADHS, sondern an ganz individuellen, familiären und schulischen psychischen Belastungen, die Hochbegabte genau so stören, wie alle anderen, weniger intelligenten Kinder auch. Es gibt sicher nicht wenige unerkannt hochbegabte Kinder, die fälschlich mit ADHS diagnostiziert werden. Ihre reaktiven Verhaltensauffälligkeiten passen gut ins gegenwärtige ADHS-Diagnoseschema (Bachmann 2005).

Hochbegabung können wir ganz pragmatisch als einen Intelligenzquotienten von 130 aufwärts definieren. Auf diese Weise sind im Sinne der Normalverteilung 1–2 Prozent von uns hochbegabt. In Deutschland gibt es deshalb definitionsgemäß circa 365.000 hochbegabte Kinder. ADHS soll es bei etwa 3–5 Prozent, also im Mittel 4 Prozent, unserer Kinder geben. Wenn man beides (also ADHS und Hochbegabung) als voneinander unabhängige Merkmale betrachtet, ist die Wahrscheinlichkeit, mit der ein Mensch beide Merkmale gleichzeitig in sich vereinigt, nach den Regeln der Kombinatorik also 0,02 mal 0,04, also 0,0008. Das bedeutet also, dass es unter 10.000 Kindern 8 hochbegabte ADHSler gibt. Nicht so häufig, oder? Wenn jemand die These der Unabhängigkeit der beiden Merkmale nun aber in Zweifel zieht und behauptet, beide seien durch etwas Gemeinsames bedingt (Genetik?), dann kann er hierfür keinerlei wissenschaftlichen Beleg beibringen. Dass ADHS eine Hochbegabung oder umgekehrt Hochbegabung eine ADHS bedinge, ist nirgends belegt. Ein kausaler oder nur statistischer Zusammenhang zwischen ADHS und Intelligenz ist nicht belegbar.

Es ist also nicht belegt, dass es unter ADHS-Kindern mehr Hochbegabte gibt als in der Durchschnittsbevölkerung, ebenso wenig wie, dass es unter Hochbegabten mehr ADHS-Kinder gibt. Dennoch behauptet zum Beispiel ADHS Deutschland, ein bundesweiter Verband von ADHS-Selbsthilfegruppen, dass ADHS und Hochbegabung „überzufällig oft" gemeinsam vorkommen (ADHS-Deutschland 2018). Ich habe in meiner langjährigen klinischen Praxis noch kein einziges Kind kennengelernt, das ADHS plus Hochbegabung gehabt hätte. Ich habe aber schon einige kennengelernt, die unerkannt hochbegabt waren, falsch erzogen und beschult wurden und dann fälschlich mit ADHS diagnostiziert worden sind.

Etwa 15 Prozent der hochbegabten Kinder sind „underachiever", das heißt, ihre Schulleistungen bleiben unter dem erwarteten hohen Niveau (Bachmann 2005). Solche Kinder leiden nicht unter ADHS, sondern unter Langeweile und Unterforderung, wenn das schulische Angebot nicht ihrem Niveau entspricht. Als Folge entwickeln sie nicht selten Verhaltensstörungen, Unkonzentriertheit, Unruhe, oppositionelles Verhalten – und schon ist der Stempel „ADHS" aufgedrückt. Statt dass sich Familie und Schule diesen Kindern besser anpasst, werden diese als krank erklärt und medikamentös behandelt. Auch Tordjman meint, ADHS bei hochbegabten Kindern sei Ausdruck eines Mangels an äußerer und innerer Anregung, also Folge einer intellektuellen Unterforderung, und verdecke nicht selten eine reaktive Depression (Tordjman 2006).

6.5 ADHSler sind kreativ

Ein alter und bei vielen liebgewordener ADHS-Mythos lautet, ADHS-Kinder und Erwachsene seien auffallend kreativ. Auf Internetseiten, die über ADHS auch sonst meist hanebüchenen Unsinn verbreiten, wird dies im Brustton der Selbstverständlichkeit völlig unkritisch kolportiert. Auch auf Pharmaseiten wie bei Janssen wird dies behauptet, und dass dann auch Cordula Neuhaus in dieses populärwissenschaftliche Horn bläst, verwundert niemanden mehr (Neuhaus 1999, S. 42). Künstler werden aufhorchen: Kreativität sei häufig sogar als typisches ADHS-Symptom dargestellt. Sind Künstler, Stars oder Sportler, die sich als ADHSler outen und interessant machen, also krank und/oder kreativ? Der kritische Zeitgenosse, der nach wissenschaftlichen Belegen für die These einer Korrelation von ADHS und Kreativität sucht, erlebt wieder einmal eine herbe Ernüchterung: Er findet nichts Rechtes, was geeignet wäre. Auf welche Forschungsergebnisse also berufen sich all die halbseidenen, selbsternannten ADHS-Fachleute und Promis bei ihrer nirgends hinterfragten Behauptung?

Healey und Rucklidge sind dieser Frage der Verbindung von ADHS und Kreativität vor Jahren wissenschaftlich nachgegangen. Sie haben Kinder miteinander verglichen, die entweder nur die Diagnose ADHS hatten, ohne als kreativ zu gelten, oder die neben der Diagnose als besonders kreativ galten oder die nur als kreativ galten, ohne die ADHS-Diagnose zu haben, sowie eine Kontrollgruppe. Und was kam dabei heraus? Zwar zeigten sich 40 Prozent der kreativen Kinder als lebendig, aufgeweckt, teils unkonzentriert und impulsiv, aber bei keinem einzigen der kreativen Kinder konnte die Diagnose ADHS bestätigt werden. Wen wundert's? Kreative Menschen sind immer schon besonders unruhig-unkonventionell, impulsiv, „anders", originell eben, charismatisch, genialisch. Aber ADHS haben sie nicht! ADHS und Kreativität haben also nichts miteinander zu tun. Diese und andere kritische Fragen zu ADHS darf man ihnen leider nirgends öffentlich stellen. Mangels überzeugender Antworten reagieren sie meist beleidigend-impulsiv, ignorieren den Frager oder schieben ihn in die bekannte Scientologen-Ecke. So dünnhäutig sie ob ihres Argumentationsmangels geworden sind, so trotzig haben sie sich in ihre ADHS-Wagenburgen verbarrikadiert.

6.6 ADHS ist unheilbar

Die Behauptung, ADHS sei unheilbar, wird immer wieder damit begründet, dass man die Symptomatik mit Training oder Psychotherapien zwar mildern, die genetisch bedingte Grunderkrankung aber nicht kausal heilen könne. Da es, wie erwähnt, keinerlei spezifischen medizinisch-organischen Marker für ADHS gibt, ist die Behauptung, ADHS sei kausal unheilbar, überhaupt nicht prüf- und belegbar. Wenn die Grunderkrankung ADHS bekannt bzw. identifizierbar wäre, ließe sich die Behauptung ihrer Unheilbarkeit ja überprüfen. Man kennt aber diese spezifische Grunderkrankung gar nicht. Insofern lohnt es sich eigentlich gar nicht, sich in diesem Sinne weiter mit der Behauptung einer Unheilbarkeit zu beschäftigen. Wenn man ADHS aber nicht als genetisch bedingte körperliche Krankheit, sondern als Verhaltensstörung betrachtet, ist sie durchaus heilbar, denn immer dann, wenn das gestörte Verhalten verschwunden oder auf ein Normalmaß reduziert ist, keine Verschiebungen in andere Verhaltensbereiche stattgefunden haben und kein Leidensdruck mehr besteht, läge Heilung vor. Und dass dies möglich ist, belegen inzwischen vielfältige therapeutische Erfahrungen von Klinikern und Eltern. Trotz abertausender anderer Studien zu ADHS (vor allem zur Medikation) hat sich die traditionelle ADHS-Forschung mit dieser Frage noch fast gar nicht beschäftigt. Leider finden sich keine Pharmaunternehmen, die solche Studien finanzieren. Aus einem Mangel an Studien zur Heilbarkeit darf man aber natürlich nicht schließen, dass es eine solche gar nicht gäbe. Die Aussage, die Heilbarkeit von ADHS sei derzeit nicht belegt, muss deshalb fairerweise so umformuliert werden: Die These der Unheilbarkeit von ADHS ist derzeit nicht belegt.

Wussten Sie, dass etwa die Hälfte aller ADHS-Kinder ohne jede Therapie gesund wird in dem Sinne, dass ihr ADHS-Verhalten auf ein Normalmaß verringert ist, sodass die Diagnose ADHS nicht mehr gestellt werden kann? Der Schweizer Psychologe Piero Rossi machte 2008 auf seinem inzwischen leider gelöschten Internetblog auf diese Salutogenese (im Unterschied zur Pathogenese) der ADHS aufmerksam und wunderte sich zu Recht, dass es hierzu wohl keine einzige Forschungsstudie gibt, die diesem Phänomen auf den Grund zu gehen versucht. ADHS wächst sich also sozusagen bei vielen Kindern aus, aber niemand weiß, warum. Psychosoziale Aspekte als mögliche Erklärungen interessieren in der ADHS-Forschung nicht. Es ist ja zu vermuten, dass sich ADHS bevorzugt bei Kindern „auswächst", die in einem eher entwicklungsfördernden psychosozialen Umfeld heranwachsen. Was umgekehrt den Schluss zulässt, dass ADHS bevorzugt und nachhaltig in weniger entwicklungsfördernden Milieus entsteht und andauert.

In nahezu allen hergebrachten ADHS-Internetseiten und populären ADHS-Ratgebern finden Sie den mehr oder weniger dringenden Rat, eine Medikation bei ADHS nicht ohne begleitende Verhaltenstherapie und Elterntraining durchzuführen. Wenn Sie dies als fachlicher Laie lesen, gehen Sie sicher davon aus, dass dieser Rat überall deshalb so kategorisch gegeben wird, weil ihn wissenschaftliche Forschungsergebnisse begründen.

Weit gefehlt! Verhaltenstherapie und Elterntrainings sind zwar allgemein bewährte und in ihrer Wirksamkeit wissenschaftlich recht gut belegte Verfahren. Sie zu empfehlen ist also allgemein vollkommen berechtigt. Dass aber ausschließlich diese Methoden bei ADHS indiziert sein sollen, alle anderen nicht, bedarf besonderer Begründung. Wenn es eindeutige Forschungsergebnisse gäbe, die belegen, dass Verhaltenstherapie bei ADHS wirksamer ist als Familientherapie oder Kinderpsychotherapie oder Ergotherapie oder Autogenes Training oder Grüne Algen oder Homöopathie oder gar keine Therapie oder … (die Reihe ließe sich noch sehr weit fortsetzen), dann wäre der Rat zur Verhaltenstherapie berechtigt. Aber: Solche vergleichenden Forschungsergebnisse gibt es nicht. Wie gesagt, dies liegt unter anderem am (finanziell bedingten) Fehlen von Forschungen zur Psychotherapie bei ADHS und nicht etwa daran, dass sich Psychotherapie als unwirksam erwiesen hätte.

Wenn man also wissenschaftlich gar nicht begründen kann, warum eine bestimmte Psychotherapiemethode angezeigt sein soll, andere aber nicht, fragen Sie sich natürlich, wie die Autoren dazu kommen, diesen Rat dennoch zu geben. Nun, die Antwort ist einfach: Weil sie es aufgrund ihrer Theorie von ADHS so glauben! Sie glauben nämlich, ADHS sei eine genetisch bedingte, vererbbare Hirnstoffwechselstörung, die von der Umwelt, der Erziehung und der Erfahrung völlig unabhängig ist. Wenn ich sage, sie glauben dies, will ich zum Ausdruck bringen, dass dies wissenschaftlich in keiner Weise hinreichend belegt ist. Aber wenn man dies so glaubt, scheint Verhaltenstherapie die geeignete Methode zu sein, weil dabei zum Beispiel die elterliche Erziehung eines Kindes kaum eine Rolle spielt, die Familie mit ihrer ganz eigenen Dynamik keine Rolle spielt, die sonstige Umwelt des Kindes (Kindergarten, Schule, Wohnumfeld) keine Rolle spielt. Nur das angeblich kranke Kind ist Ansatzpunkt des Trainings. Seine angebliche hirnorganische Krankheit lässt sich zwar nicht heilen, aber mit Medikamenten und mit Trainingsmethoden mildern. Die Eltern und die sonstige Umwelt können erzieherisch eigentlich gar nichts falsch gemacht haben, sie werden ein bisschen unterstützt, nicht mehr „gleich in die Luft" zu gehen. So fügt sich die Empfehlung zur Verhaltenstherapie nahtlos ins biologistische ADHS-Konzept ein. Aber wieder: Weit gefehlt!

Denn Verhaltenstherapie leugnet ja die Umwelt, die Lernerfahrungen eines Kindes in seiner Familie keineswegs! Woran sie ansetzt, sind ja ganz individuelle Lernerfahrungen. Wie passt dies nun aber zusammen mit der (sowieso durch nichts begründbaren) Überzeugung, ADHS sei erfahrungsunabhängig? Sollen nur sekundäre, ADHS-reaktive Erfahrungen wegtrainiert werden? Wie dem auch sei, wissenschaftlich lässt sich der ausschließliche Rat zur Verhaltenstherapie nicht begründen. Die gegenwärtige Praxis sieht ja so aus, dass die meisten Langzeitmedikationen bei Kindern keinerlei Psychotherapie einschließen. Ritalin tut es auch ganz allein. Wie Gerald Hüther sagt: „Das Medikament bügelt alles flach." Selbst in der berühmten MTA-Studie hat Barkley seine eigene Verhaltenstherapiemethode im Vergleich mit Ritalin besiegt. Dazu aber später mehr.

Ich fände es einfach ehrlicher, wenn die überzeugten ADHSler raten würden, Ritalin zu geben, und sonst gar nichts. Wenn sie weiterhin Verhaltenstherapie empfehlen, widersprechen sie sich darin, dass ADHS erfahrungsunabhängig sei. Der Einwand, bei der Verhaltenstherapie würden nur die als Folge von ADHS gelernten Verhaltensweisen behandelt, nicht ADHS selbst, ist wissenschaftlich durch nichts belegt. Wenn man bedenkt, dass circa 80 Prozent der gegenwärtig als ADHS diagnostizierten Kinder nur verhaltensgestört sind (also gar kein ADHS haben), ist der allgemeine Rat zur Psychotherapie natürlich erstrangig. Seriös wäre also der Rat, jede bewährte und wissenschaftlich anerkannte Psychotherapie (ob Familientherapie, Heilpädagogik, Spieltherapie, Ergotherapie, Verhaltenstherapie etc.) erst einmal ohne Medikation ernsthaft durchzuführen.

Manchmal (viel, viel seltener als behauptet) bleibt nichts anderes übrig als eine Medikation. Dass allerdings Psychopharmaka ADHS nicht heilen, sondern Wahrnehmung und Verhalten lediglich kurzfristig künstlich verändern, versteht sich von selbst. Bei Absetzen des Medikaments stellt sich das „gestörte" Verhalten unverändert wieder ein. Die früher vorherrschende ausschließlich medikamentöse Behandlung, die heute bereits als ärztlicher Kunstfehler gelten müsste, hat wohl aus dieser Beobachtung den Mythos einer Unheilbarkeit abgeleitet. Heute kann man aber davon ausgehen, dass ADHS psychotherapeutisch-psychoedukativ im selben hohen Maße heilbar ist wie alle anderen kindlichen Verhaltensstörungen auch. Allerdings darf nicht länger allein am Kind herumtherapiert werden, ohne sein störendes Milieu (Familie, Kindergarten, Schule etc.) mit zu behandeln. Diese familientherapeutisch-systemische Sicht und Methodik hat sich in anderen Psychotherapiefeldern längst durchgesetzt.

Bei ADHS ist dies nicht der Fall. Hier wird – wenn überhaupt – kindzentriert einseitig verhaltenstherapeutisch allein mit dem kindlichen

Symptomträger gearbeitet. Diese unvollständige Methodik, die die gesamte Umwelt des Kindes unberücksichtigt lässt, erklärt denn auch die im Vergleich zur Medikation eher geringen Erfolge (s. MTA-Studie 1999; die erheblichen methodischen Mängel dieser gern zitierten Studie hat insbesondere Breggin herausgestellt; s. Breggin 2000).

Lesesne et al. (2003) fanden einen engen Zusammenhang zwischen mütterlicher seelischer Gesundheit und dem Vorhandensein von ADHS bei ihren Schulkindern. Zwischen mütterlicher Gesundheit und dem sich daraus ergebenden Verhalten ihrer Kinder bestehe eine enge Verbindung. Sie betonen denn auch die Notwendigkeit einer familienbezogenen Therapie. Auch Burt et al. (2003) finden, dass chronische Eltern-Kind-Konflikte ein grundlegender Risikofaktor bei der Entwicklung kindlicher Verhaltensstörungen (darunter auch ADHS) darstellen. Sie stellen interessanterweise fest, dass die zwischen verschiedenen kindlichen Verhaltensstörungen (ADHS, Oppositionelles Verhalten [ODD], Verhaltensstörung [CD]) gefundenen Komorbiditäten nichts anderes als die gemeinsame Basis familiärer Hintergrundkonflikte widerspiegeln.

Auch Bio- und Neurofeedback sind nichts anderes als eine psychotherapeutische (auf Übung und Erfahrung basierende) Lernmethode, um zum Beispiel die eigene Hirnfunktion willentlich zu beeinflussen und damit gewünschte Verhaltensänderungen (zum Beispiel Konzentrations- und Aufmerksamkeitssteigerungen) zu erzielen. In einer interessanten Studie hat Fuchs eine mit Ritalin behandelte ADHS-Kindergruppe mit einer nur mit Biofeedback behandelten verglichen und die Ergebnisse früherer Studien von Lubar et al. (1995) bestätigt. Biofeedback war überall vergleichbar effektiv wie Ritalin, teilweise sogar überlegen (Fuchs 1998; Lubar et al. 1995). Auch die Forschergruppen um Strehl und Heinrich belegen in ihren Studien, dass Neurofeedback die klinische Symptomatik bei ADHS deutlich verringern kann und vergleichbare Resultate erzielt wie eine medikamentöse Behandlung. Noch 6 Monate nach Abschluss eines Trainings hatten die Kinder ihre Impulsivität gut unter Kontrolle. Neurofeedback zeigte sich auch einem der sonst üblichen PC-Konzentrationstrainings überlegen (Heinrich et al. 2004; Strehl et al. 2004; Gevensleben et al. 2009).

Natürlich erfordert ein solches Training einen größeren Motivations- und Zeitaufwand im Vergleich zu einem prompt wirkenden Medikament, das lediglich die Motivation zu seiner täglichen Einnahme voraussetzt (wobei bei nicht wenigen Kindern nicht einmal diese Minimalmotivation gegeben sein muss, weil die Mütter ihnen das Medikament zum Beispiel heimlich ins Frühstücksmüsli einrühren. Andere Kinder widersetzen sich mehr oder weniger offen der Tabletteneinnahme. Ein Junge bewahrte die morgendliche

Tablette unter seiner Zunge und spuckte sie aus, sobald er auf dem Schulweg war. Trotzdem wurde vom Lehrer eine Verhaltensverbesserung berichtet).

Die bisher von Medizinern konzipierte sogenannte multimodale Therapie bei ADHS erscheint in diesem Zusammenhang als Stückwerk. Der familiendynamische Aspekt fehlt völlig. Diller (2003), aber auch Armstrong (2002) betonen, wie wichtig ein familienorientiert-systemisches Verständnis und Therapieren bei ADHS ist, in der klinischen Praxis dominiert aber überall ein eingeengtes, biologistisch auf das „kranke" Kind zentriertes (oft rein medikamentöses) Vorgehen. Der Mythos von der lebenslänglichen Krankheit ADHS spiegelt denn auch womöglich nur die Ineffizienz dieses biologistischen Sparprogramms wider, das die Psyche, die Familie und die Familiengeschichte des Kindes völlig ausblendet. Der Verdacht, das gängige medizinische ADHS-Konzept erwachse unter anderem aus genau diesem Abwehrmechanismus, bietet sich zwanglos an.

Eine wirklich multimodale Therapie bei ADHS muss deshalb in einer systemischen Familientherapie bestehen, in deren Rahmen sich kindbezogene Maßnahmen (notfalls auch eine zeitbegrenzte Medikation) sinnvoll einbauen lassen müssen. Teamarbeit von Familie, Familientherapeut, Arzt, Kindertherapeut, Erzieherin bzw. Lehrer ist notwendige Voraussetzung. Besonders die Väter müssen in jedem Fall – besonders auch bei geschiedenen Eltern – mit einbezogen werden. Die konfliktarme und konstruktive Zusammenarbeit der Eltern stellt den Hauptfaktor eines hilfreichen Familiensystems dar. Aber auch Geschwister finden ihre Rolle im Kontext der familiären Veränderungen, die helfen können. Eine allein auf das „ADHS-Kind" zentrierte Problemsicht und Therapie ist jedenfalls in keinem Fall ausreichend. Die meisten Eltern, die darüber klagen, dass sie schon „alles" versucht hätten und nichts geholfen habe (außer am Schluss Ritalin), waren nur auf's Kind zentriert. Sich selbst haben sie unfreiwillig ausgespart, mit Erzieherinnen und Lehrern lagen sie im Konflikt, und die Hilfseinrichtungen, mit denen sie es bisher zu tun hatten, haben sie darin unfreiwillig noch bestärkt. Für die psychotherapeutische und pädagogische Praxis hat das ADHS-Konzept im Grunde keinerlei wirkliche Bedeutung. Die Praxis aller gängigen Behandlungen lässt sich völlig ohne das fragliche ADHS-Konzept begründen. Hüther und Bonney (2002) finden es symptomatisch, dass eine mehr als eine halbe Million Beiträge zum Thema ADHS vorliegen, die sich der medikamentösen Behandlung widmen, und nur knapp 3000, die sich der psychotherapeutischen Praxis zuwenden.

Sie betonen den Zuwachs an Angsterkrankungen und insistieren auf dem großen Einfluss, den Stress und emotionale Unsicherheit vom Mutterbauch an auf die Entwicklung des Hirns haben können. Die ADHS-Forschung hat sich bisher in Tausenden von Studien fast ausschließlich mit der Suche nach organisch-genetischen Ursachen sowie mit der medikamentösen Behandlung beschäftigt, ohne überzeugend fündig zu werden. Eben weil die Identifikation beweisbarer Ursachen bisher nicht gelungen ist, hat man sich mit Präventionsfragen fast überhaupt noch nicht befasst. Es gibt fast keinerlei Berichte über kontrollierte Effekte psychotherapeutischer Behandlungen, die etwas über die Entwicklung dieser Kinder von Geburt an aussagen. Man weiß auch noch fast gar nichts über die mittel- und langfristigen Verhaltensweisen und Entwicklungen von Familien mit „ADHS-Kindern". Hier liegen große Aufgaben vor uns, und nur langsam kommt dieser wissenschaftliche Zug ins Laufen.

Eine der wenigen prospektiven Studien, die sich mit der frühen Vorbeugung gegen die ADHS-Symptomatik befassen, stammt von G. C. Rappaport (Rappaport et al. 1998). 51 Kinder im Alter zwischen 2 und 4,5 Jahren, die unter Unaufmerksamkeit, Sprachstörungen und/oder motorischen Entwicklungsstörungen mit und ohne Hyperaktivität litten, wurden im Alter von 8–10 Jahren nachuntersucht, nachdem sie nicht medikamentös mit Beschäftigungs- und Sprachtherapie behandelt worden waren. 20 dieser 51 Kinder hatten die Diagnose ADHS, und 8 von diesen 20 hatten Geschwister mit ebenfalls einer ADHS-Symptomatik. Diese Kinder konnten mit ihren unbehandelten Geschwistern als Kontrollgruppe verglichen werden. Es zeigte sich bei ihnen im Schulalter ein bedeutsamer Rückgang der ADHS-Problematik.

6.6.1 Schreibabys

Viele Eltern von sogenannten ADHS-Kindern berichten, dass ihre Kinder bereits im Säuglingsalter, praktisch von Geburt an, ja manchmal bereits im Mutterleib, besonders unruhig und „nervenaufreibend" waren. Viele Fachleute machen darauf aufmerksam, dass der richtige Umgang mit solchen anstrengenden, aber gesunden Babys für eine ADHS-Vorbeugung ausschlaggebend sein kann. Wenn es den Eltern gelingt, sich optimal auf das „schwierige" Baby einzustellen, verschwinden die Symptome nicht nur, es können auch Langzeitfolgen belasteter Eltern-Kind-Beziehungen (und eben auch ADHS) vermieden werden. Das exzessive Schreien der sogenannten Schreibabys stellt für jede Familie eine extreme seelische Belastungsprobe dar, zumal oft noch Schlafprobleme des Babys und andere Verhaltensprobleme hinzukommen. Man schätzt, dass bis zu jedes dritte Baby in seinen ersten 3 Lebensmonaten unter solchen mehr oder weniger ausgeprägten Unruhezuständen (intensives Schreien, Quengeln, Unruhe, Schlafstörungen, Gedeihstörungen, Essstörungen, Koliken, Kontaktstörungen etc.) leidet.

Wenn ein Baby über mehrere Monate hinweg viele Stunden täglich schreit, bemühen sich die verzweifelten Eltern intensiv, die Ursache zu finden und Abhilfe zu schaffen. Und wenn das nicht gelingt (was häufig berichtet wird), werden die intuitiven Verhaltensbereitschaften der Eltern ermatten und Ohnmachts- bzw. Wutgefühle stellen sich ein. Übrigens sind viele Eltern über die Intensität der Wutgefühle, die bei ihnen gegenüber ihrem „nervenden" Baby entstehen können, zutiefst erschreckt. Sie reagieren dann mit starken Schuldgefühlen, die zusätzlich die Beziehungsgestaltung zum Baby negativ färben. Viele so geplagte Eltern zeigen ein seelisches Erschöpfungssyndrom, sie verhalten sich immer ignorierender und abgestumpfter, manchmal sind sie in Gefahr, emotional „durchzudrehen".

Exzessives Schreien im Kleinkindalter ist nachgewiesenermaßen die häufigste Ursache für körperliche Misshandlung von Kindern. Die interdisziplinäre Säuglingsforschung geht davon aus, dass bei solchen Babys Reifungsverzögerungen und postpartale Anpassungsstörungen im Sinne einer reifungsbedingten Verhaltensregulationsstörung vorliegen. Die Babys können innere Biorhythmen wie den Schlaf-Wach-Rhythmus noch wenig steuern, haben Gleichgewichts- und andere reifungsabhängige Wahrnehmungsprobleme. Die Fähigkeit zum Tiefschlaf ist zum Beispiel an Reifungsvorgänge des Gehirns gekoppelt, die bei diesen Babys noch „unfertig" sind. Eltern solcher Babys berichten, dass es ihnen schwerfällt, die Signale ihres Kindes richtig zu lesen und einzuschätzen, um verstehen zu können, was das Kind braucht oder will. Das Risiko einer frühen Bindungsstörung zwischen Eltern und Säugling ist also in diesen Fällen erheblich vergrößert. Wenn Eltern aber intuitiv oder mithilfe von Fachleuten lernen, sich an die Babys anzupassen, reifen die Babys rasch nach und holen ihre Reifungsverzögerungen ohne gravierendere frühe Beziehungsstörungen problemlos auf.

Ich bin der Ansicht, dass dieser Anpassungsprozess bei vielen der derzeit als ADHS diagnostizierten Kinder im Kleinkindalter nicht optimal gelungen ist. „Gelassenheit" ist deshalb ja auch die wichtigste Eigenschaft, die Eltern eines Schreibabys bewahren können müssen, damit sich nicht eine Eskalation der Gereiztheit zwischen Eltern und Baby aufschaukelt. Wenn Eltern diese Gelassenheit nicht mehr alleine herstellen können, sollten sie sich unbedingt professionell helfen lassen. In Schreiambulanzen finden sie dann Unterstützung, Austausch und kompetente fachliche Hilfe. Aber auch in den meisten Frühförderzentren, in vielen Erziehungsberatungsstellen und Sozialpädiatrischen Zentren gibt es Fachleute für Eltern mit Schreibabys. Hier können die Weichen frühzeitig so gestellt werden, dass die Babys ungestört „nachreifen" und glückliche Kinder, Jugendliche und Erwachsene werden. Ohne ADHS.

Tracy Hogg, eine englische Krankenschwester mit Spezialisierung auf entwicklungsgestörte Neugeborene und Kleinkinder, erforschte in den letzten 24 Jahren bei über 5000 Babys und Kleinkindern deren Schreien, Körpersprache, Ausdruck und nonverbales Verhalten. Mit ihrer Begabung, schwierige Babys zu verstehen, erwarb sie sich den Spitznamen „Babyflüsterer". Seit sie in die USA kam, trainiert sie Eltern mit schwierigen Neugeborenen, damit die Eltern ihr Baby verstehen und frühe Eltern-Kind-Beziehungsstörungen von Anfang an vermieden werden können. Sie wurde in den USA schnell bekannt. Viele Ärzte schicken Eltern zu ihr. Sie trainiert vor allem stillende Mütter, aber auch Vätergruppen von schwierigen Babys und Kleinkindern (Hogg 2006). Solche frühkindlichen Probleme bei der Nahrungsaufnahme, bei den Schrei- und Schlafgewohnheiten treten weit häufiger auf als angenommen wird. Nach den mehr als 15-jährigen Erfahrungen der „Münchner Sprechstunde für Schreibabys" durchläuft jedes vierte bis fünfte Kind Schreiphasen im Kleinkindalter. Dabei werden die betroffenen Eltern von ihrem Umfeld, aber auch von den behandelnden Ärzten häufig im Stich gelassen. Oft werden sie lediglich mit Durchhalteparolen beschwichtigt. Zwar stellt man auch in der Münchner Modelleinrichtung im Kinderzentrum fest, dass Schreiprobleme in den ersten Monaten häufig harmlos sind und sich meist auswachsen. Aber bei etwa 4 Prozent der Schreibabys sind das anhaltende Schreien und die chronische Unruhe Vorboten einer leidvollen Biographie. Oft fallen diese Kinder später mit massiven Verhaltens- und Aufmerksamkeitsstörungen auf. Besonders sensibilisiert sollten die Ärzte dann sein, wenn das anhaltende Schreien in Kombination mit anderen Verhaltensauffälligkeiten auftritt, sagt Professor Mechthild Papousek, Leiterin der „Münchner Sprechstunde für Schreibabys". Bei etwa 40 Prozent der betroffenen Kinder müsse bei dieser Kombination mit dem Auftreten eines ADHS gerechnet werden.

Angesichts der Komplexität des Störungsbildes sieht Papousek „eklatante Lücken" im Versorgungsnetz. Keine Berufsgruppe sei derzeit für diese speziellen Probleme im Säuglingsalter ohne weitere Zusatzqualifikation fachlich gewappnet. Zudem fehlten bundesweit interdisziplinäre Beratungsstellen für das Säuglings- und Kleinkinderalter mit einem qualifizierten Angebot von Eltern-Säuglings-Behandlungen. Deshalb erstaunt es nicht, dass in den vergangenen 15 Jahren circa 3000 Familien das spezielle Beratungs- und Behandlungsangebot im Münchner Kinderzentrum wahrgenommen haben. Die Ergebnisse sind ermutigend. Mit einem vergleichsweise geringen Aufwand von durchschnittlich 3,9 Terminen konnte 89 Prozent der Kinder weitergeholfen werden. 45 Prozent der Kinder wurden vollständig therapiert, bei weiteren 44 Prozent wurde immerhin erreicht, dass sich die Kinder in ihrem Sozialverhalten und der Beziehungsbindung stabilisieren konnten. Für ausgesprochen problematisch hält es Papousek, dass die Diagnose Frühkindliche Regulationsstörung bisher nicht im Diagnose-Klassifizierungssystem ICD-10 berücksichtigt worden ist. Dementsprechend stehen den Ärzten in der ärztlichen Gebührenordnung keine entsprechenden Leistungsabrechnungsmöglichkeiten zur Verfügung. Diese seien jedoch zusätzlich zum Forcieren der Weiterbildung längst überfällig, da ansonsten weder eine rechtzeitige Behandlung noch eine frühe Diagnostik sichergestellt werden könnten, so die Ärztezeitung vom 18.01.2002. Auch diese Erfahrungen bestätigen die frühe Erziehungsabhängigkeit von ADHS.

In Schreiambulanzen für Schreibabys wird auch eine psychoanalytische Therapiemethode eingesetzt, die schon bei Babys angewendet wird und die bereits auf eine längere Entwicklung und empirische Prüfung bauen kann: „Watch, Wait and Wonder" (Zuschauen, Warten und sich Überraschen lassen) von N. J. Cohen, E. Muir und M. Lojkasek (2003). Es handelt sich um ein psychoanalytisch, vor allem bindungstheoretisch begründetes, kindzentriertes Psychotherapieprogramm zur Behandlung gestörter Mutter-Kind-Beziehungen (bzw. Vater-Kind-Beziehungen). Man kann damit bei Säuglingen ab 4 Monaten beginnen.

Die Mutter (oder der Vater) erhält eine allgemeine Anleitung zum Spielen mit dem Baby, wobei sie (er) folgende Regeln einhalten muss:

- Sich auf den Boden niederlassen.
- Sich vom Kind leiten lassen.
- Selbst keinerlei Aktivitäten initiieren.
- In jedem Fall reagieren, wenn das Kind Initiative ergreift, aber die Aktivität unter keinen Umständen selbst übernehmen.
- Das Kind frei erkunden lassen: Das Kind kann alles tun, was es möchte, solange es nicht gefährlich ist.
- „Watch, Wait and Wonder" im Hinterkopf haben.

Die eine Hälfte der Sitzung wird dafür verwendet, dass die Mutter ungefähr 20–30 Minuten lang an diesen Aktivitäten teilnimmt. Die Psychotherapeutin schaut Mutter und Baby interessiert zu, ohne einzugreifen oder irgendwie zu lenken. Genauso wenig, wie die Mutter das Baby lenken soll, lenkt die Psychotherapeutin beide. Die Initiative geht ganz allein vom Baby aus. Anschließend besprechen Mutter (Vater) und Psychotherapeutin ihre Erfahrungen und Eindrücke. Im Durchschnitt 14 Sitzungen im Zeitraum von circa 5 Monaten dauert eine solche Therapie, und schon in der ersten oder zweiten Sitzung ergeben sich oft erstaunlich rasche Fortschritte und Einsichten.

6.7 Eine Aufmerksamkeitsstörung ist kennzeichnend

Es ist in aller Laien-Munde: Bei ADHS handelt es sich um hyperaktive, aufmerksamkeitsgestörte und impulsive Menschen! Aber stimmt das wirklich? Wissenschaftlich betrachtet weiß das im Grunde in Wirklichkeit niemand. Besonders strittig ist nach wie vor die Frage, ob es bei ADHS wirklich selektive Aufmerksamkeitsstörungen gibt.

Die selektive Aufmerksamkeit umfasst die menschliche Fähigkeit, auf relevante Reize zu reagieren und sich nicht durch irrelevante Reize bzw. Störreize ablenken zu lassen. Genau dies soll bei ADHS angeblich gestört sein („Reizfilterschwäche"). Wir kennen einen Psychiater, der 3 andere Personen um den Patienten herum gruppiert. Dann reden die drei gleichzeitig auf den Patienten ein, jeder erzählt etwas anderes, der Patient soll sich aber nur auf den mittleren der drei konzentrieren. Wenn er anschließend kaum etwas wiedergeben kann, flupps, ist die ADHS-Diagnose fertig und schon gibt's Ritalin. Im Alltag würde zwar jedermann 2 Dazwischenquatscher um Schweigen bitten, aber das wäre dann wohl sicher auch nur eine ADHS-typische Reaktion.

Huang-Pollock et al. sind dieser alten Grundfrage schon vor Jahren einmal nachgegangen und haben Aufmerksamkeitsstörungen bei ADHS-diagnostizierten Kindern des primär unaufmerksamen Typs sowie bei solchen des kombinierten (hyperaktiven und unaufmerksamen) Typs gesucht – und keine gefunden! In keiner der beiden ADHS-Untergruppen fanden sie selektive Aufmerksamkeitsstörungen! Sie schließen daraus, dass wahrscheinlich die meisten ADHS-diagnostizierten Kinder eine völlig normale Aufmerksamkeit haben. Dass es bei ADHS einen Subtyp der primär aufmerksamkeitsgestörten Kinder überhaupt gibt, ziehen sie denn auch zurecht in Zweifel (Huang-Pollock et al. 2005). Auch ein ausgewiesener ADHS-Fachmann wie der Schweizer Psychologe Piero Rossi sagt:

> Leider konnte in Untersuchungen bisher keine ADHS-spezifische Aufmerksamkeitsschwäche gefunden werden … Wahrscheinlich wird man das ADHS-kennzeichnende Aufmerksamkeitsdefizit gar nie entdecken, da es – so meine persönliche Vermutung – gar nicht existiert. (Rossi 2012)

Das bestätigt auch meine klinische Erfahrung mit sogenannten ADHS-Kindern. Bei den wenigsten dieser mir mit anderswo gestellter Diagnose vorgestellten Kinder konnte ich in einer testpsychologischen Nachuntersuchung und in der längeren klinischen Beobachtung Aufmerksamkeitsstörungen feststellen, auch nicht mit bewährten Tests wie zum Beispiel dem DAT (Dortmunder Aufmerksamkeitstest).

Nur bei 5 Prozent dieser diagnostizierten Kinder gab es unterdurchschnittliche Werte. Das, was Ärzte, Eltern und/oder Lehrer als Aufmerksamkeitsstörung beschrieben, war meistens motivational zu erklären und entsprechend zu behandeln (zum Beispiel Über- bzw. Unterforderung, seelische Belastung, Traumatisierung, familiäre Störung, Versagensängste etc.). Die Aufmerksamkeit der Kinder ist also nicht per se gestört, sondern, wie bei allen Menschen, stark motivational bestimmt. Schließlich lernen Kinder bei geliebten Lehrern viel mehr als bei gehassten. Aber so etwas interessiert die ADHS-Forschung nicht, sie ist stur biologistisch fixiert. Ein Lehrer, der bei einem Schüler eine gestörte Aufmerksamkeit feststellt, sollte sich als erstes fragen, wie es mit seiner Schüler-Lehrer-Beziehung aussieht. Dasselbe gilt natürlich für Eltern.

Und was bleibt? Die sogenannte Hyperaktivität und Impulsivität, die erst recht keiner objektiv, zuverlässig und valide messen kann? Und deren „Ursachen" genauso vielfältig sind wie die Lebensgeschichten der Kinder?

Sehen wir es doch mal ganz realistisch: In Wirklichkeit bleibt gar nichts übrig von einem Syndrom namens ADHS. Bei nüchterner wissenschaftlicher Betrachtung ist es ein von interessierten Kreisen schlecht ausgedachtes Syndrom, das sich in der Wirklichkeit als spezifische Krankheit gar nicht finden lässt.

6.8 ADHS ist eine Störung der Exekutivfunktionen

Was ist bloß die Ursache von ADHS? Keiner weiß das, was ja kein Wunder ist, denn es gibt gar keine eigene Krankheit ADHS. Es gibt nur die Symptome, aber die sind multikausal. Aber diese banale Erkenntnis findet keine Anhänger in der gläubigen ADHS-Gemeinde. Nachdem man trotz jahrzehntelanger Forschung um den Transmitter Dopamin herum nichts Erleuchtendes gefunden hat, muss eben eine andere Erklärung her: Es sind die Exekutivfunktionen!

Darunter versteht man neurobiologische Regulations- und Kontrollmechanismen, die zielorientiertes und situationsangepasstes Verhalten ermöglichen. Impulskontrolle und emotionale Selbstbeherrschung, bewusste Aufmerksamkeitssteuerung, zielgerichtetes Initiieren, Koordinieren und Sequenzieren von Handlungen, motorische Umsetzung, Beobachtung der Handlungsergebnisse und Selbstkorrektur gehören dazu. Bei Hirnerkrankungen und -verletzungen vor allem des Frontalhirns treten Störungen der Exekutivfunktionen häufig auf. Interessanterweise deckt sich der Begriff weitgehend mit dem der Ich-Instanz der Psychoanalyse (zum Beispiel Hartmann 2001). Es ist strittig, ob es sich hirnbiologisch wirklich um eine eigene Kategorie handelt. Und es ist nicht belegt, dass es sich bei ADHS um eine spezifische Störung der Exekutivfunktionen handelt. „Untersuchungen zeigen, dass Defizite der Exekutivfunktionen ADHS nicht erklären können" (Furman 2008). Oder der bekannte ADHS-Promoter Banaschewski (Banaschewski et al. 2005): „ADHD is probably not specifically associated with executive function deficits" (ADHS ist wahrscheinlich nicht spezifisch mit Störungen der Exekutivfunktionen assiziiert).

Der gravierende Unterschied zwischen dem Konzept der Exekutivfunktionen und demjenigen der Ich-Funktionen liegt in der unzulässigen Biologisierung des erstgenannten. Ich-Funktionen sind erfahrungsbedingt, bei Exekutivfunktionen und ADHS blendet man das chronisch aus. Störungen der Ich-Funktionen sind in der Psychoanalyse lediglich Symptome für dahinterliegende lebensgeschichtliche, krankmachende Erfahrungen. Störungen der Exekutivfunktionen sollen demgegenüber aber die Ursache für ADHS sein, wodurch auch immer sie entstanden sein mögen.

6.9 Typischer Hyperfokus

Wenn Sie sich auf eine Sache, die Sie so richtig begeistert und packt, total konzentrieren und alles andere um sich herum vergessen, dann sind Sie „hyperfokussiert". Sie schauen zum Beispiel im Kino einen begeisternden Film und nehmen gar nicht mehr wahr, dass Ihr linker Nachbar Chips knuspert und der rechte eingeschlafen ist. Und jetzt lachen Sie bitte nicht: So etwas soll es auch als krankhaftes Symptom bei ADHS geben. Der notorische amerikanische ADHS-Experte Barkley behauptet, bei ADHS gebe es nicht nur eine zu geringe Aufmerksamkeit, sondern auch eine pathologische, unwillentliche und reizabhängige Hyperaufmerksamkeit, einen Hyperfokus. Eigentlich müsste ADHS deshalb anders heißen: Aufmerksamkeitsdefizit – und -hyperfokus – Hyper- und Hypoaktivitäts-Störung, kurz:

ADHHHS. Wenn Sie dies aussprechen, bestätigt sich: dreimal kurz gelacht. Ernst herbei:

Eine generelle Störung der Aufmerksamkeit bei ADHS hat man bekanntlich bis heute nicht gefunden, ein Aufmerksamkeitsdefizit gibt es also gar nicht. Deshalb spricht man lieber von einer angeblichen Regulationsstörung der Aufmerksamkeit. Der Hyperfokus soll demnach einerseits nicht willentlich steuerbar, dennoch aber motivational abhängig sein. Hoppla, soll das heißen, er ist unterbewusst gesteuert? Der alte Freud würde sich freuen.

Nun kennt man zwar seit langem Perseverationen, formale Denkstörungen bei hirnorganischen Störungen, aber auch bei Schizophrenie. Und weil ADHS-Symptome extrem unspezifisch sind (Prof. Dr. Romanos, Würzburg: in 80 Prozent der ADHS-Fälle gibt es noch mindestens eine weitere „komorbide" Diagnose) und sich eben auch bei solchen Störungen finden lassen, ist es denkbar, dass Barkley und Konsorten Hirnorganiker oder Schizophrene für ADHSler gehalten haben und deren Perseverationen dann einfach Hyperfokus nannten. Bei der Allerweltsdiagnose ADHS sind der Phantasie ja keine Grenzen gesetzt.

Wissenschaftlich belastbare Bestätigungen eines Hyperfokus bei ADHS gibt es keine. Alles ist graue Theorie, wird aber in Laienkreisen geglaubt wie das Amen in der Kirche. Der renommierte deutsche ADHS-Experte Prof. Dr. Gerhard Lauth hält den Hyperfokus bei ADHS denn auch für ein Scheinphänomen. Ich ergänze: So wie ADHS selbst auch.

6.10 ADHS ist erziehungsunabhängig

Vor einiger Zeit hörte ich einen Fachmann diese Behauptung aufstellen: „Es geht gar nicht, dass Eltern ihr Kind so erziehen, dass es ADHS-typische Symptome entwickelt." Der Kollege wollte damit die allgemein verbreitete These untermauern, dass ADHS nicht erziehungs- bzw. milieubedingt entstehen könne, sondern eben alleiniger Ausdruck einer angeborenen neurobiologischen Hirnstoffwechselstörung sei. Das halte ich für eine sehr gewagte Behauptung, und zwar aus folgenden Gründen:

- Es wird grundsätzlich geleugnet, dass auch bei ADHS Körper und Seele, bzw. Genetik und Erfahrung, in ihrem Wechselspiel den Ausschlag geben. Das leugnet heute eigentlich auch der eingefleischteste ADHSler nicht mehr. Es gilt mittlerweile als Selbstverständlichkeit, dass Kinder mit angeblich angeborenem ADHS in einem günstigen Milieu keine oder nur minimale Symptome entwickeln können, und vice versa. Psychotherapie

bei ADHSlern, die ja auch immer empfohlen wird, schafft nichts anderes als ein besonders günstiges („therapeutisches") Erfahrungsmilieu und hätte als Methode der Wahl gar keinen Sinn, wenn ADHS-Symptome erfahrungsunabhängig wären.
- Es wird behauptet, es gäbe ADHS-typische Symptome. In Wirklichkeit sind alle ADHS-Symptome unspezifisch, die Diagnose ADHS muss auch heute noch in einem Ausschlussverfahren gefunden werden, das heißt, eine Reihe von anderen (vielleicht sogar auch noch unbekannten) Störungen, die sehr ähnliche oder identische Symptome verursachen, müssen erst sorgfältig ausgeschlossen werden. Es gibt also keine ADHS-typischen Symptome, sondern nur Symptome, die man sich am Schluss des (hoffentlich!) sehr sorgfältigen Ausschlussverfahrens mit ADHS erklärt, wenn nichts anderes gefunden wurde.
- Der Sprecher geht davon aus, dass ADHS-Symptome durch Erziehung (ich sage besser: Erfahrung) nicht verursacht, aber wohl moduliert werden können. Was ADHS im engeren Sinne (als Hirnstoffwechselstörung) anbelangt, würden ihm Hüther u. a. sicher im ersten Teil des Satzes widersprechen. Sie würden daran erinnern, dass die Hirnentwicklung, auch die gestörte, durchaus auch erfahrungsabhängig verläuft. Aber auch allgemein kann man die Verursachung der unspezifischen ADHS-Symptomatik durch Erfahrung heute nicht mehr leugnen, vor allem wenn das eben genannte Ausschlussverfahren milieubedingte Einflüsse übersieht oder ihre verursachende Wirkung gering schätzt.

Dass die Symptome durch Erfahrung und Reifung modulierbar sind, habe ich bereits erwähnt. Einerseits wirkt Psychotherapie als erweiterte Erfahrung, andererseits verschwindet ADHS bei vielen Kindern in ihrer Entwicklung sozusagen von alleine. Dies zeigt ja die grundsätzliche Beeinflussbarkeit der Störung durch Erfahrung und Reifung. Erziehung ist ja nichts anderes als Erfahrung. Dass die angebliche Hirnstoffwechselstörung trotz erfolgreicher Psychotherapie unverändert (sozusagen im Hintergrund) weiter (lebenslänglich) vorhanden wäre, wird zwar ebenfalls behauptet, ist aber nirgends nachgewiesen. Ganz im Gegenteil verändern sich zum Beispiel Hirnfunktionen und -strukturen durch neue Erfahrungen. Auch hier muss man an die enorme und von der ADHS-Forschung weitgehend ignorierte Plastizität des menschlichen Hirns erinnern. Methylphenidat kann ja nicht heilen. Es könnte bestenfalls indirekt auf chemischem Wege neue Erfahrungsmöglichkeiten eröffnen, deren Nutzung dann mittel- und langfristig über eine Hirnveränderung „heilen" würde. Also auch hier käme es in vorderster Linie auf korrigierende Erfahrung an (wofür das Medikament nur das Vehikel wäre), um Störungen zu überwinden. Dass dies aber nur die Theorie ist und die Langzeitforschung die Ernüchterung gebracht hat, ist inzwischen allen klar: Methylphenidat führt nicht zu besseren therapeutischen Langzeiterfolgen als nicht medikamentöse Psychotherapie, ja nicht einmal als eine allgemeinmedizinische Grundversorgung (Molina et al. 2009).

Erziehungseinflüssen wird in ADHS-Kreisen mittlerweile immerhin ein modulierender Einfluss in dem Sinne zugeschrieben, dass sie im günstigsten Fall das Krankheitsbild mildern, aber angeblich nicht beseitigen können. Ein symptomarmes oder sogar völlig unauffälliges Kind hätte nach dieser Diktion nach wie vor eine ADHS. Dahinter steckt natürlich wieder die Behauptung von ADHS als einer Hirnfunktionsstörung, die auch dann vorhanden sei, wenn ein Kind mangels Erziehungsfehlern ohne auffallende Symptomatik ist. Eine wirklich abenteuerliche, ja verantwortungslose Unterstellung, der zufolge eigentlich durch die Bank alle Menschen ADHS haben müssten. Keinesfalls aber könnten solche erzieherischen Einflüsse ADHS verursachen, wird weiter behauptet. Kein Wunder, glaubt man doch an eine genetisch bedingte körperliche Störung. Wie sollte so etwas durch Erziehung verursacht sein? Aber auch hierfür fehlen überzeugende wissenschaftliche Belege. Es existiert wohl nur eine einzige prospektive Studie, die den verursachenden Einfluss der Erziehung auf ADHS verneint: Gottman hat den Einfluss der emotionalen Beziehung zwischen Eltern und Kindern bei 53 Kindern über 3 Jahre hinweg untersucht und zunächst einmal einen nicht nur psychologisch, sondern auch körperlich nachweisbaren starken Einfluss der emotionalen Beziehungsqualität auf die neuropsychologische Selbstregulation der Kinder belegen können. Das ist allerdings schon einmal sehr bemerkenswert. Bei einer hyperkinetischen Störung war aber trotz vergleichbarer Erziehung ein Unterschied in der Aufmerksamkeitssteuerung und Hyperkinetik feststellbar. Daraus schließt der Autor, dass Erziehung keinen Einfluss habe. Gottmanns Untersuchungsgruppe war allerdings sehr klein. Außerdem waren die Kinder zu Beginn der Studie bereits 4–5 Jahre alt, sodass bei den wenigen hyperkinetischen Kindern die Störung bereits bestand, ohne dass man wüsste, warum. Diese Kinder können ja schon in früherem Lebensalter durch Umwelteinflüsse hyperkinetisch „gemacht" worden sein, wodurch Gottmanns Schlussfolgerung widerlegt wäre (Gottmann et al. 1997).

Die meisten ADHS-Kinder stammen aus benachteiligten Familien, sind Kinder von Alleinerziehenden oder aus Patchworkfamilien (Glaeske 2009). Mir ist keine prospektive Studie bekannt, die belegen könnte, dass unterschiedliche familiäre, psychoedukative Faktoren keinen Einfluss auf die Entstehung einer späteren ADHS haben. Die ADHS-Forschung, die derzeit immerhin mehrere 100.000 Studien umfasst, hat sich mit diesen wichtigen Fragen bisher so wenig beschäftigt, dass die Aussage der kausalen Erziehungsunabhängigkeit eine schlichte Hypothese ist, die bisher wissenschaftlich keineswegs belegt ist. Diese Hypothese wird derzeit aber in weiten Kreisen als wissenschaftliche Tatsache betrachtet, was für die betroffenen Kinder teils schlimme Folgen hat, weil sie die vielfältigen psychotherapeutisch-psychoedukativen Hilfsmöglichkeiten für Familien und Kinder blockiert und stattdessen allzu rasch auf die isolierte medikamentöse Behandlung einer angeblich organischen Störung abzielt.

6.10.1 Erziehung hat einen starken Einfluss

Aus der klinischen Verhaltensforschung, der Bindungsforschung und der Entwicklungspsychologie wissen wir schon lange, dass Erziehungs- und Umwelteinflüsse einen sehr starken, wenn nicht gar ausschlaggebenden Einfluss auf Verhaltensstörungen haben. Die Vermutung, dass dies auch für ADHS gilt, liegt nahe, handelt es sich doch wahrscheinlich um nichts anderes als um einen Sammeltopf unterschiedlich begründbarer Verhaltensbesonderheiten. Dass dem Faktor Umwelt bzw. Erziehung allgemein eine herausragende Bedeutung zukommt, haben ja nicht zuletzt Esser und Schmidt bereits vor einigen Jahren sehr schön nachgewiesen. Sie unterschieden die beiden Faktoren Anlage (= Teilleistungsstörungen, TLS) und Umwelt (= widrige familiäre Bedingungen, FAI). Ihre Längsschnittuntersuchung zeigte deutlich das Zusammenspiel beider Faktoren bei Kindern:

Wenn ein 8-jähriges Kind keine TLS und günstige FAI hatte, war die Wahrscheinlichkeit zur Ausbildung einer späteren psychischen Störung etwa 10 Prozent; wenn sowohl TLS als auch ungünstige FAI vorlagen, 90 Prozent! Wenn zwar TLS, aber günstige FAI vorlagen, war die Wahrscheinlichkeit 38 Prozent, wenn nur ungünstige FAI, aber keine TLS vorlagen, 50 Prozent. Der Umweltfaktor FAI zeigte sich also als stärker als der Anlagefaktor TLS.

Bei der 2. Untersuchung derselben Kinder mit 13 Jahren zeigte eine querschnittliche Betrachtung, dass mit 8 Jahren bestandene ausschließliche TLS bei günstigem FAI ihren Vorhersagewert verloren hatten, während der Wert widriger familiärer Bedingungen erhalten geblieben war. Das bedeutet also, dass Teilleistungsstörungen nur im Zusammenhang mit widrigen familiären Bedingungen einen Effekt bei der Ausbildung einer Verhaltensstörung hatten (Esser und Schmidt 1987).

Eine der bisher wenigen Studien, die sich mit der Frage der psychosozialen Ursache von ADHS beschäftigen, stammt von Carlson et al. und ist wahrscheinlich die einzige in ihrer Art (im Vergleich zu Tausenden von bisherigen Untersuchungen, in denen vergeblich organische Ursachen gesucht wurden). Diese Studie ist rein prospektiv. Man hat 191 Kleinkinder (ab dem Alter von 6 Monaten) zu einem Zeitpunkt, als sie noch unauffällig waren und keine Verhaltensstörungen aufwiesen, 14 Jahre lang alle 6 Monate gründlich körperlich und psychologisch untersucht. Die Studie wurde in den Siebzigerjahren des letzten Jahrhunderts begonnen und 1995 veröffentlicht. Dieses aufwendige methodische Vorgehen ist deshalb so kostbar, weil nur rein prospektive Studien dieser Art wirklich valide Aussagen über Ursachen und Folgen bestimmter Beobachtungen (hier ADHS) zulassen.

Die Untersuchungsergebnisse waren eindeutig. Die Forscher fanden heraus, dass vor allem Familienkriterien eine Voraussage zulassen, ob Kinder ADHS entwickeln werden oder nicht:

> In der frühen Kindheit ließ die elterliche Zuwendung sehr viel deutlichere Voraussagen auf frühe Ablenkbarkeit (einem Vorläufer späterer Hyperaktivität) zu als frühe biologische oder (eher genetisch bedingte) Temperamentsfaktoren. Elterliche Zuwendung und familiäre Kontextfaktoren (wie eheliche Geburt, Ausmaß der emotionalen Zuwendung, die die primäre Bezugsperson des Kindes erhielt etc.) plus frühe Ablenkbarkeit ließen eine zuverlässige Vorhersage auf Hyperaktivität in der mittleren Kindheit zu. (Carlson et al. 1995)

Eine Studie von St. Sauver et al. von der berühmten Mayo Clinic, USA, hat zeigen können, dass es 2 frühe Hauptrisikofaktoren für die Entwicklung von ADHS bei einem Kind gibt: ein Junge zu sein sowie Eltern mit schlechter Schulbildung zu haben. Eine gute Schul- und Berufsausbildung der Eltern verringerte das Risiko, später die Diagnose ADHS zu bekommen, schlechte Bildung vergrößerte es, besonders bei Jungen im Vergleich zu Mädchen (St. Sauver et al. 2004). Wie passt dies zu den Behauptungen, ADHS sei genetisch bedingt und eine organische Hirnfunktionsstörung? Man will doch wohl nicht behaupten, geringer Sozialstatus sei genetisch bedingt und eine Komorbidität von ADHS? Oder dass arme Leute genetisch minderwertig seien und häufiger kranken Nachwuchs hätten? Dass die Studie ganz einfach die kulturell-psychosoziale Bedingtheit der Diagnose ADHS belegt, ist deutlich.

Jacobvitz et al. überprüften die Annahme, dass frühe familiäre Bindungsstörungen zwischen Vater, Mutter und Kind spätere Störungen wie Angst, Depression oder ADHS vorhersagen helfen. Sie untersuchten dieselben Familien mit Kindern zunächst im Alter von 24 Monaten und später im Alter von 7 Jahren und fanden signifikante Zusammenhänge zwischen frühen innerfamiliären Beziehungsstörungen und den besagten späteren Störungen, wobei Jungen häufiger mit ADHS, Mädchen häufiger mit Depression diagnostiziert wurden (Jacobvitz et al. 2004). Auch diese Studie belegt eindrucksvoll, dass ADHS keinesfalls unabhängig von familiären Beziehungsstörungen betrachtet werden darf, wie es die Schulmedizin leider immer noch tut, indem sie ADHS als erziehungsunabhängige körperliche Störung betrachtet. Die Studie liefert ein weiteres deutliches Indiz für die Erkenntnis, dass familiäre Beziehungsstörungen die eigentliche Ursache für die spätere Auffälligkeit namens ADHS bzw. Depression ausmachen. Es ist aus meiner Sicht schon seit langem und unabhängig von ADHS offenkundig, dass Jungens auf innerfamiliäre Beziehungsstörungen eher mit externalisierenden, Mädchen eher mit internalisierenden Verhaltensstörungen reagieren. Die sogenannten Träumerle oder Hypos sind also in Wahrheit überwiegend reaktiv-depressive Mädchen. Und die Jungens reagieren schon immer mit Opposition, Aggression und Leistungsverweigerung.

Nimmt man nur einmal diese wenigen Untersuchungen heran, dann wird der Einfluss der Erziehung sehr deutlich. Man hat sich aber bisher in vielen Tausend Studien lieber mit der Wirkung von Medikamenten und der körperlich-medizinischen Seite von ADHS beschäftigt. Aus dem Fehlen einschlägiger Studien wird nicht selten geschlossen, dass es etwas gar nicht gäbe. Das ist aber natürlich unzulässig. Wenn jemand seine Behauptung, es gäbe Ufos, damit untermauert, dass es keine gegenteiligen Beweise gäbe, dann kennzeichnet dies drastisch den Argumentationsstil bei der Frage, ob ADHS erziehungsabhängig ist. Wenn ich allein in meiner Erziehungsberatungsstelle die letzten 10 Kinder, die mit der Diagnose ADHS kamen (weil die Familien begleitende Psychotherapie suchten oder weil sie der Diagnose misstrauten oder weil sie die Psychostimulanzien vermeiden oder absetzen wollten) betrachte, dann gab es in jedem Fall deutliche und chronische Familien- und Erziehungsprobleme, die teils schon vor der Geburt des Kindes existierten und durch deren erfolgreiche Bearbeitung sich die ADHS-Symptomatik der Kinder stark mildern oder beseitigen ließ. In keinem Fall waren längerfristig Medikamente nötig. Und die Frage, ob ein symptomfreies Kind trotzdem noch ADHS haben soll, halte ich bekanntermaßen sowieso für hanebüchen, weil nicht belegt.

Zusammenfassend halte ich fest, dass es keine Belege für die Behauptung gibt, ADHS könne nicht durch Erziehungs- bzw. Erfahrungsfaktoren verursacht sein. Solange ADHS nicht wirklich als spezifische körperliche Krankheit nachgewiesen ist, kann dieser Beleg gar nicht erbracht werden und ist und bleibt eine unbestätigte Theorie. Stattdessen mehren sich die Belege dafür, dass sich unter dem Etikett „ADHS" Verhaltensstörungen versammeln, die durch Erziehungs- und Erfahrungsfaktoren bedingt sind. ADHS als ganz gewöhnliche psychoreaktive Verhaltensproblematik.

Literatur

ADHS-Deutschland. (2018). AD(H)S und Hochbegabung - eine Balance zwischen hohem Selbstanspruch und ständiger Enttäuschung. http://www.adhs-deutschland.de/Home/ADHS/Schule/AD-H-S-und-Hochbegabung.aspx. Zugegriffen: 5. Sept. 2018.

Antshel, K. M. (2007). Is attention deficit hyperactivity disorder a valid diagnosis in the presence of high IQ? Results from the MGH longitudinal family studies of ADHD. *Journal of Child Psychology and Psychiatry, 48*(7), 687–694.

Antshel, K. M. (2008). Attention-deficit hyperactivity disorder in the context of a high intellectual quotient/giftedness. *Developmental Disabilities Research Reviews, 14*(4), 293–299.

Armstrong, Th. (2002). *Das Märchen vom ADHS-Kind*. Paderborn: Junfermann.

Ärztezeitung. (18. Januar 2002). Das Weiterbildungsmodell des BDI hat Schwächen. http://www.genios.de/fachzeitschriften/inhalt/AEZT/20020118/1/-rzte-zeitung.html. Zugegriffen: 5. Sept. 2018.

Bachmann, M. (2005). Hochbegabt oder ADHS? *Labyrinth, 85,* 22.

Banaschewski, T., et al. (2005). Towards an understanding of unique and shared pathways in the psychopathophysiology of ADHD. *Developmental Science, 8*(2), 132–140.

Barkley, R. A. (1997). Behavioral inhibition, sustained attention, and executive functions: constructing a unifying theory of ADHD. *Psychological Bulletin, 121,* 65–94.

Barkley, R. A. (2002). international consensus statement on ADHD. *Journal of the American Academy of Child and Adolescent Psychiatry, 41*(12), 1389.

Benjamin, J., Li, L., Patterson, C., Greenburg, B. D., Murphy, D. L., & Hamer, D. H. (1996). Population and familial association between the D4 dopamine receptor gene and measures of novelty seeking. *Nature Genetics, 12,* 81–84.

Bobb, A. J., Castellanos, F. X., Addington, A. M., & Rapoport, J. L. (2004). Molecular genetic studies of ADHD: 1991 to 2004. *American Journal of Medical Genetics. Part B, Neuropsychiatric Genetics: the official publication of the International Society of Psychiatric Genetics, 132B*(1), 109–125.

Bouchard Jr., et al. (1990). Sources of human psychological differences: The Minnesota study of twins reared apart. *Science, 250*(4978), 223–228.

Braun, A. K. (2001). Die Bedeutung der Umwelt für die Entwicklung des kindlichen Gehirns. *Frühe Kindheit, 4.*

Breggin, P. R. (2000). The NIMH multimodal study of treatment for attention-deficit/hyperactivity disorder: A critical analysis. *International Journal of Risk & Safety in Medicine, 13,* 15–22.

Burt, S. A., Krueger, R. F., McGue, M., & Iacono, W. (2003). Parent-child conflict and the comorbidity among childhood externalizing disorders. *Archives of General Psychiatry, 60*(5), 505–513.

Carlson, E. A., Jacobvitz, D., & Sroufe, L. A. (1995). A developmental investigation of inattentiveness and hyperactivity. *Child Development, 66*(1), 37–54.

Castellanos, F. X., et al. (1996). Quantitative brain magnetic resonance imaging in attention-deficit hyperactivity disorder. *Archives of General Psychiatry, 53*(7), 607–616.

Castellanos, F. X., et al. (2002). Developmental trajectories of brain volume abnormalities in children and adolescents with attention-deficit/hyperactivity disorder. *JAMA, 288*(14), 1740–1748.

Cloninger, C. R. (1987). A systematic method for clinical description and classification of personality variants. A proposal. *Archives of General Psychiatry, 44,* 573–588.

Cohen, N. J., Muir, E., & Lojkasek, M. (2003). Watch, wait and wonder: Ein kindzentriertes Psychotherapieprogramm zur Behandlung gestörter Mutter-Kind-Beziehungen. *Kinderanalyse, 11*(1), 58–79.

Deary, I. J., et al. (2007). Intelligence and educational achievement. *Intelligence, 35,* 13–21.

DeGrandpre, R. (2002). *Die Ritalingesellschaft. ADS: Eine Generation wird krankgeschrieben.* Weinheim: Beltz.

Der Spiegel. (13/2003). Klonen für die Katz. *Der Spiegel,* S. 13, 192 ff.

Der Spiegel. (9/2003). Das Geheimnis des Lebens. *Der Spiegel,* S. 9, 160 ff.

Deutsche Bundesärztekammer. (2005). Stellungnahme zur Aufmerksamkeitsdefizit-/Hyperaktivitätsstörung (ADHS). http://www.bundesaerztekammer.de/downloads/ADHSLang.pdf. Zugegriffen: 31. Juli 2018.

Diller, L. H. (2003). ADHD: Realta o Mito Americano? *Quaderni ACP, 10*(3), 24–25.

Döpfner, M. (2009). Zentrales ADHS-Netz. http://www.zentrales-adhsnetz.de/i/faqs.php?sess_id=8690a0bf424118dbc13426a58e7c212e&id_cat=2&site=mehr&link_id=;3;2. Zugegriffen: 4. Juni 2007.

Dornes, M. (2000). *Die emotionale Welt des Kindes.* Frankfurt a. M.: Fischer.

Ebstein, et al. (1996). Dopamine D4 receptor (D4DR) exon III polymorphism associated with the human personality trait of Novelty Seeking. *Nature Genetics, 12,* 78–80.

Elia, J., Capasso, M., Zaheer, Z., Lantieri, F., Ambrosini, P., Berrettini, W., & Devoto, M. (2009). Eltern: Fit fürs Leben – Kindergesundheit. Forsa. http://www.eltern.de/pdf/Tabellenband_Kindergesundheit.pdf. Zugegriffen: 11. Aug. 2006.

Esser, G., & Schmidt, M. H. (1987). Epidemiologie und Verlauf kinderpsychiatrischer Störungen im Schulalter – Ergebnisse einer Längsschnittstudie. *Nervenheilkunde, 6,* 27–35.

Franke, B., Neale, B. M., & Faraone, S. V. (2009). Genome-wide association studies in ADHD. *Human Genetics.* https://doi.org/10.1007/s00439-009-0663-4.

Fuchs, T. (1998). Attention And Neuro. EEG and Research. http://www.eegspectrum.com/applications/adhdadd/attentionandneuro/?eeg_session_id=4dd2d08ccaa385d6e780cd81c60ac0ca. Zugegriffen: 8. Sept. 2018.

Furman, L. M. (2008). Attention-deficit hyperactivity disorder (ADHD): Does new research support old concepts?. *Journal of Child Neurology, 23*(7), 775–784.

Gevensleben, H., Holl, B., Albrecht, B., Vogel, C., Schlamp, D., Kratz, O., et al. (2009). Is neurofeedback an efficacious treatment for ADHD? A randomised controlled clinical trial. *Journal of Child Psychology and Psychiatry, and Allied Disciplines, 50*(7), 780–789.

Glaeske, G. (2009). Meist zu wenig Zeit für Kinder. *Stern, 45,* 68–69.

Goldstein, S. (2001). Intelligence and ADHD. http://www.samgoldstein.com/node/49. Zugegriffen: 22. Aug. 2004.

Gonon, F. (2009). The dopaminergic hypothesis of attention-deficit/hyperactivity disorder needs re-examining. *Trends in Neurosciences, 32*(1), 2–8.

Gottman, J. M., Katz, L. F., & Hooven, C. (1997). *Meta-Emotion. How families communicate emotionally*. Mahwah: Lawrence Erlbaum Associates.

Harris, J. R. (2007). *Jeder ist anders. Das Rätsel der Individualität*. München: DVA.

Hartmann, T. (2001). *Eine andere Art, die Welt zu sehen. Das Aufmerksamkeits-Defizit-Syndrom* (9. Aufl.). Lübeck: Schmidt-Römhild.

Heinrich, H., Gevensleben, H., Freisleder, F. J., Moll, G. H., & Rothenberger, A. (2004). Training of slow cortical potentials in attention-deficit/hyperactivity disorder: evidence for positive behavioural and neurophysiological effects. *Biological Psychiatry, 55,* 772–775.

Hogg, T. (2006). *Babyflüsterer. Lernen Sie die Sprache Ihres Kindes verstehen*. München: Goldmann.

Hoogman, M., et al. (2017). Subcortical brain volume differences in participants with attention deficit hyperactivity disorder in children and adults: a cross-sectional mega-analysis. *Lancet Psychiatry*. https://doi.org/10.1016/s2215-0366(17)30049-4.

Huang-Pollock, C. L., Nigg, J. T., & Carr, T. H. (2005). Deficient attention is hard to find: applying the perceptual load model of selective attention to attention deficit hyperactivity disorder subtypes. *Journal of Child Psychology and Psychiatry, and Allied Disciplines, 46*(11), 1211–1218.

Huss, M. (2008). ADHS bei Kindern: Risikofaktoren, Schutzfaktoren, Versorgung, Lebensqualität. *Bundesgesundheitsblatt Gesundheitsforschung Gesundheitsschutz, 51*(6), 602–605.

Hüther, G. (2002). Die Folgen traumatischer Kindheitserfahrungen für die weitere Hirnentwicklung. Arbeitsgemeinschaft für Sozialberatung und Psychotherapie. http://www.agsp.de/UB_Veroffentlichungen/Aufsatze/Aufsatz_34/aufsatz_34.html. Zugegriffen: 29. Juni 2008.

Hüther, G., et al. (2009). Sinn-Stiftung: Via Nova. http://www.sinn-stiftung.eu/via-nova—das-konzept/articles/via-nova—das-konzept.html. Zugegriffen: 7. Nov. 2010.

Hüther, G., & Bonney, H. (2002). *Neues vom Zappelphilipp*. Mannheim: Walter.
Hüther, G. Persönliche Mitteilung 2002.G.
Jackson, DD. (1960). A critique of literature on the genetics of schizophrenia. In *The Etiology of Schizophrenia* (37–87). New York: Basic Books.
Jacobvitz, D., Hazen, N., Curran, M., & Hitchens, K. (2004). Observations of early triadic family interactions: boundary disturbances in the family predict symptoms of depression, anxiety, and attention-deficit/hyperactivity disorder in middle childhood. *Development and Psychopathology, 16*(3), 577–592.
Joseph, J. (2002). Twin studies in psychiatry and psychology: Science or pseudoscience? *The Psychiatric quarterly, 73*(1), 71–82.
Joseph, J. (2011). The crumbling pillars of behavioral genetics. Genewatch. http://www.councilforresponsiblegenetics.org/genewatch/GeneWatchPage.aspx?pageId=384. Zugegriffen: 5. Sept. 2018.
Kaati, G., Bygren, L. O., & Edvinsson, S. (2002). Cardiovascular and diabetes mortality determined by nutrition during parents' and grandparents' slow growth period. *European Journal of Human Genetics, 10*(11), 682–688.
Kaati, G., Bygren, L. O., Pembrey, M., & Sjöström, M. (2007). Transgenerational response to nutrition, early life circumstances and longevity. *European Journal of Human Genetics, 15*(7), 784–790.
Kegel, B. (2009). *Epigenetik. Wie unsere Erfahrungen vererbt werden*. Köln: Dumont.
Kendler, K. S., et al. (2001). A review and meta-analysis of the genetic epidemiology of anxiety disorders. *The American journal of psychiatry, 158*(10), 1568–1578.
Langenmayer, A. (1978). *Familienkonstellation, Persönlichkeitsentwicklung, Neuroseentstehung*. Göttingen: Hogrefe.
Lesesne, C. A., Visser, S. N., & White, C. P. (2003). Attention-deficit/hyperactivity disorder in school-aged children: association with maternal mental health and use of health care resources. *Pediatrics, 111*(5 Pt 2), 1232–1237.
Li, Z., et al. (2014). Molecular genetic studies of ADHD and its candidate genes: A Review. *Psychiatry Research, 219*(1).
Lubar, J. F., et al. (1995). Evaluation of the effectiveness of EEG neurofeedback training for ADHD in a clinical setting as measured by changes in T.O.V.A. scores, behavioral ratings, and WISC-R performance. *Biofeedback and Self-regulation, 20*(1), 83–99.
Molina, B. S., et al. (2009). MTA at 8 Years: Prospective Follow-up of Children Treated for Combined-Type ADHD in a Multisite Study. *Journal of the American Academy of Child and Adolescent Psychiatry*. https://doi.org/10.1097/chi.0b013e31819c23d0.
MTA-Studie: MTA Cooperative Group. (1999). A 14 month randomized clinical trial of treatment strategies for ADHD. *Archives of General Psychiatry, 56*, 1073–1086.
Neuhaus, C. (1999). *Das hyperaktive Kind*. Ravensburg: Ravensburger.
Penrose, L. S. (1950). Value of genetics in medicine. *British Medical Journal, 2*, 903.

Petrill, S. A., et al. (2004). Genetic and environmental contributions to general cognitive ability through the first 16 years of life. *Developmental Psychology, 40*, 805–812.

Pinel, J. P. J. (1997). *Biopsychologie*. Heidelberg: Spektrum.

Plomin, R. (2011). Commentary: Why are children in the same family so different? Non-shared environment three decades later. *International Journal of Epidemiology, 40*, 582–592.

Plomin, R., & Dunn, J. (1996). *Warum Geschwister so verschieden sind*. Stuttgart: Klett-Cotta.

Plomin, R., et al. (2001). *Behavioral genetics* (4. Aufl.). New York: Worth Publishers.

Raji, C. A., Ho, A. J., Parikshak, N. N., Becker, J. T., Lopez, O. L., Kuller, L. H., Hua, X., Leow, A. D., Toga, A. W., & Thompson, P. M. (2009). Brain structure and obesity. *Human Brain Mapping*. https://doi.org/10.1002/hbm.20870.

Rappaport, G. C., Ornoy, A., & Tenenbaum, A. (1998). Is early intervention effective in preventing ADHD? *The Israel Journal of Psychiatry and Related Sciences, 35*(4), 271–279.

Rossi, P. (2012). ADHS. http://adhs.ch/wp-content/uploads/2016/09/5603.pdf. Zugegriffen: 5. Sept. 2018.

Rost, D. H. (Hrsg.). (2000). *Hochbegabte und hochleistende Jugendliche*. Münster: Waxmann.

Rowe, D. C. (1999). Introduction to the special section on behavioural genetics. *International Journal of Behavioral Development, 23*(2), 289–292.

Rüegg, J. C. (2007). *Gehirn, Psyche und Körper. Neurobiologie von Psychosomatik und Psychotherapie*. Stuttgart: Schattauer.

Sagi, A. M., van Ijzendoorn, O., Aviezer, E., Donnell, N., Koren-Karie, T., & Jods, Y. H. (1995). Attachments in a multiple-caregiver and multiple-infant environment: The case of the Israeli kibbutzim. In E. Waters, B. Vaughn, G. Posada, & K. Kondo-Ikemura (Hrsg.), *Caregiving, cultural, and cognitive perspectives on secure-base behavior. New growing points of attachment theory and research* (S. 71–91). Chicago: Univ. of Chicago Press.

Sherman, D. K., Iacono, W. G., & McGue, M. K. (1997). Attention-deficit hyperactivity disorder dimensions: a twin study of inattention and impulsivity-hyperactivity. *Journal of the American Academy of Child and Adolescent Psychiatry, 36*(6), 745–753.

Spinath, F. M., & Deary, I. J. (2008). Verhaltensgenetik der Intelligenz. In F. J. Neyer & F. M. Spinath (Hrsg.), *Anlage und Umwelt*. Stuttgart: Lucius & Lucius.

St Sauver, J. L., Barbaresi, W. J., Katusic, S. K., Colligan, R. C., Weaver, A. L., & Jacobsen, S. J. (2004). Early life risk factors for attention-deficit/hyperactivity disorder: a population-based cohort study. *Mayo Clinic Proceedings, 79*(9), 1124–1131.

Stolze, C. (2012). *Vergiss Alzheimer. Die Wahrheit über eine Krankheit, die keine ist* (4. Aufl.). Köln: Kiepenheuer & Witsch.

Strang-Karlsson, S., Räikkönen, K., Pesonen, A. K., Kajantie, E., Paavonen, E. J., Lahti, J., et al. (2008). Very low birth weight and behavioral symptoms of attention deficit hyperactivity disorder in young adulthood: the Helsinki study of very-low-birth-weight adults. *The American Journal of Psychiatry, 165*(10), 1345–1353.

Strehl, U., Leins, U., Danzer, N., Hinterberger, T., & Schlottke, P. F. (2004). EEG feedback for children with attention-deficit/hyperactivity disorder (ADHD). Preliminary results from a randomized, controlled study. *Kindheit und Entwicklung, 13*(3), 180–189.

Toman, W. (1978). *Tiefenpsychologe*. Stuttgart: Kohlhammer.

Toman, W. (1979). *Familientherapie. Grundlagen, empirische Erkenntnisse und Praxis*. Darmstadt: Wissenschaftliche Buchgesellschaft.

Toman, W. (1988). *Family Therapy and Sibling Position*. Lanham: Jason Aronson Inc.

Toman, W. (2002). *Familienkonstellationen. Ihr Einfluss auf den Menschen*. München: Beck.

Tordjman, S. (2006). Gifted children in difficulty: from attention deficit hyperactivity disorder to depression and school failure. *Revue Médicale Suisse, 2*(54), 533–534, 536–537.

Volkow, N. D., Wang, G. J., Newcorn, J., Fowler, J. S., Telang, F., Solanto, M. V., et al. (2007). Brain dopamine transporter levels in treatment and drug naïve adults with ADHD. *NeuroImage, 34*(3), 1182–1190.

Wallis, D., Russell, H. F., & Muenke, M. (2008). Genetics of attention deficit/hyperactivity disorder. *Journal of Pediatric Psychology*. https://doi.org/10.1093/jpepsy/jsn049.

Williams, N. M., et al. (2010). Rare chromosomal deletions and duplications in attention-deficit hyperactivity disorder: a genome-wide analysis. *Lancet, 376*(9750), 1401–1408.

Wolf, H., & Riemann, R. (2008). Gen – Umwelt – Interaktion. In F. J. Neyer & F. M. Spinath (Hrsg.), *Anlage und Umwelt*. Stuttgart: Lucius & Lucius.

Zhou, K., et al. (2008). Meta-analysis of genome-wide linkage scans of attention deficit hyperactivity disorder. *American Journal of Medical Genetics. Part B, Neuropsychiatric Genetics: the official publication of the International Society of Psychiatric Genetics, 147B*(8), 1392–1398.

7

Einige Therapien

Inhaltsverzeichnis

7.1	Traumata	125
7.2	Psychotherapie verändert das Gehirn	126
7.3	Psychomotorik	127
7.4	Familientherapie	128
7.5	Homöopathie	129
7.6	Biofeedback	130
7.7	Alm statt Ritalin	130
Literatur		131

7.1 Traumata

Eine der Quellen für folgenschwere Falschdiagnosen bei ADHS liegt in unerkannten Traumafolgen bei Kindern und Jugendlichen, also besonders schwerwiegenden, traumatisierenden Erfahrungen wie sexuelle und/oder körperliche Misshandlung, Vernachlässigung oder Gewalt. Wie Weinstein et al. (2000) betonen, erzeugen kindliche Traumata wie sexueller Missbrauch und Gewalterfahrungen Symptome, die genauso aussehen können wie die sogenannten ADHS-Symptome und differenzialdiagnostisch leicht zu Fehldiagnosen führen. Das bedeutet dann ganz konkret für ein betroffenes Kind, dass es von niemandem in seinem wirklichen Leid erkannt und verstanden wird. Seine seelischen Notsignale werden als ADHS-Symptome bagatellisiert und meist rasch medikamentös verdrängt. Die Diagnose ADHS führt bei all solchen missverstandenen Kindern zum fachlich legitimierten Vorenthalten angemessener Hilfe. Ihr massives seelisches Leid wird offiziell ignoriert und oft jahrzehntelang beiseitegeschoben. Die Diagnose ADHS fügt diesen Kindern damit ein zusätzliches Trauma hinzu. Traumata müssen deshalb speziell behandelt werden, bei Kindern im Rahmen einer Kinder- und Jugendlichenpsychotherapie, eingebettet in eine Familientherapie.

7.2 Psychotherapie verändert das Gehirn

Traumata schlagen sich auch in veränderten Hirnfunktionen und -morphologien nieder. Immer mehr stellt sich mithilfe der modernen bildgebenden Verfahren der Hirnforschung heraus, dass Psychotherapie ähnliche oder identische Wirkungen haben kann wie pharmazeutische Medikamente, ja sogar allein die Erwartung einer Wirkung bei Placebos kann dieselbe, hirnfunktionell nachweisbare Wirkung hervorrufen wie ein Medikament. Im Zusammenhang mit der „Ritalin-Diskussion" bei ADHS ist das deshalb so interessant, weil es erwarten lässt, dass auch hier Psychotherapie, wenn sie vorhanden ist und angenommen wird, das Medikament überflüssig machen kann.

Nach einer bekannt gewordenen Studie von Baxter, Schwartz und Mitarbeitern aus dem Jahre 1996 zur Veränderung des Gehirnmetabolismus bei Zwangserkrankungen nach sowohl Pharmako- als auch Psychotherapie liegt eine ähnliche Untersuchung für depressive Störungen vor (Schwartz et al. 1996). Die erweiterte Arbeitsgruppe hat sich diesem Thema zugewandt und 24 Patienten mit unipolarer „major depressive disorder (MDD)" und 16 Kontrollpersonen verglichen. Die Messung der Gehirndurchblutung erfolgte mittels Positronenemissionstomographie mit Fluorodeoxyglukose (FDG-PET), die Werte wurden vor und nach der Behandlung mit einem Antidepressivum oder Psychotherapie erhoben:

- Depressive zeigen in der FDG-PET-Untersuchung einen höheren Metabolismus im präfrontalen Kortex, Thalamus und Caudatus und niedrigeren Metabolismus im Bereich des Temporallappens.
- Sowohl mit medikamentöser als auch psychotherapeutischer Behandlung normalisierten sich diese metabolischen Veränderungen.
- Die interessanten Bilder geben eindrucksvollen Beleg davon, dass Psychotherapie letztlich sozusagen ein ebenfalls „biologisches" Verfahren ist, da sie zu entsprechenden neurobiologischen Veränderungen im Gehirn führt.

7.3 Psychomotorik

Psychomotorische Übungsbehandlungen und -therapien für Kinder gibt es ja bereits seit langem als sehr bewährte Hilfe bei sensomotorischen Defiziten und Wahrnehmungsstörungen der verschiedensten Arten. Im Zusammenhang mit dem Thema ADHS hat Kannegießer-Leitner ein empfehlenswertes Büchlein herausgebracht, in dem sie psychomotorische Therapie für ADHS-Kinder empfiehlt und über ihre reichhaltigen positiven klinischen Erfahrungen berichtet (Kannegießer-Leitner 2008). Nach ihrer Auffassung liegen bei ADHS-Kindern fast immer auch Wahrnehmungsstörungen unterschiedlicher Art zugrunde, die sie denn auch mit großer Fachkompetenz diagnostizieren kann. Ich finde das nicht nur einleuchtend (mit der später folgenden Einschränkung), sondern auch im Hinblick auf die Frage interessant, bei wie vielen der derzeit diagnostizierten Kinder Wahrnehmungsstörungen untersucht bzw. übersehen worden sind. Ich befürchte (und kenne selbst solche Fälle), dass hier nicht selten etwas übersehen wird, weil die Fachkompetenz zur Diagnostik fehlt. Ich habe in einer Erziehungsberatungsstelle gearbeitet, in der es eine Fachkraft für psychomotorische Tanztherapie für Kinder gab, und habe dort die oft erstaunlichen Erfolge beobachten können. Wenn psychomotorische bzw. Wahrnehmungsstörungen diagnostiziert worden waren (von dem international bekannten Kinderneurologen Prof. Dr. G. Neuhäuser), hatte diese Therapie oft Erfolg, meist ohne Ritalin und ganz ohne die Diagnose ADHS (die gab's noch gar nicht, und keiner hätte sie gebraucht; nicht einmal die damals sehr verbreitete Pseudodiagnose MCD [minimale zerebrale Dysfunktion] gab es für uns).

Was ich am Ansatz von Kannegießer-Leitner nicht nachvollziehen kann, ist die Frage, wozu sie das Konzept ADHS überhaupt benötigt. Ihre Methoden und ihr Ansatz sind ja, wie gesagt, lange bewährt, bereits bevor jemand das Kürzel ADHS etc. überhaupt kannte. Die Kenntnis der Wahrnehmungsstörungen ist ja viel älter als ADHS. Und wenn ADHS Wahrnehmungsstörungen zugrunde liegen, welche zusätzliche Erkenntnis bringt dann ein nosologisch angeblich einheitliches ADHS-Konstrukt? Zumal die Autorin nicht sagt, wie sie sich den Zusammenhang zwischen dieser nosologischen Einheit und den Wahrnehmungsstörungen theoretisch vorstellt. Obendrein äußert sie sich insgesamt recht kritisch über das landläufige ADHS-Konzept. Ich finde, hier werden altbewährte und seriöse Erkenntnisse der Psychomotorik ins zeitgeistige ADHS-Mäntelchen gehüllt, was nicht sein müsste. Es reicht völlig aus, diagnostizierte Wahrnehmungsstörungen spezifisch zu behandeln (und da gibt es viel Therapieerfahrung). Den ADHS-Kropf braucht es dabei wieder einmal überhaupt nicht.

Die Autorin hätte aus meiner Sicht der Dinge sagen können: ADHS: das sind Wahrnehmungsstörungen. Und wenn keine Wahrnehmungsstörung diagnostiziert werden kann, ist es etwas „Nichtorganisches" (Psychoreaktives). Man könnte sich damit eine Menge unnötige Verängstigung von Eltern und Stigmatisierung von Kindern ersparen und hätte doch dieselben Therapieerfolge. Diese Chance verpasst die Autorin leider. Aber der Leser kann diesen kleinen Fehler ja selber ausgleichen, indem er sich auf die sehr gute Darstellung der Wahrnehmungsstörungen konzentriert und den ADHS-Füllstoff einfach links liegen lässt.

7.4 Familientherapie

Eine bereits klassische Erkenntnis der Familientherapie besagt, dass das Problem eines Familienmitglieds erst im Kontext seiner Familie und Familiengeschichte verständlich und behandelbar wird. Sein Problem steht für etwas in seiner Familie, es ist Symptom eines übergeordneten Familienproblems. Über den Kausalzusammenhang zwischen seinem Problem mit dem übergeordneten Familienproblem mag man grundsätzlich und im Einzelfall unterschiedlicher Auffassung sein. Über ihre Koinzidenz und wechselseitige systemische Beeinflussung besteht allerdings kaum ernsthafter Zweifel. Wenig Zweifel besteht auch an der Erkenntnis, dass psychologische Familienprobleme Hauptursache oder zumindest Hauptrisikofaktor für kindliche Verhaltensprobleme darstellen. Viele kindliche Verhaltensprobleme entstehen oder erscheinen nicht (zumindest nicht in erheblicher Ausprägung), wenn familiäre Hintergrundprobleme fehlen. Sie verschwinden (oder reduzieren zumindest ihre Intensität), wenn die Familienprobleme beigelegt werden können. Selbst eher körperlich begründbare Verhaltensprobleme können bei Fehlen chronischer oder massiverer familiärer Hintergrundprobleme weniger intensiv bis völlig unauffällig sein bzw. besser kompensiert werden oder keine sekundären Probleme entwickeln. Eine bekannte und vorbildliche, fast klassische Studie, die diese allgemeinen Zusammenhänge gut belegt, stammt von Laucht et al. (2000). Hilfesuchende Eltern sollten immer ein familienorientiertes Therapiekonzept bei ADHS zu finden versuchen. Nachfrage fördert auch in diesem Falle das Angebot. Am ehesten finden sie dies derzeit in Erziehungs- und Familienberatungsstellen, aber auch in immer mehr Sozialpädiatrischen Zentren und Frühförderzentren. Die meisten Ärzte oder Psychotherapeuten

7.5 Homöopathie

Schweizer Forscher um Heiner Frei konnten in einer methodisch anspruchsvollen Studie (doppelblind, placebokontrolliert, Kontrollgruppe) die Wirksamkeit einer homöopathischen Behandlung mit Verum bei 62 mit ADHS diagnostizierten Kindern belegen. Kinder und ihre Eltern wurden nicht nur zu verschiedenen Untersuchungszeitpunkten, sondern auch zur Untersuchung der Langzeiteffekte nach Abschluss der Studie mit Fragebogen (Conner's Global Index, CGI) sowie mit neuropsychologischen Tests untersucht. Die Diagnosen waren gemäß den DSM-IV-Forschungskriterien getroffen worden. Die Kinder wurden in 2 Gruppen unterteilt und kreuzweise abwechselnd jeweils 6 Wochen lang homöopathisch oder mit Placebo behandelt. Es zeigten sich signifikante und anhaltende Verbesserungen der homöopathisch behandelten Kinder im Verhalten und in Wahrnehmungsbereichen im Vergleich zu Placebo (Frei et al. 2005).

Eine englisch-schweizerische Metaanalyse der Wirkung der Homöopathie, die in der renommierten Wissenschaftszeitschrift Lancet nachzulesen ist, fährt aber schweres Geschütz auf: Homöopathie sei nicht wirkungsvoller als Placebo, folgern die Wissenschaftler aus ihrer Analyse von 110 bisher einschlägigen Studien. Professor Egger aus dem Forscherteam erklärt:

> Unsere Studie demonstriert deutlich den Zusammenhang und die kumulativen Effekte verschiedener Quellen der Voreingenommenheit. Wir geben zu, dass es unmöglich ist, das Ausbleiben eines Effekts zu beweisen, doch wir konnten zeigen, dass die Wirkungen, die in placebokontrollierten Studien zur Homöopathie gefunden wurden, mit der Placebo-Hypothese vereinbar sind. (Shang et al. 2005)

Soll heißen: Homöopathie wirkt, aber eben nicht besser als Placebo. Streng wissenschaftlich betrachtet ist damit aber nicht die Wirkungslosigkeit von Homöopathie bewiesen. Die Wirkungen sind vielmehr mit der Placebotheorie vereinbar. Besonders interessant ist, dass seit 150 Jahren über die Wirksamkeit der Homöopathie debattiert wird – obwohl immer wieder festgestellt wurde, dass sie eigentlich nicht wirkt. Die Studie von Heiner

Frei steht allerdings zu dieser Aussage in Kontrast. Kann es sein, dass der Umstand, dass in der Frei-Studie die Forscher selbst Homöopathen-Befürworter zu sein scheinen (bzw. die Lancet-Forscher umgekehrt wohl nicht), einen systematischen methodischen Fehler in die Studien eingebracht hat?

7.6 Biofeedback

Auch Biofeedback ist nichts anderes als eine psychotherapeutische (auf Übung und Erfahrung basierende) Methode, um zum Beispiel die eigene Hirnfunktion willentlich zu beeinflussen und damit gewünschte Verhaltensänderungen (zum Beispiel Konzentrations- und Aufmerksamkeitssteigerungen) zu erzielen. In einer interessanten Studie hat Fuchs eine mit Ritalin behandelte ADHS-Kindergruppe mit einer nur mit Biofeedback behandelten verglichen und die Ergebnisse früherer Studien von Lubar et al. bestätigt. Biofeedback war überall gleich effektiv, teilweise sogar überlegen. Ein weiterer Beleg dafür, dass ADHS keineswegs umwelt- und erfahrungsunabhängig, sondern durch Psychotherapie jederzeit zu beeinflussen ist, auch ohne Psychopharmaka (Fuchs 1998; Lubar et al. 1995).

7.7 Alm statt Ritalin

Interessante neue Wege ging Gerald Hüther im Rahmen der Sinn-Stiftung: Er ließ ADHS-Kinder 8 Wochen lang auf einer einsamen Berghütte in den Alpen betreut leben, ohne Handy, Fernseher und das gewohnte Ritalin, dafür mit Plumpsklo, Kühemelken und Fischeangeln.

> Durch Impulse aus der Umgebung (Natur, Tiere, begleitende Menschen) und in Beziehung zu ihrer Umwelt haben die Kids die Chance, Neues zu wagen und neue Verhaltensmöglichkeiten zu erproben. Neue Erfahrungen im Hier und Jetzt ermöglichen Reorganisationsprozesse beim Kind, es erlebt sich dabei als kompetenter Gestalter seiner Entwicklung. So wird seine Fähigkeit zum Selbstmanagement gestärkt. Das dauerhafte Natur- und Selbsterleben ohne medikamentöse Einflussnahme unterstützt die Kids in ihrer natürlichen Entwicklung hin zu einem gesunden Gleichgewicht in ihrem Organismus und mit dem sozialen Umfeld. (Stern 2009)

Neurobiologische Erkenntnisse sagen, dass unser Gehirn so wird, wie wir es benutzen. Wenn ADHS-Kinder also lernen, ihr Gehirn anders als bisher zu benutzen (sprich: neue Erfahrungen zu sammeln), dann verändern sich ihr Gehirn, ihre Persönlichkeit und ihr Verhalten. So lautet – verkürzt – das Credo dieser psychoedukativen Therapie. Leider musste dieses sehr interessante und erfolgversprechende Therapiekonzept vorzeitig abgebrochen werden, weil es zu einem sexuellen Missbrauch durch einen Erzieher kam. Aber erste Erfahrungen waren positiv und eine Wiederaufnahme des Konzepts sollte unbedingt folgen.

Literatur

Frei, H., et al. (2005). Homeopathic treatment of children with attention deficit hyperactivity disorder: A randomised, double blind, placebo controlled crossover trial. *European Journal of Pediatrics, 164*(12), 758–767.

Fuchs, T. (1998). Attention and neuro. EEG and research. http://www.eeg-spectrum.com/applications/adhdadd/attentionandneuro/?eeg_session_id=4dd2d08ccaa385d6e780cd81c60ac0ca. Zugegriffen: 08. Sept. 2018.

Kannegießer-Leitner, C. (2008). *ADS, LRS und Co.: Ein Trainingsprogramm für zu Hause – Erfolg mit der Psychomotorischen Ganzheitstherapie.* München: Sequenz Medien Produktion.

Laucht, M., Esser, G., & Schmidt, M. H. (2000). Längsschnittforschung zur Entwicklungsepidemiologie psychischer Störungen: Zielsetzung, Konzeption und zentrale Befunde der Mannheimer Risikokinderstudie. *Zeitschrift für Klinische Psychologie und Psychotherapie, 29*(4), 246–262.

Lubar, J. F., et al. (1995). Evaluation of the effectiveness of EEG neurofeedback training for ADHD in a clinical setting as measured by changes in T.O.V.A. scores, behavioral ratings, and WISC-R performance. *Biofeedback and Self-regulation, 20*(1), 83–99.

Schwartz, J. M., Stoessel, P. W., Baxter, L. R., Jr., Martin, K. M., & Phelps, M. E. (1996). Systematic changes in cerebral glucose metabolic rate after successful behavior modification treatment of obsessive-compulsive disorder. *Archives of General Psychiatry, 53*(2), 109–113.

Shang, A., Huwiler-Müntener, K., Nartey, L., Jüni, P., Dörig, S., Sterne, J. A., Pewsner, D., & Egger, M. (2005). Are the clinical effects of homoeopathy placebo effects? Comparative study of placebo-controlled trials of homoeopathy and allopathy. *Lancet, 366*(9487), 726–732.

Stern. (2009). Zeit des Erwachens. *Stern, 45.*

Weinstein, D., Staffelbach, D., & Biaggio, M. (2000). Attention-deficit hyperactivity disorder and posttraumatic stress disorder: Differential diagnosis in childhood sexual abuse. *Clinical Psychology Review, 20*(3), 359–378.

8

Wie ADHS entsteht

Inhaltsverzeichnis

8.1 ADHS ist hausgemacht 134
8.2 Schon vor der Geburt geht es los 136
Literatur 137

Für eingefleischte ADHS-Anhänger ist die Frage, wie ADHS entstehen soll, völlig überflüssig. ADHS ist für sie eine genetische, vererbbare Laune der Natur, jedenfalls nichts Ansteckendes. Ich bin im Gegensatz dazu überzeugt, dass ADHS-Verhalten eine Genese, eine Entstehungsgeschichte hat, in der die Familie, das psychosoziale Umfeld und die gesellschaftlichen Verhältnisse die Hauptrolle spielen. Dieter Krowatschek, ein versierter ADHS-Praktiker, betont:

> Auffällig ist, dass viele Wissenschaftler bei der Erforschung von ADHS weniger Aufmerksamkeit auf die Lebensbedingungen von Kindern richten als auf die Schaltungen ihrer Neuronen im Gehirn. So hat etwa die Arbeitsgruppe von Professor Biedermann in Harvard circa 100 Untersuchungen zur Behandlung von ADS veröffentlicht. Nur zwei Studien berücksichtigen Lebensbedingungen in der Familie und Umweltrisiken als Faktoren für ADHS bei Kindern. Sie stellen einen starken Zusammenhang fest zwischen Stressfaktoren, Familiengröße, Kriminalität, Arbeitslosigkeit etc. und dem Risiko für ADHS. So kann vermutet werden, dass die Verhaltensstörungen der ADHS-Kinder ihre Ursachen auch oder vielleicht doch vor allem im sozialen Umfeld des Kindes haben. (Krowatschek 2001)

8.1 ADHS ist hausgemacht

Dass ADHS keine biologische oder medizinisch-organische Krankheit ist, wie uns die ADHS-Lobby immer noch glauben machen will, wird hauptsächlich dadurch deutlich, dass man trotz jahrzehntelanger Forschung bisher keinerlei biologisch-pathophysiologischen Marker für diese angebliche Krankheit gefunden hat. ADHS ist also bestenfalls eine Sammelbezeichnung für unterschiedliche umwelt-, erziehungs- und gesellschaftsabhängige Entwicklungsstörungen, aber keine eigenständige organische Krankheit. Der Gebrauch der Diagnose ADHS hängt vom Toleranzniveau derjenigen ab, die kindliches Verhalten beurteilen (Amft et al. 2004).

Verschiedene Forscher haben im Tierversuch bereits gezeigt, dass günstige Umweltbedingungen die Hirnentwicklung positiv beeinflussen. Auch bei Kindern, die von Müttern mit niedrigem sozioökonomischem Status geboren wurden, konnte der positive Effekt einer anschließend günstigeren Umwelt gezeigt werden. Unbekannt ist aber noch, in welchem Umfang günstige Umweltbedingungen die Entwicklung von Kindern mit leichten frühkindlichen Hirnstörungen fördern können.

In einer Studie von A. Ornoy wurden Vorschul- und Grundschulkinder, die von heroinabhängigen Eltern geboren wurden und zu Hause aufwuchsen oder früh adoptiert wurden, mit Kindern aus schlechten sozioökonomischen Verhältnissen und einer Kontrollgruppe prospektiv verglichen. Weiterhin wurden Grundschulkinder einbezogen, deren Mütter unter einer schon vor oder erst während der Schwangerschaft vorhandenen Diabetes litten, und eine Gruppe von Frühgeborenen (weniger als 1500 g Geburtsgewicht). Es zeigte sich, dass von heroinabhängigen Eltern geborene Kinder und Kinder aus ungünstigen sozioökonomischen Verhältnissen verglichen mit der Kontrollgruppe geringere intellektuelle Fähigkeiten und ein höheres Maß an Unaufmerksamkeit zeigten. Dies hielt bis in ihr Schulalter an.

Früh adoptierte Kinder von heroinabhängigen Müttern, die in günstigen Umweltbedingungen aufwuchsen, zeigten normale intellektuelle Fähigkeiten, aber deutlich mehr Unaufmerksamkeit und Verhaltensprobleme, verglichen mit der Kontrollgruppe. Bei Schulkindern zeigte sich außerdem, dass Kinder mit der Diagnose ADHS in der Gruppe der heroinabhängigen Eltern – auch, wenn sie früh adoptiert wurden –, sowie in der Gruppe der Eltern mit niedrigem Status sehr deutlich überwogen. Ähnliche Ergebnisse, die den starken Einfluss einer positiven Umwelt zeigten, ergaben sich bei Kindern diabetischer Mütter. Hier bestand ein direkter Zusammenhang zwischen den intellektuellen Fähigkeiten der Kinder und der elterlichen

Erziehung. Auch bei den Frühgeborenen war der Einfluss elterlicher Erziehung auf die kognitive Entwicklung der Kinder von ausschlaggebender Bedeutung, nicht aber die Geburtskomplikationen selbst.

Zusammenfassend zeigte sich bei allen Kindern mit hohem Entwicklungsrisiko die ausschlaggebende Bedeutung der postnatalen Umwelt auf die intellektuellen Fähigkeiten, nicht aber auf ihre motorischen Fähigkeiten oder ihre Aufmerksamkeitsspanne. Letztere waren eher intrauterin bedingt. Aber auch in diesen Fällen verbesserte eine günstige Umwelt die Entwicklung deutlich. Intrauterine und postnatale Umwelteinflüsse stehen also in klarem Zusammenhang mit Entwicklungsstörungen bei Kindern, einschließlich ADHS.

Sehr interessant ist die Stützung der Annahme, dass Hyperaktivität und Unaufmerksamkeit durchaus nicht genetisch, sondern durch schädigende intrauterine Umwelteinflüsse bedingt sein können (Ornoy 2003). Chronis et al. von der Universität Maryland, USA, fanden in einer interessanten Studie, dass die Mütter von 3- bis 7-jährigen ADHS-Kindern mit Verhaltensstörungen im Vergleich zu einer Kontrollgruppe bedeutsam häufiger unter Gemüts- und Angststörungen sowie Drogen- und Kokainmissbrauch litten und selbst bereits bei verhaltensgestörten Eltern aufgewachsen waren. Die Väter litten verstärkt unter Alkoholproblemen. Die Autoren betonen denn auch die Notwendigkeit einer therapeutischen Einbeziehung der Psychopathologie der Eltern in das Behandlungskonzept. Nicht allein die Störung des Kindes dürfe im Mittelpunkt stehen, sondern auch diejenige der Eltern (Chronis et al. 2003). Auch diese Studie belegt, dass ADHS inklusive Verhaltensstörungen milieu- bzw. erziehungsbedingt ist. Sie bestätigt außerdem eindringlich unser Plädoyer für eine Familientherapie als Methode der Wahl bei Kindern mit ADHS. Wie bei allen kindlichen Verhaltensstörungen, so muss auch bei ADHS die ausschließlich kindzentrierte (oder am Kind als Symptomträger herumdokternde) Unart der sogenannten multimodalen oder ausschließlich medikamentösen „Therapie" endlich aufgegeben werden zugunsten einer differenzierten, familiendynamisch systemischen Intervention. Kinderärzte sollten deshalb intensiv mit ihren regionalen Erziehungsberatungsstellen zusammenarbeiten, denn hier wird Familientherapie unter Einbeziehung von Arzt, Kindergarten bzw. Schule seit langem mit Erfolg praktiziert.

Dass psychosoziale Risikofaktoren auch bei ADHS eine ursächliche Rolle spielen, dürfte ansonsten seit den schon klassischen Studien von Rutter eigentlich Allgemeingut sein. Seine Untersuchungen zu den Risikofaktoren für psychische Störungen in der Kindheit, einschließlich ADHS, ergaben

6 Risikofaktoren für die spätere Entwicklung psychischer Störungen in der Kindheit, die sich stimmig für einen Zusammenhang mit ADHS erwiesen (Rutter et al. 1975; Faraone und Biederman 1998):

- Schwere Zerrüttung der Elternehe
- Niedriger Sozialstatus
- Große Familie
- Kriminalität des Vaters
- Psychische Störung der Mutter
- Unterbringung als Pflegekind

Diese Faktoren sind sicherlich nicht erschöpfend, signalisieren aber ganz klar die Bedeutung familiärer Faktoren bei der Entstehung von ADHS.

8.2 Schon vor der Geburt geht es los

Dass sich hinter der Diagnose ADHS auch frühe intrauterine Noxen verstecken, wurde in Bezug auf das Rauchen deutlich untermauert. Rauchende Mütter können ihre Kinder in der Schwangerschaft auch psychisch schädigen. Ihre Kinder entwickeln viermal so häufig das Zappelphilipp-Syndrom ADHS als die von nichtrauchenden Frauen. Obendrein haben sie auch noch einen niedrigeren Intelligenzquotienten. Zu diesem deutlichen Ergebnis kommt eine Studie von Laucht und Schmidt, die vom Bundesministerium für Bildung und Forschung (BMBF) gefördert wurde (Laucht und Schmidt 2004).

Niedriges Geburtsgewicht bei Frühgeborenen steht bekanntlich in deutlichem Zusammenhang mit späteren ADHS-Symptomen. Karen Linnet vom dänischen Aarhus University Hospital hat die Daten von 834 Kindern analysiert, die zwischen 1980 und 1994 geboren wurden und bei denen eine Aufmerksamkeitsdefizit-Hyperaktivitätsstörung (ADHS) diagnostiziert worden war, und verglich sie mit über 20.000 Kindern ohne die Störung. Es zeigte sich, dass Frühgeborene zwischen der 34. und 36. Schwangerschaftswoche ein 70 Prozent höheres Risiko tragen, ADHS zu entwickeln, als die Normalgeborenen, die nach den üblichen 40 Wochen zur Welt kommen. Wenn die Kinder vor der 34. Schwangerschaftswoche geboren wurden, waren sie aber sogar fast dreimal stärker gefährdet, eine Erhöhung also um 300 Prozent. Aber auch normal ausgetragene Kinder hatten ein erhöhtes ADHS-Risiko von 90 Prozent, wenn sie zu leicht waren und nur 1,5–2,5 Kilogramm im Vergleich zu Babys mit mehr als 3 Kilo wogen (Linnet et al. 2006).

Tully et al. vom Institut für Psychiatrie des King's College, London, fanden 2004 bei ihrer Untersuchung von über 2200 Zwillingen einen bedeutsamen Zusammenhang zwischen „mütterlicher Wärme" und dem Einfluss des Geburtsgewichts auf spätere ADHS-Symptome. Die Hälfte der Kinder hatte weniger als 2500 g Geburtsgewicht gehabt. Eltern und Lehrer stuften ADHS-Symptome der Kinder ein. Mütterliche Wärme wurde anhand von Videoaufzeichnungen ihrer Beschreibungen der Kinder bewertet. Außerdem wurde der Intelligenzquotient (IQ) der Kinder gemessen. Der Einfluss des niedrigen Geburtsgewichts auf spätere ADHS war bei denjenigen Kindern, deren Mütter im Merkmal „mütterliche Wärme" hoch abschnitten, bedeutsam geringer als im umgekehrten Fall. Für den IQ ergab sich kein solcher Zusammenhang. Aber was ADHS anbelangt, legen die Ergebnisse den Schluss nahe, dass mütterliche Wärme den Einfluss eines geringen Geburtsgewichts auf eine spätere ADHS bedeutsam mildert und dass anhaltende mütterliche Wärme die Verhaltensprobleme unter den immer häufigeren Kindern mit niedrigem Geburtsgewicht verhindern kann (Tully et al. 2004).

Mutterliebe entscheidet also mit darüber, ob von Geburt an körperlich entwicklungsschwierige Kinder später die Diagnose ADHS erhalten.

Literatur

Amft, H., Gerspach, M., & Mattner, D. (2004). *Kinder mit gestörter Aufmerksamkeit*. Stuttgart: Kohlhammer.

Chronis, A. M., et al. (2003). Psychopathology and substance abuse in parents of young children with attention-deficit/hyperactivity disorder. *Journal of the American Academy of Child & Adolescent Psychiatry, 42,* 1424–1432.

Faraone, S. V., & Biederman, J. (1998). Neurobiology of attention-deficit-hyperactivity-disorder. *Biological Psychiatry, 44,* 951–958.

Furman, L. M. (2008). Attention-deficit hyperactivity disorder (ADHD): Does new research support old concepts? *Journal of Child Neurology, 23*(7), 775–784.

Krowatschek, D. (2001). *Alles über ADS*. Mannheim: Walter.

Laucht, M., & Schmidt, M. H. (2004). Mütterliches Rauchen in der Schwangerschaft: Risikofaktor für eine ADHS des Kindes? *Zeitschrift für Kinder- und Jugendpsychiatrie und Psychotherapie, 32,* 177–185.

Linnet, K. M., Wisborg, K., Agerbo, E., Secher, N. J., Thomsen, P. H., & Henriksen, T. B. (2006). Gestational age, birth weight, and the risk of hyperkinetic disorder. *Archives of Disease in Childhood, 91,* 655–660.

Ornoy, A. (2003). The impact of intrauterine exposure versus postnatal environment in neurodevelopmental toxicity: Long-term neurobehavioral studies in children at risk for developmental disorders. *Toxicology Letters, 11*(140–141), 171–181.

Rutter, M., Cox, A., Tupling, C., Berger, M., & Yule, W. (1975). Attainment and adjustment in two geographical areas. 1: The prevalence of psychiatric disorders. *The British Journal of Psychiatry, 126,* 493–509.

Tully, L. A., Arseneault, L., Caspi, A., Moffitt, T. E., & Morgan, J. (2004). Does maternal warmth moderate the effects of birth weight on twins' attention-deficit/hyperactivity disorder (ADHD) symptoms and low IQ? *Journal of Consulting and Clinical Psychology, 72*(2), 218–226.

9

Die schwache ADHS-Forschung

Inhaltsverzeichnis

9.1	Viel heiße Luft	140
9.2	Rück- oder vorausblickend	141
9.3	Keine Kausalitäten	143
	9.3.1 Störende Störfaktoren	144
9.4	Umdenken fällt schwer	147
9.5	Geleugneter Umwelteinfluss	147
	9.5.1 ADHS und Zwangsneurose: Fakt oder Artefakt?	148
9.6	Missachtung der Neuroplastizität	149
9.7	Missachtung der Epigenetik	150
	9.7.1 Warum einfach, wenn es auch kompliziert geht?	151
9.8	Forschung in der Sackgasse	152
9.9	Pharmafinanzierte Forschung	154
Literatur		154

Die Qualität wissenschaftlicher Forschungsergebnisse steht und fällt mit der methodischen Güte ihrer Untersuchungspläne und -durchführung. Man muss ja in der Regel die Originaluntersuchungen studieren, um zu sehen, mit welcher Forschungsmethode sie erstellt wurden, um ihre Qualität beurteilen zu können. Zunächst eindeutig wirkende Untersuchungsergebnisse entpuppen sich dann schnell als sehr fraglich.

9.1 Viel heiße Luft

Stellen Sie sich bitte einmal folgende Forschungsstudie vor: Es werden Menschen miteinander verglichen, die häufig oder fast nie Fieber haben. Man findet heraus, dass diejenigen mit viel Fieber auch noch häufig an Halsschmerzen, Lungenentzündung und Appetitlosigkeit leiden, viel häufiger als diejenigen ohne Fieber. Und außerdem leben die Fiebrigen auch noch öfter in ärmlicheren, stärker krank machenden Verhältnissen, haben feuchtere Wohnungen, leben ungesünder und werden ärztlich schlechter betreut. Traurig, werden Sie sagen. Aber nichts Neues!

Dann reiben Sie sich aber verwundert die Augen, denn die Forscher interpretieren ihre Ergebnisse wie folgt: Es sei damit nun nämlich belegt, dass Fieber die Ursache für Halsschmerzen, Lungenentzündung und Appetitlosigkeit sei, und dass es außerdem ärmliche Lebensbedingungen und schlechtere medizinische Versorgung hervorbringe. Fieber als Ursache für schlechte Lebensverhältnisse! Dass Fieber aber nur ein begleitendes Symptom von zum Beispiel viralen Infekten oder vielen anderen Krankheiten mit unterschiedlichen Ursachen ist, aber keinesfalls selbst deren Ursache, haben offenbar nur Sie bisher angenommen. Dass Fieber für schlechte Umweltbedingungen verantwortlich sein soll, finden Sie mit Recht vollkommen abwegig.

Aber genauso „linksherum" argumentieren viele ADHS-Forscher seit vielen Jahren. Nehmen wir als Beispiel eine Studie, die sich mit ADHS und angeblich komorbiden Störungen im Zusammenhang mit Familienbedingungen und der Symptomstärke befasst. Hurtig et al. finden hier heraus, dass Jugendliche „mit ADHS" häufiger Verhaltensstörungen, Depressionen, Drogenmissbrauch und oppositionelles Verhalten zeigen als solche „ohne ADHS". Jugendliche „mit ADHS plus weitere komorbide Störungen" zeigen eine stärkere ADHS-Symptomatik und stammen außerdem häufiger aus gestörten und armen Familien mit lebensunzufriedenen Müttern und desinteressierten Eltern. Und tatsächlich, die Forscher behaupten nun, dass ein starkes ADHS stärkere komorbide Störungen verursache und die Familie dieser Patienten infolgedessen überfordert sei und ebenfalls Pathologien entwickele. ADHS also als Ursache für ein gestörtes Familienleben (Hurtig et al. 2007).

Dabei lassen sich die Ergebnisse doch auch einfacher und plausibler, nämlich genau umgekehrt erklären: Je ungünstiger und entwicklungsstörender die familiäre Umwelt für ein Kind ist, umso stärker wird es Verhaltensschwierigkeiten entwickeln, darunter auch Unruhe, Impulsivität, Konzentrationsschwierigkeiten.

Was die ADHS-Forschung in weiten Bereichen zu einem Epiphänomen macht, ist ihre permanente Verwechslung von Ursache und Folge, zumindest die unzulässig einseitige kausale Interpretation ihrer Befunde. ADHS ist aber nichts weiter als ein vieldeutiges Syndrom wie Fieber. Es ist bestenfalls ein vieldeutiges Symptomenbündel, hinter dem eine Vielfalt erst noch aufzuklärender Ursachen steckt.

9.2 Rück- oder vorausblickend

Viele ADHS-Studien sind methodisch schwach, weil sie Ereignisse messen wollen, die längst Vergangenheit sind. Es geht um den wesentlichen Unterschied zwischen einem retrospektiven oder einem prospektiven Untersuchungsplan. Was es damit auf sich hat, zeige ich an dem kleinen Beispiel, das Martin Dornes in seinem (sehr empfehlenswerten) Buch „Die frühe Kindheit" anführt (Dornes 1997, S. 218):

> **Beispiel**
>
> Nehmen wir an, Sie befragen 200 Eltern in Bezug auf Kindesmisshandlung und Sie finden 10 Eltern, die ihr Kind misshandeln. Nun befragen Sie diese 10 Fälle und finden, dass in 9 von ihnen das Elternteil in der eigenen Kindheit selbst misshandelt worden ist. Ihr Untersuchungsergebnis sähe also so aus, dass in 5 Prozent ihrer Gesamtstichprobe aktuelle Kindesmisshandlung vorkommt und dass 90 Prozent der Eltern, die als Kind selbst misshandelt wurden, später ihr Kind wieder misshandeln. Sie hätten dies mit einer retrospektiven Untersuchungsanordnung herausgefunden.
>
> Wenn Sie stattdessen ihre Stichprobe von 200 Eltern zunächst danach befragt hätten, wie viele der Eltern als Kind misshandelt worden sind, hätten sie zum Beispiel 49 Elternteile gefunden. Bei weiterer Untersuchung dieser 49 Eltern hätten Sie gefunden, dass 9 von ihnen ihr eigenes Kind wieder misshandeln. Ihr Untersuchungsergebnis sähe diesmal so aus, dass circa ein Viertel der Eltern ihrer Gesamtstichprobe als Kind misshandelt wurden, dass aber nur 18 Prozent von ihnen ihr Kind wieder misshandeln (und 80 Prozent nicht). Sie hätten dies mit einer quasi-prospektiven Untersuchungsanordnung herausgefunden.
>
> Eine echte prospektive Untersuchung sähe so aus, dass Sie die misshandelten Kinder Ihrer Stichprobe circa 25 Jahre später noch einmal untersuchen und nachschauen, wie viele von ihnen ihr eigenes Kind wieder misshandeln oder nicht. Dabei stellen Sie zum Beispiel fest, dass von den ursprünglichen 10 misshandelten Kindern eines inzwischen verstorben und 3 kinderlos sind. Von den verbliebenen 6 würden 2 (also 33 Prozent) ihr eigenes Kind misshandeln.

Sie erhalten also teilweise deutlich unterschiedliche Forschungsergebnisse, je nach Untersuchungsplan. Bei der rein retrospektiven Untersuchung übersehen Sie zwangsläufig all die misshandelten Eltern, die ihr eigenes Kind später nicht misshandeln; solche Eltern tauchen zum Beispiel in der Klinik, in der Sie Ihre Stichprobe gesammelt haben, gar nicht auf. Retrospektive Untersuchungsergebnisse müssen grundsätzlich immer mit besonderer Vorsicht genossen werden, prospektive sind wesentlich hochwertiger und eindeutiger (aber in der Forschungspraxis eben auch viel aufwendiger, teurer und manchmal gar nicht möglich).

Eine Website über ADHS verbreitet zum Beispiel folgende angeblich wissenschaftliche Erkenntnis:

> Aus der Forschung weiß man, dass Kinder mit ADHS (insbesondere bei Vorliegen weiterer Verhaltensprobleme für oppositionelles Trotzverhalten oder Störungen des Sozialverhaltens) früher anfangen zu rauchen bzw. auch Alkohol (und später andere Drogen) zu konsumieren. Schlimmer noch, sie haben wesentlich weniger Kontrolle darüber als Gleichaltrige, d. h. der Kontrollverlust ist stärker ausgeprägt. (Web4health 2005)

Es wird suggeriert, ADHS sei die Ursache für frühen Drogengebrauch bzw. -missbrauch. Genau dies weiß man aber keineswegs. Denn alle Studien, auf die hier Bezug genommen wird, sind retrospektiv und behaupten einen kausalen Zusammenhang, den sie mit dieser Methodik gar nicht belegen können. Die ADHS-Symptomatik mitsamt frühem Drogengebrauch und Verhaltensstörungen kann ja durch etwas Drittes, zum Beispiel durch verwahrloste oder suchtkranke Familienverhältnisse, bedingt sein. Das haben all diese Studien aber nicht kontrolliert. Recht schlau wird man aus solchen schlichten, retrospektiven Untersuchungen also nie. Dazu sind sie zu fehlerträchtig, denn zu viele unkontrollierte Einflüsse sind in ihnen verborgen.

Auf welch schwachen Füßen die Forschung zu ADHS steht, macht auch der ADHS-Kritiker Baughman an den Studien von Castellanos et al. sowie Filipek et al. sehr deutlich. Diese Forscher hatten Magnetresonanztomographie-Untersuchungen an Hirnen von ADHS-Patienten vorgenommen und signifikante Veränderungen im Vergleich zu Hirnen von Nicht-ADHS-Personen gefunden. Baughman macht nun darauf aufmerksam, dass 93 Prozent der ADHS-Untersuchungspersonen eine langjährige Stimulanzientherapie hinter sich hatten, die Personen aus der Vergleichsgruppe dagegen nicht, sodass die gefundenen Hirnveränderungen ebenso gut auf die chronische Stimulanziengabe zurückführbar sein können und keineswegs ein Marker für ADHS sind, wie diese Forscher glauben machen. Das Interessante ist, dass in wissenschaftlichen Zusammenfassungen dieser Forschungen auf diesen sehr wichtigen Umstand (dass also in der Untersuchungsgruppe chronischer Methylphenidatgebrauch überwog, in der Vergleichsgruppe aber nicht) in keiner Weise hingewiesen wurde. Er wurde einfach verschwiegen. Baughman sieht deshalb in diesen Studien den doppelt bestätigten Beleg dafür, dass chronische Methylphenidatmedikation Hirnschwund verursacht, und dass dieser Hirnschwund keineswegs ein Marker für ADHS ist, wie die genannten Forscher behaupten. Interessant ist auch, dass Baughman wiederholt auf diesen Umstand hinwies, aber seine Hinweise von den Verantwortlichen stets ignoriert wurden (Baughman 2001; Castellanos 1998; Filipek et al. 1997). Seine Schlussfolgerungen decken sich mit den am Tierversuch gewonnenen Erkenntnissen von Moll und Hüther, wonach Methylphenidat bleibende Hirnveränderungen bewirkt (Moll et al. 2001). Sie belegen, dass in der ADHS-Forschung oftmals gravierende methodische Fehler begangen werden.

9.3 Keine Kausalitäten

Sie kennen das Beispiel vielleicht schon:

> **Beispiel**
> Wenn die Störche im Frühjahr aus dem Süden zurückkommen, steigt in unseren Gefilden die Geburtenrate. Wer nicht weiter nachdenkt, könnte glauben, damit sei bewiesen, dass der Storch die Kinder bringt. Oder: Es ist statistisch belegt, dass bei Vollmond die Zahl der Verkehrsunfälle ansteigt. Der Mond beeinflusst also die Verkehrstüchtigkeit? Weit gefehlt! In Wahrheit fiel im Untersuchungsjahr der Vollmond zufällig häufig auf ein Wochenende, und am Wochenende steigen wegen des erhöhten Alkoholkonsums die Verkehrsunfälle. Alkohol lässt also die Verkehrsunfälle steigen, nicht der Vollmond.

Der Denkfehler dabei ist natürlich jeweils, dass aus 2 gleichzeitigen Ereignissen geschlossen wird, dass das eine das andere verursacht. Man vermutet spontan einen kausalen Zusammenhang, den es aber in Wahrheit gar nicht gibt, weil unkontrollierte andere Einflüsse die wirklichen Ursachen darstellen.

Sehr oft liegt man für die Bedürfnisse des Alltags mit der Annahme einer Kausalität auch durchaus richtig. Wenn ich einen Topf Wasser auf den Herd stelle und den Herd anschalte, verursacht die Hitze des Herdes selbstverständlich das Kochen des Wassers. Im Beispiel der Störche werden aber beide Ereignisse durch ein drittes bedingt (zum Beispiel klimatische Verhältnisse), ein direkter kausaler Zusammenhang zwischen ihnen besteht überhaupt nicht (in „Wirklichkeit" verhält es sich beim kochenden Wasser natürlich auch so, aber das soll uns hier nicht weiter interessieren). Die Länge der menschlichen großen Zehe steht zum Beispiel in einem statistischen Zusammenhang mit dem Intelligenzquotienten, aber einen kausalen Zusammenhang wird wohl auch hier niemand behaupten. Dass sehr viele ADHS-Forschungsstudien methodisch schwach sind, habe ich hier schon verschiedentlich gezeigt. Trotzdem werden ihre zweifelhaften Ergebnisse als „letzte Wahrheiten" verbreitet und geglaubt. So auch die angeblich bewiesene Tatsache, dass sich unbehandeltes (sprich: nicht mit Ritalin behandeltes) ADHS zu allen möglichen späteren Störungen auswachsen werde (Drogensucht, Verhaltensstörungen, Kriminalität etc.).

9.3.1 Störende Störfaktoren

Eine der Hauptschwächen vieler einschlägiger ADHS-Studien liegt in ihrer mangelhaften Kontrolle von „Störfaktoren", also unberücksichtigten Einflüssen auf das Untersuchungsergebnis.

Beispiel
Stellen Sie sich vor, Sie sollen die Wirksamkeit eines neuen Schlankheitsmittels erforschen. Sie stellen also 2 Gruppen zu je 20 Frauen so zusammen, dass das Körpergewicht in beiden Gruppen gleich ist. Die Versuchsgruppe soll 4 Wochen lang das neue Mittel nehmen, die Kontrollgruppe ein gleich aussehendes Placebo (ein wirkungsloses Scheinmittel). Nach 4 Wochen wiegen Sie wieder beide Gruppen und stellen fest, dass das Gewicht in der Versuchsgruppe um 4 kg abgesunken ist, während es in der Kontrollgruppe unverändert blieb. Und nun sagen Sie, damit wäre die Wirksamkeit des neuen Schlankheitsmittels bewiesen. Wenn die beiden Gruppen sich wirklich nur in dem Merkmal „Schlankheitsmittel-Einnahme" unterscheiden würden, hätten Sie mit dieser Aussage Recht. Wenn es aber irgendwelche sonstigen relevanten Unterschiede zwischen den beiden Gruppen gibt, kann das Untersuchungsergebnis natürlich auch auf sie zurückzuführen sein. Stellen Sie sich vor, jemand würde Ihre Studie überprüfen und feststellen, in der Versuchsgruppe hatten sich innerhalb der Versuchszeit 3 Frauen von ihrem Ehemann getrennt, eine war an Krebs erkrankt und 4 weitere hätten gerade eine massive Ehekrise durchgemacht, alles seelische Faktoren, die sich auf das Körpergewicht auswirken. In der Kontrollgruppe waren diese „Störfaktoren" weniger vorhanden. Sofort kann man Ihr Versuchsergebnis anzweifeln und mit Recht sagen, die Gewichtsabnahme in der Versuchsgruppe ginge gar nicht auf das neue Schlankheits-

mittel, sondern auf die häufigeren seelischen Belastungsfaktoren zurück. Dem könnten Sie nichts entgegenhalten. Sie haben wichtige (psychische) Einflussfaktoren auf das Körpergewicht gar nicht einkalkuliert und deshalb ein vorschnelles Ergebnis in die Welt gesetzt. Ihre Studie wäre wissenschaftlich wertlos.

Viele ADHS-Studien müssen sich diesen Fehler vorhalten lassen. Zum Beispiel berücksichtigten sie nicht, dass sich ihre Gruppen im Merkmal Ritalinbehandlung unterschieden. Sie führen gefundene Gruppenunterschiede auf andere Faktoren zurück, nicht aber darauf, dass die eine Gruppe Medikamente bekam, die andere (aus noch dazu unbekannten Gründen) aber nicht. Wenn man in guten Studien möglichst viele Störfaktoren kontrolliert bzw. ausschaltet, sehen die Forschungsergebnisse oft ganz anders aus.

Eine Studie von M. T. Lynskey zeigt so beispielsweise, dass Konzentrationsstörungen bei Kindern in keinem ursächlichen Zusammenhang stehen mit späteren Auffälligkeiten. Zunächst zeigte sich in der großangelegten Studie zwar, dass Aufmerksamkeitsstörungen bei 8-jährigen Kindern im Zusammenhang standen mit späterem Schulversagen bzw. schulischem Misserfolg, kriminellen Auffälligkeiten und Drogenmissbrauch im Alter von 18 Jahren. Ähnliches haben ja andere ADHS-Studien auch ergeben. Bei näherer Betrachtung ergab sich aber, dass die Kinder mit Aufmerksamkeitsstörungen besondere zusätzliche Merkmale aufwiesen: Sie waren stärker sozial benachteiligt, hatten frühkindliche Verhaltensstörungen, einen niedrigeren IQ und anderes. Wenn diese Faktoren kontrolliert wurden, zeigten sich keinerlei Zusammenhänge zwischen kindlichen Aufmerksamkeitsstörungen und späteren ADHS-typischen Problemen. Man muss wissen, dass hier unbehandeltes ADHS gemeint ist. Im Gegensatz zu Forschern, die behaupten, nicht medikamentös behandeltes ADHS würde das spätere Drogenrisiko steigern, stellen die Autoren dieser sorgfältigen Studie fest, dass dieser Zusammenhang nicht belegt ist (Lynskey und Hall 2001).

Wir können also festhalten: ADHS als Erklärung sagt nichts. Es sind auch die psychosozialen Rahmenbedingungen (Stichwort psychoreaktive Verhaltensstörungen), die das Risiko einer ADHS-Diagnose ausmachen. So ist zum Beispiel inzwischen belegt, dass ADHS im Zusammenhang steht mit familiärer Armut, niedrigem sozioökonomischen Status und damit einhergehendem Schwangerschaftsdiabetes (Nomura et al. 2012). Dass solche psychosozialen Faktoren in der ADHS-Forschung nicht kontrolliert werden, macht ihre Ergebnisse sehr oft wertlos. Aber es verunsichert auch in nicht zu verantwortbarer Weise die Öffentlichkeit. So wurde behauptet, dass

ADHS eine spätere Fettleibigkeit verursache, eine alarmistische Meldung, die besonders die bisher medikamentös unterrepräsentierten Mädchen und Frauen in die Apotheken locken soll.

- ADHS wird umso häufiger bei Kindern diagnostiziert, je jünger deren Eltern sind.
- In unteren Schichten wird mehr und in höheren Schichten weniger ADHS diagnostiziert.
- Bei den Söhnen alleinerziehender Mütter wird häufiger ADHS diagnostiziert.
- Etwa 75 Prozent von allen Diagnosen betreffen Jungen.
- ADHS wird signifikant häufiger bei Kindern diagnostiziert, die mit einem Alter von weniger als 6 Jahren eingeschult wurden.

Schon aus diesen wenigen Ergebnissen lässt sich eine regelrechte Psychodynamik entwerfen, und die Hypothese von hirnorganischen Defiziten wird allein durch diese wenigen Ergebnisse widerlegt. Auch eine aktuelle wissenschaftliche Übersicht von Scheinost et al. weist erneut auf immer mehr Forschungsergebnisse hin, die den Zusammenhang von pränatalem mütterlichen Stress und Störungen in der Entwicklung eines gesunden kindlichen Nervensystems belegen. Das Risiko für Krankheiten wie Autismus, ADHS, Sucht, Depression und Schizophrenie ist demzufolge erhöht. Es wird höchste Zeit, dass ADHS nicht mehr monokausal und biologistisch als medizinische Krankheit behauptet und die Komplexität von psychischen Störungen endlich ernst genommen wird. Das sträfliche Ausblenden und Geringschätzen von psychosozialen Faktoren muss endlich überwunden werden.

Ich erwähne dies, um verständlich zu machen, dass es sich mit den bisherigen neurobiologischen Forschungsergebnissen bei ADHS wahrscheinlich genauso verhält: Aus dem gleichzeitigen Vorhandensein von zum Beispiel Veränderungen des dopaminergen Hirnsystems und hyperaktivem Verhalten hat man einen kausalen Zusammenhang in dem Sinne behauptet, dass die Hirnfunktionsbesonderheiten die Ursache für die Hyperaktivität seien, obwohl beides auch durch etwas Drittes bedingt sein könnte oder zwischen ihnen überhaupt kein kausaler Zusammenhang bestehen muss. Auch kann natürlich die Kausalität umgekehrt sein: Hyperaktivität ist die Ursache für Veränderungen des Dopaminstoffwechsels. Dass allein schon wissenschaftstheoretisch diese Möglichkeiten bestehen, sollte eigentlich Aussagen verbieten, es sei eine bewiesene Tatsache, dass eine genetisch bedingte Hirnstoffwechselstörung die Ursache von ADHS sei. Schließlich ist trotz 60-jähriger Forschung kein biologischer Marker gefunden worden, der eine solche kausale Tatsachenbehauptung rechtfertigen würde. Vielmehr können alle bisher gefunden hirnfunktionellen Besonderheiten als Korrelate (als hirnfunktionelle Repräsentationen) von etwas „Drittem", nämlich zum Beispiel den Erfahrungen bzw. Lernprozessen (oder, wie Hüther sagen würde: Nutzungsbedingungen), die auf das Gehirn eingewirkt haben, betrachtet werden (Hüther 2008).

9.4 Umdenken fällt schwer

Für das Verständnis dessen, was gegenwärtig unter ADHS verstanden wird, hat dieser Paradigmawechsel in der Medizin umwälzende Bedeutung. Er besagt, dass ADHS nicht genetisch bedingt sein muss, dass die bisherigen Forschungsergebnisse ADHS nicht belegen müssen, dass Psychopharmaka nicht im Vordergrund einer Behandlung stehen müssen, dass Umwelteinflüsse auf die neuropsychologische Entwicklung unserer Kinder einen ausschlaggebenden Einfluss haben, dass Erziehung in Familie, Kindergarten und Schule, Familienpolitik und das gesamte psychosoziale Milieu den Ausschlag dafür geben, wie sich unsere Kinder (eben auch hirnphysiologisch und -morphologisch) entwickeln. Mit den Erkenntnissen neuer wissenschaftlicher Hirnforschung untermauert ist der psychosoziale und psychoökonomische Umweltfaktor wieder gefragt. Fast hatte die konventionelle Medizin ihn vergessen. Auch beim Konstrukt ADHS. Viele Psychotherapeuten erzielen überzeugende Heilungserfolge, ohne das ADHS-Konstrukt in Wirklichkeit zu benötigen. Für die psychotherapeutische Praxis hat das ADHS-Konzept keinerlei wirkliche Bedeutung. Die Praxis aller gängigen Behandlungen lässt sich völlig ohne das fragliche ADHS-Konzept begründen. Es gibt keine ADHS-spezifische Therapie.

9.5 Geleugneter Umwelteinfluss

Am Beispiel von Untersuchungen von Biederman et al. zeigt sich sehr deutlich, dass die ständige Ignorierung von psychosozialen Milieufaktoren zu Schlussfolgerungen führt, die bei Einbeziehung dieses Faktors ganz anders aussähen. Auch Hüther stuft ja die meisten Ergebnisse der ADHS-Hirnforschung nicht als Marker für ADHS, sondern lediglich als Begleit- oder Folgeerscheinungen von Lernerfahrungen ein. Ein treffliches Beispiel: Da machen sich die Autoren die Mühe, das Schicksal von Jugendlichen ganze 10 Jahre lang bis ins junge Erwachsenenalter zu verfolgen, um herauszukriegen, was die ehemals

ADHS-diagnostizierten Jugendlichen im Vergleich zu nichtdiagnostizierten später alles mal so für Macken und Störungen haben werden. Und siehe da, die ADHS-Fälle haben auch später viel häufiger alle möglichen Störungen quer durch den psychiatrischen Gemüsegarten. Und was folgern die Wissenschaftler daraus? Erraten: Dies beweise wieder mal, wie viele Komorbiditäten es um ADHS herum gebe. ADHS sei eben eine Grunderkrankung, die sich im Verein mit oder in Verkleidung von vielen anderen Diagnosen darstelle. ADHS sei also fast überall sozusagen „dahinter". In den gängigen ADHS-Internetforen wird denn auch genau dies mit Begeisterung geglaubt. Alles ist in Wirklichkeit angeblich ADHS, ob der Arzt eine Depression findet, der Erziehungsberater Erziehungsprobleme oder der Schulpsychologe eine Leseschwäche: All dies sind dann nur Begleiterscheinungen von ADHS, und Ritalin soll es in jedem Falle bringen.

Wenn es für diese These nur einen einzigen vernünftigen Beleg gäbe, wäre sie ja hochinteressant. Aber leider ist die Welt nicht so einfach und gerade solche Studien belegen genau diese Thesen eben nicht, weil man ihr Ergebnis ja auch ganz anders erklären und tatsächlich belegen kann, nämlich wie folgt:

Wenn ADHS diagnostiziert wird, werden unspezifische Verhaltensweisen gemessen, die bei vielen ganz unterschiedlichen psychischen Störungen vorkommen, wenn sie überhaupt für eine Pathologie stehen. So wie Fieber für sich betrachtet auch keine eigene Krankheit, sondern ein unspezifisches Symptom ist, das bei vielen ganz unterschiedlichen Krankheiten vorkommt. Es ist also ganz selbstverständlich, dass bei der näheren Betrachtung ganz unterschiedlicher Störungen sehr oft auch Verhaltensweisen wie Hyperaktivität, Unaufmerksamkeit oder Impulsivität (was immer das alles genau sein mag) zu beobachten sein werden. So, wie sowohl bei einer Lungenentzündung als auch bei Lungenkrebs oder Blasenkatarrh Fieber auftritt. Kein Mensch käme auf die Idee, eine Lungenentzündung als Komorbidität von Fieber zu betrachten. Aber bei ADHS ist das offenbar kein Problem.

9.5.1 ADHS und Zwangsneurose: Fakt oder Artefakt?

Um zu klären, ob die Symptome Unaufmerksamkeit und Ablenkbarkeit, die man gewöhnlich auch bei zwangsneurotischen Kindern und Jugendlichen findet, eine echte Komorbidität mit ADHS oder einen Ausdruck von Zwangsangst darstellen, untersuchten Geller und Biederman, ob sich die ADHS-Symptomatik von ADHS-diagnostizierten Kindern und Jugendlichen mit und ohne Zwangsneurose unterscheidet. Sie fanden keine

Unterschiede und schließen daraus, dass es immer dann, wenn zwangsneurotische Kinder/Jugendliche auch ADHS-ähnliche Symptome zeigen, eine echte Komorbidität von Zwangsneurose und ADHS gebe, dass es also bei komorbiden Kindern/Jugendlichen neben der Zwangsneurose eine unabhängige ADHS gebe (Geller et al. 2007). Diese Schlussfolgerung ist allerdings nur unter der Voraussetzung erlaubt, dass Zwangsneurose und ADHS zwei unterscheidbare Krankheiten sind. Mir sind aber keine Studien bekannt, die diese Annahme belegen. Man kann ADHS eben nicht von einer Zwangsneurose unterscheiden, weil es bei zwangsneurotischen Kindern die Zwangsneurose selbst ist, die auch ADHS-Symptome macht. Und bei ADHS-Kindern ohne Zwang haben die unspezifischen Symptome viele andere möglichen Ursachen, die nicht erkannt wurden. Ich habe ja bereits mehrfach erwähnt, dass eine Vielzahl von unterschiedlichen Störungen eine ADHS-Symptomatik verursachen kann. Die ADHS-Symptomatik imponiert immer wieder durch ihre besondere Unspezifität, mit allen daraus herrührenden differenzialdiagnostischen Problemen. Ich gehe so weit, zu behaupten, die Unspezifität ist so groß, dass es eine einheitliche nosologische Einheit ADHS gar nicht gibt.

Wenn man also das Untersuchungsergebnis der Autoren unter dieser Voraussetzung betrachtet, ist es nicht verwunderlich, dass sich ADHS-Kinder mit oder ohne Zwangsneurose in ihrer ADHS-Symptomatik nicht unterscheiden. Eine Komorbidität ist damit gerade nicht belegt, sondern eher die Unspezifität der Symptome. Wenn ein Kind/Jugendlicher ADHS-ähnliche Symptome zeigt und unter Zwängen leidet, liegt allein eine Zwangsneurose vor. Die Autoren haben also in ihr Untersuchungsergebnis einseitig etwas hineingelesen, was sie finden wollten (Tunnelblickfehler). Dass man ihr Ergebnis auch ganz anders interpretieren kann, übersehen sie. Ein grober wissenschaftlicher Fehler.

9.6 Missachtung der Neuroplastizität

Unter neuronaler Plastizität versteht man die Fähigkeit von Synapsen, Nervenzellen oder auch kompletten Hirngebieten, sich in Abhängigkeit von ihrer Verwendung (ihren Nutzungsbedingungen) zu verändern. Unser Gehirn ist ähnlich einem Muskel auf lebenslanges Training angewiesen. Erfahrungen und Umwelteinflüsse verändern es andauernd. Ein Geigenspieler hat ein anderes Gehirn als ein Taxifahrer. Diese sensationelle Erkenntnis, die die gesamte Vorstellung von Funktion und Entwicklung des menschlichen Gehirns revolutionierte, gewann zuerst Hebb, der Vater der

Psychobiologie und der Deprivationsforschung (Hebb 1949). In der bisherigen ADHS-Hirnforschung wurden Aspekte dieser Neuroplastizität, im eigentlichen Sinne intrauterine und frühkindliche Traumata, aber auch spätere chronische Familienpathologien, bisher überhaupt nicht bedacht und müssen deshalb als durchgehende unkontrollierte Fehlervariable alle bisherigen Untersuchungsergebnisse grundsätzlich infrage stellen. Diesen letzten Satz sollten Sie besser zweimal lesen, um seine Bedeutung für alles, was man über ADHS bisher herausgefunden zu haben glaubt, ermessen zu können.

Folgende Spätfolgen früher psychischer Traumatisierung sind zum Beispiel bereits empirisch belegt (Hüther 2002):

- Verringertes Hirnvolumen, erweiterte Ventrikel
- Verringerte Dicke des Corpus callosum
- Verringertes Volumen des Hippocampus
- Defizite der Frontalhirnentwicklungen, besonders im Bereich der rechten Hemisphäre
- Defizite auf der Ebene der sensorischen Integrationsfähigkeit, zum Beispiel Körperempfinden, Schmerzempfinden, Bewegungskoordination
- Vielfältige Verhaltensstörungen
- Defizite auf der Ebene von Lernen und Gedächtnis
- Dissoziative Symptome
- Gestörte Affektregulation
- Manifestation unterschiedlicher psychopathologischer Störungsbilder: Somatisierungsstörungen, Borderline-Persönlichkeitsstörung, Drogenabhängigkeit, selbstverletzendes Verhalten, Depressionen, Zwangsstörungen, Essstörungen, Angststörungen, ADHS

Wie gesagt: Keiner dieser Befunde wurde bisher in der ADHS-Forschung ernsthaft zur Kenntnis genommen. Was soll man von einer Forschung mit einem solch extremen blinden Fleck halten? Kein einziger Befund dieser Forschung konnte bisher die Aussage widerlegen, dass ADHS keineswegs eine spezifische, genetisch bedingte, angeborene Hirnfunktionsstörung, sondern – wenn überhaupt – eine unspezifische, erworbene Verhaltensstörung ist.

9.7 Missachtung der Epigenetik

Die ADHS-Forschung zur Genetik ignoriert auch eine andere aufsehenerregende relativ neue Disziplin völlig: Die Epigenetik räumt mit alten Vorstellungen über unser Genom auf.

Gene sind also keineswegs unveränderlich, sondern ein Leben lang formbar. Wir können sie durch unsere Lebensgestaltung, durch unsere Ernährung und durch unsere Erfahrungen an- oder ausschalten (Genexpression). Die These „Die Gene sind unser Schicksal" muss inzwischen als zu eindimensional zurückgewiesen werden. Sogenannte epigenetische Marker in unserem Genom wirken wie Schalter, die unsere Gene an- und ausschalten. Die Wissenschaft macht in den letzten Jahren große Fortschritte im Verständnis dieser übergeordneten Steuermechanismen. Dabei wird deutlich, dass das sogenannte Epigenom für die Entwicklung eines gesunden Organismus genauso wichtig ist wie unser Genom. Dabei wird das Epigenom durch Umwelteinflüsse viel leichter als die Gene verändert. Und was dabei besonders erstaunlich ist: Das Ganze wird von den Eltern an die Kinder sozusagen „vererbt" (Kaati et al. 2002).

Diese Erkenntnisse erschüttern das bisherige Wissen über die menschliche Genetik fundamental. In Bezug auf ADHS bestärken sie die Annahme, dass ADHS-Verhalten, auch soweit es sich genetisch niederschlägt, erfahrungsabhängig entsteht und über Generationen hinweg weitergegeben (sozial vererbt) wird. Wenn wir alle bisherigen Forschungsergebnisse zur Genetik von ADHS vor diesem Hintergrund betrachten, lassen sie die Frage nach der Epigenetik, also nach der umweltbedingten genetischen Bedingtheit von ADHS völlig offen. Es läuft letzten Endes wieder darauf hinaus, dass der Umwelteinfluss auf die Entstehung von ADHS völlig verkannt wird.

9.7.1 Warum einfach, wenn es auch kompliziert geht?

Ein Beispiel für das Ausblenden von Lernerfahrung und Epigenetik: Da gibt es zum Beispiel Elisabeth Dägling, eine Erzieherin, die das Denken verstehen will und bereits 1999 behauptet, die wahre Ursache von ADHS gefunden zu haben (Zitat: „1999: Entdeckung der Ursache von ADHS: Es gibt zwei verschiedene, in sich homogene menschliche Gehirne"; Dägling 2015). Sie behauptet kühn, dass ADHSler ein anderes Gehirn hätten als „Normalos". So, wie es ein weibliches und männliches Gehirn gebe, so gebe es auch ein „Normalo-" und ein „ADHS-Gehirn". Sie hörte nämlich von 2 unterschiedlichen kognitiven Stilen des Menschen, wie sie Inge Schwank von der Universität Osnabrück postuliert, den prädikativen und den funktionalen. Und schon war die Ursache von ADHS endlich gefunden: Die ADHSler denken angeblich anders, nämlich funktional, „Normalos" prädikativ (Dägling 2015).

Mal abgesehen davon, dass dies kausal gar nichts in Bezug auf eine ADHS-Ursache erklärt, kann man alles wieder mal viel einfacher erklären, als durch die hochkomplizierte Annahme, es gäbe 2 verschiedene Hirne. Die Autorin stellt zum Beispiel fest, dass ADHS-Kinder beim Bauen mit Baufix anders vorgehen als Nicht-ADHS-Kinder. Während letztere die Stückliste auf der Bauanleitung für ein Modell verwenden und systematisch erst die notwendigen Bauteile zusammenstellen, bevor sie mit dem Zusammenbau beginnen, springen die ADHS-Kinder gleich zur Schlussdarstellung des fertigen Modells und versuchen dann erst, die dafür notwenigen Teile herauszufinden. Aus solchen Beobachtungen zu schließen, die einen Kinder würden prädikativ, die anderen funktional denken, klingt schon sehr gewagt. Aber darin die Bestätigung zu sehen, sie hätten von Geburt an unterschiedliche Gehirne, ist nicht zulässig. Auf jeden Fall sind ADHSler demnach bei den Ikea-Bauanleitungen total aufgeschmissen. Man sollte Ikea auffordern, seine prädikativen Bauanleitungen endlich für ADHSler anzupassen, nach dem Slogan: „Lebst du schon, oder prädikatierst du noch?"

Dabei ist doch alles wieder mal viel einfacher: Die ADHS-Kinder sind erfahrungsbedingt ungeduldiger, impulsiver. Sonst hätten sie ja ihre Diagnose nicht. Deshalb ist es ihnen zu langweilig und zu langwierig, mit Geduld und Spucke erst die Baufix-Stückliste durchzugehen. Sie springen lieber gleich zum Endprodukt, das geht aus ihrer Sicht (scheinbar) schneller. Es ist ihre Ungeduld, ihre geringe Frustrationstoleranz (sie können schlecht warten), die das Versuchsergebnis viel schlichter erklären kann als die Annahme unterschiedlicher Denkstile, die in unterschiedlichen Gehirnen wurzeln. Eine gute wissenschaftliche Theorie ist sparsam. Aber warum einfach, wenn es auch kompliziert geht?

9.8 Forschung in der Sackgasse

Wie bekannt wurde, fördert die Europäische Union ein Forschungsprojekt unter Federführung des Frankfurter Universitätsklinikums mit 6 Millionen Euro, das mittels einer internationalen Studie die Mechanismen hinter der Aufmerksamkeitsdefizit-Hyperaktivitätsstörung (ADHS) und damit gemeinsam auftretenden Erkrankungen offenlegen und damit die Diagnose und Behandlung psychischer Störungen revolutionieren und zu einer Zeitenwende in der ADHS-Behandlung führen will. Wahrlich wieder einmal große Worte! Doch können sie die Versprechungen halten?

Die Forschung zu ADHS umfasst inzwischen mehrere hunderttausende Studien, ohne dass bis heute auch nur annähernd Klarheit darüber bestünde, was Ätiologie und Nosologie dieser „fabrizierten Krankheit" (Blech 2012) anbelangt. Auch der renommierte Kliniker Jerome Kagan stellte 2012 fest, dass ADHS eine „Erfindung" ist. Bereits 2008 konstatierte die amerikanische Forscherin Lydia Furman nach einer umfangreichen Analyse von zusammenfassenden Studien, Konsenserklärungen, „White Papers" und Ergebnissen professioneller Tagungen, dass die Forschungsergebnisse zur genetischen oder neuroanatomischen Ursache für ADHS ungenügend seien. Untersuchungen zeigten, dass Defizite der Exekutivfunktionen ADHS nicht erklären können und dass die psychometrischen Eigenschaften der weithin verwendeten Ratingskalen nicht den Standards genügen, die zur Messung einer Störung erfüllt sein müssen. Es sei unwahrscheinlich, dass eine eigenständige Störung ADHS überhaupt existiere. Unaufmerksamkeit, Hyperaktivität und Impulsivität seien vielmehr Symptome vieler verschiedener behandelbarer medizinischer, emotionaler und psychosozialer Einflüsse, die Kinder betreffen können (Furman 2008). An dieser Analyse Furmans hat sich bis heute nichts Wesentliches geändert.

Immer wieder wurden in der Vergangenheit bei ADHS große Versprechungen gemacht, die sich nicht halten ließen: Die behauptete hohe Erblichkeit von ADHS ist angesichts der schwachen Methodik der früheren Familien- und Zwillingsforschung sehr zweifelhaft. Die Suche nach einem ADHS-Gen verlief im Sande, und die bis heute bekannte Genbeteiligung am Symptomkomplex „ADHS" ist nicht kausal erklärend, unspezifisch, sehr schwach und die so wichtige Epigenetik völlig ignorierend.

Es gibt keinerlei spezifischen biologisch-physiologisch-morphologischen Marker für die Diagnose der angeblich körperlichen Krankheit, die behaupteten Transmitterstörungen im Gehirn sind nicht belegt. Die enorme Überlappung des Syndroms mit einer ganzen Reihe anderer Störungen belegt seine Unspezifität. Das hat sogar der renommierte ADHS-Forscher Banaschewski schon vor 10 Jahren feststellen müssen, als er bei Vergleichen von ADHS mit anderen neuropsychologischen, neurobiologischen und genetischen Korrelaten den ernüchternden Schluss ziehen musste, dass es bisher keine ADHS-Spezifität gibt. Das ist auch heute „state of the art". Auf Deutsch: ADHS gibt es gar nicht.

In Wahrheit weiß niemand, was ADHS als spezifische Krankheit sein soll und ob es sie überhaupt gibt. Es handelt sich im Grunde nur um ein willkürliches Konglomerat von kindlichen Verhaltensweisen, das ohne Einbezug kultureller und psychosozialer Differenzierungen per Konsens interessierter Verbände und Pharmafirmen als medizinische Krankheit in die Welt gesetzt wurde.

Die biologistische Psychiatrie und ADHS-Forschung unserer Tage blendet nach wie vor die schlichte Erfahrung völlig aus, dass auffälliges Kinderverhalten psychoreaktiv sein kann, Ausdruck psychosozialer Not und seelischen Leidens. Man erforscht lieber das „zelluläre Hintergrundrauschen" im Gehirn unserer Kinder, legt sie in den Computertomographen, misst die Dicke ihrer Hirnrinde und lässt sie erhebliche Mengen starker Psychostimulanzien schlucken, als empathisch ihre gesellschaftlich-familiären Alltagsbelastungen zu reflektieren und zu behandeln. Man hat wohl lieber kranke, als unglückliche Kinder (Wenke 2018). Solange die ADHS-Forschung diesen blinden Fleck pflegt, ist sie völlig in der Sackgasse. Die angekündigte Studie bewegt sich leider wieder auf dieser unglücklichen Schiene.

9.9 Pharmafinanzierte Forschung

Klinische Studien werden heute sehr oft von der pharmazeutischen Industrie entweder gleich selbst durchgeführt oder in Auftrag gegeben und finanziert. Die Pharmaindustrie kann so selektiv nur positive Ergebnisse veröffentlichen, unpassende Ergebnisse verschwinden einfach in der Versenkung. Forscher um A. Lundh vom Cochrane Center, Kopenhagen, bestätigen dies und finden, dass industriefinanzierte Studien die Ergebnisse schönen, indem sie zum Beispiel Nebenwirkungen von Medikamenten bagatellisieren. „Unsere Ergebnisse legen nahe, dass industriefinanzierte Studien zu Medikamenten und Medizinprodukten häufiger die Produkte des Sponsors favorisieren als bei nicht von der Industrie finanzierten Studien", sagt Forschungsleiter Lundh. „Diese Befunde harmonieren mit aktuellen Forderungen nach besserem Zugang zu Informationen darüber, wie Studien durchgeführt werden, und zu deren Rohdaten." Die Forscher verlangen, dass eine industriefinanzierte Studie immer auch als solche benannt werden müsse (Lundh et al. 2012).

Literatur

Baughman, F. A. (2001). Attention-deficit hyperactivity disorder & all biological psychiatry as fraud. http://www.adhdfraud.org/commentary/7-4-01-1.htm. Zugegriffen: 22. Juni 2002.

Blech, J. (2012). Schwermut ohne Scham. http://www.spiegel.de/spiegel/print/d-83865282.html. Zugegriffen: 07. Sept. 2018.

Castellanos, F. X., et al. (1998). Cerebellum in attention-deficit hyperactivity disorder. *Neurology, 50,* 1087–1093.

Dägling, E. (2015). *ADHS – Ein wissenschaftliches Fiasko.* Norderstedt: BoD.

Dornes, M. (1997). *Die frühe Kindheit: Entwicklungspsychologie der ersten Lebensjahre.* Frankfurt a. M.: Fischer.

Filipek, P. A., Semrud-Clikeman, M., Steingard, R. J., Renshaw, P. F., Kennedy, D. N., & Biederman, J. (1997). Volumetric MRI analysis comparing subjects having attention-deficit hyperactivity disorder with normal controls. *Neurology, 48,* 589–601.

Furman, L. M. (2008). Attention-deficit hyperactivity disorder (ADHD): Does new research support old concepts? *Journal of Child Neurology, 23*(7), 775–784.

Geller, D., Petty, C., Vivas, F., Johnson, J., Pauls, D., & Biederman, J. (2007). Examining the relationship between obsessive-compulsive disorder and attention-deficit/hyperactivity disorder in children and adolescents: A familial risk analysis. *Biological Psychiatry, 61*(3), 316–321.

Hebb, D. O. (1949). *The Organization of Behavior.* New York: Wiley.

Hurtig, T., Ebeling, H., Taanila, A., Miettunen, J., Smalley, S., McGough, J., et al. (2007). ADHD and comorbid disorders in relation to family environment and symptom severity. *European Child & Adolescent Psychiatry, 16*(6), 362–369.

Hüther, G. (2002). Die Folgen traumatischer Kindheitserfahrungen für die weitere Hirnentwicklung. Forum. http://www.agsp.de/html/a34.html. Zugegriffen: 6. Sept. 2018.

Hüther, G. (2008). Die nutzungsabhängige Herausbildung hirnorganischer Veränderungen bei Hyperaktivität und Aufmerksamkeitsstörungen: Einfluss präventiver Maßnahmen und therapeutischer Interventionen. In M. Leuzinger-Bohleber, Y. Brandl, & G. Hüther (Hrsg.), *ADHS – Frühprävention statt Medikalisierung. Therorie, Forschung, Kontroversen.* Göttingen: Vandenhoeck & Ruprecht.

Kaati, G., Bygren, L. O., & Edvinsson, S. (2002). Cardiovascular and diabetes mortality determined by nutrition during parents' and grandparents' slow growth period. *European Journal of Human Genetics, 10*(11), 682–688.

Kagan, J. (2012). Nachhilfe statt Pillen. *Der Spiegel.* http://www.spiegel.de/spiegel/print/d-87562003.html. Zugegriffen: 07. Sept. 2018.

Lundh, A., et al. (2012). Industry sponsorship and research outcome. *The Cochrane Database of Systematic Reviews.* https://doi.org/10.1002/14651858.mr000033.pub2.

Lynskey, M. T., & Hall, W. (2001). Attention deficit hyperactivity disorder and substance use disorders: Is there a causal link? *Addiction, 96*(6), 815–822.

Moll, G. H., Hause, S., Ruther, E., Rothenberger, A., & Huether, G. (2001). Early methylphenidate administration to young rats causes a persistent reduction in the density of striatal dopamine transporters. *Journal of Child and Adolescent Psychopharmacology, 11*(1), 15–24.

Nomura, Y., et al. (2012). Exposure to gestational diabetes mellitus and low socioeconomic status: effects on neurocognitive development and risk of attention-deficit/hyperactivity disorder in offspring. *Archives of Pediatrics and Adolescent Medicine, 166*(4), 337–343.

Web4health (2005). Alkohol und ADS/ADHS/Hyperaktivität/Hyperkinetisches Syndrom. http://www.web4health.info/de/answers/adhd-alcohol-who.htm. Zugegriffen: 4. Nov. 2005

Wenke, M. (2018). TDSD: Die Tränendrüsen-Sekretions-Dysfunktion. In H.-R. Schmidt (Hrsg.), *Modekrankheit ADHS. Eine kritische Aufsatzsammlung*. Frankfurt a. M: Mabuse.

10

Die große Ernüchterung

Inhaltsverzeichnis

10.1 Die MTA-Studie 158
Literatur 162

Wenn von Therapie der ADHS gesprochen wird, wird zwar offiziell eine multimodale Therapie empfohlen (also eine Kombination von erstrangiger psychotherapeutischer und stets nachrangiger medikamentöser Behandlung). Im Alltag ist das aber nach wie vor die Ausnahme. Überwiegend bedeutet „Therapie" die ausschließliche Gabe von Psychopharmaka. Wenn überhaupt eine Art von Psychotherapie stattfindet, dann eine nachrangig-nebensächliche. Meist wird sie von Betroffenen nicht sehr ernst genommen. Kein Wunder auch: Ritalin wirkt prompt und mühelos. Wozu psychotherapeutisch hart an sich arbeiten, wenn es die Pharmaindustrie im Gehirn so einfach zu erledigen scheint? Pille einwerfen und gut!

Die Kurzzeitwirkung von Ritalin auf menschliches Verhalten ist belegt. Dabei ist die Diagnose eher unwichtig, der Stoff wirkt in vielen Verhaltensbereichen. Eine der ersten Anwendungen war ja bekanntlich die

Ruhigstellung von amerikanischen Ghetto-Kindern in chaotischen Schulklassen. Wenn es aber um die therapeutische Langzeitwirkung geht, sieht es düster aus:

- Ausschließlich mit Ritalin behandelte Kinder haben keine bessere Langzeitprognose als unbehandelte (Charles und Shain 1981).
- Bei Kontrollen 9 Monate nach Therapieende ausschließlich mit Ritalin behandelter Kinder waren alle Therapieeffekte wieder verschwunden (Pelham et al. 1989).
- Nur mit Ritalin behandelte ADHS-Kinder wurden später 10- bis 20-mal so oft kriminell wie unauffällige Kontrollkinder (Satterfield et al. 1982).

Die Therapieeffekte bei Ritalin zerplatzen also wie eine Seifenblase, sobald man die Pille absetzt, von den bekannten und unbekannten (Langzeit-) Nebenwirkungen ganz zu schweigen. Die aus dieser Beobachtung hergeleitete Behauptung, ADHS sei unheilbar und müsse deshalb lebenslänglich medikamentiert werden, ist zynisch und hat nur den Umsatz der Pharmaindustrie im Auge. Von wirklicher Therapie kann im Grunde gar keine Rede sein. Menschliches Verhalten wird nur vorübergehend im Sinne einer soziokulturellen Erwünschtheit medikamentös angepasst. Es muss nun endlich die offizielle Lesart ernst genommen werden: Erstrangig muss Psychotherapie im Sinne einer systemischen Familientherapie sein, in die sich eine Medikamentation im Einzelfall hilfreich einfügen kann. Wie gesagt: im wohl überlegten Einzelfall, also in höchstens 5 Prozent der ADHS-Fälle.

Die (billige) Pille muss nachrangig sein. Das müssen uns unsere (teuren) Kinder wert sein. Denn psychotherapeutisch-psychoedukativ erzielte Verhaltensänderungen haben zwei entscheidende Vorteile: Sie sind keine Seifenblasen, sondern nachhaltig, und sie haben keine dermaßen schädlichen Nebenwirkungen und nicht ausgeschlossenen Langzeitschäden (Blech 2012).

10.1 Die MTA-Studie

Vielleicht haben Sie schon einmal von der MTA-Studie („Multimodal Treatment Study of Children with Attention Deficit Hyperactivity Disorder") gehört. Sie wird immer wieder gern unkritisch zitiert, wenn es darum geht, den Erfolg verschiedener Behandlungsmethoden bei ADHS zu belegen. Diese aufwendige Studie, die anfangs mit über 4500 Versuchspersonen anfing und wohl die größte prospektive Forschungsstudie ist, die es in der Kinderpsychiatrie jemals geben hat, ist ein Paradebeispiel für eine wissenschaftlich eher schwache Untersuchung. Weder gab es eine echte Kontrollgruppe, in der entweder Placebobedingungen oder ein echtes Nichtbehandeln gegeben war, noch wurde ein doppelblinder Versuchsplan durchgeführt (doppelblind bedeutet, dass weder die Versuchspersonen noch die wissenschaftlichen Auswerter wissen, mit welchen Versuchspersonen aus welchen Versuchsgruppen sie es jeweils zu tun haben). Diese beiden Hauptkriterien (echte Kontrollgruppen und doppelblinder Versuchsplan) werden international vorausgesetzt, wenn eine Studie ernsthafteren wissenschaftlichen Anspruch erheben will. Stattdessen wussten sowohl die Versuchspersonen als auch die Wissenschaftler, wer zu welcher Gruppe gehörte, was eine Vielzahl von unkontrollierten Fehlerquellen und Beeinflussungsmöglichkeiten in die jeweils gewünschten Richtungen nach sich ziehen kann.

Das sind aber nur die Hauptschwachstellen, es gibt noch viel mehr Anlässe für Methodenkritik, sei es, dass eine veraltete „Barkley-Verhaltenstherapie" zur Anwendung kam, die keinerlei Umwelt- oder Familienfaktoren einbezog, sei es, dass nicht erklärt wird, wie die in der Hauptuntersuchung einbezogenen Versuchspersonenauswahlen aus der Gesamtstichprobe zustande kamen, sei es, dass die meisten wissenschaftlichen Auswerter Methylphenidatbefürworter waren und ihre Voreinstellung als mögliche Fehlerquelle nicht kontrolliert wurde.

Das Tollste ist aber Folgendes: Immerhin bei einer Teiluntersuchung waren die wissenschaftlichen Beobachter „blind", das heißt, sie beobachteten Kinder aus allen Versuchsgruppen in der Schule ziemlich ausführlich, ohne zu wissen, welcher Gruppe sie jeweils angehörten. Ihr Ergebnis versprach also einigermaßen wissenschaftlichen Standard. Und siehe da: Sie fanden keinerlei Unterschied zwischen allen Versuchsgruppen, egal also, ob ein Kind Ritalin oder nicht erhalten hatte, allein verhaltenstherapeutisch oder kombiniert mit Ritalin behandelt worden war. Und was Sie, lieber Leser, vielleicht wieder nicht wundern wird: Dieses im Vergleich zu allen anderen Ergebnissen der Studie halbwegs zuverlässige wissenschaftliche Ergebnis wird in allen Zusammenfassungen und Zitierungen dieser Studie durchweg unterschlagen.

Das amerikanische National Institute of Mental Health (NIMH) veröffentlichte bereits 1999 die ersten Ergebnisse dieser MTA-Studie (MTA-Studie 1999). Die führenden ADHS-Therapien sollten langfristig und prospektiv überprüft werden. Verglichen wurde in einer ersten Forschungsstufe über einen Zeitraum von 14 Monaten bei Grundschulkindern zunächst der Einfluss

- einer optimierten medikamentösen Therapie,
- einer Verhaltenstherapie,
- einer Kombination aus optimierter medikamentöser (Methylphenidat-) Therapie und Verhaltenstherapie sowie
- einer Standardtherapie (gewöhnliche Grundversorgung).

Nach damaliger Auffassung der Autoren zeigte sich eine klare Überlegenheit der Pharmakotherapie über eine Verhaltenstherapie und Grundversorgung. Man ging sogar so weit, zu folgern, dass eine Methylphenidatbehandlung im Kindesalter späteren Drogenmissbrauch und Delinquenz im Jugend- und Erwachsenenalter verhindern könne.

Als im Jahre 2007 eine Folgestudie über den Zeitraum von nunmehr 3 Jahren erschien, zeigten sich zur Verwunderung der Forscher allerdings keinerlei Unterschiede mehr zwischen den unterschiedlich behandelten Gruppen. Egal, was zur Anwendung gekommen war, die Kinder zeigten alle gleichermaßen deutliche Verbesserungen, sogar die nur im Sinne einer Grundversorgung behandelten. Auch späterer Drogenmissbrauch bzw. Kriminalität ließen sich bei medikamentierten ADHS-Kindern nicht über das Maß hinaus verringern, das bei Studienbeginn beobachtet worden war (Jensen et al. 2007; Molina et al. 2007).

Dann bestätigen die Forscher nach 8 Jahren späterer Nachuntersuchung der Versuchspersonen: Es gibt keinerlei Langzeitunterschiede der behandelten (bzw. im Sinne einer Grundversorgung nur unspezifisch behandelten) Gruppen, egal, ob mit oder ohne Psychopharmaka, nur Verhaltenstherapie oder Grundversorgung (Molina et al. 2009). Die übliche Rede von Methylphenidat als Goldstandard einer ADHS-Behandlung nebst vielerlei vorgeblich wohltätigen Langzeittherapieerfolgen ist einer herben Ernüchterung gewichen: Methylphenidat hat keine Langzeiteffekte, die andere Therapien übertreffen. Im Vergleich zu anderen Therapien liegt sein Effekt lediglich in einer rascheren und psychosozial bequemeren (billigeren) chemischen Symptomunterdrückung.

Angesichts der erheblichen Nebenwirkungen (zum Beispiel irreversible Wachstumsstörungen) (Zhang et al. 2005; Deutsches Ärzteblatt vom 23. Juli 2007) sollte der neue Goldstandard nun aber endgültig in einer Psychotherapie bzw. Psychoedukation liegen, auch wenn sie Eltern, Schulen und Nachbarn nachhaltigere Zuwendung und Aufmerksamkeit für unsere Kinder abverlangt. Die Methylphenidatgabe selbst entpuppt sich immer mehr als Symptom unserer hyperaktiven Fast-Food-Kultur (DeGrandpre 2002). Die übliche Rede von Ritalin als Goldstandard einer ADHS-Behandlung ist einer Ernüchterung gewichen.

Biederman et al. finden, dass medikamentierte ADHS-Patienten in einer 10-jährigen Nachuntersuchung deutlich weniger psychiatrische Störungen zeigen als nicht medikamentierte. Sie schließen daraus, dass Stimulanzien bei ADHS gegen spätere psychiatrische Störungen schützen (Biederman et al. 2009). Dieses Ergebnis steht aber nur scheinbar im Widerspruch zum Langzeitergebnis der MTA-Studie, denn wieder sind es die methodischen Schwächen, die auch diese Studie bezweifeln lassen: Von 112 teilnehmenden Personen waren 30 nicht medikamentiert. Abgesehen von der sehr kleinen Zahl von Versuchspersonen weiß keiner, aus welchen Gründen diese 30 Personen nicht, die anderen 72 aber medikamentiert wurden. Diese Bedingung wurde ja von den Forschern nicht planmäßig erzeugt, sondern geschah aus völlig unbekannten Gründen. Und genau darin könnte natürlich der wahre Grund für den Unterschied an psychiatrischen Störungen zwischen den beiden Gruppen liegen und nicht in der Medikation. Solange nicht bekannt ist, ob der Unterschied zwischen den beiden Gruppen nicht in irgendeinem Grund zu finden ist, der dazu geführt hat, dass die einen medikamentiert und die anderen nicht medikamentiert wurden, solange ist es unzulässig, die Medikation selbst als bewiesene Ursache zu behaupten.

Auch Cherland und Fitzpatrick verglichen medikamentierte und nicht medikamentierte ADHS-diagnostizierte Kinder. Von 192 ADHS-Kindern wurden 98 medikamentiert, die anderen nicht. Warum, wird ebenfalls nicht ergründet. Obwohl diese Studie also dieselbe methodische Schwäche aufweist wie diejenige von Biederman, kommt sie zu einem ganz entgegengesetzten Ergebnis: 9 Prozent der medikamentierten Kindern entwickelten psychotische Symptome, wie Selbstmordideen, Verfolgungsgefühle, akustische und visuelle Halluzinationen etc. (Cherland und Fitzpatrick 1999). Der Unterschied beider Studien besteht ansonsten nur darin, dass Biederman 10 Jahre später, Cherland aber während der Behandlung gemessen hat. Wer kann sich nun aus dem Vergleich solcher Studien einen wirklichen Reim machen?

Die meisten solcher Studien kommen zu völlig unterschiedlichen Ergebnissen und sind kaum vergleichbar, weil zum Beispiel

- die Diagnose ADHS untersucherabhängig ist und je nach Methode unterschiedlich ausfällt;
- die Diagnose ADHS einen bunten Sammeltopf von vielerlei Ursachen auffälligen Verhaltens darstellt und deshalb verglichene Gruppen meist nicht vergleichbar sind. Es gibt nicht „das" ADHS-Kind;
- graduelle Unterschiede im Ausmaß einer ADHS keine Rolle spielen;
- die verglichenen Gruppen nicht ausreichend parallelisiert sind;

- keine Aussagen über sonstige Therapien, die die Kinder oft noch gleichzeitig haben, gemacht werden;
- psychodynamische, familiäre und psychosoziale Faktoren, in denen sich die Vergleichsgruppen unterscheiden können, keine Berücksichtigung finden;
- Erwartungshaltungen der Forscher eine unkontrollierte Störvariable darstellen, weil die Studien nicht blind oder doppelblind angelegt sind.

Diese kleine Aufzählung methodischer Schwächen ist keineswegs vollständig. Wenn Sie sich mit den Schwächen des Messens und Forschens in den Wissenschaften gründlicher beschäftigen möchten, empfehle ich Ihnen zum Beispiel die Bücher von Schnell et al. (1995) oder (für echte Profis) den Klassiker von Sixtl (1967).

Als Fazit bleibt festzuhalten: Wer derzeit letzte Wahrheiten für ADHS verkünden zu können glaubt, liegt falsch. Solche Wahrheiten gibt es nicht. Stattdessen gibt es einen Wirrwarr, aus dem sich viele das herausziehen, was in ihr vorgefertigtes Konzept passt.

Literatur

Biederman, J., Monuteaux, M. C., Spencer, T., Wilens, T. E., & Faraone, S. V. (2009). Do stimulants protect against psychiatric disorders in youth with ADHD? A 10-year follow-up study. *Pediatrics, 124*(1), 71–78.

Blech, J. (2012). Schwermut ohne Scham. *Der Spiegel.* http://www.spiegel.de/spiegel/print/d-83865282.html. Zugegriffen: 7. Sept. 2018).

Charles, L., & Schain, R. (1981). A four-year follow-up study of the effects of methylphenidate on the behavior and academic achievement of hyperactive children. *Journal of Abnormal Child Psychology, 9*(4), 495–505.

Cherland, E., & Fitzpatrick, R. (1999). Psychotic side effects of psychostimulants: A 5-year review. *Canadian Journal of Psychiatry. Revue Canadienne de Psychiatrie, 44*(8), 811–813.

DeGrandpre, R. (2002). *Die Ritalingesellschaft. ADS: Eine Generation wird krankgeschrieben.* Weinheim: Beltz.

Deutsches Ärzteblatt (23. Juli 2007). US-Studie: Methylphenidat-Erfolge bei ADHS häufig nicht von Dauer. *Deutsches Ärzteblatt.* http://www.aerzteblatt.de/v4/news/news.asp?id=29246. Zugegriffen: 31. Juli 2018.

Jensen, P. S., Arnold, L. E., Swanson, J. M., Vitiello, B., Abikoff, H. B., Greenhill, L. L., et al. (2007). 3-Year Follow-up of the NIMH MTA Study. *Journal of the American Academy of Child and Adolescent Psychiatry, 46*(8), 989–1002.

Molina, B. S., et al. (2009). MTA at 8 Years: Prospective Follow-up of Children Treated for Combined-Type ADHD in a Multisite Study. *Journal of the American Academy of Child and Adolescent Psychiatry*. https://doi.org/10.1097/chi.0b013e31819c23d0.

Molina, B. S., Flory, K., Hinshaw, S. P., Greiner, A. R., Arnold, L. E., Swanson, J. M., et al. (2007). Delinquent Behavior and Ernerging Substance Use in the MTA at 36 Months: Prevalence, Course, and Treatment Effects. *Journal of the American Academy of Child and Adolescent Psychiatry, 46*(8), 1028–1040.

MTA-Studie: MTA Cooperative Group. (1999). A 14 Month Randomized Clinical Trial of Treatment Strategies for ADHD. *Archives of General Psychiatry, 56*, 1073–1086.

Pelham, W. E. (1989). Behavior therapy, behavioral assessment and psychostimulant medication in the treatment of attention deficit disorders: An interactive approach. In L. M. Bloomingdale & J. M. Swanson (Hrsg.), *Attention deficit disorder IV: Emerging trends in attentional and behavioral disorders of childhood* (S. 169–202). New York: Pergamon.

Satterfield, J. H., Hoppe, C. M., & Schell, A. M. (1982). A prospective study of delinquency in 110 adolescent boys with attention deficit disorder and 88 normal adolescent boys. *The American Journal of Psychiatry, 139*(6), 795–798.

Schnell, R., Hill, P. B., & Esser, E. (1995). *Methoden der empirischen Sozialforschung*. Oldenburg: Universität Oldenburg.

Sixtl, F. (1967). *Messmethoden der Psychologie*. Weinheim: Beltz.

Zhang, H. Y., Du, M. L., Zhuang, S. Q., & Liu, M. N. (2005). Influence of methylphenidate on growth of school age children with attention deficit hyperactivity disorder. *Zhonghua Er Ke Za Zhi, 43*(10), 723–727.

11

ADHS bei Erwachsenen

Inhaltsverzeichnis

11.1 Wenders Vermächtnis 165
Literatur 172

Ist das nosologische Konzept sowie die diagnostische Prozedur ADHS bei Kindern schon sehr dubios, so verhält sich alles bei der Übertragung auf Erwachsene um ein restlos aberwitziges Unterfangen.

11.1 Wenders Vermächtnis

Im Jahr 2016 verstarb der amerikanische ADHS-Pionier Paul H. Wender, die ADHS-Fangemeinde trauert um ihn. Wender hat sich das zweifelhafte Verdienst erworben, als einer der Väter von ADHS bei Erwachsenen zu gelten. Was von ihm wohl noch längere Zeit bleiben wird, ist ein ADHS-Fragebogentest für ADHS bei Erwachsenen, die Wender Utah Rating Scale (WURS), in ihrer deutschen Kurzform WURS-K.

Der Gemeinsame Bundesausschuss (G-BA) ist ein Organ der Selbstverwaltung von Ärzten, Krankenhäusern und Krankenkassen, das gesetzliche Gesundheitsvorgaben in die Praxis umsetzen soll. Seine Richtlinien haben untergesetzlichen Charakter und sind für alle Beteiligten verbindlich. Dieser G-BA hat schon vor einigen Jahren Einzelheiten der Medikation und Diagnostik für den Umgang mit ADHS bei Erwachsenen geregelt. Dabei legte er fest, dass die Diagnostik einer Erwachsenen-ADHS auch die retrospektive Störungsmessung aus der Kindheit umfassen muss, und bestimmte hierfür als angeblich bewährtes Instrument die genannte deutsche Kurzform der Wender Utah Rating Scale.

Es gehört zu den Kuriositäten des Konstrukts ADHS, dass man diese angebliche Hirnfunktionsstörung von Kindheit an haben muss, weshalb man dann als Erwachsener, der bisher unerkannter ADHSler ist, diesen frühen Start nachträglich belegen können muss. Davon abgesehen, dass ein solches Prozedere grundsätzlich stark störungsanfällig sein muss, soll die WURS-K dennoch ein geeignetes Instrument sein. Die Wender Utah Rating Scale (WURS) hatte ursprünglich 61 Items und wollte nicht nur ADHS, sondern auch eine ganze Reihe anderer psychiatrischer Probleme erfassen. Ward und Wender haben deshalb später 36 Items eliminiert und gefunden, dass die restlichen 25 Items am besten zwischen ADHS und Gesunden sowie Depressiven unterscheiden.

Eine Arbeitsgruppe um Stein fand aber anschließend, dass der Fragebogen nach wie vor sehr heterogen ist und immer noch viele andere psychiatrische Störungen (wie depressives, ängstliches oder sozialgestörtes Verhalten) misst. McCann et al. fanden dann, dass sogar fast jede zweite ADHS-Diagnose falsch war. Fast jeder Zweite, der die Diagnose ADHS erhalten hätte, war falsch diagnostiziert.

Die Kurzform der WURS eignet sich also kaum für den Einsatz in einem psychiatrischen Kollektiv. Er kann vielleicht „normal" von „psychiatrisch auffällig" unterscheiden, aber er schert ansonsten alles über den ADHS-Kamm und differenziert nicht innerhalb des psychiatrischen Kollektivs. Das bestätigt auch Stein, der darauf hinweist, dass die Anwendung der WURS wegen ihrer erheblichen Überschneidung mit vielfältigen Komorbiditäten in einem Patientenkollektiv zweifelhaft ist. Die vom G-BA vorgeschriebene deutsche Adaption WURS-K von Retz-Junginger aus 2002, die nur noch 21 Items enthält und etwa 10 Minuten Bearbeitung erfordert, unterscheidet sich von den Vorgängerversionen in dieser Hinsicht nicht wesentlich.

Der vom G-BA vorgeschriebene Fragebogen WURS-K erscheint also kaum geeignet, um ADHS-Patienten von Patienten mit anderen psychiatrischen Störungen zu unterscheiden. Das verwundert auch nicht, sind doch ADHS-Symptome grundsätzlich unspezifisch. WURS-K hat bestenfalls die Kapazität eines Fieberthermometers, das Menschen mit und ohne Fieber unterscheiden kann. Die ganz unterschiedliche Ursache des Fiebers bleibt dabei aber völlig irrelevant. Es ist zu befürchten, dass die nur circa 10 Minuten dauernde Durchführung der WURS-K klinische Praktiker dazu verführt, viel zu viele psychisch gestörte Menschen fälschlich mit ADHS zu diagnostizieren und ihnen damit eine störungsspezifische Therapie zu erschweren.

Oder sollte das Ganze beabsichtigt sein, um die Zahl von ADHS-Diagnosen bei Erwachsenen zu erhöhen?

Wender war einer der Ersten, der behauptete, das bei Kindern zu findende ADHS lege sich nicht wieder, sondern pflanze sich zumindest bei einem Teil der Patienten ins Erwachsenenalter fort. Er geht davon aus, dass zwischen 11–80 Prozent (!) der ADHS-Kinder auch als Erwachsene noch betroffen sind, im Durchschnitt circa 50 Prozent. Damit wären 1–6 Prozent aller Erwachsenen von ADHS betroffen (Wender et al. 1981). Wenn man nun aber fragt, wie man auf diese Diagnosen und Zahlen kommt, muss man feststellen, dass die Diagnose des Erwachsenen-ADHS wissenschaftlich auf sehr schwachen Beinen steht. Man findet sie, indem man quasi von hinten durch die Brust ins Auge zielt:

- Zunächst einmal gibt es gar keine DSM- oder ICD-Kriterien oder -Ziffern bzw. einheitlichen diagnostischen Manuale für diese Erwachsenendiagnose (Dilling et al. 2005; Saß et al. 2003). Speziell für das Erwachsenenalter formuliert sind die inoffiziellen sogenannten Wender-Utah-Kriterien (Wender 1995). Das heißt, offiziell gibt es diese Krankheit bei Erwachsenen eigentlich (noch) gar nicht. Sie wundern sich mit Recht: ADHS bei Erwachsenen wird von Klinikern und (vor allem) Laien als eigenständige Störung behauptet, diagnostiziert und behandelt, aber in den offiziellen internationalen Diagnosekatalogen kommt sie gar nicht vor.
- Zum Zweiten werden in der Regel die Diagnosekriterien für Kinder angewendet, was natürlich vollkommen zweifelhaft ist. Beurteilungsfragebögen zur Messung von ADHS bei Erwachsenen finden sich denn auch bezeichnenderweise in einem Manual für Kinder (Döpfner et al. 2006). Es erscheint mehr als fragwürdig, wie man Verhaltensweisen, die angeblich bei 6-jährigen Kindern für ADHS stehen, unverändert auf 40-jährige Erwachsene übertragen kann, als wäre zum Beispiel die innere und äußere Unruhe eines Schulkindes identisch mit derjenigen eines reifen Erwachsenen.
- Zum Dritten, und dies ist besonders kritikwürdig, muss für die Erwachsenendiagnose sichergestellt sein, dass die Krankheit bereits ab dem circa 7. Lebensjahr andauernd und situationsübergreifend (also nicht nur zu Hause, sondern auch in der Schule) existiert. Und um dies festzustellen, muss der Erwachsene mit Fragebögen und Interviews aus seiner oft jahrzehntelang zurückliegenden Kindheit Auskunft geben:

ein wissenschaftlich fragwürdiges und fehlerträchtiges Unterfangen bei der Diagnose einer angeblich körperlichen Krankheit ADHS, eigentlich nur eine Suggestiv-Selbstdiagnose voller subjektiver Fehlerquellen. Man befragt den Patienten ja nicht über „harte" Kindheitsdaten, sondern über verschwommene und unspezifische Verhaltensweisen. Zum Beispiel wird man gefragt, ob man als Kind „leicht" ablenkbar oder „häufig auf Achse" oder „häufig nervös" gewesen sei (Döpfner et al. 2006). Die Patienten können natürlich bewusst oder unbewusst beeinflussen, wie die Diagnose aussehen soll. Das rückblickende Vorgehen kann außerdem in keiner Weise dem strengen Ausschlussverfahren gerecht werden, das sonst allgemein bei der Diagnostik berücksichtigt werden muss.

Untersuchungen, wie zuverlässig solche Selbstauskünfte von Patienten über ihre „ADHS"-Vergangenheit sind, gibt es kaum. Mannuzza et al. haben in einer Studie herausgefunden, dass nur 27 Prozent aller Erwachsenen, die die Diagnose ADHS erhalten hatten, richtig diagnostiziert worden waren, 73 Prozent aber nicht. Die Autoren kannten die Kindheitsdiagnosen ihrer erwachsenen Versuchspersonen aus einer prospektiven, 16 Jahre andauernden früheren Längsschnittuntersuchung. Sie ließen die 25-jährigen Erwachsenen von Diagnostikern, die diese Kindheitsdiagnosen nicht kannten, untersuchen und nach ihren Kindheitserinnerungen befragen. Die rückblickende Selbstauskunft konnte dann mit der „wirklichen" Diagnose aus der Kindheit verglichen werden. Die Autoren stellten fest, dass rückblickende ADHS-Diagnosen, die sich auf Selbstauskünfte von Erwachsenen beziehen, in den meisten (drei Viertel) Fällen falsch sind (Mannuzza et al. 2002).

Eine wertvolle Längsschnittuntersuchung (Kohortenstudie) von Moffitt et al., bei der die Probanden langfristig untersucht wurden, zeigte, dass 90 Prozent der Erwachsenen mit der Diagnose ADHS keine ADHS-Kindheitsgeschichte aufwiesen, was für die Diagnose eigentlich Voraussetzung wäre. Anders ausgedrückt: nur 10 Prozent der ADHS-Kinder hatten später eine Erwachsenen-ADHS. Die Patienten zeigten weder in der Kindheit noch als Erwachsene neuropsychologische Defizite, sodass die Autoren davon ausgehen, dass Erwachsenen-ADHS gar keine neuropsychologische Störung sein könnte und raten, bei Bestätigung ihrer Befunde zu überdenken, ob ADHS bei Erwachsenen wirklich eine Fortsetzung von ADHS des Kindes ist oder nicht etwas ganz anderes (Moffitt et al. 2015). Diese Studie bestätigt also die erheblichen Zweifel daran, dass ADHS sich wirklich ins Erwachsenenalter fortsetzt. Wahrscheinlich ist Erwachsenen-ADHS ebenfalls keine spezifische Krankheit, sondern ein sich nach schlechter Diagnostik anbietender diagnostischer Sammeltopf für Alles und Nichts, wie das Kinder-ADHS auch.

Auch mehrere weitere Studien belegten inzwischen die nur sehr geringe Fortdauer von ADHS im Erwachsenenalter von nur circa 17 Prozent (Agnew-Blais et al. 2016; Caye et al. 2016). Wenn also 83–90 Prozent der Kinder und Jugendlichen als Erwachsene kein ADHS mehr haben, ist die Behauptung, ADHS „wachse" sich im Erwachsenenalter meist nicht aus, unzulässig, weil nicht belegt.

Das Dilemma wird auch nicht dadurch besser, dass zusätzlich zu Selbstbeurteilungen auch Fremdbeurteilungen eingeholt werden. Aus der ADHS-Diagnostik bei Kindern weiß man, dass es meist nur geringe Übereinstimmungen zwischen solchen Selbst- und Fremdbeurteilungen gibt, ohne dass man daraus den eindeutigen Schluss ziehen könnte, welche Beurteilung im konkreten Fall jeweils zutrifft bzw. nicht zutrifft. Wenn man davon ausgeht, dass sich im Sammeltopf ADHS alle möglichen Störungsbilder wiederfinden, so erscheinen rückblickende Selbstauskünfte gestörter Menschen sowieso fraglich angesichts der oft vorliegenden Wahrnehmungs-, Selbstkonzept- und Orientierungsfunktionen. Erwachsene mit der Diagnose ADHS weisen oft chaotische Lebens- und Krankengeschichten auf, einhergehend mit unterschiedlichsten Medikationen und Therapiemotivationen (Sim et al. 2004).

Eine „retroaktive" Diagnostik steht auch aus diesen Gründen für wissenschaftliche Fragwürdigkeit. Ein Autorenkollektiv von in deutschen ADHS-Kreisen bekannten Fachleuten, das Leitlinien für ADHS bei Erwachsenen erstellte, nennt die Diagnose denn auch recht schlicht eine „klinische Diagnose", bei der man Fragebögen und Tests hinzuziehen kann (aber nicht muss). Immerhin müsse man in einer vollständigen psychiatrischen Untersuchung sämtliche anderen psychischen Störungen diagnostizieren sowie Differenzialdiagnosen und Komorbiditäten feststellen, wobei offen bleibt, ob das Ganze ein Ausschlussverfahren oder nur das Einbeziehen von angeblichen ADHS-Komorbiditäten darstellen soll (Ebert et al. 2003). Aus meiner klinischen Erfahrung ist es unwahrscheinlich, dass ein Ausschluss sämtlicher anderer psychischer Störungen zu schaffen sein soll. Gerade ADHS-Erwachsene stellen meist eine wahre Fundgrube für allerlei andere psychische Diagnosen dar, sodass man, so man will, immer eine alternative Diagnose für ADHS finden kann. Eine ADHS-Ausschlussdiagnose halte ich deshalb in den meisten Fällen für willkürlich und ausgeschlossen. Erst recht, wenn keine Ausschlussdiagnostik betrieben wird, sondern Komorbiditäten festgestellt werden, bleibt das Grundproblem offen, ob nicht diese Komorbiditäten die wahre Störung umschreiben und die ADHS-Symptomatik nicht nur reaktiv ist.

Auf die wichtige Frage, wie es zu erklären sein könnte, dass angeblich in der Hälfte der Fälle ADHS im Jugendalter „verschwindet", gibt es keine klare Antwort. Hartnäckige ADHS-Verfechter behaupten, sie verschwinde gar nicht, sondern verlagere sich nur in der Symptomatik. Es ist auch unklar, ob es sich bei den beiden Gruppen von ADHS-Patienten, bei denen ADHS im Jugendalter verschwindet und bei denen sie angeblich weiter bestehen bleibt, überhaupt um dieselbe Störung handelt. Aus der Beobachtung einer ähnlichen, aber unspezifischen Symptomatik darf ja nicht unbedingt auf das Vorliegen derselben Störung geschlossen werden. Es könnten mindestens 2 unterschiedliche Störungen vorliegen, von denen die eine „sich auswächst", die andere aber nicht. Um es noch zu komplizieren, könnte es auch so sein, dass ADHS bei allen Menschen im Jugendalter verschwindet und bei einigen danach eine neue, andere Störung ausbricht. Das Problem bei der ganzen Angelegenheit ist eben wieder einmal die völlig unspezifische, vieldeutige Oberflächensymptomatik, die generell gar keine Schlüsse hinsichtlich der Frage zulässt, ob sich ADHS auswächst oder nicht. Man kann nur vermuten, dass die Symptomatik im Laufe der Entwicklung verblasst, verschwindet oder sich in Richtung anderer Störungsbilder verlagert.

Ebenso wichtig und ungeklärt ist die Frage, wie es zu erklären sei, dass circa die Hälfte aller ADHS-Kinder auch ohne Therapie (sprich: Medikamente) gesund wird, also als Erwachsene keine ADHS-Symptomatik aufweisen. Die erwähnte MTA-Studie konnte ja auch belegen, dass sich nicht medikamentierte ADHS-Kinder nach 8-jähriger Beobachtungszeit genauso positiv entwickelt hatten wie medikamentierte. Eine Methylphenidatbehandlung in der Kindheit beeinflusst demnach auch nicht die Wahrscheinlichkeit des Auftretens von ADHS im Erwachsenenalter. Die ADHS-Symptomatik scheint sich also in vielen Fällen „auszuwachsen", ob mit oder ohne Therapie. Sie steht vielleicht nur für (nicht pathologische) Reifungsabschnitte im Leben eines Menschen.

Dass Methylphenidat auch bei Erwachsenen „hilft", kann als belegt gelten (Kooij et al. 2004; Faraone et al. 2004), beweist (wie beim Kinder-ADHS) hinsichtlich der Diagnose aber gar nichts, außer, dass Stimulanzien bei der Mehrzahl der Menschen wirken. Dass die verhaltensrelevante Wirkung je nach vorliegender Verhaltensstörung bzw. Temperamentslage unterschiedlich stark imponieren kann, beweist auch hier nicht die Spezifität der Medikamentenwirkung. Auch bei Erwachsenen beweist die Medikamentenwirkung nicht die Diagnose. Methylphenidat ist in Deutschland für Erwachsene inzwischen zugelassen und wird nicht mehr „off label" verordnet. Ärzte müssen derzeit nicht mehr mit Regressforderungen rechnen, wenn sie Methylphenidat verordnen. In einem Urteil des Sozialgerichts Düsseldorf vom 5. März 2008 (AZ S 2 KA 209/06) wurde eine Ärztin noch zu Regresszahlungen wegen der Verordnung von Methylphenidat an Erwachsene verurteilt. Derzeit erhoffen sich nun ADHS-Erwachsene Hilfe von der Freigabe von Cannabis zu medizinischen Zwecken.

Moll et al. haben 12 gesunden Erwachsenen eine Normaldosis Methylphenidat verabreicht und vor sowie 70 Minuten nach der Einnahme deren kortikale Erregbarkeit gemessen. Während bereits gezeigt werden konnte, dass Methylphenidat bei ADHS-Kindern die kortikale Hemmung erhöht, auf die kortikale Erregung aber nicht wirkt, zeigte sich in dieser Studie der entgegengesetzte Effekt: Bei den Erwachsenen blieb die kortikale Hemmung unbeeinflusst, während sich die Erregung erhöhte. Die Autoren werten diesen Befund als ersten Hinweis auf eine entgegengesetzte Wirkung von Methylphenidat bei ADHS und Gesunden (Moll et al. 2003). Man kann aber daraus auch die Vermutung ableiten, dass Methylphenidat bei Kindern und Erwachsenen unterschiedlich wirkt. Pferdefuß der Studie ist allerdings, dass Kinder mit Erwachsenen verglichen werden, was methodisch nicht unbedingt zulässig ist. Man müsste entweder Kinder mit Kindern oder Erwachsene mit Erwachsenen vergleichen. Das Problem ist dabei nur, dass man gesunden Kindern kein Methylphenidat geben will und darf und dass Erwachsenen-ADHS grundsätzlich sehr fraglich ist.

Die ADHS-Erwachsenendiagnose ist derzeit noch eine relative Rarität, nimmt aber auch als Folge des erheblichen pharmazeutischen Werbedrucks immer mehr zu. Immer mehr Forschungsstudien erscheinen, die die segensreiche Methylphenidatwirkung auch bei Erwachsenen belegen. Das Ziel war, den Markt zu erweitern und Methylphenidat auch für Erwachsene zuzulassen. Es gibt bereits Kliniken mit ADHS-Ambulanzen oder -Stationen für Erwachsene, wobei man bei näherer Betrachtung des Therapieangebots den Eindruck gewinnt, dass diese Entwicklung eher dem härter gewordenen marktwirtschaftlichen Wettbewerb unter den Krankenhäusern als einem wirklichen klinischen Bedarf zuzuschreiben ist. Man fragt sich bereits, was danach kommt: Methylphenidat bei Senioren-ADHS, besonders zu empfehlen für die Bewohner von überforderten Altenheimen?

Literatur

Agnew-Blais, J. C., et al. (2016). Evaluation of the persistence, remission, and emergence of attention-deficit/hyperactivity disorder in young adulthood. *JAMA Psychiatry*. https://doi.org/10.1001/jamapsychiatry.2016.0465.

Caye, A., et al. (2016). Attention-deficit/hyperactivity disorder trajectories from childhood to young adulthood. *JAMA Psychiatry*. https://doi.org/10.1001/jamapsychiatry.2016.0383.

Dilling, H., Mombour, B., & Schmidt, M. H. (Hrsg.). (2005). *Internationale Klassifikation psychischer Störungen. ICD-10, Kapitel V*. Göttingen: Hogrefe.

Döpfner, M., Lehmkuhl, G., & Steinhausen, H.-C. (2006). *KIDS: Kinder-Diagnostik-System. Aufmerksamkeitsdefizit-Hyperaktivitätsstörung (ADHS)*. Göttingen: Hogrefe.

Ebert, D., Krause, J., & Roth-Sackenheim, C. (2003). ADHS im Erwachsenenalter – Leitlinien auf der Basis eines Expertenkonsensus mit Unterstützung der DGPPN. *Der Nervenarzt, 10*, 939–946.

Faraone, S. V., Spencer, T., Aleardi, M., Pagano, C., & Biederman, J. (2004). Meta-analysis of the efficacy of methylphenidate for treating adult attention-deficit/hyperactivity disorder. *Journal of Clinical Psychopharmacology, 24*(1), 24–29.

Kooij, J. J., Burger, H., Boonstra, A. M., Van der Linden, P. D., Kalma, L. E., & Buitelaar, J. K. (2004). Efficacy and safety of methylphenidate in 45 adults with attention-deficit/hyperactivity disorder. A randomized placebo-controlled double-blind cross-over trial. *Psychological Medicine, 34*(6), 973–982.

Mannuzza, S., Klein, R. G., Klein, D. F., Bessler, A., & Shrout, P. (2002). Accuracy of adult recall of childhood attention deficit hyperactivity disorder. *The American Journal of Psychiatry, 159*(11), 1882–1888.

Moffitt, T. E., et al. (2015). Is adult ADHD a childhood-onset neurodevelopmental disorder? Evidence from a four-decade longitudinal cohort study. *The American Journal of Psychiatry, 172*(10), 967–977.

Moll, G. H., Heinrich, H., & Rothenberger, A. (2003). Methylphenidate and intracortical excitability: opposite effects in healthy subjects and attention-deficit hyperactivity disorder. *Acta Psychiatrica Scandinavica, 107*(1), 69–72.

Saß, H., Wittchen, H.-U., & Zaudig, M. (2003). *Diagnostisches und Statistisches Manual Psychischer Störungen. (DSM-IV-TR): Textrevision*. Göttingen: Hogrefe.

Sim, M. G., Hulse, G., & Khong, E. (2004). When the child with ADHD grows up. *Australian Family Physician, 33*(8), 615–618.

Wender, P. H. (1995). *Attention-deficit hyperactivity disorder in adults*. New York: Oxford University Press.

Wender, P. H., Reimherr, F. W., & Wood, D. R. (1981). Attention deficit disorder ('minimal brain dysfunction') in adults. A replication study of diagnosis and drug treatment. *Archives of General Psychiatry, 38*, 449–456.

12

Hinter den Kulissen

Inhaltsverzeichnis

12.1 Die Biologisierung 173
12.2 Die Krankheitserfinder. 176
12.3 Die Absolution. 178
12.4 Das Geschäft 181
12.5 Die Erlaubnis zum Dopen 184
Literatur 188

12.1 Die Biologisierung

Das gegenwärtige ADHS-Konstrukt entstammt einer charakteristischen modernen Denkweise, die ich Ihnen am besten am Beispiel der Tränendrüsen-Sekretions-Dysfunktion (TDSD) erkläre, die Matthias Wenke entdeckte. Ich gebe sie hier ohne weitere Anmerkung mit freundlicher Erlaubnis ihres Entdeckers wieder:

> Stellen Sie sich bitte einmal vor, ihr geliebter Lebenspartner würde sterben. Sie trauern sehr intensiv und weinen selbstverständlich auch ziemlich häufig. Sie möchten sich gerne einige Tage krankschreiben lassen, um die schlimmste Zeit des Verlustes zu überstehen und wieder zu sich zu kommen. Ein Bekannter empfiehlt Ihnen einen Arzt, der sich „mit Sowas" auskennt. Sie lassen sich einen Termin geben.

Besagter Arzt weiß nichts von Ihrem Trauerfall und fragt Sie auch nicht nach Ihrem Lebenshintergrund. Er sieht aber Ihre Tränen und äußert spontan die Vermutung, dass Sie an der sogenannten „Tränendrüsensekretionsdysfunktion", kurz TDSD, leiden würden. Das sei eine neurochemische Dysbalance im Gehirn mit Auswirkungen auf die kontraktile Muskulatur der Glandula lacrimalis. Mit Hilfe eines kurzen Fragebogens zu Ihrem Tränenabsonderungsverhalten könne man die Diagnose relativ sicherstellen.

Sie sind schockiert, protestieren, erzählen von Ihrer Trauer und würden am liebsten das Sprechzimmer verlassen, doch der Arzt teilt Ihnen im sonoren Ton des Experten mit, dass es geradezu typisch für TDSD-Betroffene sei, dass diese ihre Erkrankung nicht selbst erkennen und beurteilen könnten, weil ihr Urteilsvermögen durch eben diese stark getrübt sei. Hirnphysiologische Untersuchungen hätten die biochemischen Mechanismen für die verstärkte Absonderung von elektrolythaltiger Augenrandflüssigkeit vollständig aufgeklärt, so dass ein psychogener Hintergrund für die TDSD ganz auszuschließen sei. So etwas wie „Trauer" sei ein Volksglaube und völlig unwissenschaftlich. TDSD komme ja auch bei Menschen in anderen Lebenssituationen vor und nicht jeder, der einen Angehörigen verliert, reagiere mit TDSD-Verhalten. Wahrscheinlich gebe es auch ein TDSD-Gen, doziert der Fachmann weiter, vor allem bei Frauen sei das wohl sehr häufig. Und unbehandelt würde diese Krankheit immer gefährlicher, es drohten großes Unglück, gesellschaftliche Ächtung oder Depressionen bis hin zum Suizid. Aber, tröstet er Sie sogleich, die moderne Medizin sei heute bereits so weit, dass Gene kein Schicksal mehr sein müssten, und schreibt Ihnen ein teures, unter das Betäubungsmittelgesetz fallendes Medikament auf, das Sie ab jetzt für einige Jahre dreimal täglich zu nehmen hätten, das würde die lästige und für die Gesellschaft ja auch untragbare „Tränendrüsensekretionsdysfunktion" abstellen, indem es angeblich die neuronalen Prozesse im Gehirn „korrigiere", so dass Ihre Augen trocken bleiben und sie wieder „richtig" funktionieren.

Wenn Sie sich bis hierher nicht in ihrer Selbstgewissheit haben irritieren lassen, dann werden Sie wahrscheinlich aufstehen, den Kopf schütteln, die Praxis verlassen, das Rezept in die nächste Mülltonne werfen, sich von Freunden trösten und helfen lassen und einfach weiter weinen, bis Ihre Trauerzeit um ist – auch ohne Arzt und Krankschreibung.

Diese kurze Geschichte illustriert ziemlich genau die Vorgänge, mit denen man Millionen von Kindern, die sich irritierend, unruhig oder den Erwartungen und Wünschen ihrer Erzieher zuwider benehmen, das „Aufmerksamkeitsdefizithyperkinesesyndrom", kurz „ADHS" zuschreibt. Auch dieses „ADHS" klingt irgendwie wissenschaftlich, und es werden exakt dieselben biologischen Behauptungen über das Verhalten von lästigen, unkontrollierbaren und irritierenden Kindern in die Welt gesetzt, wie ich sie hier für die hypothetische „Tränendrüsendysfunktion" konstruiert habe. Inzwischen haben diese vier Buchstaben „ADHS" sich zu einem beängstigend erfolgreichen Kulturprodukt entwickelt, das ein verbreitetes Bedürfnis nach Bannung von Hilflosigkeit in eine handliche Formel zu stillen scheint, um das herum sich ganze Wissenschaftszweige, Diagnose- und Selektionsinstitutionen, ein profitabler pharmazeutischer Markt und Selbsthilfeorganisationen mit den dazugehörigen selbstblinden Publikationen gebildet haben – und zwei polare Lager der Auseinandersetzung, die sich praktisch unversöhnlich gegenüberstehen.

In der Struktur des medizinischen Diskurses erkennt man das folgende immer gleiche Muster mit austauschbaren Bausteinen:

1. Die Patienten bzw. Kinder werden entmündigt, also von ihrem Verhalten getrennt und dieses wird zu einem biologischen Prozess ohne Subjekt umgedeutet.
2. Sinnhaftes Verhalten wird seiner Entstehungsgeschichte, seines Kontextes und damit seines Sinnes beraubt. Man zwingt den Blick fort von der existenziellen Lebenssituation.
3. Es wird ein neuer Begriff für die Irritation geschaffen, der – gerade als formelartige Abkürzung – den Eindruck erweckt, er beschreibe irgendetwas „Substanzielles", das man „haben" kann, etwa so, als habe man ein Gift im Blut oder man habe womöglich „falsche Gene".
4. Die Patienten bzw. Kinder werden mit dieser quasipsychiatrischen Diagnose standardisiert, kategorisiert und stigmatisiert, mit irreversiblen Folgen für weitere therapeutische Entscheidungen und teilweise verheerenden Konsequenzen für die Identitätsentwicklung.
5. Angst wird erzeugt. Es wird suggeriert, dass die soeben geschaffene Krankheit eine Bedrohung für das Kind und die ganze Gesellschaft darstellt und dass hohe Kosten entstehen.
6. Es wird ein Ausweg aus der Angst präsentiert: ein mehr oder weniger teures Medikament, das aber als der am meisten ökonomische Weg der Wahl dargestellt wird. Die Werbemaschine läuft an und fast sämtliche Aufklärung kommt nur noch von der medizinisch-pharmazeutischen Seite.

Für die Medizin bzw. Biologie wird ein Deutungsmonopol behauptet, alternative Theorien werden nicht berücksichtigt und Kritiker als unwissenschaftlich denunziert. Die Patienten werden für unfähig erklärt, ihren eigenen Zustand zu beurteilen oder zu verändern.

Die konstruierte Diagnose wird zum Selbstläufer. Allein dadurch, dass etwas neu bezeichnet wird, gewinnt es handlungsleitende Existenz für Institutionen und Menschen. Factum valet oder „die normative Kraft des

Faktischen". Die Institutionalisierung der „Diagnose" läuft jetzt wie geschmiert von alleine: sie ist Bestandteil der Lehrbücher, Kongresse, von Forschungsapparaten, Studiengängen, der Medizinausbildung, selbst der Ausbildung von Pädagogen und Therapeuten. Wer jetzt noch zu den Kritikern gehört, wird denunziert, er wird in die „esoterische" Ecke verwiesen, ihm wird womöglich unterstellt, selber „krank" zu sein oder er wird z. B. mit gefürchteten Sekten in Verbindung gebracht, kurz: ein Exklusionsprozess greift, getrieben von einer sich selbst als Verteidigung der „richtigen Wissenschaft" verstehenden Abwehr.

Die „diskursive Polizei" (Foucault) hat gründlich aufgeräumt – nicht weil sie die Wahrheit verteidigt hat, sondern weil sie Interessen durchgesetzt und ein dazu passendes Kulturprodukt konstruiert, vermarktet, immunisiert und sanktionierbar gemacht hat (Wenke 2006a, b).

12.2 Die Krankheitserfinder

Pharmafirmen und Ärzte erfinden neue Krankheiten. Phänomene des normalen Lebens werden mit allen Mitteln der Kunst als krankhaft dargestellt. Die Behandlung von Gesunden sichert das Wachstum der Medizinindustrie, und wir alle zahlen mit, ob wir wollen oder nicht. Wussten Sie, dass 75 Prozent aller Deutschen einen angeblich zu hohen Cholesterinspiegel aufweisen, weil Ärzte bei einer Konsenskonferenz den empirisch gemessenen wirklichen Durchschnittswert von 260 mg pro Deziliter Blut willkürlich auf 200 mg absenkten? Krankheitserfinder verdienen ihr Geld, indem sie gesunden Menschen einreden, sie seien krank. Psychiater legen beim Ersinnen neuer Krankheiten seit je her zweifellos die größte Fantasie an den Tag. Persönliche und soziale Probleme werden zu medizinischen Problemen erklärt. Im amerikanischen Diagnosekatalog DSM-III gab es einst 26 seelische Leiden. Im DSM-IV sind es bereits 395. Wenn man bedenkt, dass 68 Prozent der an der Ausarbeitung des DSM-V beteiligten Fachleute finanzielle Verbindungen zur Pharmaindustrie haben, ahnt man nichts Gutes (USA-Today 2009).

Je mehr alltägliche Verhaltensweisen von Menschen als krankhaft erklärt werden, umso mehr Psychopharmaka können zum Beispiel verkauft werden. Im Jahr 2008 betrug der Umsatz von antipsychotischen Medikamenten in den USA fast 15 Milliarden Dollar, womit sie die meistverkauften Medikamente überhaupt waren. Antidepressiva brachten es auf immerhin fast 10 Milliarden. Auch in Deutschland ist dies ein Riesengeschäft. Seitdem die Mitarbeiter an der Neuauflage des DSM ihre Verbindungen zur Industrie erklären müssen, wird immer deutlicher, dass angebliche medizinische

Entwicklungen in Wahrheit industriell motivierte und kulturell ausgestaltete Epiphänomene sind. Dass die kritisierten Fachleute des DSM-V ihren Kritikern vorwerfen, nur am Erhalt ihrer Tantiemen am DSM-IV, an dem sie noch mitarbeiten durften, interessiert zu sein, erhellt nur noch mehr das erschreckende Niveau dieser für jeden einzelnen Menschen letztendlich so bedeutsamen Entwicklung.

Es gibt die zynische Auffassung, der zufolge jeder Mensch ein Kranker ist, es aber meist leider nur noch nicht wisse. Als typisches Beispiel gilt das „Sisi-Syndrom": Dieses Syndrom tauchte erstmals 1998 auf, bis es 2003 als Erfindung der Pharmaindustrie entlarvt wurde. Die betroffenen Patienten galten als depressiv und überspielten ihre Krankheit angeblich dadurch, dass sie sich als besonders lebensbejahend gaben. Das Syndrom wurde nach der Kaiserin Elisabeth („Sisi") benannt, weil das Verhalten auf sie angeblich zutraf. Die Patienten sollten mit Psychopharmaka behandelt werden. Einige Psychiater propagierten dieses Syndrom werbewirksam öffentlich und behaupteten, in Deutschland seien 3 Millionen Menschen am „Sisi-Syndrom" erkrankt (Blech 2003).

Ein Tiefpunkt der Frauenheilkunde als weiteres Beispiel: Viele Forschungsstudien hatten scheinbar belegt, dass eine Östrogenbehandlung bei Frauen segensreich sei. Diese Studien waren aber alle fehlerhaft. Über 40 Jahre lang wurden Frauen mit maßgeblicher Unterstützung der Hormonindustrie im Glauben gehalten, vorbeugende und langfristige Östrogenbehandlung sei segensreich. Die Forscher um Valerie Beral aus Oxford, England, zeigten aber schließlich mit einer Studie an über 1 Million Engländerinnen, dass die vorbeugende Östrogengabe bei Frauen das Krebsrisiko erhöht (Beral et al. 2003). Ist es derzeit mit ADHS und Ritalin nicht ganz genau so? Werden nicht auch hier die angeblich segensreichen Wirkungen überbetont, die vorhandenen Risiken (besonders bei Langzeitbehandlung) nicht sträflich verleugnet? Sind nicht auch hier die zitierten Studien fehlerhaft? Spielen nicht auch hier Profitinteressen von Pharmaindustrie und Ärzten eine verhängnisvolle Rolle zum Nachteil unserer Kinder?

Ein Beispiel für das interessengeleitete Schüren von Krankheitsängsten:

Beispiel

Im Jahr 2009 kauften die deutschen Bundesländer 60 Millionen Impfdosen zu circa 600 Millionen Euro gegen die Schweinegrippe bzw. Mexiko-Grippe, obwohl der Impfstoff noch gar nicht entwickelt und bisher ein meist milder Krankheitsverlauf zu beobachten war. Vermutlich um die Krankheitsrate zu erhöhen, verzichtet man neuerdings im Einzelfall auf eine Laboranalyse,

> wodurch sich die Zahl der Erkrankten scheinbar schlagartig erhöht. Es genügt als Diagnose, wenn jemand Grippe hat, der mit jemand Kontakt hatte, der die Schweinegrippe hat. Die Boulevardblätter vermelden denn auch sofort brav, dass die Zahl der Erkrankten innerhalb eines Monats mehrere 100 Prozent gestiegen sei. Man vergleiche: Im Verlauf einer ganz „gewöhnlichen" Grippe sterben jährlich allein in Deutschland bis zu 15.000 Menschen. In ganz Europa sind bis Juli 2009 35 Menschen im Verlauf einer Schweinegrippe gestorben (Ärztezeitung vom 24. Juli 2009).

Die sexuelle Unlust der Frau ist die neuste in einer Reihe erfundener Krankheiten. Schüchternheit wird zur „Sozialen Phobie", Antidepressiva sollen helfen. Plötzlich haben in Deutschland „nicht mehr ein paar Hunderttausend, oft zuckerkranke Männer ernsthafte Erektionsprobleme, sondern sechs Millionen eine ‚erektile Dysfunktion', die mit der Einnahme von Viagra gelindert werden kann", sagt Gerd Glaeske, Professor für Gesundheitsökonomie an der Universität Bremen. Mit großem Aufwand werde eine Schwierigkeit, die es im Leben nun einmal zu meistern gelte, zu einem Leiden erklärt, und zwar von der Pharmaindustrie, die sich so neue Märkte schaffe. Für ADHS gilt, was Dr. Thomas Dorman, Internist und Mitglied des Royal College of Physicians in Großbritannien und Kanada, schreibt:

> Bei diesem Geschäft werden psychiatrische Kategorien von Krankheiten erfunden und durch Konsens verabschiedet. Danach werden ihnen diagnostische Codes zugeordnet, wodurch sie bei den Krankenversicherungen abgerechnet werden können. Dieses ganze Geschäft ist kurz gesagt ein Schwindel, welcher der Psychiatrie eine pseudowissenschaftliche Aura verleiht. Die Täter mästen sich ganz klar am Trog öffentlicher Gelder. (Dorman 2002)

12.3 Die Absolution

Wenn ein Kind Sorgen macht, macht es in erster Linie den Eltern Sorgen. Was haben wir falsch gemacht, fragen sich Vater und Mutter spontan. Das hat uns sozusagen die Natur als Reaktionsmuster sinnvollerweise mitgegeben. Wir sind als Eltern von Natur aus für Wohl und Wehe unseres Kindes primär verantwortlich. Sobald es unserem Kind irgendwie nicht gut geht, ist unsere Verantwortung sofort gefragt. Wenn wir dann nicht sofort oder wenigstens mittelfristig helfen können, folgen Schuldgefühle ganz automatisch.

In „Totem und Tabu" schreibt Freud über die Gewissensbildung, die als Regulativ der Schuld fungieren soll:

> Denn was ist Gewissen? Nach dem Zeugnis der Sprache gehört es zu dem, was man am gewissesten weiß …; jeder, der ein Gewissen hat, muss die Berechtigung der Verurteilung, den Vorwurf der vollzogenen Handlung, in sich spüren. (Freud 1912–1913)

Unser Schuldgefühl, unser „schlechtes Gewissen", meldet sich immer dann, wenn wir gegen Regeln und Pflichten verstoßen haben, gegen ein Tabu, gegen die Rechte und Bedürfnisse anderer Menschen, aber auch Tiere, ja, gegen „die Natur". All solche Motive bilden unser Über-Ich. Dieses Über-Ich ist ein Kulturprodukt, wir müssen erst lernen, was erlaubt und verboten ist und introjizieren es in uns, eben in diesen bildlichen Ort Über-Ich. Das Über-Ich ist das Reservoir aller von anderen Menschen im Laufe der Entwicklung übernommenen Wünsche, Verbote oder Motive (Toman 1978). Natürlich kann bei diesem Lernprozess einiges schief gehen. Das Ziel ist die Ausbildung eines „erwachsenen" Über-Ichs, das wohlwollend und reif unser soziales Leben steuert. Aber bei ungünstigen Lernbedingungen bleibt das Über-Ich auf einer frühen Entwicklungsstufe stehen und reagiert mehr oder weniger archaisch-feindselig, intolerant und rücksichtslos gegenüber der eigenen Person und anderen Menschen.

Gerspach hat beobachtet, dass bei Müttern von ADHS-Kindern eine archaisch-strenge Über-Ich-Ausprägung charakteristisch sei. Sobald ihr Kind vermeintlich auffälliges Verhalten zeigt, reagiert ihr Gewissen auf die vermeintliche Verfehlung des Ideals einer „guten Mutter" besonders streng gegen die eigene Person (Gerspach 2008). Überwiegend unbewusste Schuld- und Selbstvorwürfe dieser Mütter sind so stark, dass förderliche Verhaltensänderungen kaum noch möglich sind. Eine solchermaßen durch ihr zu strenges Über-Ich geplagte Mutter ist auf ihre Erziehungsfehler denn auch nicht ansprechbar, denn das Ansprechen ihrer so archaischen Selbstvorwürfe macht ihr viel zu viel Angst und bedroht sie geradezu in ihrer seelischen Existenz. Zwei kleine, verkürzte Beispiele aus der Erziehungsberatung verdeutlichen dies:

Beispiel

Mutter 1 berichtet über das nächtliche Einnässen ihres 9-jährigen Sohns Thomas. Seit der Trennung der Eltern wolle er seinen Vater nicht mehr besuchen, weil er ihm böse sei, die Familie verlassen zu haben. Der Vater hatte die elterliche Trennung erreicht, nachdem das Ehepaar sich auseinandergelebt hatte und er eine „neue Frau" gefunden hatte. In der Beratung kann die Mutter mit der Frage des Beraters, was Thomas vielleicht derzeit „für die Mutter" mache, wenn er den Kontakt zum Vater abbreche, konstruktiv umgehen. Sie erkennt, dass Thomas stellvertretend für sie den Vater bestrafen will. Diese Einsicht eröffnet ihr neue Verhaltensmöglichkeiten im Umgang mit Thomas, deren Entwicklung dann Inhalt der weiteren Beratungsgespräche wird.

Mutter 2, in gleichgelagerter Trennung wie Mutter 1, reagiert auf die gleichlautende Frage des Beraters mit Empörung. Sie weist den „Verdacht" des Beraters zurück, sie könnte das Kind unmerklich in seinem Verhalten bestärken. „Immer ist die Mutter schuld", schimpft sie den (männlichen) Berater. Dabei habe sich ihr Exmann das Verhalten des Kindes ganz alleine zuzuschreiben (wofür es allerdings keine Belege gibt). Diese Einstellung der Mutter eröffnet ihr nun aber keine neuen Verhaltensmöglichkeiten. Der Vater sei selber schuld. Dass die Mutter damit ihrem Sohn schadet, kann sie nicht wahrnehmen.

Mutter 2 geht also ganz anders mit ihren Schuldgefühlen um als Mutter 1: Sie wehrt sie ab, verschiebt sie (auf den Vater) und reagiert aggressiv auf Personen, die sie hierauf aufmerksam machen wollen. Sie muss die Schuldgefühle deshalb so heftig abwehren, weil sie sich sonst selbst durch ihr zu strenges Über-Ich stark bedroht fühlen würde.

Die aggressive Abwehr von unbewussten Schuldgefühlen ist in der Tat bei vielen ADHS-Eltern sehr ausgeprägt. Wenn man in einschlägigen ADHS-Elternforen (wo zu 90 Prozent nur die Mütter vertreten sind, keine Väter) die Schuldfrage in der Form aufwirft, dass man zum Beispiel über Familienprobleme und Erziehungsfehler in Zusammenhang mit ADHS diskutieren möchte, wird man sein blaues Wunder erleben. Da fliegen sofort die aggressiven Fetzen in dermaßen drastischer Form, dass man schnell wieder die Flucht ergreift. Lieber tauscht man sich dort über die Dosierung von Medikamenten aus und über die böse Umwelt und inkompetente Ärzte und Lehrer, die kein Verständnis für das ADHS ihres Kindes haben, was ebenfalls wieder eine unmerkliche Verschiebung von Schuld darstellt.

Um solch geplagten Eltern die Angst vor der Verantwortung für ihr Kind zu nehmen, hat sich die Psychiatrie einvernehmlich mit der Pharmaindustrie also einen nicht neuen, aber dennoch genialen Trick zunutze gemacht: Man erklärt auffälliges Kinderverhalten einfach zur körperlichen, genetisch bedingten Krankheit, und schon fühlt man sich ohne Schuld, und ein Medikament gibt es obendrein. So geschieht es derzeit massenhaft und weltweit mit der Modediagnose ADHS, die ein Sammelbegriff für allerlei störendes Verhalten geworden ist. Viele Tausend Kinder allein in Deutschland schlucken täglich Psychopharmaka, weil sie ihre Eltern, Erzieher/innen und Lehrer/innen im Wortsinne entschuldigen müssen.

Die Abwehr von Schuldgefühlen ist aber natürlich nichts ADHS-Spezifisches. Wir neigen alle mehr oder weniger dazu. Aber beim Konstrukt ADHS ist diese Abwehr praktisch bereits institutionalisiert, also in Form eines wissenschaftlichen Epiphänomens in wohl einmaliger Ausprägung verfestigt.

12.4 Das Geschäft

Dass ADHS weltweit ein einträgliches und ausbaufähiges Geschäft darstellt, muss deshalb auch nicht weiter betont zu werden. Weltweit nehmen derzeit circa 20 Millionen Kinder und Jugendliche täglich Psychopharmaka ein, die ebenfalls zunehmende Zahl von Erwachsenen gar nicht eingerechnet. Laut Arzneiverordnungs-Report 2006 wurden in Deutschland 2005 mehr als 90.000 Kindern und Jugendlichen Stimulanzien wie Methylphenidat verschrieben. Im Jahre 1995 waren es noch keine 5000 Kinder. Der Ritalin-Goldrausch hat aber wohl seinen Höhepunkt erreicht. Die explosionsartige Zunahme des Verbrauchs von Methylphenidat konnte seit 2010 etwas eingedämmt werden, 2013 wurde erstmals ein Rückgang des Verbrauchs festgestellt. Dennoch werden in Deutschland jährlich mehr als 1800 Kilogramm Methylphenidat verbraucht, das entspricht bei normaler Dosierung rund 60 Millionen Tagesdosen (Der Lehrerfreund 2014). Wurden die Medikamente 1991 noch in 13 Ländern verbraucht, so sind es heute schon mehr als 50 Länder. Die Ausgaben dafür belaufen sich auf einen zweistelligen Milliarden-Euro-Betrag. Methylphenidat wird mitunter schon Dreijährigen verschrieben (Glaeske et al. 2005; Schwabe 2017). Diese exorbitante Steigerung damit zu begründen, dass man eben immer mehr über ADHS wisse und demzufolge immer mehr solche Kinder rechtzeitig erkenne und ihnen helfen könne, ist ein wirklich schlechter Witz.

Dabei lässt es die Pharmaindustrie nicht an Fantasie fehlen, wenn sie zum Beispiel amerikanische Hollywood-Schauspieler dafür bezahlt, sie verkünden zu lassen, dass sie angeblich an einer bestimmten Krankheit leiden und eine ganz besondere Therapie empfehlen können. In USA ist bekanntlich Pharmawerbung im Fernsehen erlaubt, und umso heftiger wird bei Eltern für ADHS und die pharmakologische Behandlung geworben. Es geht darum, angebliche Krankheiten und ihre Therapie als kollektive Selbstverständlichkeit ins Bewusstsein des Publikums zu bringen.

> Ist eine erfundene Krankheit erst einmal im öffentlichen Bewusstsein angekommen, zahlen Patienten und Krankenkassen wie selbstverständlich für die entsprechenden Medikamente und Therapien. Auch die aktuelle Reform des Gesundheitswesens versäumt es, mit dem Erfinden von Krankheiten aufzuräumen – einer legal abgesicherten Ausbeutung der Sozialversicherung, aber auch leichtgläubiger Selbstzahler steht nichts im Weg. (Blech 2003)

> **Beispiel**
> Die Pharmafirma Novartis, Hersteller von Ritalin, hat ein Bilderbuch zum Thema ADHS herausgebracht. Das Pharma-Märchen erzählt die Geschichte des Kraken Hippihopp, der dauernd fürchterlichen Ärger bekommt, weil er nie richtig aufpasst und andauernd Pech hat. Glücklicherweise erkennt Frau Doktor Schildkröte, was Hippihopp hat: Natürlich ein Aufmerksamkeitsdefizitsyndrom! Und sie weiß auch, was er braucht: eine kleine weiße Tablette! (Blech 2003).

Pharmavertreter haben bislang vorwiegend Ärzte und Krankenhäuser umgarnt. Nun entdecken sie zusätzliche Märkte in den verbreiteten Selbsthilfe-Patientengruppen, die es in Deutschland zu fast jedem Zipperlein gibt, natürlich auch zu ADHS. So hat zum Beispiel die Deutsche Rheumaliga 250.000 Mitglieder, die Frauenhilfe nach Krebs 40.000. Der renommierte Bremer Gesundheitsökonom Prof. Dr. Gerd Glaeske, der sich mit dem Thema befasste, stellt fest, dass die Arzneimittelhersteller Patientengruppen und Selbsthilfeorganisationen immer gezielter unter die Fittiche nehmen. Glaeske hat schon bei vielen Selbsthilfegruppen die unterschiedlichsten Verflechtungen mit Pharmaherstellern nachgewiesen. Bei jeder 4. Selbsthilfegruppe liege der Anteil der Sponsorengelder bei 20 Prozent. 5 Prozent aller Gruppen bestreiten mehr als 50 Prozent ihres Budgets aus Pharmageldern.

> Die Informationen, die Patienten über Selbsthilfegruppen erhalten, sind beeinflusst von Wirtschaftsinteressen. (Glaeske 2008)

Um immer mehr Medikamente absetzen zu können, möchte die Pharmaindustrie das deutsche Werbeverbot für Medikamente aufheben. Ihnen ist gezielte Produktwerbung nämlich (im Unterschied zu den USA) verboten, wohingegen Patienten- und Selbsthilfeorganisationen durchaus für Medikamente Reklame machen dürfen.

Immer mehr Ärzte klagen bereits über Ritalin-Wunschverschreibungen und Wunschdiagnosen ihrer Patienten, die in Selbsthilfegruppen und auf pharmagesponserten Symposien davon überzeugt wurden, dass zumindest ihr Kind ADHS habe, aber sie selbst sicher auch. Schließlich sei ADHS ja vererbt. Die Patienten gehen zunehmend zum Arzt und verlangen gezielt ein ganz bestimmtes Präparat, das er ihnen verschreiben soll. Tut er das nicht, wird er in einschlägigen Internetforen als inkompetent hingestellt. In den USA haben solche Wunschverschreibungen bereits zu exorbitanten Kostensteigerungen bei verschriebenen Medikamenten geführt. Der Werbeeffekt über die Patienten ist dreimal so stark wie der bisherige über die Ärzte

(Glaeske 2008). Im Dachverband ADHS Deutschland e.V. in Berlin sind derzeit über 250 Selbsthilfegruppen mit circa 5000 Mitgliedern vereint. Der Verband bot pharmagesponserte ADHS-Symposien an und kassiert Spenden vom Pharmakonzern Shire. Er lässt ein buntgeschecktes Zebra namens Diffy kleine Kinder über ADHS angeblich „aufklären". Kenner der Szene erinnern sich noch an den Skandal um eine Hamburger ADHS-Selbsthilfeinitiative, die von einem Ritalin-Hersteller finanziert wurde. Aber auch auf vielen anderen ADHS-Symposien und -Treffen finden sich Pharmakonzerne als Sponsoren. Auch der ADHS-Selbsthilfeverein ADS-Hilfe Oldenburg ließ sein Symposium pharmasponsern, ebenso die Selbsthilfevereinigung SeHT. In Regionen, in denen aktive Selbsthilfegruppen ADHS propagieren (z. B. Juvemus im Koblenzer Raum), ist der Methylphenidatumsatz denn auch stark erhöht (Glaeske 2008).

Aber nicht nur die Pharmaindustrie verdient an ADHS. Zunehmend tummeln sich auch mehr oder weniger (vor allem Letzteres) seriöse Fachleute jedweder Couleur auf dem lukrativen ADHS-Markt. Entweder bieten sie althergebrachte Behandlungen, Methoden oder Therapien an, die auf einmal auch spezifisch gegen ADHS helfen sollen: Homöopathie, Ergotherapie, Hypnose, Delfintherapie, alles hilft (auch) bei ADHS. Oder sie denken sich phantasievolle neue Methoden oder Mittelchen aus, zum Beispiel auch eine Methode namens Emoflex:

> Die „Synchronisation der Regulationsdynamik" (kurz SRD) postuliert einen Ansatz zur Erklärung und Veränderung (nicht nur) von emotionalen Verarbeitungsstörungen im Gehirn. (Drischel 2009)

Das soll auch bei ADHS helfen, aber natürlich „nicht nur", was den Markt glücklicherweise für möglichst viele irgendwie Betroffene offenhält.

Parallel dazu wachsen selbstgebastelte Aus- und Weiterbildungen für „ADHS-Trainer" und „ADHS-Coaches" wie Pilze aus dem Boden. ADHS-Elterntrainings sind in. Ferienlager und Jägerburg für ADHS-Kinder werden verkauft, alles mit der Behauptung, etwas spezifisch Hilfreiches für an ADHS erkrankte Kinder anzubieten. Bei näherem Hinsehen handelt es sich allerdings regelmäßig insofern um Mogelpackungen, als es ganz einfach keine ADHS-spezifische Pädagogik gibt und derartige teure Freizeiten für jedes Kind unterhaltsam und förderlich sind, ob mit oder ohne so etwas wie ADHS.

12.5 Die Erlaubnis zum Dopen

Die renommierte Professorin für Psychologie der Universität von Pennsylvania, USA, Martha Farah, die das dortige Center for Cognitive Neuroscience leitet, äußert sich in Technology Review in einem Interview mit Birgit Will zu Psychopharmaka wie Ritalin. Sie stellt fest, dass immer mehr ansonsten gesunde Menschen Stimulanzien einnehmen, um ihre Aufmerksamkeit und Konzentrationsfähigkeit zu verbessern. Auf die Frage, ob es also einen zunehmenden Trend gäbe, auch gesunde Gehirne mit Psychopharmaka zu „verbessern", antwortet sie:

> Ja. Bislang mag das vor allem ein amerikanisches Phänomen sein, aber ich bezweifle, dass das so bleiben wird. Letzte Woche habe ich mich mit einigen Psychiatern unterhalten, die von Patienten mit ebendiesen Fragen konfrontiert werden und nach der richtigen Antwort suchen. Ein Student mit durchschnittlichen Noten wollte beispielsweise das Aufputschmittel Ritalin einnehmen, um seine Leistung zu „maximieren". Er hatte miterlebt, wie das bei seinem Mitbewohner gewirkt hatte, und nun wollte er das Gleiche. Vor zehn oder fünfzehn Jahren haben Eltern noch protestiert, wenn ein Kollege ihren Kindern Ritalin verschrieb. Jetzt werden Eltern wütend, wenn er keine Medikamente verschreibt. (Farah 2004)

Das gesellschaftliche Bewusstsein über die Psychopharmakagabe auch bei Gesunden verändere sich gerade:

> Vor einem Monat habe ich in einem Vortrag gesagt, dass eine Steigerung der Gedächtnisleistung durch Neuropharmaka noch in der Zukunft liegt. Danach kam einer der Zuhörer zu mir und korrigierte mich in aller Öffentlichkeit: Er erzählte, dass er eben zu diesem Zweck Piracetam einnähme! Ich glaube, unsere Scham angesichts dieser Dinge wird bald schwinden. (Farah 2004)

Farah gibt zu bedenken, dass wir nicht alle Gründe für die normalen Grenzen unserer kognitiven Fähigkeiten kennen:

> Tatsächlich könnte … das, was uns als suboptimal erscheint, in Wahrheit optimal sein. Das Gedächtnis ist dafür ein gutes Beispiel. Möglicherweise ist die normale Rate, mit der wir Dinge vergessen, eigentlich ideal. Wenn wir sie steigern oder erhöhen, dann verlieren wir vielleicht die Fähigkeit, aus speziellen Erlebnissen allgemeine Prinzipien abzuleiten. (Farah 2004)

Gegen die Einnahme von Psychostimulanzien zur Leistungssteigerung spreche aus ihrer Sicht zu allererst die Frage nach den Risiken, die bei einem freiwillig und ohne medizinische Begründung eingenommenen Stoff stärker ins Gewicht falle als bei einem Heilmittel mit medizinischer Indikation. Außerdem manipuliere man ja ein hochkomplexes System, das Gehirn, und zwar mit unabsehbaren Folgen: „Könnte beispielsweise die Einnahme von Ritalin vorzeitigen geistigen Verfall im Alter bedeuten? Rein intuitiv misstrauen wir Erfolgen, die wir uns nicht erarbeitet haben – in der steten Furcht, es könnte sich um einen faustischen Pakt handeln", so Prof. Farah. Ferner bestehe die Sorge, ob der Einzelne in Zukunft noch frei entscheiden könne, ob er solche Medikamente nehmen wolle oder nicht, wenn sein Erfolg in der Schule oder am Arbeitsplatz davon abhänge, dass er solche Mittel einnimmt. Auch die jetzt schon ungerechte Verteilung solcher Substanzen sei bedenklich: „Wenn wir uns ansehen, welche gesunden Menschen Ritalin einnehmen, dann sind das momentan vor allem College-Studenten, die ohnehin schon privilegiert sind", so Farah. Aber selbst bei einer gerechten Verteilung von Neuropharmaka und wenn der Einzelne frei entscheiden könnte und keine Nebenwirkungen befürchten müsste, bliebe immer noch eine Frage:

> Verändern wir mit solchen Mitteln nicht die eigene Persönlichkeit? Schließlich handelt es sich nicht nur darum, den Motor eines Autos zu verbessern. Untergraben wir damit nicht menschliche Werte wie die Wertschätzung von harter Arbeit und von Unvollkommenheit? Sind wir mit Ritalin noch derselbe Mensch wie zuvor? Und unterscheidet sich diese Veränderung prinzipiell von der durch ein Glas Wein oder durch einen Urlaub? Das sind wichtige Fragen. Ob Fluch oder Segen, die Auswirkungen der Neuropharmaka werden keinesfalls trivial sein. (Farah 2004)

Auf die Frage, ob wir vielleicht den Wunsch und die Fähigkeit verlieren, unsere Umgebung an unsere eigenen menschlichen Bedürfnisse anzupassen, wenn wir stattdessen zunehmend unser Gehirn künstlich an die Anforderungen der Umwelt anpassen, meint Prof. Farah:

> Ich glaube tatsächlich, dass manche Menschen ohnehin schon zu hart arbeiten und sich zu sehr um ihren beruflichen Erfolg sorgen. In gewissem Sinne könnten Neuropharmaka sie in die Lage versetzen, ihr Leben noch weiter in diese Richtung zu entstellen. Ein wenig Müdigkeit und Konzentrationsschwäche können auch ihr Gutes haben: Anstatt künstlich gesteigert einen 12-Stunden-Tag hinzulegen, geht man vielleicht vor acht Uhr abends nach Hause und spielt mit seinen Kindern!" (Farah 2004)

Die unbestrittene Wirkung der Psychostimulanzien auf menschliches Verhalten trug einen ganz wesentlichen Anteil zu dieser Entwicklung bei. Die Proklamation einer körperlichen Störung bzw. Krankheit als Erklärung für das strapaziöse Verhalten mancher Kinder nebst wirksamer „Therapie" in Form von Tabletten entlastet viele Eltern, die sich bisher Schuldvorwürfe wegen der schlechten Erziehung ihrer Kinder machten bzw. machen lassen mussten. Sie erleichtert Lehrern die Kontrolle über die Schüler. Man nimmt als subjektiv kleineres Übel lieber die angebliche körperliche Störung in Kauf, wenn man dafür aus der schuldbelasteten Verantwortung entlassen werden kann. Dabei konnte Klein zeigen, dass Methylphenidat auch eine eindeutige Wirkung auf die Symptome einer gewöhnlichen Verhaltensstörung und nicht nur auf die Symptomatik von ADHS hat. Dies zeigt, dass Methylphenidat keinen Unterschied macht zwischen ADHS und psychoreaktiven (erziehungsbedingten) Verhaltensstörungen (Klein et al. 1997).

Es macht auch keinen Unterschied zwischen ADHSlern und Gesunden, wenn es um Konzentrations- und geistige Leistungsfähigkeit geht: Klaus Lieb (bekannt von „Mein Essen zahle ich selber – MEZIS") und Andreas G. Franke konnten in einer methodisch anspruchsvollen Studie zeigen, dass Ritalin die Wahrscheinlichkeit steigert, beim Schachspielen zu gewinnen. Auch das Medikament Modafinil hatte diesen Effekt, Kaffee allerdings nicht. Die untersuchten Schachspieler hatten kein ADHS (Franke et al. 2017). Die Studie belegt erneut, dass Ritalin nicht nur bei ADHS konzentrations- und leistungssteigernd wirkt, wie von der ADHS-Gemeinde gerne behauptet wird. Vielmehr wirkt es bei (fast) allen Menschen, ist also eindeutig auch ein Dopingmittel. Ritalin ist demzufolge von Hause aus kein für ADHS-spezifisches Medikament. Es kann bestenfalls medizinisch eingesetzt werden, wie zum Beispiel auch Cannabis. Oder wie Kokain, mit dem es pharmakologisch sehr viel Ähnlichkeit hat. Man wusste ja auch schon vor vielen Jahren, dass Aufputschmittel wie Amphetamin bei Bomberpiloten und Soldaten bessere „Leistungen" erzielten („Hitlerspeed"), und Ritalin ist ein Amphetaminderivat. Selbst der alte Adenauer nahm Pervitin, ein Metamphetamin. Nun müssen sich die Kandidaten von Schachturnieren in Zukunft auf Ritalin-Doping testen lassen. Bei ADHS-Kindern unter Ritalin ist das natürlich nicht nötig.

Der amerikanische Professor für Politologie an der Johns Hopkins University, Washington D.C., **Francis** Fukuyama, sagt in einem Interview:

> Das Soma unserer Gegenwart und unserer Zukunft heißt „Ritalin". Eigentlich soll es extrem hyperaktive Kinder beruhigen, vor allem Jungs. Aber tatsächlich wird es mehr und mehr verwendet wie Soma in (Huxley's) „Schöne neue

Welt", als Mittel sozialer Kontrolle, damit Menschen leichter zu steuern und in eine Gemeinschaft zu integrieren sind. Sie sollen sich anpassen. In einigen amerikanischen Schulen bekommen 50 Prozent der Kinder Ritalin, und manchen wird gedroht, sie müssten die Schule verlassen, wenn sie es nicht nehmen … Man könnte das die tragische Situation des Menschen nennen: … alle guten Dinge sind mit den schlechten Dingen verbunden. Es ist möglich, dass Napoleon oder Cäsar von ähnlichen Kräften angetrieben wurden wie Beethoven oder van Gogh. All diese Leute hatten außergewöhnliche Ambitionen, es waren keine normalen, gut ausbalancierten Leute. Ich glaube, dass alles, was außergewöhnlich ist am menschlichen Charakter, alles, was außergewöhnlich ist in der menschlichen Geschichte ein Ergebnis ist von Ehrgeiz, Aggression, Gefühlen, großen Sehnsüchten, dem Wunsch, etwas zu erreichen, was man noch nicht hat. Die Tabletten, über die ich gesprochen habe, würden das alles auslöschen. (Der Spiegel 21/2002)

Chefarzt Hubert Buschmann von der Suchtklinik Bad Tönisstein sagt:

„Die Drogenabhängigkeit unter Geschäftsleuten in führenden Positionen nimmt definitiv zu." Zweimal im Monat jettet der Manager aus Hamburg zu Übernahmeverhandlungen nach Brasilien. Die langen Flüge, die Verhandlungsmarathons, das stresst den 40 Jahre alten Familienvater. Abends an der Hotelbar trinkt er zu viel Wein. Gegen den Jetlag nimmt er ein Aufputschmittel, vor dem Flug ein Beruhigungsmittel, meist Valium, das verschreibt ihm sein Hausarzt. „Der weiß ja, was ich für einen Job mache." Und vor den wichtigen Terminen wirft er eine kleine Pille ein, ein Wundermittel namens Ritalin, das ihm die Sicherheit verleiht: „Ich bin ganz konzentriert, auch wenn wir die ganze Nacht verhandeln." Eine praktische Sache. Zunächst. Denn irgendwann ist er abhängig von seinem Cocktail. Anfangs nimmt er eine Dosis Pillen, dann zwei, dann immer mehr. Über Monate hinweg, so lange ziehen sich die Verhandlungen. Seine Frau findet ihn auf einmal aggressiv, teilnahmslos, sie entdeckt die Tablettenschachteln und stellt ihn vor die Wahl: die Drogen oder wir. (Nienhaus et al. 2008)

Ein weiteres aufschlussreiches Zitat, diesmal aus einer Umfrage unter Eltern:

Besonders ein Ergebnis der Umfrage sollte zum Nachdenken anregen: Zwar sprach sich die überwiegende Mehrheit (der befragten Akademiker-Eltern) gegen einen Einsatz der entsprechenden Medikamente bei gesunden Kindern unter 16 Jahren aus. Doch nach ihren eigenen Kindern befragt, sahen sie es plötzlich anders. Sollten Klassenkameraden ihre schulischen Leistungen dank des Hirndopings verbessern, sähe sich jeder Dritte unter Druck gesetzt, auch die eigenen Kinder mit den leistungssteigernden Medikamenten zu versorgen. (Wilhelm 2008)

Die Diagnose ADHS ist in vielen Fällen nichts anderes als eine Pseudobegründung für Ritalin, Medikinet etc. Um an die Psychopharmaka zu kommen, braucht man eine „Diagnose", eine „Krankheit" (sonst wäre es ja keine Medizin, sondern eine Droge). Vielen Eltern geht es gar nicht primär um die Krankheit, sondern darum, wie sie an das hilfreiche Medikament herankommen können. Wer Ritalin will, muss ADHS in Kauf nehmen. Man stelle sich vor, Ritalin wäre im Supermarkt oder jeder Drogerie frei zu kaufen. Die Krankheit ADHS wäre sofort überflüssig und abgeschafft.

Prof. Louise Newman, Monash University Melbourne, ist eine der renommiertesten Psychiaterinnen Australiens. Gemeinsam mit dem Suchtspezialisten Adrian Dunlop, University Newcastle, warnt sie vor der immer mehr zunehmenden Diagnose ADHS und der damit einhergehenden Übermedikation mit Ritalin. Angstzustände, Schlaflosigkeit, Herzinfarkt und Schlaganfall drohten.

In Australien ist die Zahl der ADHS-Diagnosen innerhalb von 5 Jahren um 31 Prozent gestiegen, allein 2014 seien 24.000 neue Diagnosen gestellt worden.

Man sehe zunehmende Überdiagnostizierung, zunehmende Nebenwirkungen und wachsenden Missbrauch der Medikamente. Manche Kinder würden wegen ADHS vorgestellt, aber in Wahrheit wollten die Eltern die Psychostimulanzien für sich selbst haben, so Dunlop 2016.

Literatur

Ärztezeitung (24. Juli 2009). Feldteams von Infektiologen gehen lokalen Ausbrüchen von Schweinegrippe nach.

Beral, V., & Million Women Study Collaborators. (2003). Breast cancer and hormone-replacement therapy in the Million Women Study. *Lancet, 362*(9382), 419–427.

Blech, J. (2003). *Die Krankheitserfinder. Wie wir zu Patienten gemacht werden.* Frankfurt a. M.: Fischer.

Der Lehrerfreund (2014). Methylphenidatverbrauch in Deutschland 1993–2013. https://www.lehrerfreund.de/schule/1s/methylphenidat-verbrauch-deutschland-1993-2013/4229. Zugegriffen: 8. Sept. 2018.

Der Spiegel (21/2002). Schöner neuer Mensch. *Der Spiegel, 21,* 123 ff.

Dorman, T. (2002). http://www.dormanpub.com/. Zugegriffen: 6. Sept. 2018.

Drischel, J. F. W. (2009). Emoflex. http://www.emoflex.de/10.html. Zugegriffen: 31. Juli 2018.

Dunlop, A. (2016). Doctor warns of ADHD medication misuse from over diagnosis. http://www.abc.net.au/…/concerns-over-adhd-medicati…/7225190. Zugegriffen: 31. Juli 2018.

Farah, M. (2004). Die Scham wird verschwinden. *Technology Review, 6,* 10.

Franke, A. G., et al. (2017). Methylphenidate, modafinil and caffeine for cognitive enhancement in chess: A double-blind, randomized controlled trial. *European Neuropsychopharmacology.* https://doi.org/10.1016/j.euroneuro.2017.01.006.

Freud, S. (1912–1913). *Totem und Tabu.* Reclam 2016.

Gerspach, M. (2008). Schuld, Schuldgefühle und Ritalin. http://www.ads-kritik.de/Gerspach2. Zugegriffen: 31. Juli 2018.

Glaeske, G. (2008). Patienten im Visier. *Der Spiegel,* 17.

Glaeske, G., Janhsen, K., Schicktanz, C., & Scharnetzky, E. (2005). Untersuchung zur Arzneimittel-Versorgung von Kindern mit hyperkinetischen Störungen anhand von Leistungsdaten der GKV. Projektbericht, 2. Teil. Bremen: Universität Bremen, Zentrum für Sozialpolitik, Zentrum für Public Health.

Klein, R. G., Abikoff, H., Klass, E., Ganeles, D., Seese, L. M., & Pollack, S. (1997). Clinical efficacy of methylphenidate in conduct disorder with and without attention deficit hyperactivity disorder. *Archives of General Psychiatry, 54*(12), 1073–1080.

Nienhaus, L., Weiguny, B., & Sievers, A.-C. (9. Dezember 2008). Wie die Deutschen sich im Büro dopen. *Frankfurter Allgemeine.* http://www.faz.net/aktuell/wirtschaft/cola-koks-und-ritalin-wie-die-deutschen-sich-im-buero-dopen-1582778.html. Zugegriffen: 31. Juli 2018.

Schwabe, U. (2017). *Arzneiverordnungs-Report.* Berlin: Springer.

Toman, W. (1978). *Tiefenpsychologe.* Stuttgart: Kohlhammer.

USA Today (3. Juni 2009) Conflicts of interest bedevil psychiatric drug research. http://www.usatoday.com/news/health/2009-06-02-psychiatry-drugs-conflicts_N.htm. Zugegriffen: 31. Juli 2018.

Wenke, M. (2006a). *ADHS – Diagnose statt Verständnis? Wie eine Krankheit gemacht wird.* Frankfurt a. M.: Brandes & Apsel.

Wenke, M. (2006b). Tränendrüsen-Sekretions-Dysfunktion (TDSD). http://www.ads-kritik.de/ADS-Kritik32.htm. Zugegriffen: 31. Juli 2018.

Wilhelm, K. (2008). Kindern helfen -ohne Pillen. *Psychologie Heute, 9,* S. 36.

13

Die Wiedergeburt von MCD

Inhaltsverzeichnis

Literatur 195

Wenn man die ADHS-Geschichte einige Jahre zurückverfolgt, stößt man unweigerlich auf das Vorgängerkonzept MCD (minimale zerebrale Dysfunktion, leichte frühkindliche Hirnfunktionsstörung), seine seinerzeitige massenhafte Propagierung und kritiklose Alltagsübernahme und seinen sang- und klanglosen Untergang als Folge der Untersuchungen von M. H. Schmidt und G. Esser. Diese Forscher haben sich nicht allein auf Studien mit Inanspruchnahme-Populationen (also klinische Fälle), sondern vor allem auf Stichproben aus der Normalbevölkerung konzentriert, um den fehlenden Syndromcharakter und die fehlende Validität der Diagnose bzw. Störung MCD überzeugend zu begründen. Dies hatte zur Folge, dass diejenigen Kliniker, die bisher schon immer an diesem Konzept gezweifelt hatten, sich bestätigt fühlen konnten und endgültigen Abschied davon nahmen.

Eine andere Gruppe von Forschern und Klinikern aber sann seither sozusagen auf „Rache" bzw. auf den Fortbestand ihrer Überzeugung von einer einheitlichen körperlich begründbaren Krankheit bzw. Störung bestimmter kindlicher Verhaltens- und Entwicklungsprobleme.

Wenn man den bereits klassischen Aufsatz von Schmidt aus dem Jahre 1992 noch einmal in aller Ruhe studiert (alle folgenden Hinweise beziehen sich auf ihn) und für das Kürzel MCD das Kürzel ADHS (bzw. für den Begriff minimale zerebrale Dysfunktion die Umschreibung Aufmerksamkeitsdefizit-Hyperaktivitätsstörung) einsetzt, wird sehr deutlich, dass das ADHS-Konstrukt unter anderem den Versuch einer Wiedergeburt des MCD-Konstrukts – sozusagen durch die genetische Hintertür – darstellt. Während Schmidt noch warnend auf die häufige und falsche Gleichsetzung von MCD und HKS (Hyperkinetisches Syndrom) hinwies, wirft man heute ADHS und HKS wahllos in einen Topf.

Schmidt wies darauf hin, dass die häufigen Hirnfunktionsstörungen im Kindesalter sich in neurologischen und neuropsychologischen Symptomen, Leistungseinschränkungen und Verhaltensbesonderheiten ausdrücken können, ihnen aber weder Syndromcharakter noch eine spezifische Pathogenese zukommt. Eine bestimmte Psychopathologie lässt sich für sie nicht nachweisen, ebenso wenig ein vorhersagbarer Verlauf. Zwischen kindlichen Verhaltensstörungen und Hirnfunktionsstörungen findet sich keine Korrelation. In Fortsetzung der Hirnfunktionsstörungen damaliger Auffassung geht man heute bei ADHS von genetisch bedingten Hirnstoffwechselstörungen aus. Und auch hier sind der Syndromcharakter und die spezifische Pathogenese zweifelhaft.

Verhaltensbesonderheiten, wie zum Beispiel Langsamkeit, Reizüberempfindlichkeit, Impulsivität, Affektlabilität, Distanzstörung, Hypermotorik, Ängstlichkeit oder auffallende Angstfreiheit waren charakteristisch für MCD. Heute stehen sie für ADHS. Diese Merkmale wurden damals ergänzt durch Angaben über pathologische Vorkommnisse während Schwangerschaft, Geburt und postpartaler Entwicklung, weiter durch „feinneurologische Befunde" und Besonderheiten im EEG. Die Parallelen zu ADHS sind auch hier deutlich. Auch die Annahme, dass Kinder mit einer MCD eine verzögerte Entwicklung in verschiedenen Verhaltensbereichen und in schulischen Fertigkeiten aufweisen, lebt bei ADHS bei einigen Forschern fort. Damals wie heute glaubt(e) man, die beobachteten Verhaltensweisen seien spezifisch für MCD bzw. ADHS. Bei beiden Konstrukten bestand/besteht die Vorstellung, die verhaltensmäßigen Besonderheiten seien regelhaft im Sinne eines Syndroms verbunden. Auch die Beobachtung, dass man bei vielen Kindern mit den angeblich spezifischen Verhaltensauffälligkeiten gar keine neurologischen oder sonstigen körperlichen Störungen fand, hielt nicht von der Diagnose einer MCD, also immerhin einer Hirnfunktionsstörung, ab, was heute bei ADHS ebenso der Fall ist. Einem Kind mit auffälligem Verhalten, belasteter Geburtsanamnese und verlangsamter frühkindlicher Entwicklung konnte die Diagnose MCD zugeschrieben werden, ohne dass es wirkliche Hirnschädigungszeichen gab. Auch dies finden wir bei der Diagnose ADHS regelhaft. Der renommierte Kinder- und Jugendpsychiater Lempp vertrat damals die allgemein akzeptierte Auffassung, dass es zwar schwierig sei, sich bei der Diagnose MCD allein auf einen psychischen Befund zu verlassen, dass dieser Befund aber im Einzelfall so ausgeprägt sein könne, dass eine weitere körperliche Diagnostik nicht erforderlich sei (Lempp 1980).

Bei ADHS sucht heute fast gar kein ADHS-Diagnostiker nach körperlichen oder neurologischen Ursachen, weil man ganz einfach keine kennt, die die Diagnose begründen könnten. Insofern stellt das Konstrukt ADHS eine arge Verschlimmerung des MCD-Konstrukts dar, bei dem man immerhin noch nach Hirnfunktionsstörungen bzw. neurologischen Auffälligkeiten zu suchen vorgab. Heute reicht ein rein psychischer, klinischer Befund meist völlig aus, einem Kind eine organische Krankheit namens ADHS zuzuschreiben.

Schmidt wies weiter darauf hin, dass schon der Begriff „minimal" im MCD-Konzept die Vorstellung von einer Verdünnungsreihe nahelege, an deren schwächerem Ende die betroffenen Kinder in der Nähe zur Normalität einzuordnen seien.

> Die verwendeten diagnostischen Merkmale messen häufig nicht einen pathologischen Zustand, sondern die Nichtoptimalität einer Funktion. Sie weisen relativ hohe Basisraten auf, zeigen eine unterschiedliche Datenqualität und erklären sich in unklarem Ausmaß gegenseitig. (Schmidt 1992)

Auch diese Aussage lässt sich nahtlos auf ADHS übertragen. Auch ADHS wird oft als Kontinuum betrachtet, bei dem der Übergang vom Normalen über eine Nichtoptimalität bis hin zur Pathologie aber völlig unklar ist wegen der breiten Verteilung der angeblich symptomatischen Verhaltensweisen in der Normalbevölkerung. Andererseits soll ADHS eben keine Kontinuumsausprägung sein, sondern kategorial, das heißt, sie ist vorhanden oder nicht, je nachdem, ob ein definierter Schwellenwert überschritten wird oder nicht. Wenn ein Kind also 6 Punkte in irgendeiner Checkliste erreicht, hat es ADHS; bei 5 Punkten angeblich nicht. Eine wissenschaftlich ernst zu nehmende Begründung für solche willkürlichen Schwellenwerte gibt es nicht.

Kinder mit klaren Zeichen einer Hirnfunktionsstörung zeigen keine typischen psychopathologischen Symptome, betonte Schmidt. Bei Kindern mit Hirnfunktionsstörungen kommen bestimmte Symptome oder bestimmte Diagnosen nicht häufiger vor, als es nach der allgemeinen Symptom- und Diagnosenverteilung zu erwarten wäre. Morphologische Veränderungen bei Hirnschädigungen sagen nur bedingt etwas über Hirnfunktionsstörungen aus. Umgekehrt lässt sich auch keine Verbindung von Hirnfunktionsstörungen mit schädigenden Ereignissen in der Schwangerschaft, bei der Geburt oder in der Perinatalzeit herstellen. Ein solcher Zusammenhang zwischen anamnestischen Angaben der Eltern und späteren Hirnfunktionsstörungen der Kinder ließ sich auch nicht durch die Verwendung von Auszügen aus geburtshilflichen Protokollen finden (Esser und Schmidt 1987; Esser et al. 1992).

Da man bei ADHS meist erst gar nicht nach klaren Zeichen einer Hirnfunktionsstörung sucht, erfolgt die Diagnose denn auch auf rein klinischer Verhaltensebene. Ein abenteuerliches Unterfangen! Im Übrigen, betonte Schmidt weiter, könne auch dem erfahrenen Kliniker keine Unterscheidung zwischen sogenannten frühkindlich-exogenen Psychosyndromen (MCD) und anderen psychopathologischen Bildern gelingen. Auch bei ADHS kann diese Unterscheidung nicht gelingen. Angebliches ADHS-Verhalten ist dermaßen vieldeutig, unspezifisch und ubiquitär, dass eine Differenzialdiagnostik scheitern muss. Schmidt kritisierte die schlichte und ungewichtete Summierung ganz unterschiedlicher Symptome zu einem angeblichen MCD-Syndrom. Er belegte, dass es ein solches Syndrom gar nicht gibt. Nach seinen und Essers Befunden dürfte damals MCD höchstens bei 1 Prozent der Kinder vorgekommen sein und nicht bei 18 Prozent, wie man behauptete. Auch diese Kritik trifft auf ADHS zu.

Auch hier werden willkürlich ausgewählte Verhaltensbeobachtungen willkürlich bepunktet und aufsummiert. Auch bei ADHS ist unklar, ob die behaupteten Untertypen wirklich ein gemeinsames Syndrom oder nicht ganz unterschiedliche Störungen bilden. Schmidt argumentierte, dass es sich bei MCD womöglich nur um retardiertes Verhalten handele. Wenn es sich auch bei ADHS um retardiertes Verhalten handelt (wofür einiges spricht), dann weist ein solches Verhalten in der Regel keine qualitativ anderen Phänomene auf, als sie in der Normalentwicklung vorkommen. Das wäre aber ein klarer Unterschied zu einem spezifischen psychopathologischen Störungsbild, vergleichbar zum Beispiel einer Intelligenzminderung als retardiertem Verhalten in Abgrenzung von frühkindlichem Autismus. Eine Intelligenzminderung betrachtet man nicht als eigenständiges psychopathologisches Störungsbild, Autismus durchaus.

Schmidt fasste zusammen:

Die Diagnose entlastet zudem die Eltern und sichert bei günstiger Spontanprognose wenigstens bei jedem zweiten Kind den Eindruck therapeutischer Erfolge. Auch diese vermeintlichen Vorteile des Konzepts rechtfertigen aber nicht, dass wir uns seiner künftig bedienen. Auch die Versuche, die pathogenetische Bindung an exogene Traumen aufzugeben …, indem metabolische Störungen und Malnutritionen oder hereditäre Störungen in die Pathogenese einbezogen werden, ist nicht hilfreich. Die dazu angeführte Begründung, die minimale zerebrale Dysfunktion sei mit einer Prävalenz zwischen 10 Prozent und 20 Prozent … beziehungsweise zwischen 3 Prozent und 10 Prozent … die häufigste psychiatrische Diagnose im Kindesalter, die Behandlung dieser Störung sei stets langwierig, und unbehandelt komme es unweigerlich zu Behinderungen, ist nicht überzeugend. Die häufigen spezifischen Entwicklungsstörungen, die sich hinter diesem Bild verbergen, sind nämlich im Hinblick auf ihre Prognose und Bedeutung (Esser et al. 1992) eine gezieltere Diagnostik und Therapie wert, um die daraus resultierenden kinderpsychiatrischen Störungen nach Möglichkeit zu vermeiden. Stigmatisierungen wie „frühkindlich hirngeschädigt" werden den betroffenen Kindern dabei erspart und die Beteiligung der Familie für die Bewältigung solcher Leistungseinschränkungen betont. (Schmidt 1992)

Mit den gleichen Argumenten, wie sie Schmidt für MCD vorbrachte, lässt sich heute auch bei AD(H)S begründen: Das ADHS-Konstrukt ist nicht begründbar und nicht hilfreich.

Literatur

Esser, G., & Schmidt, M. H. (1987). Epidemiologie und Verlauf kinderpsychiatrischer Störungen im Schulalter – Ergebnisse einer Längsschnittstudie. *Nervenheilkunde, 6,* 27–35.

Esser, G., et al. (1992). Prävalenz und Verlauf psychischer Störungen im Kindes- und Jugendalter. *Zeitschrift für Kinder- und Jugendpsychiatrie, 20,* 232–242.

Lempp, R. (1980). Organische Psychosyndrome. In H. Harbauer, R. Lempp, G. Nissen, & P. Strunk (Hrsg.), *Lehrbuch der speziellen Kinder- und Jugendpsychiatrie* (4. Aufl.). Berlin: Springer.

Schmidt, M. H. (1992). Das MCD-Konzept ist überholt. *Deutsches Ärzteblatt, 89,* B-273–276.

14

Ist ADHS die gute alte Neurose?

Inhaltsverzeichnis

Literatur 201

Der Begriff Neurose stammt aus dem Jahr 1776 und wurde damals von dem schottischen Arzt W. Cullen geprägt. Ursprünglich galten Neurosen als sogenannte funktionelle Nervenkrankheiten ohne organischen Befund. Von Anfang an war dabei fraglich, mit welcher Berechtigung man von Krankheit sprechen kann, wenn keinerlei organisch lokalisierbare oder sonst wie körperlich festzumachende Schäden zu finden sind. Von Anfang an war aber auch klar, dass es sich bei diesen Störungen dennoch um Krankheiten handeln könnte, denn das Nichtfinden einer organischen Ursache beweist ja nicht a priori ihr Nichtvorhandensein. Die Wissenschaft kann ja einfach noch nicht in der Lage sein, solche vorhandenen organischen Ursachen zu entdecken. Auf jeden Fall war aber auch von Anfang an deutlich, dass die betroffenen Menschen leiden und ihnen die Zubilligung einer Krankheit eine psychosoziale Entlastung im Sinne einer Freisprechung von persönlicher Schuld oder Verantwortung bringen sollte. Das kennen wir auch heute bei ADHS sehr gut.

So galt vor nun bereits 100 Jahren die Neurasthenie oder allgemeine Nervenschwäche nicht nur als weit verbreitete Krankheit, sondern auch als allgemeiner Ausdruck der modernen, unruhigen Zeit, der kulturellen Überreizung des geistig überbeanspruchten Nervensystems. Die damals populäre Wochenschrift „Gartenlaube" veröffentlichte jährlich bis zu 4 Beiträge zu diesem Thema. Soziale und kulturelle Reformen, wie die Abschaffung der Sonntagsarbeit, das Recht auf einen Kuraufenthalt oder die Verkürzung der Schulunterrichtszeit wurden im Zusammenhang mit der Neurasthenie diskutiert. Die Neurasthenie war dabei eine typische Mittelschichtkrankheit. Während sich die „Gartenlaube" des Themas intensiv annahm, veröffentlichte der damalige „Simplizissimus" stattdessen lediglich vielfältige Angebote von allen möglichen Heilmitteln gegen die besagte Krankheit. Die Analyse dieser Anzeigen zeigt, welch vielfältige Störungen bereits damals unter den Begriff Neurasthenie zusammengefasst wurden. So wurde zum Beispiel der vorzeitige Orgasmus des Mannes als „Männer-Nervenschwäche" diagnostiziert, als Schwäche des männlichen Sexualorgans, gegen das alle möglichen Medikamente helfen sollten. Auch diese medizinalisierte Denkweise erinnert deutlich an unsere heutige ADHS.

Nachdem sich aber bis heute bei Neurosen keine ursächlichen körperlichen Störungen finden ließen, bleibt es das Verdienst von S. Freud und seiner Psychoanalyse, ein damals wie bis in unsere Gegenwart neues und revolutionäres Konzept der Neurose im Sinne einer erworbenen (gelernten) Verhaltensstörung entwickelt zu haben, das sich nicht mehr unter den bisherigen biologischen Krankheitsbegriff subsumieren ließ. Seither geht man davon aus, dass eine Neurose durch die entwicklungsabhängig misslungene Verarbeitung starker (plötzlicher oder chronischer) Affekte entsteht (wobei der Umkehrschluss nicht zulässig ist). Das gegenwärtige ADHS-Konstrukt wiederholt aus meiner Sicht die Geschichte der Neurose. Angefangen bei der Vorstellung einer biologischen Krankheit, über das Konzept einer Störung der Selbstbeherrschung (Barkley) reduzieren sich Diagnostik und Syndromatik derzeit immer mehr auf eine reine Verhaltensdiagnostik und -beschreibung bei versuchtem Ausschluss körperlicher Ursachen. Wenn ADHS also praktisch eine Verhaltensstörung ist, was unterscheidet sie dann von der klassischen Neurose?

Interessanterweise gibt es hierzu – soweit mir bekannt – noch keinerlei Forschung. Dabei liegen die Parallelen deutlich auf der Hand. Nach wie vor gilt es zwar als strenges ADHS-Dogma, dass die Störung nicht durch Erfahrungen oder Umwelteinflüsse verursacht sei (sie sei sogar ursächlich „erziehungsunabhängig"), ein überzeugender wissenschaftlicher Beleg hierfür steht aber völlig aus. Wenn man sich auf den kleineren Anteil von Kindern mit deutlichen Hirnreifestörungen und funktionellen Entwicklungsstörungen beschränkt, die es unter den heute mit ADHS titulierten Kindern zweifelsohne gibt und die eher unter den früheren Terminus MCD gefallen wären (s. Kap. 13 „Die Wiedergeburt von MCD"), mag die These der Erziehungsunabhängigkeit sogar teilweise zutreffen; für die überwiegende Mehrheit der so titulierten Kinder trifft sie aber keinesfalls zu, wie jeder Kliniker fast täglich beobachten kann.

> **Beispiel**
> Wir haben einmal eine kleine, nicht repräsentative und eher spielerische Online-Umfrage gemacht, bei der die Teilnehmer einige Fragen zu ihrer neurotischen Tendenz (à la Eysencks EPI, ein Fragebogen-Test zur neurotischen Tendenz; Eysenck 1983) beantworteten. Außerdem gaben sie an, ob sie mit ADHS diagnostiziert waren bzw. ob sie zumindest davon überzeugt waren, dass diese Diagnose auf sie zuträfe oder nicht. Das Ergebnis war eindeutig: die 43 Teilnehmer mit ADHS erzielten bedeutsam höhere Neurosewerte als die 33 Teilnehmer ohne ADHS.

Dies könnte darauf hindeuten, dass es sich bei AD(H)S und Neurosetendenz zumindest im Erleben der Betroffenen um identische Phänomene handelt.

Wenn man die beiden klassischen und empirisch gut erforschten, voneinander unabhängigen Persönlichkeitsdimensionen Intro-/Extraversion und Neurotizismus (Eysenck 1983) heranzieht, fällt auf, dass die ADHS-Symptomatik sehr gut auf Menschen zutrifft, die gleichzeitig extravertiert und neurotisch sind, in Richtung Psychopathie also (das „Träumerle" wäre demzufolge ein introvertierter und neurotischer Mensch). Der Grad der Störung wird hier jeweils durch die Neurosetendenz bestimmt; Intro-/Extraversion beschreiben für sich betrachtet lediglich unterschiedliche Temperamente, Interessen und Wahrnehmungsstrukturen. Wenn hier ein(e) Student(in) mitliest: Wie wäre es mit einer Diplomarbeit zu diesem Themenkreis? Ein mir bekannter Psychologiestudent hat es vor einigen Jahren schon einmal versucht, bekam aber leider noch nicht genug erwachsene ADHSler zusammen, was sich inzwischen sicherlich geändert haben dürfte. Forschungsthese: Der ADHSler ist der moderne Neurotiker.

Die Hauptbelege für das Verschwinden des psychodynamischen Neurosekonzepts und die Entwicklung solcher Krankheitskonstrukte wie ADHS sind bekanntlich die Einführungen der psychiatrischen Diagnosekataloge DSM-III und -IV bzw. ICD-10. Diese Kataloge wandten sich bewusst von der Psychoanalyse ab und favorisieren bis heute einen phänomenologischen, biologisierenden und einseitig deskriptiven Blickwinkel auf psychische Störungen und Krankheiten. Die Zuverlässigkeit (Reliabilität) einer Diagnose war das Ziel dieser Kataloge, nicht so sehr ihre Gültigkeit (Validität). Es ging und geht darum, die Übereinstimmung zwischen den Diagnostikern zu erhöhen. Was dabei aber wirklich gemessen wird, ist weniger wichtig.

Viele erfahrene Kliniker können bis heute mit diesen Diagnosekatalogen nicht viel anfangen und beklagen ihre Unzulänglichkeit, wenn es um die

Erfassung der so wichtigen innerpsychischen, psychodynamischen und erfahrungsabhängigen Phänomene, um eine systemische Sichtweise des Menschen und seiner Störungen geht. Eine rein deskriptive, symptomzentrierte Diagnose bietet viel zu wenig Spielraum für individuell passende Indikationsstellungen und Psychotherapieplanungen. Sie blendet psychodynamische, beziehungs- und bindungsbezogene Aspekte völlig aus. Dies war 1992 einer der Hauptgründe, warum der Arbeitskreis „Operationalisierung Psychodynamische Diagnostik (OPD)" von Cierpka und Schneider gegründet wurde. Man wollte die Kataloge DSM und ICD um eine psychodynamisch orientierte Erfassung beobachtungsnaher Konstrukte ergänzen (Arbeitskreis OPD 2006). In Ergänzung zum ICD hat dieser Arbeitskreis seither psychodynamisch relevante diagnostische Achsen entwickelt und evaluiert, die den ICD zwar nicht ablösen, sondern seinen Mängeln abhelfen sollen. Solche neuen Achsen berücksichtigen zum Beispiel den so wichtigen Beziehungsaspekt, verschiedene Konfliktkonstellationen, das individuelle Krankheitserleben und seine speziellen Behandlungsvoraussetzungen sowie psychische Strukturen wie Selbstkontrolle, die Fähigkeit zur inneren und äußeren Abgrenzung und Selbstwahrnehmung.

All diese in der klinischen Praxis so außerordentlich wichtigen Elemente zum Verstehen menschlichen Leides gibt es im ICD oder DSM nicht. Das ADHS-Konstrukt ist denn auch ein ganz typisches Produkt dieser einseitigen und unzulässig vereinfachenden Sichtweise auf menschliche Verhaltensstörungen. Ohne die Denkweise der Autoren von DSM und ICD gäbe es kein ADHS. Bei der Diagnose steht auch hier das Ziel der Übereinstimmung der Diagnostiker ganz im Vordergrund. Was dabei aber wirklich gemessen wird (ob also zwei übereinstimmende Diagnostiker wirklich dieselbe Krankheit erfasst haben), interessiert kaum. Wenn die übereinstimmenden Beobachtungen der Diagnostiker vieldeutige Verhaltensweisen erfassen, ist mitnichten sicher gestellt, dass dieselbe Störung diagnostiziert wurde.

> **Beispiel**
> So erzählen beispielsweise 2 Zeugen bei der Kriminalpolizei übereinstimmend, wie sie beobachtet haben, dass ein Mann einem anderen Mann einen 200-Euro-Schein gibt. Zeuge 1 beschreibt dies und sieht darin nichts Besonderes. Zeuge 2 allerdings kennt die beiden beobachteten Männer und weiß, dass der eine den anderen erpresst hat. Rein deskriptiv sind sich die beiden Zeugen also einig („ein Mann gibt einem anderen 200 Euro"), beide haben aber dennoch zwei ganz unterschiedliche Sachverhalte wahrgenommen.

Eine ADHS-Diagnose bleibt heutzutage auf der übereinstimmenden Description der beiden Zeugen fixiert. Die Erpressung wird nicht erkannt.

ADHS ist also rein deskriptiv, biologisierend und phänomenologisch. Es blendet innerpsychische und lebensgeschichtliche Aspekte völlig aus, in bewusster Abgrenzung vom früheren Neurosekonzept, das diese Aspekte stark (vielleicht zu stark) betonte. Die berechtigte Kritik an der damals oft allzu spekulativen, sich einer Operationalisierung und kritischen Überprüfung entziehenden Psychoanalyse brachte mit DSM und ICD einen Paradigmenwechsel hervor, der sozusagen das Kind mit dem Bade auskippte und eine Umkehrung ins Gegenteil bewirkte. Das Konstrukt ADHS krankt daran erheblich. Der jahrzehntelange Widerstand der Psychoanalyse gegen eine Operationalisierung und wissenschaftlich prüfbare Aufbereitung ihrer Erkenntnisse ist also einer der Entstehungsgründe für Phänomene wie ADHS. Wissenschaftliche Operationalisierungen der Psychoanalyse, wie sie zum Beispiel Toman mit seiner Motivationstheorie vorgelegt hat, wurden und werden nicht entsprechend zur Kenntnis genommen (Toman 1978). Wissenschaftlich tätige Psychoanalytiker sind ja heute an unseren Hochschulen sowieso so selten wie das Blühen der Udumbara. Umso wichtiger muss es sein, die Fortentwicklungen des OPD in die psychiatrisch-psychologische Diagnostik aufzunehmen. Eine solche Diagnostik darf nicht mehr ohne die OPD-Achsen durchgeführt werden. In der klinischen Praxis der gegenwärtigen ADHS-Diagnostik ließen sich so erhebliche Verbesserungen erreichen.

Literatur

Arbeitskreis OPD. (2006). http://www.geraldmackenthun.de/app/download/5806 274916/OPD-2+Handout.pdf. Zugegriffen: 7. Sep. 2018.
Eysenck, H. J. (1983). *EPI. Eysenck-Persönlichkeits-Inventar*. Göttingen: Hogrefe.
Toman, W. (1978). *Tiefenpsychologe*. Stuttgart: Kohlhammer.

15

Jeder Jeck ist anders

Inhaltsverzeichnis

15.1 Entwicklungsgestörte Kinder 203
15.2 Verhaltensgestörte Kinder. 206
15.3 Gesunde Kinder 210
15.4 Medizinalisierte Kindesmisshandlung. 211
    15.4.1 Missbrauch an unseren Kinder 212
Literatur 213

Kinder mit der Diagnose ADHS gehören im Grunde in eine der folgenden Kategorien:

1. Entwicklungsverzögerte und -gestörte Kinder, teils mit reaktiven Verhaltensstörungen
2. Psychoreaktiv verhaltensgestörte Kinder ohne Entwicklungsstörung
3. Gesunde Kinder ohne Verhaltens- oder Entwicklungsstörung

15.1 Entwicklungsgestörte Kinder

Schon immer ist bekannt, dass die Entwicklung eines Kindes sozusagen von Natur aus nicht stromlinienförmig und völlig standardisiert verläuft. In Köln sagt man nicht zu Unrecht: Jeder Jeck ist anders. Jedes Kind hat seine individuelle Entwicklung, die sich zeitweise von gleichaltrigen anderen Kindern erheblich unterscheiden kann, ohne dass eine Pathologie vorliegt.

Die „normale" Entwicklung eines Kindes spielt sich innerhalb einer breiteren Varianz von Fortschritten ab. Albert Einstein begann zum Beispiel erst mit 3 Jahren zu sprechen. Vieles spricht dafür, dass man heute diese Varianz natürlicher Unterschiede immer enger zieht. Man definiert vieles schon als unnormal oder pathologisch, was früher noch ganz normal oder keiner besonderen Besorgnis wert gewesen wäre. Schon deshalb ist es unwahrscheinlich, immer wieder zu behaupten, Hoffmann hätte mit seinem Zappelphilipp ein unnormales oder krankes Kind beschreiben wollen. Er hat nur den pädagogischen Zeigefinger erheben wollen.

Die Zahl von Kindesmisshandlungen hat zum Beispiel in letzter Zeit in Deutschland nicht zugenommen, obwohl immer mehr Kinder aus ihren Familien herausgenommen werden müssen. Wahrscheinlich hat sie sogar abgenommen. Die Sensibilität der Gesellschaft für das Kindeswohl hat aber zugenommen, die Kriterien für eine Kindeswohlgefährdung sind deshalb rascher erfüllt. Mehr Menschen als früher melden Auffälligkeiten in ihrer Nachbarschaft dem Jugendamt. Mein Volksschullehrer schlug einem lernbehinderten Mitschüler die Nase blutig, ohne dass es irgendwelche Konsequenzen hatte. Im Gegenteil, der Mitschüler war ja selbst schuld. Heute bekäme dieser Lehrer eine Anzeige wegen Körperverletzung und würde wahrscheinlich arbeitslos.

Andererseits kann eine körperliche Störung vorliegen, wenn ein Kind sich deutlich später als seine Altersgenossen entwickelt. Es kann beispielsweise eine Hörstörung vorliegen, wenn die Sprachentwicklung stockt. Dies kann sich bereits andeuten, wenn das Kind im Alter von 3 Monaten nicht auf die Stimme der Mutter reagiert oder den Kopf nicht in die Richtung eines Geräuschs dreht. Man darf erwarten. dass ein Kind im Alter von 3 Monaten den Kopf anheben, im Alter von 6 Monaten sitzen, im Alter von 9 Monaten aus einer sitzenden Haltung nach Spielzeug greifen kann und im Alter von 10–12 Monaten sich an Möbelstücken in den Stand hochzieht. Eine Entwicklungsstörung könnte vorliegen, wenn ein Baby mit 3 Monaten nur wenige Arm- oder Beinbewegungen macht, Schwierigkeiten damit hat, den Kopf anzuheben oder mit 6 Monaten schlecht nach Dingen greifen kann und sich immer nur auf derselben Körperseite bewegt. Besonders Integrationsstörungen, also Störungen der Feinmotorik, der Raumwahrnehmung, der Lateralität, der Nah- und Fernsinne, wie taktiler Sinn, Gleichgewichtssinn oder Tiefensensibilität versus Hören und Sehen, können vorkommen (Brand et al. 1997). Werden solche Probleme nicht erkannt und kommt eine unsensible Erziehung hinzu, ziehen solche Störungen rasch Verhaltensstörungen nach sich. Ein Teufelskreis aus unerkannter Entwicklungsstörung, unsensibler Erziehung, Verhaltensstörung, verstärkten reaktiven Erziehungsfehlern und daraus sich wiederum verstärkenden Verhaltensstörungen wird rasch chronisch. Sozusagen der berühmte Teufelskreis.

Nicht jedes entwicklungsgestörte Kind entwickelt reaktive Verhaltensstörungen. Das psychosoziale Milieu in Familie, Kindergarten und Schule ist hoffentlich sensibel und anpassungsbereit genug, sodass auch dieses Kind zufrieden ist, gut zurecht kommt und seine Entwicklungsverzögerungen oder -störungen überwinden kann. Wichtig ist die Aufklärung der Eltern, sodass unnötige Schuldgefühle mit entsprechender Erziehungsfehlhaltung unterbleiben.

Das Kind zeigt aber später vielleicht eine sogenannte Teilleistungsstörung, eine Legasthenie oder eine Dyslexie. Aber auch diese Besonderheiten, die eigentlich primär in der Schule aufgefangen werden müssten, werden immer öfter in den Sammeltopf ADHS geworfen. Teilleistungsstörungen gelten heute häufig als Komorbiditäten von ADHS, was ein schlimmer Unsinn ist. Schwierigkeiten im Lesen, Schreiben und Rechnen sind nach dieser Auffassung angeblich Ausdruck einer Hirnfunktionsstörung. Anstatt für diese Kinder endlich die nötigen optimalen Fördermöglichkeiten in unseren Schulen vorzuhalten, werden sie ganz einfach für krank erklärt. Damit ist Schule aus der Verantwortung. Besonders in schulischer Ganztagsbetreuung mit fachlich oft überforderter Offener Ganztagsbetreuung (OGS) erfahren wir immer häufiger diese nur vordergründig entlastende Einstellung.

Etwa jedes dritte ADHS-diagnostizierte Kind gehört aus meiner Erfahrung in diese Kategorie. Wie früher in MCD-Zeiten werden heute entwicklungsverzögerte oder entwicklungsgestörte Kinder rasch unter die Diagnose ADHS subsummiert. Die Gefahr ist dann natürlich groß, dass den Eltern eingeredet wird, das Kind leide an einer genetisch bedingten Hirnkrankheit, die medikamentös zu behandeln sei. Die adäquate Diagnostik und Therapie von Entwicklungs- und sensomotorischen Integrationsstörungen unterbleibt dann, (Früh-)Fördertherapien der betroffenen sensorischen Bereiche finden erst gar nicht statt. Die Diagnose ADHS als ernster Kunstfehler, der für das entwicklungsgestörte Kind nachhaltige psychosoziale Folgen haben wird. Aber auch dann, wenn die adäquate Therapie stattfindet, wird Eltern völlig unnötigerweise damit Angst gemacht, dass die Entwicklungsprobleme Ausdruck von ADHS seien, einer ernst zu nehmenden, vererbbaren Hirnfunktionsstörung, Viele Eltern drücken dies so aus:

> Nun hat mein Sohn nicht nur fein- und grobmotorische Störungen, nein, er hat auch noch ADHS! Man kann eben Läuse und Flöhe haben! Es ist zum Verzweifeln, warum gerade wir? (pers. Mitteilung).

Dabei ist nur eines relativ klar: Das Kind hat Therapiebedarf hinsichtlich seiner Motorik. Dass es auch noch ADHS haben soll und Psychopharmaka braucht, wird den armen Eltern von verantwortungslosen Helfern eingeredet. Dass die Eltern verunsichert und geängstigt werden und ihre erzieherische Kompetenz Schaden leidet (und damit auch das Kind), scheint durchaus erwünscht: Besorgte Eltern sind lukrativere Kunden.

Alkohol, Nikotin, Stress und Drogen während der Schwangerschaft erhöhen das Risiko für das Kind, später die Diagnose ADHS zu erhalten. Einer Umfrage des Robert Koch-Instituts zufolge trinken 14 Prozent der Schwangeren Alkohol. Wie die Bundeszentrale für gesundheitliche Aufklärung (BZgA) außerdem mitteilt, gehen Schätzungen davon aus, dass in Deutschland jährlich rund 10.000 Neugeborene mit alkoholbedingten, meist irreversiblen, intrauterin erworbenen Hirnschäden geboren werden (Bundeszentrale für gesundheitliche Aufklärung 2009). Die Hirnschäden zeigen sich in kognitiven Defiziten, Aufmerksamkeitsstörungen, Störungen der Impulskontrolle und der Exekutivfunktionen, in einem schlechten Gedächtnis und in der Unfähigkeit, zu planen und gezielt zu handeln. All diese Symptome werden heute rasch in den großen Sammeltopf „ADHS" geworfen. Ich bin davon überzeugt, dass ein erheblicher Anteil unserer ADHS-Kinder in Wahrheit unerkannte Hirnschäden durch intrauterin wirkende Gifte wie Alkohol aufweisen. Sie haben kein ADHS, sondern sie leiden an FASD, dem fetalen Alkoholsyndrom (Spohr et al. 2006). Die Dunkelziffer dürfte hoch sein, denn wenn eine Mutter in der oberflächlichen ADHS-Diagnostik überhaupt gefragt wird, ob sie in der Schwangerschaft Alkohol genossen hat, dann werden ihre Selbstauskünfte sicher nicht immer der Wahrheit entsprechen. Und entsprechende neuropädiatrische Untersuchungen zur Entdeckung solcher Hirnschäden bei den Kindern unterbleiben meistens.

15.2 Verhaltensgestörte Kinder

Ein anonymer Gymnasiallehrer schrieb mir die folgende kleine Geschichte:

> **Beispiel**
> Ich habe in meiner Bekanntschaft einen 12-jährigen Jungen, der folgende Symptome zeigt: Er fällt seinen Eltern bei Gesprächen am Tisch ständig ins Wort, redet pausenlos ohne Punkt und Komma, kann abends oft bis Mitternacht nicht einschlafen, nässt nachts ein, flattert mit den Händen, zuckt mit den Augenlidern und mit dem Mund, gerät leicht in panikartige Zustände bei Zeitdruck und fürchtet sich vor Outdoor-Aktivitäten wie der Besteigung eines Turmes, einer Schlittenfahrt auch vom kleinsten Hügel herunter usw. usw.

> Diese Verhaltensweisen konnte ich bei gelegentlichen Besuchen in der Familie mit eigenen Augen wahrnehmen.
> Die psychiatrischen Diagnosen lauteten unter anderem ADS, Tourette-Syndrom, Angststörungen, Panikstörungen, hirnorganisch bedingte Orientierungsstörung, autistische Züge, möglicherweise auch Asperger-Syndrom.
> Nun ergab es sich, dass die Eltern beruflich für eine Woche lang verreisen mussten und den Sohn nicht mitnehmen konnten, weil dieser die Schule besuchen musste. Ich erbot mich, den Jungen zu beaufsichtigen und während dieser Woche mit ihm im Haus zu wohnen, damit er sich sicher und geborgen fühlte.
> In dieser Woche zeigte der Junge **keine einzige** der oben genannten Verhaltensweisen. Er unterhielt sich in einer sehr feinfühligen Weise mit mir und ging auf meine Gesprächsthemen ein, er half mir bei der Zubereitung der Mahlzeiten, fiel mir nie ins Wort, er zeigte keinerlei Angstzustände, konnte sich auch außer Haus allein gut orientieren (auch eine weitere Fahrt mit der S-Bahn in der Großstadt allein bewältigen), zeigte keine Zuckungen mehr an Händen und im Gesicht, ging pünktlich um 9 Uhr ins Bett, nässte nicht ein und schlief jede Nacht durch. Die Eltern und auch die anderen Verwandten hatten für diese Woche das Allerschlimmste befürchtet und waren bass erstaunt, dass die Woche so harmonisch verlaufen war.
> Ich nehme an, dass dieser Junge – wie wohl in vielen anderen vergleichbaren Fällen auch – weniger unter einer genetisch bedingten Nervenstörung (Stichwort ADS) leidet, sondern dass er vor allem auf die seit seiner Geburt vorherrschende konfliktbeladene Atmosphäre im Elternhaus reagiert. Die Eltern liebten sich von Anfang an nicht (sie lassen sich mittlerweile scheiden) und auch das Kind wurde von ihnen im Grunde nicht geliebt, obwohl es nach außen hin den Anschein hatte, als würden sie sich um ihn kümmern. Der Junge hat dies aufgrund seiner Feinfühligkeit von Anfang an gespürt und darauf durch sein „psychopathisches" Verhalten reagiert. Das ist jedenfalls meine laienhafte Erklärung. Anmerken muss ich noch, dass der Junge im elften Lebensjahr auch mit Ritalin behandelt wurde, was aber zu keinerlei Besserung, sondern bei ihm nur zu Kopfschmerzen und Müdigkeit führte. Er lehnt mittlerweile sowohl den Gang zu Psychologen als auch weitere medikamentöse Behandlungen ab (Anonymus 2002).

Dieses Beispiel steht für viele. Viele ADHS-Kinder leiden nicht an einer irgendwie körperlich bedingten Störung, sondern an der pathologischen Psychodynamik in ihrer Familie. Aber niemand macht sich die Mühe, sie danach zu fragen. Die oberflächliche, symptomfixierte Diagnostik und fachliche Denkweise bei ADHS übersieht die inneren seelischen und meist chronischen Belastungen dieser Kinder. Bereits 1999 beklagten Overmeyer et al., dass psychosoziale Faktoren bei Hyperaktivität unterschätzt werden (Overmeyer et al. 1999). Die gängigen Symptomkataloge ICD und DSM sind nicht auf das Erkennen solcher intrapsychischer Dynamiken ausgerichtet. Bei ihrer Konstruktion hat man bewusst und in Abgrenzung von psychoanalytischen „Ungenauigkeiten" darauf verzichtet, angeblich zweifelhaft psychoanalytische Störungskonzepte zu erfassen. Das Ergebnis sind zwar einigermaßen reliable Diagnosen, aber wie es in einem Kind aussieht und welche familiäre Pathologie im Hintergrund oft chronisch wütet, fällt regelmäßig unter den Tisch. Ärzte, die die meisten ADHS-Diagnosen stellen, sind selten fachlich kompetent, wenn es um solche psychologischen Zusammenhänge geht. Sie sind nicht darin ausgebildet. Das müssen sie ja auch nicht sein, wenn sie nur kooperieren würden zum Beispiel mit Erziehungsberatungsstellen, die kompetentes Personal zur Verfügung haben. Bevor ein Arzt rein symptomatologisch die Diagnose ADHS stellt, könnte er die Familie erst in eine Erziehungsberatungsstelle empfehlen, um dann gemeinsam mit ihr die Diagnose und Therapie abzusprechen. Warum geschieht dies so selten?

Die folgenden Beispiele stammen aus meiner eigenen Praxis:

> **Beispiel**
>
> Der **fast 6-jährige Tobias** fällt nach Mitteilung seiner Kindergarten-Erzieherin Frau Ballhausen (alle Namen verändert) dadurch sehr auf, dass er „oppositionelles Verhalten" zeige, keine Regeln einhalte und konzentrationsgestört sei. Der erschrockenen Mutter wird von Frau Ballhausen dringend geraten, ein in der Nähe gelegenes Sozialpädiatrisches Zentrum (SPZ) aufzusuchen, weil der dringende Verdacht auf ADHS bestehe. Die beunruhigten Eltern suchen daraufhin aber erst meine Erziehungsberatungsstelle auf. Der dortige Psychologe schlägt ein Gespräch mit Frau Ballhausen vor, die Eltern sind damit einverstanden. Im Gespräch zwischen Frau Ballhausen und dem Psychologen stellt sich heraus, dass Frau Ballhausen eine rigide, autoritäre Erzieherin zu sein scheint, die sich mit Tobias immer wieder in Machtkämpfe verstrickt, ohne die nötige professionelle Distanz einhalten zu können. Ihre eigene erzieherische Beteiligung an den Verhaltensproblemen des Kindes blendet sie aus. Dass sie Tobias durch ihr teils schikanöses und demütigendes Verhalten immer wieder zu dem dann beklagten Verhalten provoziert, kann sie nicht reflektieren (das Kind muss zum Beispiel zur Strafe immer wieder alleine in ein „Besinnungszimmer" mit einem großen Kruzifix an der Wand, was schon rein juristisch betrachtet eine Aufsichtspflichtverletzung darstellt). Sie lehnt es offenkundig überhaupt ab, mit dem Psychologen zu sprechen, weil sie es sinnvoller findet, das SPZ einzuschalten, in dem ADHS diagnostiziert werden könne, einschließlich der dann sicher notwendigen medikamentösen „Unterstützung". Wenige Tage später erhalten die Eltern unaufgefordert und ohne sich vorher selbst an das SPZ gewendet zu haben ADHS-diagnostische Fragebögen vom SPZ nach Hause geschickt, die sie verärgert umgehend in den Papierkorb entsorgen. Es stellt sich heraus, dass Frau Ballhausen die Fragebögen im SPZ für die Familie ohne deren Einverständnis angefordert hatte. Das SPZ war leichtfertiger Weise davon ausgegangen, dies geschehe im Auftrag der Eltern. Eine Beschwerde der Eltern beim Schulrat führte später zu einem Disziplinarverfahren gegen die Lehrerin. Auch das SPZ änderte anschließend seine illegale Vorgehensweise, ohne persönlichen Elternauftrag klinische Fragebögen an diese zu verschicken.

> **Beispiel**
>
> Der **7-jährige Cen aus Bosnien**, der mit seiner asylsuchenden Familie seit 4 Jahren in Deutschland lebt, fällt in der Grundschule durch seine extreme Unruhe und Aggressivität auf. Die Lehrer können sich mit den Eltern wegen der Sprachprobleme nur sehr schlecht verständigen, die Eltern entziehen sich auch den Lehrern und scheinen sich so kaum um Cen zu kümmern. Ein Kinderarzt diagnostiziert innerhalb von 10 Minuten ADHS und verschreibt Ritalin. Eine Mitarbeiterin einer Flüchtlingshilfeorganisation empfiehlt die Familie daraufhin in unsere Beratungsstelle. Cens älteste Schwester dolmetscht im Beratungsgespräch. Es stellt sich heraus, dass Cen kriegstraumatisiert ist: Er musste als Kleinkind erleben, wie ein Soldat seinem älteren Bruder ein Messer in den Bauch stieß und anschließend seine Mutter vergewaltigte, weil sie den Aufenthaltsort ihres Mannes (Cens Vater) nicht verraten wollte. Cen und seiner Schwester wurde mit Enthauptung gedroht. Der Vater war untergetaucht. Seitdem die Familie in Deutschland in Sicherheit lebt, leidet Cen unter massiven nächtlichen Albträumen und Panikattacken. Niemand in der Schule und beim Kinderarzt hatte sich dafür interessiert, wirkte sein Verhalten doch sofort „typisch ADHS".

> **Beispiel**
>
> Die **11-jährige Jessica** ist in der Hauptschule sehr unkonzentriert, schwänzt oft die Schule, hat Mitschülern Geld gestohlen, ist zu Hause „faul" und schlampig. Zwischen ihrer alleinerziehenden Mutter (die Eltern ließen sich vor 6 Jahren scheiden, und seitdem hat sie keinen Kontakt mehr zu ihrem Vater) und in der Schule gibt es heftige Streitereien, weil die Schule der Mutter Erziehungsversagen vorwirft, die Mutter aber den Lehrern Ungerechtigkeit und Benachteiligung ihrer Tochter („Mobbing" nennt sie dies). In ihrer Not sucht die Mutter im Internet nach einem „ADS-Arzt", nachdem sie in einem Internetforum darauf hingewiesen wurde, dass ihre Tochter ADHS haben könnte. Sie findet einen solchen Arzt und ist sehr wütend auf ihn, als er ihr „die Diagnose" verweigert. Schließlich findet die Mutter aber doch noch den „richtigen" Arzt (ein Erwachsenen-Psychiater), der ihrem Kind endlich Ritalin verschreibt. Er macht ihr aber zur Auflage, eine begleitende Therapie für die Tochter zu machen. Und so kommt sie also in unsere Beratungsstelle. Im Verlaufe einer Kinder- und Jugendlichenpsychotherapie stellt sich schließlich heraus, dass der drogensüchtige Vater Jessica früher längere Zeit sexuell missbraucht hatte. Die Mutter hatte den Vater dabei ertappt und daraufhin die Scheidung eingereicht. Die Kinderpsychotherapeutin war der erste Mensch, den die Familie seitdem in diese Tragödie einzuweihen wagte.

Weitere sehr aufschlussreiche Fallbeispiele finden Sie auch im sehr empfehlenswerten Buch von Neraal und Wildermuth (2008). Auch diese Praxisfälle belegen die große Wichtigkeit, die dem Erkennen und Behandeln psychodynamischer Hintergründe von ADHS-Kindern und ihren Familien zukommen muss. In diese Kategorie der psychoreaktiv verhaltensgestörten

Kinder fällt schätzungsweise die Hälfte aller mit ADHS falsch diagnostizierten Kinder. Und dies ist ein unerhörter Skandal, weil diesen Kindern die wirkliche Hilfe versagt bleibt. Ihr seelisches Leid wird mit einer für ihre Nöte blinden Diagnose übersehen und mit Psychopharmaka zugeschüttet, sie bleiben unverstanden, ungehört und psychiatrisch stigmatisiert.

15.3 Gesunde Kinder

Man sollte es kaum glauben, aber nicht wenige mit ADHS diagnostizierte Kinder weisen weder körperliche noch klinisch bedeutsame psychische Auffälligkeiten oder Störungen auf. Sie zeigen entweder ganz normale oder vorübergehende Reaktionen auf meist familiäre Krisen oder Veränderungen, oder sie passen irgendwie nicht ins subjektive Anspruchsdenken ihrer Familie und/oder Umwelt. Auch hierfür wieder zwei kleine Beispiele:

> **Beispiel**
>
> Die Eltern des **8-jährigen Manfred** leben in einer heftigen Scheidungskrise. Um das Sorgerecht für Manfred wird heftig gekämpft, wobei von beiden Eltern wenig Rücksicht auf Manfred selbst genommen wird. Er wird von Vater und Mutter gegen den jeweils anderen negativ beeinflusst. Der bisher völlig unauffällige Manfred entwickelt alsbald Aufmerksamkeits- und Unruheprobleme in der Schule, was der Vater bei Jugendamt und Familiengericht als Beleg für die angebliche erzieherische Überforderung der Mutter benutzt. In ihrer Not erhofft sich die Mutter rasche Hilfe durch Ritalin. Sie holt sich beim Kinderarzt die Diagnose ADHS, und Manfred nimmt nun täglich 10 mg Methylphenidat ein. Warum, versteht er gar nicht. Die Mutter sagt ihm, damit könne er in der Schule besser aufpassen, und dann habe der Papa nichts mehr zu meckern. Natürlich geht diese Rechnung nicht auf, weil der Vater nun gegen die „Modediagnose ADHS" zu Felde zieht und als (immer noch) Sorgeberechtigter bei der Ärztekammer Beschwerde gegen den Kinderarzt einlegt, der seinen Sohn ohne seine Zustimmung mit Psychopharmaka „vollstopfe", anstatt der Mutter zu sagen, alles läge nur an ihrer Erziehungsunfähigkeit.

> **Beispiel**
>
> Die kleine **Melissa ist 9 Jahre** alt und nach Überzeugung ihrer alleinerziehenden Mutter ein „Träumerle", womit sie nicht ausdrücken will, dass ihre Tochter ein ganz normales, aber sehr sanftes und verträumt-introvertiertes Menschlein sei, sondern an „ADHS, Subtyp Träumerle" leide und ein Medikament brauche. Die Mutter selbst ist ein extravertierter, rastloser und ungeduldiger Typ, den die „lahmarschige" Art der Tochter rasend machen

könne. In der Schule hat Melissa keine besonderen Probleme, sie hat zwei innige Freundinnen, mit denen sie sich allerdings nach Meinung einer Lehrerin, mit der die Mutter privat befreundet ist, zu sehr von der Klassengemeinschaft „absondere". Nachdem die Mutter die Diagnose ADHS für Melissa besorgt hat, nimmt das Kind täglich 10 mg Methylphenidat. Es klagt zwar anschließend immer über Bauchweh und isst nicht mehr so gut, aber das nimmt die Mutter in Kauf. Schließlich müsse die Krankheit ja behandelt werden, und jedes wirksame Medikament habe nun mal Nebenwirkungen. Dass Melissa in der Schule aber nun noch ruhiger wird als bisher, liege nach Ansicht des Arztes an der noch nicht gefundenen richtigen medikamentösen Dosierung.

In allen dargestellten Fällen gelang es den Eltern, die Diagnose ADHS wunschgemäß von Ärzten zu erhalten. Dies ist nicht ganz leicht, weil die meisten Ärzte diese Art von Hilfestellung ablehnen, zwar nicht immer aus fachlichen Gründen, sondern weil eine sorgfältige Diagnostik ganz einfach sehr aufwendig und recht wenig erträglich ist. Dies bringt es aber mit sich, dass einige wenige andere Ärzte und pädiatrische Institutionen in diese Marktlücke gesprungen sind und Diagnose und Therapie anbieten. Einige tummeln sich munter in zweifelhaften ADHS-Internetforen, bieten ihre Dienste und selbsterdachten Heilmethoden an und schwimmen lukrativ auf der allgemeinen ADHS-Welle.

15.4 Medizinalisierte Kindesmisshandlung

Wohl bei keiner anderen „Krankheit" findet man in Laien- und Betroffenenkreisen ein solch chaotisches und widersprüchliches Bild von der angeblich gemeinsamen Krankheit wie bei ADHS. Was man in den zahlreichen ADHS-Internetforen zum Beispiel über die Nebenwirkungen von Ritalin bei Kindern zu lesen kriegt, kann einen wirklich das Grausen lehren. Erschreckend ist, wie viele Eltern entweder ihrem behandelnden Arzt nicht vertrauen oder ihn nicht fragen können oder sich nicht trauen, schlicht: ärztlicherseits völlig unzureichend betreut werden beim Einsatz starker und in ihrer Langzeitwirkung auf das kindliche Gehirn mangelhaft erforschter Psychodrogen bei ihren kleinen Kindern. Was sie so alles hinsichtlich der Medikamentierung im Internet wildfremde Leute, deren Kompetenz sich meist auf das Herumdoktern am eigenen Kind beschränkt, fragen, statt ihren Arzt, ist erstaunlich. Erschreckend ist vor allem, wie unkritisch und wie so ganz nebenbei die teilweise an Kindesmisshandlung und mutwillige Körperverletzung grenzenden Medikamentenwirkungen hingenommen und von anderen Lesern kommentiert werden. Von einer Medikation abzuraten und ernsthaft nach nicht medikamentösen Behandlungen zu fragen oder darauf zu dringen, ist offenbar verpönt. Nicht einmal Mitgefühl mit dem Kind wird geäußert.

> **Beispiel**
>
> Da schildert zum Beispiel eine Mutter, dass sie ihrem Sohn morgens Amphetaminsaft gebe und, weil keine Wirkung zu spüren sei, nach 6 Stunden noch einmal die gleiche Dosis. Das Kind müsse sich daraufhin übergeben und ihm werde so schwindelig, dass es nicht mehr aufrecht sitzen könne, am Tag darauf Durchfall bekomme und einen Tag nicht zur Schule gehen kann. Vorher hatte das Kind auch schon mit anderen Mitteln (Ritalin und Ritalin SR) offenbar „Probleme" wegen der Nebenwirkungen.

In der Diskussion dann keinerlei Rede davon, warum das Kind überhaupt diese Stimulanzien nehmen muss, was das Kind denn wirklich hat, ob es nicht auch medikamentenfreie Alternativbehandlungen geben könne, und warum die Mutter ihre Probleme offenbar nicht mit dem behandelnden Arzt so bespricht, dass sie sich gut informiert und aufgeklärt fühlt. Kein Wort davon. Stattdessen wird fleißig über Dosierungen, Medikamentenwirkungen und (nicht übertragbare) eigene Erfahrungen berichtet, die dann schonungslos verallgemeinert werden. Ich finde, das Ganze ist eine medizinalisierte Art von Kindesmisshandlung. Viele dieser Internetforen sind als Selbsthilfegruppen dem Dachverband ADHS-Deutschland e. V. angegliedert. Hat schon mal jemand (außer meiner Wenigkeit) die Behörden auf so einen Fall aufmerksam gemacht?

15.4.1 Missbrauch an unseren Kinder

Der international bekannte US-Psychiater Peter R. Breggin bezeichnet die gegenwärtig großzügige Verschreibungspraxis von Psychostimulanzien an Kinder als „nationale Tragödie".

> Wir zwingen Kinder Drogen zu nehmen, die sie nicht wollen, um sie zu zwingen, zu Schulen zu gehen, die sie nicht mögen. (Breggin 2002)

In USA sind Eltern durch Gerichte bereits gezwungen worden, ihren Kindern Ritalin zu geben. Viele Ärzte versichern besorgten Eltern, Ritalin sei eine Hilfe, die Wirklichkeit klar wahrzunehmen.

Wir missbrauchen unsere Kinder mit Drogen, statt uns zu bemühen, bessere Wege zu finden, ihren Bedürfnissen zu entsprechen. Langfristig geben wir ihnen eine böse Lektion mit auf den Weg: dass Drogen die Antwort auf emotionale Probleme seien. Wir ermuntern eine Generation von Kindern, sich beim Aufwachsen auf Drogen zu verlassen, statt auf sich selbst und andere menschliche Ressourcen. (Breggin 2002)

Literatur

Anonymus. (2002). Pers. Mitteilung.
Brand, I., Breitenbach, E., & Maisel, V. (1997). *Integrationsstörungen*. Würzburg: Edition Bentheim.
Breggin, P. R. (2002). *The Ritalin fact book*. New York: Perseus.
Bundeszentrale für gesundheitliche Aufklärung (BZgA) (08. September 2009). Alkohol? Das ungeborene Kind trinkt immer mit. Pressemitteilung. https://www.lifepr.de/inaktiv/bundeszentrale-fuer-gesundheitliche-aufklaerung/AlkoholOE-Das-ungeborene-Kind-trinkt-immer-mit/boxid/121121. Zugegriffen: 31. Juli 2018.
Neraal, T., & Wildermuth, M. (Hrsg.). (2008). *ADHS: Symptome verstehen – Beziehungen verändern*. Gießen: Psychosozial.
Overmeyer, S., Taylor, E., Blanz, B., & Schmidt, M. H. (1999). Psychosocial adversities underestimated in hyperkinetic children. *Journal of Child Psychology and Psychiatry, and Allied Disciplines, 40*(2), 259–263.
Spohr, H.-L., Bergmann, R. L., & Dudenhausen, J. W. (2006). *Alkohol in der Schwangerschaft: Häufigkeit und Folgen*. München: Urban u. Vogel.

16
Im Spiegelkabinett: Komorbidität

Inhaltsverzeichnis

Literatur 218

Wenn Sie unter Migräne leiden, ist es ziemlich wahrscheinlich, dass Sie auch noch unter anderen Störungen leiden, zum Beispiel unter einer Depression, unter gestörtem Sozialverhalten, Schlafstörungen, unter Panikattacken, Stress oder einer sonstigen noch unerkannten Krankheit. Man spricht dann von Komorbiditäten, also von häufig gemeinsam auftretenden Störungen. Wenn Sie allerdings Fieber haben, haben Sie sicher auch noch andere Störungen, ohne dass man hier von Komorbiditäten spricht. Der Unterschied zwischen beiden Beispielen liegt natürlich darin, dass Migräne als eigenständiger Störungskomplex, Fieber aber nur als zunächst unspezifisches Symptom gilt.

Wie die möglichen Beziehungen zwischen Komorbiditäten jeweils sind, weiß man nicht immer genau. Es ergeben sich häufig undurchschaubare, komplizierte Überlappungen unterschiedlicher Störungsbilder, Krankheiten bzw. Syndrome, die differenzialdiagnostisch schwer abgrenzbar erscheinen. Es ist möglich, dass gemeinsam auftretende Störungen eine gemeinsame Ursache haben, die man entweder kennt oder nicht. Es kann aber auch sein, dass sie unterschiedliche Ursachen haben, die ihrerseits wieder in Beziehung stehen. Es kann außerdem sein, dass es sich gar nicht um voneinander abgrenzbare, spezifische Krankheiten handelt, sondern nur um Symptome einer gemeinsamen Grunderkrankung. Ob die Panikattacken Folge oder Ursache der Migräne sind oder beides von etwas Drittem (Unbekanntem) ausgelöst wird, bleibt offen. Schließlich können gleichzeitig auftretende Störungen auch in keinerlei Beziehung zueinander stehen, wenn man sich zum Beispiel beim Fußballspielen einen Muskel zerreißt und an Schreib-Lese-Schwäche leidet.

Wenn es um klassische medizinisch-körperliche Krankheiten geht, ist es schon schwierig genug, Komorbiditäten relativ eindeutig zu erklären. Wenn man eine Virusgrippe hat, sind Fieber, Appetitlosigkeit, Kopfschmerz etc. in der Regel Symptome dieser Erkrankung, aber für sich allein betrachtet keine eigenständigen Krankheiten. Sie sind als Symptome auch bei vielen anderen Krankheiten vorhanden, sodass sie allein keine eindeutige Diagnose der Grunderkrankung erlauben. Es sind unspezifische und mehrdeutige Symptome. Ob sie für Grippe oder Blutkrebs oder sonst etwas stehen, muss immer gesondert untersucht werden. Wenn es aber um psychiatrische Störungen geht, die sich nicht objektiv „körperlich" diagnostizieren lassen, befindet man sich endgültig in einem ziemlich verwirrenden Spiegelkabinett. Hier kommt es ganz besonders auf die Spezifität einzelner Symptome und Syndrome an. Diese Störungen müssen mindestens ein oder mehrere Kardinalsymptome aufweisen, die spezifisch und nicht vieldeutig sind (zum Beispiel Stimmenhören oder charakteristische Denkstörungen bei der Schizophrenie). Aber auch dann ist es oft schwierig, echte Doppeldiagnosen bzw. Komorbiditäten zu erkennen: Wenn ein Schizophrener gleichzeitig suchtkrank ist, kann es leicht passieren, dass ein Psychiater Entzugserscheinungen für den Ausdruck der Schizophrenie hält und die Suchterkrankung übersieht. Oder ein Drogenberater, der die Diagnose Schizophrenie seines Klienten nicht kennt, hält die Schizophreniesymptome für den Ausdruck der Suchterkrankung.

Leider begibt sich die Schulmedizin nicht selten auf den nosologischen Irrweg, irgendein unspezifisches Symptom herauszupicken oder ein fantasievolles Syndrom zusammenzustellen und zu einer neuen medizinischen Grunderkrankung zu erklären (sozusagen eine Krankheit per definitionem oder durch Abstimmung in einem nicht einmal repräsentativen Gremium zu erfinden) und danach alle möglichen „komorbiden" Störungen in (ursächlichem) Zusammenhang mit ihr zu sehen. Je unspezifischer die erfundene Grundkrankheit ist, umso mehr „Betroffene" finden sich unter ihrem Label ein und umso mehr Komorbiditäten wird man zu ihr finden, was den scheinbar ernsthaften Charakter der angeblichen Grundkrankheit nur noch zu betonen und die Krankheitserfindung zu rechtfertigen scheint.

Das Konstrukt ADHS ist hierfür ein mittlerweile schon klassisches Beispiel. Hier artet das Ganze inzwischen zu fast lächerlichen Uferlosigkeiten aus, sodass nahezu alles, was ein Mensch an psychischen Problemen haben kann und was sich mehr oder weniger mit den vieldeutigen ADHS-Symptomen überlappt, als komorbid zu ADHS betrachtet wird: ADHS als erfundene, bewusst unspezifische Grundkrankheit und in ihrem Fahrwasser Depressionen, Magersucht, Persönlichkeitsstörungen, Essstörungen, Autismus, Legasthenie, Eheprobleme, Hochbegabung, usw. Dass all diese Störungen eigene Zustände oder Krankheitsbilder mit eigener Lebens- und Psychodynamik, eigener biografischer Entwicklung mit spezifischen Kardinalsymptomen sein könnten, wird schlichtweg ignoriert, weil bei ihnen allen Verhaltensweisen vorkommen, die angeblich spezifisch für ADHS seien. Alles kommt undifferenziert in den Sammeltopf ADHS. Weil sich Methylphenidat immer mehr im Sinne eines Gehirndopings als Universalstimulans fürs Volk erweist (Stichwort „Cognitive Enhancer"), liegt der Verdacht nahe, dass man zur Verschleierung dieser Realität immer stärker pseudomedizinische Indikationen erfinden wird.

Für Betroffene (vor allem für Kinder und Jugendliche) hat dies meist verheerende Folgen. Betroffene äußern sich zum Beispiel bestürzt darüber, ihr autistisches Kind habe nun obendrein auch noch ADHS, als ob man mit der Diagnose Autismus nicht schon genug gestraft wäre. Oder essgestörte junge Frauen haben angeblich als Grundstörung ADHS, weshalb eine Methylphenidatbehandlung hilfreich sei.

Bereits 2001 haben B. J. Kaplan et al. auf die Fragwürdigkeit der Komorbidität bei ADHS aufmerksam gemacht. Sie betonen, dass es im letzten Jahrzehnt einen gewaltigen Anstieg der Studien gegeben habe, die eine starke Überschneidung der Symptome/Syndrome bei kindlichen Entwicklungsstörungen aufgezeigt haben und dies mit Komorbiditäten erklärten. Die Autoren kritisieren den Terminus Komorbidität deshalb, weil bei all diesen symptomatischen Überlappungen die Annahme eigenständiger Grunderkrankungen unbegründet sei. Man dürfe psychiatrische Krankheiten nicht als Realitäten begreifen. Bei 179 untersuchten Schulkindern fanden die Autoren, dass die Hälfte der Kinder mit mindestens zwei verschiedenen Diagnosen erfassbar war, besonders die mit ADHS diagnostizierten Kinder. Angesichts einer dermaßen großen Diagnoseunsicherheit plädieren die Autoren dafür, das Konstrukt der Komorbidität für unangemessen zu betrachten (Kaplan et al. 2001). Gegenwärtig kann man von einer bis zu 80-prozentigen Überlappung der ADHS-Symptome mit denjenigen anderer Störungen ausgehen. Wozu dann überhaupt noch die Diagnose ADHS, wenn es auch X, Y oder Z sein kann?

Bei ADHS lassen sich die vieldeutigen und unspezifischen Kardinalsymptome differenzialdiagnostisch nicht zuverlässig nur einer spezifischen und abgrenzbaren Grundkrankheit ADHS zuordnen, weshalb die Diagnose denn auch „klinisch" bleiben muss. Und weil ADHS als Grundkrankheit nicht klar abgrenzbar ist, ist es auch kaum möglich, spezifische Komorbiditäten zu definieren. Es ist ein Irrglaube, zu behaupten, allen möglichen klinischen Syndromen liege ADHS zugrunde (oder sie gingen alle mit ADHS einher). Umgekehrt wird ein Schuh daraus: Alle möglichen klinischen Syndrome zeigen auch mehr oder weniger Symptome von Unaufmerksamkeit, Unruhe und Impulsivität. Wenn ein Kind also beispielsweise eine Lese-Rechtschreib-Schwäche hat und gleichzeitig wegen Unruhe und Konzentrationsmangel auffällt, dann hat es nicht eine Lese-Rechtschreib-Störung (LRS) plus gleichzeitig noch ADHS. Vielmehr sind Unruhe und Aufmerksamkeitsproblem ganz natürliche psychoreaktive Folgen der LRS. Ein suchtkranker Erwachsener leidet nicht obendrein unter ADHS, wenn er unruhig und impulsiv-konzentrationsgestört ist. Auch bei ihm sind diese Verhaltensauffälligkeiten einfach nur Ausdruck seiner Suchterkrankung.

Fassen wir ADHS-Symptome als zunächst vieldeutigen Ausdruck diagnostisch sorgfältig zu klärender psychischer Probleme und Bewältigungsversuche auf, dann ist es überflüssig, über ADHS selbst noch weiter zu diskutieren, und auch die Diskussion sogenannter Komorbiditäten von ADHS erübrigt sich. Bei ADHS kann es einfach gar keine Komorbiditäten geben, weil es ADHS als umgrenztes spezifisches Krankheitsbild gar nicht gibt (s. a. Lüpke 2009).

Literatur

Kaplan, B. J., Dewey, D. M., Crawford, S. G., & Wilson, B. N. (2001). The term comorbidity is of questionable value in reference to developmental disorders: data and theory. *Journal of Learning Disabilities, 34*(6), 555–565.

von Lüpke, H. (2009). Buchbesprechung. *Analytische Kinder- und Jugendlichenpsychotherapie, 143*(3), 443.

17

Wie wirkt „Ritalin"?

Inhaltsverzeichnis

17.1	Die Wirkung einer Droge	220
17.2	Weltweiter Amphetaminmissbrauch	223
17.3	Ritalin verändert das Gehirn	224
17.4	Ist Ritalin sicher?	226
17.5	Plötzliche Todesfälle	227
17.6	Selbstmordgedanken durch Strattera	228
17.7	Verringert Ritalin die Knochendichte?	229
17.8	Die Cochrane-Studie	229
17.9	Zur Psychologie der ADHS-Diagnose und Medikation	230
17.10	Ritalin wirkt auch ohne ADHS	231
17.11	Ritalin hemmt das Wachstum	233
17.12	Seifenblase Ritalin	234
17.13	Macht Methylphenidat Krebs?	236
17.14	Dr. Peter R. Breggin	237
Literatur		246

Ich darf daran erinnern: Wenn ich in diesem Buch und auch in diesem Kapitel von Ritalin spreche, meine ich stets alle marktgängigen Psychopharmaka mit dem Wirkstoff Methylphenidat. Ritalin ist für sie alle inzwischen zu einem alltagssprachlichen Sammelbegriff geworden.

Die in Deutschland unter das Betäubungsmittelgesetz fallenden Methylphenidatpsychopharmaka, die bei ADHS meistens verschrieben werden, wirken trotz tausender Forschungsstudien auf bisher noch nicht vollständig bekannte Weise auf das meist noch in Entwicklung begriffene kindliche Gehirn. Dabei wirken diese Psychostimulanzien bzw. Amphetaminabkömmlinge nicht auf einen spezifischen Ort des Gehirns, sondern vielmehr wie eine Dusche auf weite Teile des gesamten Zentralnervensystems. Im Vordergrund steht die Wirkung auf das dopaminerge System. Der hormonähnliche Wirkstoff Dopamin ist an der Steuerung der extrapyramidalen Motorik beteiligt. Vereinfacht bedeutet das, dass Dopamin die Befehle des Nervensystems an die Muskulatur weitergibt. Das größte Vorkommen von Dopamin findet sich in einer Nervenzellenansammlung im Hirnstamm. Bei Menschen mit Parkinson ist hier die Konzentration von Dopamin um 90 Prozent niedriger. Dopamin beeinflusst Wahrnehmung und Gefühle, es kann auch Depressionen auslösen.

17.1 Die Wirkung einer Droge

Im Folgenden orientiere ich mich unter anderem an der Darstellung von Gerald Hüther (Hüther 2002). Die Wirkung von Drogen, also das Hochgefühl von Glück, Freude und Zuversicht, wird auf eine verstärkte Ausschüttung von Dopamin zurückgeführt bzw. geht damit einher. Man spricht deshalb auch vom Dopaminbelohnungssystem. Im Tierversuch konnte man nachweisen, dass eine Injektion von Drogen in bestimmte sensible Hirngebiete dazu führt, dass dort eine erhöhte Dopaminkonzentration eintritt. Gezeigt werden konnte diese Stimulation für Opiate, Kokain und Amphetamine. Andere Drogen bewirken eine Hemmung eines anderen bekannten Neurotransmitters, des Noradrenalins. Diese Hemmung bewirkt indirekt ebenfalls eine Dopaminkonzentrationserhöhung. Drogen, die diese indirekte Stimulation bewirken, sind Opiate, Alkohol, Barbiturate und Benzodiazepine. Auch die körpereigenen Endorphine wirken auf diese Weise. Nikotin und Koffein stimulieren ebenfalls das dopaminerge Belohnungssystem.

Vom Stammhirn ausgehend, wo Dopamin-produzierende Neuronen besonders intensiv sind, breitet sich die erwähnte Methylphenidatdusche (wie andere Psychostimulanzien oder Drogen auch) in 3 Richtungen aus. Man spricht vom dopaminergen Projektionsbaum, der sozusagen seine Äste in verschiedene Richtungen ausstreckt. Ein solcher Ast führt ins Stirnhirn, zum präfrontalen Kortex, der der zentrale Ort für die Handlungsplanung, die Motivation, für emotionale Reaktionen und die kritische Prüfung von impulsiven Handlungen ist. Ein zweiter Ast führt zum Limbischen System, das für angenehme, belohnende Gefühle zuständig ist. Und ein weiterer Ast führt zum Hypothalamus bzw. der Hypophyse, der hormonellen Steuerzentrale des Gehirns.

Methylphenidat (wie zum Beispiel auch Kokain) hemmt die Wiederaufnahme von Dopamin in die Präsynapse durch die Ausschaltung der Dopamin(rück)transporter DAT (Krause et al. 2000). Die Dopaminkonzentration im synaptischen Spalt wird um das etwa Fünf- bis Zehnfache erhöht, wobei vorher eine Entleerung der abgebenden Nervenzelle stattfindet. Es ist so ähnlich wie bei einer Klospülung: Methylphenidat löst den Stöpsel, und der Spülkasten entleert sich rasch (Hüther 2002). Anschließend verändert Methylphenidat die Sensibilität der nachgeschalteten Nervenzellen. Dieser durch Methylphenidat ausgelöste Prozess läuft im Gehirn normalerweise als Folge der Wahrnehmung eines äußeren oder inneren Reizes ab. Der erwähnte künstlich erzeugte Dopaminanstieg führt dazu, dass jede weitere Dopaminfreisetzung durch äußere oder innere Reize gehemmt wird. Jetzt kann sich also ein Schüler 3–4 Stunden besser konzentrieren und weniger von störenden inneren und äußeren Einflüssen, die ihn kaum noch erreichen, ablenken lassen (Hüther 2002).

Wie aber die medikamentös bedingte Dopaminzunahme im synaptischen Spalt mit dem Verhalten der ADHS-Kinder wirklich genau zusammenhängt, ist noch nicht verstanden (Volkow et al. 2005):

> Ob im Gehirn betroffener Kinder tatsächlich zu wenig (oder vielleicht auch zu viel) Dopamin freigesetzt wird, lässt sich auch mit Hilfe der neuen bildgebenden Verfahren bisher nicht nachweisen. (Hüther 2002)

Selbst wenn dieser Nachweis gelänge, wäre damit seine Ursache (im Sinne eines wie auch immer gearteten Zusammenspiels von Erfahrung und Genen) keineswegs geklärt.

Nora Volkow hat mit Positronenemissionstomographie-(PET-)Studien die individuell unterschiedliche Wirkung von Methylphenidat auf den Dopaminhaushalt des Gehirns untersucht. Sie fand, dass die unterschiedliche Wirkung nicht auf die bei den Versuchspersonen etwa gleich ausgeprägte Blockade der Dopaminrücktransporter zurückgeht, sondern auf die wahrscheinlich individuell unterschiedliche zelluläre Produktion von Dopamin. Es gab keinen Zusammenhang zwischen der Rücktransporterblockade und extrazellulärem Dopamin. Die Methylphenidatwirkung kann also nicht allein durch die Transporterblockade erklärt werden. Bei Menschen mit von Haus aus hoher zellulärer Dopaminproduktion bewirkt Methylphenidat größere Veränderungen als bei Menschen mit niedriger Produktion, schließt Volkow deshalb aus ihren Funden. Die Studie wurde mit 10 gesunden

Erwachsenen gemacht. Außer der damit erbrachten Bestätigung, dass Methylphenidat auch bei Gesunden wirkt (also nicht nur ADHS-spezifisch), ist sehr interessant, dass hier Hüthers Dopaminüberschusstheorie wohl bestätigt wird: Wenn bei ADHS ein Dopaminüberschuss vorliegt, erzeugt Methylphenidat den zusätzlichen Dopaminschuss, der „das Fass zum Überlaufen" bringt mit anschließendem stundenlangen Dopaminmangel. Wenn bei ADHS dagegen ein Dopaminmangel vorläge, dürfte Methylphenidat nach dieser Studie eigentlich kaum wirken (Volkow et al. 2002).

Wie alle Amphetamine hält Methylphenidat wach, schärft die Sinne und die Aufmerksamkeit, verbessert die Selbstkontrolle und macht ruhig und gefasst, und zwar nicht nur bei ADHS, sondern allgemein. Die Behauptung, die Wirkung von Methylphenidat beweise das Vorliegen von ADHS, ist falsch. In entsprechender Dosierung und Anwendung (Injektion oder Schnupfen) wirkt es suchterzeugend wie das ihm sehr ähnliche Kokain. Medikamentös korrekt verabreicht scheint aber keine körperliche Suchtgefährdung im engeren Sinne zu bestehen, obwohl gerade Barkley, einer der Verfechter dieser These, in einer Studie zur Frage, ob die Stimulanzienbehandlung von Kindern deren späteren Drogenmissbrauch fördere, herausfindet, dass die Stimulanziengabe bei Kindern durchaus den Kokainmissbrauch als Erwachsener fördere. Er bringt diesen statistisch bedeutsamen Zusammenhang dann aber methodisch wieder zum Verschwinden, indem er den Schweregrad von ADHS und Verhaltensstörungen parallelisiert, also so tut, als spielten psychoreaktive Verhaltensstörungen keine Rolle (Barkley et al. 2003).

Dieses Vorgehen kritisiert Furman heftig. Sie äußert ihr Erstaunen darüber, welche Mühe sich Barkley gäbe, ein unbequemes Forschungsergebnis zum Verschwinden zu bringen. Sie meint, die Autoren hätten „unglücklicherweise" herausgefunden, dass eine Stimulanzienbehandlung bei Kindern den späteren Kokainmissbrauch fördere, und gäben sich dann große Mühe, dem Leser deutlich zu machen, dass daran eben doch nichts sei. Furman verdächtigt die Autoren der Datenmanipulation im erwünschten Sinne. Die Autoren seien nicht objektiv und neutral, sondern unterlägen ihrer Voreingenommenheit im Sinne einer grundsätzlichen Pro-Stimulanzien-Einstellung, der sich die statistischen Daten zu fügen hätten (Furman 2003).

Wie dem auch immer sei, pharmakologisch betrachtet bewirken Amphetamine eine Veränderung von Wahrnehmung und Erleben. Methylphenidat scheint auch bei Erwachsenen bei vielen ganz unterschiedlichen psychischen Problemen subjektive Erleichterung zu erzeugen, indem es in sehr viel milderer und zeitlich verzögerter Ausprägung einen grundsätzlich ähnlichen „Kick" auslöst wie zum Beispiel Kokain. Im Übrigen verwenden die Suchtstudien zu ADHS einen zu engen Suchtbegriff, um derzeit das letzte Wort über den Zusammenhang zwischen Methylphenidat und Abhängigkeit/Sucht sprechen zu können.

17.2 Weltweiter Amphetaminmissbrauch

Der suchtartige Missbrauch von Methylphenidat bei Jugendlichen in den USA wird von Volkow auf fast 5 Prozent geschätzt (bei Amphetaminen bis zu fast 9 Prozent). Es wird als Stimulanz, zur Leistungsverbesserung und zur Gewichtsabnahme missbraucht. Wenn der Stoff geraucht wird, ist die Wirkung noch stärker als bei einer Injektion (Volkow 2006). Methylphenidat ist ein Amphetaminabkömmling, das heißt dem Amphetamin fast identisch. Wenn Amphetamine in hoher Konzentration sehr rasch das Gehirn anfluten, wird die Wirkung nicht selten als „Ganzkörperorgasmus" beschrieben und von den Konsumenten sehr geschätzt (Smith und Fisher 1970).

In den Armeen vieler Nationen werden ganz offiziell Amphetamine an Soldaten gegeben, damit sie leistungsfähiger sind und zum Beispiel als Pilot Flüge länger als 24 Stunden aushalten. In beiden Weltkriegen spielten diese Substanzen an allen Fronten eine große Rolle. So manche Greueltaten und Exzesse waren möglicherweise substanzinduziert. Hitler soll dauernd Amphetamine genommen haben. Auch Göring war drogensüchtig. Der Nazi-Luftwaffengeneral Ernst Udet war amphetaminsüchtig und beging 1941 Selbstmord. Deutsche Soldaten unter Hitler bekamen Amphetamine und nannten sie „Hitlerkoks". Auch die US-Piloten im Golf- und im Irakkrieg standen unter dem Einfluss von Drogen (Iversen 2009). Kenagy untersuchte amerikanische B-2-Bomberpiloten der Luftwaffe im Irak und fand, dass 97 Prozent von ihnen D-Amphetamin einnahmen, das ihnen von der militärischen Führung empfohlen und gegeben, ja nahezu aufgezwungen wurde (Kenagy et al. 2004). Selbst der alte Adenauer nahm Pervitin.

Es verwundert denn auch nicht, dass Amphetaminmissbrauch auch im Sport sehr beliebt war. Die Teilnehmer der Tour de France dopten sich jahrelang damit in großem Umfang. Im Pferdesport nutzten Jockeys die appetithemmenden Eigenschaften des Stoffes. Boxer nahmen ihn in hohen Dosen, um besonders ausdauernd und angriffslustig zu sein (Iversen 2009). Effektivere Dopingtests dämmten den Missbrauch bisher nicht wirklich ein, sondern lenkten ihn nur in Richtung anderer Stoffe und Methoden.

Viele Prominente waren und sind amphetaminabhängig. Die weltberühmte Judy Garland nahm Amphetamine, um ihr Körpergewicht für eine Filmrolle zu reduzieren. Wenn man heutige Magermodels auf Pariser Laufstegen sieht, liegt die Vermutung nahe, dass auch hier Amphetamine im Spiel sind. Judy Garland wurde schwer drogensüchtig und nahm später 40 Ritalintabletten täglich ein. Die Künstler Eddie Fisher, Allan Ginsberg, Elvis Presley, der Jazz-Musiker Charlie Parker und viele andere zählen zu den Amphetaminsüchtigen.

In den 1970er-Jahren gab es in den USA die sogenannten Dr.-Feelgood-Ärzte, die ihren meist wohlhabenden „Patienten" Amphetaminspritzen gaben. Bei einem dieser Ärzte umfasste die Patientenliste über 100 Namen von teils hochrangigen Angehörigen aus Regierung, Journalismus, Kunst und Kultur etc. (Iversen 2009). Angesichts dieser verbreiteten Beliebtheit und Wirkung der Amphetamine verwundert es nicht, dass auch ein Amphetaminderivat wie Methylphenidat, der Wirkstoff in Ritalin, solch explosionsartige Verbreitung findet. Nun könnte man aber eigentlich kopfschüttelnd ob solcher individueller Biografie zur Tagesordnung zurückkehren, wenn es sich nicht ausgerechnet um Kinder handelte, denen diese Stoffe weltweit massenhaft zugeführt werden.

17.3 Ritalin verändert das Gehirn

Trotz tausender Studien zur Medikamentenwirkung werden die Nebenwirkungen und Folgen einer Methylphenidatmedikation erst in letzter Zeit etwas intensiver untersucht. Dabei zeigen sich besorgniserregende Befunde: Moll, Hüther et al. machten 2001 den Anfang und fanden im Tierversuch, dass Methylphenidat dauerhafte Hirnveränderungen bzw. -schädigungen erzeugt (Moll et al. 2001). Hüther machte auf ein möglicherweise erhöhtes späteres Parkinsonrisiko aufmerksam und löste damit heftigen Protest aus (Hüther 2002). Weitere Befunde neuerer kritischer Tierstudien kommen aus renommierten USA-Hochschulinstituten. In 4 Studien konnten die Forscher bei Übertragung der Befunde auf den Menschen die Vermutungen begründen, dass

- Ritalin bei Kindern zu Depressionen und Stressanfälligkeit im Erwachsenenalter führt,
- Ritalin bei Kindern hirnmolekulare Veränderungen im Striatum bewirkt,
- Ritalin bei Kindern neuronale Veränderungen im Erwachsenenalter im Sinne einer erhöhten Suchtneigung verursacht,

- Ritalin bei Kindern zu bleibenden und dramatischen dopaminergen Hirnveränderungen im Erwachsenenalter führt (Carlezon et al. 2003; Brandon et al. 2003; Brandon und Steiner 2003).

Der Glaube, Ritalin sei lediglich ein mildes Stimulans, wurde in den vergangenen Jahrzehnten von Ärzten, der Pharmalobby und „ADHS-Funktionären" in Verbänden und Selbsthilfegruppen weit verbreitet und von vielen Millionen hilfesuchender Eltern gern angenommen. Im krassen Gegensatz dazu fand die Gruppe um Volkow, dass Methylphenidat bei gleicher Dosierung und Anwendung sogar stärker wirkt als Kokain (Gatley et al. 1999; Vastag 2001). Besonders sorgfältig hat Breggin die Forschungsergebnisse zu den Nebenwirkungen der Behandlung mit Psychostimulanzien zusammengetragen (Breggin 1999, 2002). Interessanterweise wurde sein sehr informatives Buch „The Ritalin Fact Book" nie ins Deutsche übersetzt. Er fasst seine Erkenntnisse wie folgt kurz zusammen:

> Der weitverbreitete Einsatz von Psychostimulanzien hilft Erwachsenen, Kinder zu bändigen und kontrollieren, ohne ihr eigenes Wirken als Eltern oder Lehrer zu hinterfragen und ohne die gesellschaftliche Lage der Familie und unseres Schulsystems zu überprüfen. Es wäre sehr viel besser, den natürlichen Bedürfnissen der Kinder nach wirksamerer, anregenderer und zugewandterer Aufmerksamkeit zu Hause, in Schule und Gesellschaft besser zu entsprechen. Der eng begrenzte, fragwürdige und widersprüchliche Nutzen der Psychostimulanzien scheint ihre psychisch hemmenden Wirkungen sowie ihre vielfältigen Nebenwirkungen bis hin dauerhafter Hirnfehlfunktion und möglichen irreversiblen Hirnschäden verblassen zu lassen. Es ist ein grundsätzlicher Fehler, spontanes Verhalten pharmakologisch zu unterdrücken, um erzwungenes Verhalten zu erzielen. Wir wissen inzwischen genug über die Schäden von Psychostimulanzien, um ihren Einsatz bei ADHS oder irgendwelchen anderen kindlichen Verhaltensproblemen zu stoppen. (Breggin 1999; Übersetzung von mir)

Ricaurte et al. haben in einer Studie mit Menschenaffen gezeigt, dass eine Amphetaminbehandlung, wie sie ähnlich auch bei Erwachsenen mit ADHS angewendet wird, die dopaminergen Nervenendigungen im Striatum zerstört. Außerdem hatte die Amphetaminkonzentration im Plasma, die bei den Primaten nervenschädigend wirkte, eine Höhe, wie sie andernorts auch bei mit Amphetaminen behandelten ADHS-Kindern berichtet wird. Es sind also dringend weitere Forschungen nötig, um die Neurotoxizität einer Amphetaminbehandlung bei Erwachsenen und Kindern genauer zu prüfen (Ricaurte et al. 2005). Grund findet aber, dass Methylphenidat Veränderungen des

Dopaminsystems, wie sie Metamphetamine auslösen, verhindern kann (Grund et al. 2006). Hoogman et al. konnten in einer aktuellen Metaanalyse bei Kindern und Erwachsenen keine durch Methylphenidat verursachten Hirnvolumenveränderungen feststellen. Sie bestätigten aber, dass bei ADHS bestimmte Hirnregionen ein verringertes Hirnvolumen aufwiesen und sehen die These einer verzögerten Hirnreifung als Ursache bestätigt (Hoogman et al. 2017). Dass aber ein verringertes Hirnvolumen, noch dazu wenn es auf einer verzögerten Hirnreifung beruht, nicht ADHS-spezifisch ist, habe ich bereits betont.

17.4 Ist Ritalin sicher?

Die wohl größte Übersichtsstudie zu ADHS-Medikamenten, die die Wissenschaft bisher vorgelegt hat, muss nachhaltig beunruhigen:

Eine Forschergruppe der Oregon State University, USA, untersuchte 2003 in einer Metaanalyse die Sicherheit von 27 bekannten ADHS-Medikamenten (darunter Ritalin, Concerta, Adderall, Strattera etc.). Die Gesamtauswertung praktisch aller 2287 Studien, die weltweit zur Sicherheit dieser Medikamente bisher veröffentlicht wurden, führte unter anderem zu folgenden Ergebnissen:

- Es gibt keine Hinweise auf die Langzeitsicherheit der Medikamente, die bei Kindern und Jugendlichen zur Behandlung von ADHS eingesetzt werden.
- Es fehlen befriedigende Hinweise, dass die Medikamente den allgemeinen Schulerfolg, die Auswirkungen von Verhaltensschwierigkeiten, die soziale Anpassung und andere Parameter verbessern.
- Das Wissen um die Sicherheit der Medikamente ist gering, sogar wenn es um eine der größten Sorgen der Eltern geht, dass nämlich manche der Medikamente das Wachstum ihrer Kinder behindern.
- Die genaue Wirkweise der Medikamente ist nach wie vor überwiegend unbekannt.
- Es gibt keine einzige gute Studie, die die Medikamente gegeneinander untersucht (die Sicherheit der verschiedenen Medikamente also untereinander vergleicht).
- Es gibt keine Studien, die ernste Nebenwirkungen (wie Tics, Anfälle, Herz- und Leberschäden) der einzelnen Medikamente vergleichen helfen könnte.

Der Projektleiter Mark Gibson weist auf die lange bekannte Tatsache hin, dass die meisten der von der Pharmaindustrie gesponserten Studien nur die erwünschten Ergebnisse veröffentlichen. Unerwünschte Forschungsergebnisse werden erst gar nicht veröffentlicht. Er kritisiert auch, dass die Zulassungsbehörde der USA, die FDA (Food and Drug Administration), bei neuen Medikamenten keine mit bisherigen Mitteln angestellten Wirksamkeitsvergleiche verlangt. Die Hersteller vergleichen ihre Mittel stattdessen lieber mit der Wirkung von Zuckerpillen (Placebos) (Drug Effectiveness Review Project 2003).

Von Antidepressiva ist bekannt, dass 94 Prozent der veröffentlichten Wirksamkeitsstudien positiv, also im kommerziellen Sinne der Produzenten, ausfallen. Wenn man aber auch diejenigen Studien einbezieht, die wegen Unwirksamkeit oder sonstwie unerwünschter Ergebnisse erst gar nicht veröffentlicht wurden, sind plötzlich nur noch nicht viel mehr als 50 Prozent der Studien positiv, also kaum mehr als per Zufall. Kein Wunder also, dass nach Erfahrung vieler Kliniker nur in circa 10 Prozent der Fälle Antidepressiva eine wirklich heilsame Wirkung entfalten. Wie mag dieses Verhältnis wohl bei den vielen Ritalinstudien aussehen? Misstrauen ist angeraten.

17.5 Plötzliche Todesfälle

Wie das Deutsche Ärzteblatt berichtete, hat es 2004 allein in USA 14 tote Kinder im Zusammenhang mit dem Stimulans Adderall gegeben. Das Medikament, mit dem auch ADHS behandelt wird, wurde deshalb in Kanada (nicht in den USA) vorerst verboten. Auch Madelyn Gould von der Columbia Universität in New York City bestätigt einen Zusammenhang zwischen Stimulanzienbehandlung und (seltenen) plötzlichen Todesfällen bei Jugendlichen (Gould et al. 2009).

Gould hat im Auftrag der amerikanische Zulassungsbehörde FDA und des National Institute of Mental Health, USA, die Krankenakten von 564 Kindern ausgewertet, die in den Jahren 1985 bis 1996 an einem plötzlichen Herztod gestorben waren. Ihre Studie weist zwar methodische Fehlerquellen auf, dennoch ist die FDA der Frage nachgegangen, ob die Psychostimulanzien, die zur Behandlung der Aufmerksamkeitsdefizit-/Hyperaktivitätsstörung verschrieben werden, das Risiko eines plötzlichen Herztodes erhöhen. Die europäische Arzneibehörde EMEA (European Medicines Agency) kommt daraufhin zur Einschätzung, Ritalin mit Einschränkungen für sicher zu halten. Das Committee for Medicinal Products for Human Use (CHMP) kommt nach einer Prüfung zu dem Ergebnis, dass die Vorteile des Medikaments die potenziellen Risiken mehr als aufwiegen, rät jedoch zu einer Reihe von Vorsichtsmaßnahmen. Das Medikament soll wenigstens einmal pro Jahr probeweise abgesetzt werden. Weil Methylphenidat nach Einschätzung der CHMP einige psychiatrische Erkrankungen auslösen oder verschlimmern kann – dazu zählen Depressionen, Suizidgedanken, Feindseligkeit, Psychosen und Manien –, sollten alle Patienten vor und während der Therapie sorgfältig auf Symptome dieser Erkrankungen hin untersucht werden. Auch Körpergröße und Gewicht sollten während der Therapie regelmäßig kontrolliert werden, um Entwicklungsstörungen rechtzeitig zu erkennen (Deutsches Ärzteblatt vom 16. Juni 2009).

17.6 Selbstmordgedanken durch Strattera

Seit 2005 ist der Noradrenalin-Wiederaufnahmehemmer (NRI/NARI) Atomoxetin (Markenname: Strattera; Hersteller: Lilly) in Deutschland für die Behandlung von ADHS bei Kindern zugelassen. Atomoxetin wurde eigentlich als Antidepressivum entwickelt, später dann aber auch bei der Diagnose ADHS empfohlen. Der Hersteller behauptet, dass Strattera durch die Hemmung der Wiederaufnahme von Noradrenalin ein kausales Therapieprinzip realisiere. Das ist aber sehr fraglich. Es gibt keine eindeutigen Belege dafür, dass der Neurotransmitter Noradrenalin eine wichtige Rolle bei ADHS spielt. Atomoxetin wirkt keineswegs gezielter und auch nicht nebenwirkungsärmer als Stimulanzien. In Studien zeigte sich Atomoxetin den Stimulanzien nicht überlegen. Es sollen wohl gerade solche Ärzte als Verordner gewonnen werden, die bisher vor der Verschreibung von Stimulanzien wie Ritalin zurückschrecken, weil hierfür ein Betäubungsmittelrezept ausgestellt werden muss, für Strattera aber nicht.

Strattera hat mit der Struktur des Fluoxetins deutliche Gemeinsamkeiten. Es ist bekannt, dass Serotonin-Wiederaufnahmehemmer (Antidepressiva, SSRI) wie Fluoxetin oder Paroxetin bei Kindern lebensbedrohliche Nebenwirkungen haben können. Die Hersteller haben Risikodaten dazu jahrelang unterdrückt. SSRI sollen inzwischen bei Kindern nicht mehr angewendet werden. Bei Strattera treten gehäuft Leberschäden auf, was auch vom Stimulans Pemolin (Markenname: Tradon; Hersteller: Lilly) bekannt ist und zu dessen Marktrücknahme in den meisten westlichen Ländern, zuletzt in den USA, führte. Im Jahr 2005 gab es für Strattera eine offizielle Warnung wegen erhöhtem Selbstmordrisiko und erheblichen emotionalen

Schwankungen, Reizbarkeit und aggressivem Verhalten (Arznei-Telegramm 2005). In einer Metaanalyse methodisch guter Forschungsstudien finden Bangs et al. erneut einen signifikanten Anstieg von Selbstmordgedanken bei Patienten, die mit Stattera behandelt wurden (Bangs et al. 2008).

17.7 Verringert Ritalin die Knochendichte?

Zu den häufigsten Nebenwirkungen der ADHS-Medikamente gehören bekanntlich Appetitlosigkeit, Bauchschmerzen, Schlafstörungen, aber auch Herzprobleme und Leberbeschwerden. Nun bestärkt eine aktuelle Studie den Verdacht, dass auch die Knochendichte verringert werden könnte, mit möglichen Langzeitschäden bis hin zur Osteoporose (Feuer et al. 2016). Die Studie wurde im Frühjahr 2016 sowohl beim Meeting der American Academy of Orthopaedic Surgeons in Orlando als auch beim Jahrestreffen der Endocrine Society in Boston vorgestellt. Der Studienleiter A. Feuer, New York, sagte:

> Die Jugendzeit und das junge Erwachsenenalter sind für die Knochengesundheit ganz besonders wichtige Lebensabschnitte. In dieser Zeit wird der Knochen gestärkt und die Knochendichte aufgebaut. Versäumt man es, in dieser Zeit gesunde Knochen aufzubauen, dann kann dieses Versäumnis nie mehr aufgeholt werden. (Feuer et al. 2016)

Feuer et al. fanden, dass Kinder, die Methylphenidat eingenommen hatten, eine geringere Knochendichte aufwiesen als Kinder ohne das Medikament.

17.8 Die Cochrane-Studie

Die renommierte Cochrane Collaboration erstellte inzwischen die bisher umfangreichste Metaanalyse zu Methylphenidat bei ADHS. Die Forscher um O. J. Storebø von der Universität Süddänemark bezogen 185 Studien mit circa 12.000 Kindern und Jugendlichen ein und stellten unter anderem fest, dass

- die meisten bisherigen Studien von extrem schlechter Qualität sind und keine zuverlässigen Aussagen über Vor- und Nachteile der Medikation erlauben,

- Methylphenidat zwar symptomatisch wirkt, aber viel schwächer, als bisher behauptet,
- nur 9 von 185 Studien Angaben über schwere Nebenwirkungen machten, die anderen nicht,
- die Nebenwirkungen (Kopfschmerzen, Zwangshandlungen, Schlaflosigkeit, Tics, zwanghaftes Grübeln) insgesamt unterschätzt werden,
- insgesamt Studien zu den Langzeiteffekten der Medikation bei Kindern und Jugendlichen fehlen (Cochrane Collaboration 2015).

17.9 Zur Psychologie der ADHS-Diagnose und Medikation

Die psychologischen Folgen einer ADHS-Diagnose bei Kindern, mit ihren Implikationen für die Eltern-Kind-Beziehungen sowie die psychologischen Auswirkungen einer medikamentösen Langzeitbehandlung sind sehr ernst zu nehmen, aber noch völlig unerforscht. Kliniker erleben immer wieder mit Erschrecken, wie sich die Gesellschaft lieber der Psychopharmaka bedient, als an den Umweltbedingungen der Kinder etwas nachhaltig zu verbessern. Wenn ein Kind viele Jahre lang unter seiner gestörten Familie leidet, aber lediglich medikamentös beruhigt wird, kommt dies einer modernen Form der Kindesmisshandlung gleich.

Die psychosozialen Implikationen einer Ritalinbehandlung von Kindern dürfen nicht länger ausgeblendet bleiben. Kinder nehmen Ritalin in der Regel widerwillig, weil sie sich zu Recht gegen die stigmatisierende Zuschreibung einer damit angeblich verbundenen Krankheit wehren. Viele Kinder fühlen sich unter Ritalineinwirkung nicht mehr wie „sie selbst". Oder sie erleben die Medikamentierung als Strafe für „schlechtes" Verhalten. Viele dieser Kinder wachsen im Bewusstsein heran, bei ihnen im Hirn sei sozusagen „eine Schraube locker", ihr Gehirn sei irgendwie gestört oder kaputt. Die Psychiatrisierung der Kinder ist selbst eine Krankheitsursache. „Die Diagnose ist die häufigste Krankheit", stellte schon Karl Kraus fest. Die Auswirkungen einer ADHS-Diagnose und einer medikamentösen Behandlung kindlicher Verhaltensschwierigkeiten auf Selbstwertgefühl und psychosoziale Entwicklung der Kinder sind sicher erheblich, werden aber bisher wissenschaftlich völlig ignoriert.

Die meisten Eltern von ADHS-Kindern haben erhebliche Probleme, ihren Kindern zu erklären, warum sie Tabletten nehmen sollen. Im Unterschied zu eindeutigen medizinischen Krankheiten wie zum Beispiel der

Zuckerkrankheit spielt hier das ganz natürliche elterliche Schuldgefühl eine große Rolle, an den Problemen des Kindes stärker mitverantwortlich zu sein. Sie wollen ihrem Kind nicht einreden, es leide an einer Hirnstoffwechselstörung, weil sie es im Grunde selbst oft nicht glauben. Und auch, wenn sie es tatsächlich glauben, befürchten sie zu Recht eine unnötige lebenslängliche Traumatisierung des Selbstwertgefühls des Kindes. Die Kinder ahnen denn auch meistens, dass mit ihnen irgendetwas nicht stimmen soll, im Unterschied zu ihren Freundinnen und Freunden. Je nach Familiendynamik protestieren die Kinder mehr oder weniger offen. Manche täuschen die Pilleneinnahme nur vor. Andere wollen die Pillen immer nur verrührt in einen süßen Brei einnehmen. Ich kenne Mütter, die ihrem Kind bisher lieber gar nichts von der Notwendigkeit einer Medikamenteneinnahme erzählt haben und die Pillen heimlich in irgendetwas einrühren. Eine Mutter lehnte aus diesem Grund die Gabe eines Retardmittels ab (ein Mittel, das über den Tag verteilt zeitlich verzögert im Magen ausgeschüttet wird), weil man es nicht pulversieren kann. Die gestörte vertrauensvolle innerfamiliäre Kommunikation, die möglicherweise bereits im Vorfeld ursächlich zur Ausbildung der ADHS-Symptome beigetragen hatte, wird auf diese Weise zusätzlich chronifiziert. Man kann annehmen, dass solche Beziehungsstörungen genau die Symptomatik erzeugen bzw. verstärken, die mit Ritalin behandelt werden sollen. Aber auch in Familien, in denen ganz offen über ADHS kommuniziert wird, wachsen die Kinder im Bewusstsein einer angeblich hirnfunktionell bedingten Störung heran, was nicht ohne Folgen auf ihr Selbstwertgefühl bleiben wird.

17.10 Ritalin wirkt auch ohne ADHS

Die USA-Forscher Rapoport und Inoff-Germain stellen in einem kurzen Bericht über den Forschungsstand fest, dass man seit der Entdeckung der Stimulanzienwirkung auf hyperkinetisches Verhalten durch Bradley und Bowen im Jahre 1941 fast ausschließlich hyperkinetische Schulkinder untersucht hat. Weil Stimulanzien, die allgemein als das Gehirn anregende Mittel gelten, bei diesen Kindern aber beruhigend wirkten, wurde ihre Wirkung als „paradox" bezeichnet. Forschungen der Methylphenidatwirkung bei gesunden Kindern und Jugendlichen und bei solchen mit von ADHS unabhängigen Störungen (zum Beispiel psychoreaktive Verhaltensstörungen) sowie bei jungen Erwachsenen machen aber deutlich, dass Stimulanzien bei gesunden und bei hyperkinetischen Menschen sehr ähnliche Wirkungen auf das Verhalten haben (Rapoport und Inoff-Germain 2002).

Die hirnphysiologische Wirkung von Methylphenidat mag sich bei verhaltensgestörten bzw. ADHS-Kindern im Vergleich zu gesunden unterscheiden (Moll et al. 2003), das resultierende Verhalten ist dennoch sehr ähnlich und lässt keinen diagnostischen Rückschluss zu. Der von Moll et al. gefundene Unterschied belegt denn auch nur die je nach Hirnfunktion unterschiedliche physiologische Stimulanzienwirkung, ohne auch nur ansatzweise eine Aufklärung des allgemeinen kausalen Zusammenhangs zwischen Hirnfunktion und Verhalten liefern zu können.

Die Erkenntnis, dass Stimulanzien praktisch in jedem Fall, ob gesund oder gestört, eine vergleichbare verhaltensändernde Wirkung haben, ist von sehr großer Bedeutung bei ADHS. Wie erwähnt stellte ja bereits die Ehefrau des Methylphenidaterfinders Panizzon, Rita, fest (s. Kap. 3 „Gibt es ADHS überhaupt?"), dass der Stoff ihre Tenniskünste verbesserte. Nach wie vor glauben Eltern und (leider auch) Fachleute nämlich, dass Ritalin eine spezifische Medizin für ADHS sei. „Wenn mein Kind ADHS hat, ist Ritalin die richtige Medizin", liest man in Internetforen. So, als würde man sagen, ich habe Kopfschmerzen, also ist Aspirin die richtige Medizin. Dass Kopfschmerzen (so wie ADHS) sehr viele Ursachen haben können (bei Kopfschmerz zum Beispiel von Stress bis Hirntumor), wäre gleichgültig: Hauptsache die Pille hilft!

Immer noch glauben viele Eltern, die Wirkung von Ritalin etc. beweise das Vorliegen einer Hirnfunktionsstörung bei ihrem Kind, so, als handele es sich um ein heilendes Medikament gegen eine spezifische Krankheit. Ritalin gleiche einen Mangel im Gehirn aus, einen Dopaminmangel, so wie Insulin gespritzt werde, um einen entsprechenden Mangel auszugleichen. Fachleute, die dies noch vor wenigen Jahren ebenfalls geglaubt haben, behaupten dies alles heute nicht mehr, denn längst hat sich gezeigt, dass Ritalin eine milde Droge ist, die bei nahezu allen Menschen wirkt, ganz unabhängig von einer ADHS-Diagnose. Methylphenidat, ein Amphetaminabkömmling, ist dem Kokain sehr ähnlich und sogar stärker als dieses. Es gleicht keineswegs irgendeinen Mangel im Gehirn aus. Es ist keineswegs ein spezifisches ADHS-Medikament.

Wang et al. haben einer Gruppe gesunder erwachsener Freiwilliger übliche Medikamentendosen von Methylphenidat verabreicht und dann PET-Scans ihrer Hirne gemacht. Genau wie Kokain verringerte Ritalin die Hirndurchblutung um 23–30 Prozent, und zwar in allen Hirnregionen, auch in den Frontallappen, in denen die höchsten menschlichen Funktionen lokalisiert sind (Wang et al. 1994). Das menschliche Hirn wird also als Folge der Ritalingabe schlechter ernährt und mangelhaft mit Sauerstoff versorgt. Wenn die Durchblutung des Herzens mangelhaft ist, kann ein ernster

Herzfehler entstehen. Welche Wirkung mag die Ritalin-bedingte Mangeldurchblutung und -versorgung des Gehirns bei Kindern auf Dauer haben? Dass in vielen Studien bei ADSlern kleinere Hirne gefunden wurden, könnte hierin eine Erklärung finden, denn diese Versuchspersonen waren oft mit Psychostimulanzien behandelt worden. In einer bereits klassischen Studie haben Rapoport et al. 10-jährigen gesunden Jungen eine Einzeldosis Dextroamphetamin gegeben und festgestellt, dass sie daraufhin deutlich motorisch ruhiger und konzentrierter wurden. Die Autoren bezweifeln deshalb auch die gängige Auffassung einer Hirnfunktionsstörung, derzufolge ADHS-Kinder spezifisch oder gar „paradox" auf Methylphenidat reagieren würden (Rapoport et al. 1978).

Methylphenidat ist also eine mild dosierte Droge, die zwar als Medikament eingesetzt wird, die aber nicht spezifisch gegen ADHS wirkt, sondern auch bei ganz normalen Kindern. Diese Erkenntnis hat weitreichende Folgen sowohl für das Verständnis angeblich ADHS-typischer Verhaltensweisen als auch für das gesamte Konstrukt ADHS. Eine sorgfältige Diagnostik von ADHS (soweit überhaupt möglich) ist damit keine Bedingung für die breite Wirksamkeit des Stoffes. Die starke Zunahme medikamentierter Kinder erklärt sich nicht mit einer verbesserten Diagnostik von ADHS, sondern ganz allein mit der breiten und unspezifischen, motorisch beruhigenden und konzentrationssteigernden Wirksamkeit der milden Droge Ritalin. Die Diagnose wird immer häufiger zu einer Alibi-Begründung.

Mein Fazit: Stimulanzien wie Ritalin sind für alle Menschen, also auch Kinder, prinzipiell nichts anderes als Aquavit, Weizenkorn, Heroin, Kokain oder Klosterfrau Melissengeist: Sie erleichtern, heitern auf, „bereichern" vorübergehend die Seele und das Leben, regen an, schärfen vorübergehend künstlich (und einseitig) einige Sinne (andere nicht). Für die wirklich ernsthafte und dauerhafte Alltagslösung der Entwicklungsprobleme unserer Kinder eignen sie sich aber wohl kaum. Im Gegenteil: Sie schaden meistens, weil sie künstlich-pharmakologisch ruhigstellen und so von realen Verbesserungen für unsere Kinder und von der ernsthaften Lösung ihrer seelischen Probleme abhalten.

17.11 Ritalin hemmt das Wachstum

Ob regelmäßige Methylphenidatgaben das Wachstum der Kinder beeinflussen, wird schon lange diskutiert. In letzter Zeit hatte sich die Auffassung verbreitet, dass es keinen diesbezüglichen Einfluss gibt. Nun zeigen aber Lisska und Rivkees aus USA in einer vergleichenden und prospektiven Studie, dass es doch einen eindeutigen Zusammenhang gibt: Tägliches Methylphenidat (Ritalin) verlangsamt das Körperwachstum der Kinder. Die Kinder bleiben 2–3 cm unter ihrer normalen Körpergröße zurück und holen diesen Rückstand später nach Absetzen des Medikaments auch nicht mehr auf (Lisska und Rivkees 2003). Das Wachstum von 84 täglich mit Methylphenidat behandelten Kindern wurde 2 Jahre lang mit demjenigen ihrer unbehandelten Geschwister verglichen. Es zeigte sich ein signifikanter Unterschied in dem Sinne, dass die Medikation das Wachstum verlangsamte und dies auch im Zusammenhang mit unterschiedlichen Medikamentendosierungen (10–80 mg täglich). Die Autoren, die auf den dramatischen Anstieg der Methylphenidatgabe im letzten Jahrzehnt aufmerksam machen, folgern aus ihrer Studie, dass der wachstumsverzögernde Effekt von Methylphenidat stärker ist als bisher angenommen. Auch Zhang et al. bestätigen die Wachstumsstörung. Sie verglichen in einer Langzeitstudie über 2–4 Jahre hinweg, wie sich Methylphenidat auf das Längenwachstum der Kinder auswirkt. Sie fanden einen zwar nicht sehr großen, aber dennoch eindeutigen Effekt: Mit Methylphenidat behandelte Kinder blieben in ihrem Längenwachstum (aber nicht in ihrem Gewicht) hinter den unbehandelten Kindern zurück (Zhang et al. 2005). Ritalin hemmt also das Wachstum unserer Kinder. Sie bleiben kleiner, werden aber sozusagen breiter.

17.12 Seifenblase Ritalin

Wenn von Therapie der ADHS gesprochen wird, wird zwar offiziell eine multimodale Therapie empfohlen (also eine Kombination von erstrangiger psychotherapeutischer und stets nachrangiger medikamentöser Behandlung). Im Alltag ist das aber nach wie vor die Ausnahme. Überwiegend bedeutet „Therapie" die ausschließliche, nicht selten jahrelange und oft stetig dosisgesteigerte Gabe von Psychopharmaka. Wenn überhaupt eine Art von Psychotherapie stattfindet, dann eine nachrangig-nebensächliche, die sich allein aufs Kind, nicht aber systemisch auch auf die Eltern und die gesamte Familie und das psychosoziale Umfeld bezieht. Meist wird sie von Betroffenen denn auch nicht sehr ernst genommen. Meist wissen die Eltern gar nicht, was mit ihrem Kind in der Psychotherapie geschieht. Kein Wunder auch: Ritalin wirkt prompt und mühelos. Wozu psychotherapeutisch hart an sich arbeiten, wenn es die Pharmaindustrie im Gehirn so einfach zu erledigen scheint? Pille einwerfen und gut!

Die Kurzzeitwirkung von Ritalin auf menschliches Verhalten ist eindeutig belegt. Dabei ist die Diagnose eher unwichtig, der Stoff wirkt, wie gesagt, in vielen Verhaltensbereichen. Eine der ersten Anwendungen war ja bekanntlich die Ruhigstellung von amerikanischen Ghetto-Kindern in chaotischen Schulklassen Wenn es aber um die therapeutische Langzeitwirkung geht, sieht es mager aus. Ausschließlich mit Ritalin behandelte Kinder haben keine bessere Langzeitprognose als unbehandelte (Charles und Schain 1981). Nur mit Ritalin behandelte ADHS-Kinder wurden später 10- bis 20-mal so oft kriminell wie unauffällige Kontrollkinder (Satterfield et al. 1982). Auch die Langzeitergebnisse der bereits erwähnten MTA-Studie zeigen (s. Abschn. 10.1 „Die MTA-Studie"), dass Ritalin keine dauerhaften Verhaltensänderungen bewirkt, die einer psychotherapeutischen oder hausärztlichen Behandlung überlegen wären (Molina et al. 2009). Biederman behauptet zwar, Stimulanzien würden gegen spätere psychiatrische Störungen schützen (Biederman et al. 2009), während Cherland genau das Gegenteil findet, nämlich eine erhöhte psychotische Symptomatik bei medikamentierten Kindern (Cherland und Fitzpatrick 1999).

Die Therapieeffekte bei Ritalin zerplatzen in Wahrheit wie eine Seifenblase, sobald man die Pille absetzt, von den bekannten und unbekannten (Langzeit-)Nebenwirkungen ganz zu schweigen. Die aus dieser Beobachtung hergeleitete Behauptung, ADHS sei unheilbar und müsse deshalb lebenslänglich medikamentiert werden, ist zynisch und hat nur den Umsatz der Pharmaindustrie im Auge. Von wirklicher Therapie kann im Grunde gar keine Rede sein. Menschliches Verhalten wird nur vorübergehend im Sinne einer soziokulturellen Erwünschtheit medikamentös angepasst. Es muss nun endlich die offizielle Lesart ernst genommen werden: Erstrangig muss Psychotherapie/Psychoedukation im Sinne eines systemischen Ansatzes sein, in die sich eine Medikamentation im Einzelfall hilfreich einfügen kann. Wie gesagt: im wohl überlegten Einzelfall, also in geschätzten 10 Prozent der ADHS-Fälle bzw. bei circa 5000 der gegenwärtigen 50.000 deutschen „Ritalin-Kinder". Die billige Pille muss nachrangig sein. Das müssen uns unsere teuren Kinder endlich wert sein. Denn psychotherapeutisch erzielte Verhaltensänderungen haben entscheidende Vorteile: Sie sind keine Seifenblasen, sondern nachhaltig. Sie haben keine solch gravierenden Nebenwirkungen. Sie setzen keine stigmatisierende hirnfunktionelle Krankheitsdiagnose voraus.

Wie wichtig es ist, dass Ritalin erst nach psychoedukativen und psychotherapeutischen Maßnahmen das allerletzte Mittel sein darf, zeigt eine Studie von Greenhill et al. von der Columbia University, USA. In dieser Studie ging es eigentlich darum, die Wirksamkeit von Ritalin bei Vorschulkindern zu untersuchen. Im Unterschied zu fast allen anderen ähnlichen Pharmastudien mussten die Eltern der sorgfältig ADHS-diagnostizierten Kleinkinder im

Alter von 3–5 Jahren aber erst ein Verhaltenstraining absolvieren, bevor ihre Kinder Ritalin erhalten konnten. Und siehe da: Zur Überraschung der Forscher war die Hälfte aller Eltern nach Ablauf dieses 3-monatigen Trainings mit den Verbesserungen ihrer Kinder bereits so zufrieden, dass sie keine weitere Behandlung mehr brauchten, also auch kein Ritalin für ihr Kind (Greenhill et al. 2008). Dies bestätigt die klinische Erfahrung, dass ADHS besonders im Kleinkindalter fast immer allein durch psychoedukative Maßnahmen – vor allem auch bei den Eltern – und völlig ohne Psychostimulanzien „geheilt" werden kann. Bevor Kinder also Ritalin bekommen, sollten psychoedukative Hilfen immer erst ernsthaft ausgeschöpft sein. Auch bei Eltern, die sagen, sie hätten dies bereits erfolglos hinter sich gebracht. Auch sie sollten es erneut versuchen, denn oft waren die bisherigen Hilfsprogramme oder die bisherigen Therapeuten schlecht oder nicht angepasst, oder die Eltern waren nicht richtig einbezogen oder motiviert.

17.13 Macht Methylphenidat Krebs?

Eine Studie von El-Zein et al. aus dem Jahr 2005 an 12 Kindern, die mit Methylphenidat behandelt wurden, hat ein Besorgnis erregendes Ergebnis erbracht: Bei allen Kindern der untersuchten Stichprobe wurde schon nach kurzer Zeit der Einnahme von Methylphenidat eine alarmierende Veränderung in den Chromosomen festgestellt. Dies erbrachten Bluttests, die sonst auch zur Feststellung eines Krebsrisikos eingesetzt werden. Die Forscher sprechen in allen diesen Fällen von einem dreifach höheren Risiko, an Krebs zu erkranken. Sie betonen aber auch, dass die Untersuchungen nur bei 12 Kindern durchgeführt wurden und noch der Ausweitung bedürfen, um wirklich zuverlässig zu sein. Die Autoren bekunden ihr Erstaunen darüber, dass bislang so wenige solcher Studien über Nebenwirkungen durchgeführt wurden, obwohl man bereits 1996 bei Mäusen Leberkrebs nach Einnahme von Methylphenidat festgestellt hatte. Die weltweite millionenfache Verschreibung von Methylphenidat an Kinder hätte solche Untersuchungen dringend erfordert – aber sie fanden aus irgendwelchen Gründen bisher nicht statt (El-Zein et al. 2005). Holtmann et al. geben ebenfalls zu bedenken, dass der Einsatz von Methylphenidat wegen des Verdachts, beim Menschen könnten zytogenetische Veränderungen ausgelöst werden, kontrovers debattiert werde. Angesichts der widersprüchlichen Befunde tierexperimenteller Daten sei der Mangel an toxikologischen Langzeitdaten zu Methylphenidat beim Menschen beunruhigend. Zwar sollten nicht vorschnell Schlüsse hinsichtlich einer mutagenen Gefährdung gezogen werden, aber der durch El-Zein aufgeworfene Verdacht erfordere eine fundierte Klärung (Holtmann et al. 2006). Daraufhin untersuchten Walitza et al. erneut eine kleine Zahl von Kindern und kamen zum Ergebnis, dass es keinen Anlass zur Sorge gäbe. Sie hatten keine auffallenden zytogenetischen Veränderungen festgestellt. In ihrer Studie wurde 8 Kindern ein halbes Jahr lang Methylphenidat verabreicht, 9 weiteren Kindern längere Zeit (Walitza et al. 2007).

Welches vorläufige Resumee lässt sich aus diesen beiden Studien ziehen, die in einer sehr ernsten Frage zu völlig entgegengesetzten Ergebnissen führen? Nun, diese Studien sind schon in Bezug auf ihre untersuchten Kinder nicht ohne Weiteres vergleichbar. Während die Studie von El Zain 6 nordamerikanische weiße, 4 schwarze und 2 spanische Kinder umfasste, gab es in der Studie von Holtmann nur deutsche Kinder. Genetische Unterschiede der Stichproben können also eine Rolle gespielt haben. In beiden Studien waren die Stichproben zudem sehr klein. Es ist obendrein fraglich, ob die ADHS-Diagnosen von US-amerikanischen Kindern und deutschen Kindern vergleichbar sind. Ein einigermaßen beruhigendes Ergebnis steht hier also aus. Man kann nur wiederholen, dass es sehr beunruhigend ist, wenn bislang so wenige solcher Studien zu solch einem existenziellen Thema durchgeführt wurden.

17.14 Dr. Peter R. Breggin

In seinem Buch „Das Ritalin-Tatsachen-Buch – Was Ihnen Ihr Arzt über ADHS und Stimulanzien nicht erzählen wird", das interessanterweise bisher in Deutschland nicht erschienen ist, schildert der berühmte US-Psychiater Peter R. Breggin einen für US-Verhältnisse nicht untypischen Fall einer medikamentösen Behandlung bei einem kleinen Jungen, die ich Ihnen nicht vorenthalten möchte. In Deutschland mag es solche drastischen Fälle wohl eher selten geben, aber es gibt viele Kinder, die mit mehreren Psychopharmaka gleichzeitig behandelt werden. Und dahinter steckt meist dieselbe Denke wie im folgenden Fallbeispiel (aus: Breggin 2002, S. 5–15; Übersetzung aus dem Englischen H.-R. Schmidt; mit freundlicher Genehmigung des Autors):

Alecs Geschichte
Alecs Reise durch die medikamentenorientierte biologische Psychiatrie wird vielen Eltern, die ihre Kinder bei ähnlichen Erlebnissen begleiteten, unheimlich bekannt vorkommen. Geschichten wie diese werden in der modernen Psychiatrie leider immer alltäglicher. Sie beleuchten lebendig und

schmerzhaft die Gefahren psychiatrischer Diagnosen und der medikamentösen Behandlung von Kindern.

Alec kam in schrecklichem Zustand in meine Praxis. Körperlich und psychisch war er mit seinen 11 Jahren unreif. Er war mager, und die Selbstkontrolle seiner Gefühle war sehr gering. Alec hatte alle seine Freunde verscheucht und sein älterer Bruder wollte nie mehr mit ihm sprechen. Sogar sein Fußballtrainer hatte es mit ihm aufgegeben, und seine Schule machte Druck, ihn in eine Einrichtung für ernsthaft emotional Gestörte zu geben.

Alec wimmerte, jammerte oder bekam bei der geringsten Herausforderung einen heftigen Wutanfall. Aber hinter all seiner gespielten Tapferkeit konnte man leicht das verwundete, verletzte Kind spüren. Wenn er davon sprach, „sterben zu wollen" oder dass ihn „alle hassen", fühlte ich bei ihm echte Verzweiflung über sein Leben. Wenn ich echte Anteilnahme an ihm zeigte, hörte er auf zu klagen und war eifrig bemüht, zu hören, was ich zu sagen hatte.

Als Alec mich aufsuchte, hatte er bereits seit mehr als 5 Jahren psychiatrische Medikamente genommen. Sein Psychiater verschrieb ihm gleichzeitig 5 Psychiatrika: das langwirkende Stimulans Concerta, den milden Stabilisator Depakote (Divalproex), das Sedativum Klonopin (Klonazepam), das beruhigende Antihypertonikum Clonidine und das Erwachsenen-Antipsychotikum Risperdal (Risperidone). Alec entwickelte daraufhin Gesichtszuckungen und Spasmen und hatte erzählt, wie abends vor dem Einschlafen in seinem Zimmer „Geister" erscheinen. Sein voriger Psychiater hatte daraufhin erklärt, Alec habe Halluzinationen. Er warnte, Alec würde Zeichen einer sich entwickelnden kindlichen Schizophrenie zeigen und müsste wahrscheinlich in die Klinik, damit man seine Medikation intensivieren könne.

Was hat solch ein Fall mit ADHS zu tun?
Alecs erste Diagnose im Alter von 6 Jahren war ADHS. Damals bekam er Ritalin. Er hätte aber auch mit einem anderen Stimulans beginnen können, das Ergebnis wäre wahrscheinlich dasselbe gewesen. Ich riet Alecs Eltern, die Behandlung erst einmal nur mit den Erwachsenen zu beginnen und Alec erst später zu einem eigenen Termin hinzu zu ziehen. Ich wollte von Anfang an die Bedeutung der Erwachsenen betonen, sich zusammen zu setzen und die Ursachen und Lösungen für Alecs Probleme zu verstehen. Von Beginn an stellte ich klar, dass Alecs Probleme nicht, wie man ihnen bisher erzählt hatte, irgendeiner Hirnstörung entspringen. Ich wusste, wir würden Alec auf den richtigen Weg bringen, wenn wir die Belastungen und Konflikte

in seiner Umgebung lösen. Während Alec daran arbeiten würde, seine Einstellung und sein Verhalten zu verändern, würden seine Eltern und Lehrer ihre Bemühungen, ihn zu fördern und zu erziehen, verbessern.

Auf meinen Rat hin brachten Alecs Eltern seine mütterliche Großmutter mit, die täglich mit ihm zusammen war, während die Eltern beide berufstätig waren. In der ersten halben Stunde dieser Sitzung wurde offenkundig, dass die gesamte Familie einen wichtigen Punkt in Alecs Leben vergessen hatte: dass Alec mit 6 Jahren ein normales Kind gewesen war, als der Kinderarzt mit Ritalin anfing.

Die Medikation hatte, wie in so vielen Fällen, mit einer Empfehlung der Schule, ihn untersuchen zu lassen, begonnen. Mit Beginn der zweiten Klasse hatte die Lehrerin festgestellt, dass Alec in der Schule nicht aufpasse, tagträume und leicht ablenkbar sei, dass er manchmal „ADHS-Verhaltensweisen" zeige, wie Dazwischenrufen und „ohne Erlaubnis vom Stuhl Aufstehen". Sie empfahl den Eltern eine Untersuchung auf ADHS und gab ihnen ein Blatt mit der Überschrift „Connor-Skala" mit, auf dem sie schon mal angekreuzt hatte, welche besonderen Verhaltensweisen Alec zeige.

Die Connor-Skala ist, wie die offiziellen diagnostischen Kriterien für ADHS, nichts anderes als eine Liste von typischen Verhaltensweisen von Kindern, die in einer Schulklasse die besondere Aufmerksamkeit des Lehrers herausfordern. Die Lehrerin hatte aber an einem ADHS-Workshop teilgenommen und dort gelernt, dass die Connor-Skala ein zuverlässiges Diagnoseinstrument sei, um ADHS festzustellen.

Bis zu diesem Punkt hatte Alec nie ein Problem zu Hause gehabt. Er war ein niedlicher kleiner Junge, der mit allen gut zurechtkam, sogar mit seinem älteren Bruder. Der Kinderarzt jedoch warf einen Blick auf die Connor-Skala, stimmte zu, dass Alec ADHS habe und verordnete Ritalin. Die schulischen und medizinischen Berichte, die die Eltern mitgebracht hatten, zeigten, dass Alec sich innerhalb weniger Tage nach dem Ritalin-Start „verbessert" hatte. Die Lehrerin berichtete, dass der kleine Junge nun „viel leichter in der Klasse zu haben" sei und sein „störendes Verhalten" verschwunden sei. Es schien wie ein Wunder.

Aber innerhalb weniger Monate verschlimmerte sich Alecs Verhalten und zum ersten Mal bekam er deshalb ein kleines Problem zu Hause. Der Kinderarzt erhöhte die Ritalin-Dosis, und Alec „verbesserte" sich wieder für eine Weile. Der Kinderarzt versicherte den Eltern, alles sei nur eine Frage der richtigen Einstellung auf das Medikament.

Dieser Kreislauf wiederholte sich mehrere Male. Mit Dosiserhöhungen und dann mit Veränderungen der Stimulansbehandlung wurde Alec jeweils vorübergehend zu Hause und in der Schule ruhiger und umgänglicher.

Und dann wurde sein Verhalten jeweils schlimmer als je zuvor, und die Dosis wurde wieder erhöht oder verändert. In meiner ersten Sitzung mit den Erwachsenen der Familie wurde deutlich, dass die dauernden Hochs und Tiefs unter dem Einfluss der Medikamente ihre Hoffnung genährt, den Blick auf die Wirklichkeit der krankmachenden Medikamente aber verdunkelt hatten.

Die Großmutter erinnerte sich, dass Alec innerhalb weniger Wochen nach dem Ritalin-Beginn abends zunehmend unruhiger wurde. Er wurde ängstlich und rebellisch und weigerte sich, zu Bett zu gehen. Sein Kinderarzt – anscheinend unwissend, dass man agitierten Kindern kein Stimulans geben darf – erhöhte tatsächlich Alecs Dosis durch die zusätzliche Gabe einer Nachmittagsdosis. Als Alec weiterhin zunehmend unruhiger wurde, verschrieb er ihm zusätzlich das Beruhigungsmittel Klonopin, um ihn zu beruhigen und schlafen zu lassen. Als die Eltern einmal vergaßen, die Medikamente auf einen Wochenendausflug mitzunehmen, artete Alecs Verhalten erschreckend aus. Er benahm sich wie ein „Monster", das man mit Gewalt daran hindern musste, sich selbst und seine Familie körperlich zu verletzen.

Alecs Eltern riefen an diesem Wochenende den Notarzt an, aber der Kinderarzt sagte ihnen nichts über mögliche ernsthafte Entzugserscheinungen von Ritalin und Klonopin. Er deutete nicht einmal an, dass Alecs Verschlechterung daher kommen könnte. Stattdessen sagte er nur, Alec dürfe die Medikamenteneinnahme niemals unterbrechen, nicht bis an sein Lebensende. Alec war damals 8 Jahre alt.

Alecs Verhalten wurde durch die Medikamente immer schlimmer. Gegen Ende der dritten Schulklasse überwies ihn der Kinderarzt zu einem Psychiater, der der Familie als landesweit anerkannter Fachmann für die medikamentöse Behandlung von Kindern beschrieben wurde.

Der Psychiater hörte sich die Geschichte an und erklärte: „Bei Ihrem Sohn entwickelt sich eine bipolare Störung!" Die Behandlung des Kinderarztes sei bisher zwar richtig gewesen, aber nun komme eine grundlegende genetische und biologische „bipolare Störung" an die Oberfläche. Er erklärte weiter, bipolare Krankheit sei ein anderer Ausdruck für manisch-depressive Krankheit und Alec zeige leichte Wechsel zwischen Manie-ähnlicher Störbarkeit zur Depression. Er stimmte dem Kinderarzt darin vollkommen zu, dass Alec für den Rest seines Lebens Medikamente nehmen müsse.

Der Psychiater erwähnte mit keinem Wort, dass Ritalin, wie jedes Stimulans, extremen Kontrollverlust bewirken kann und dass in Kombination mit Klonopin oder irgendeinem anderen Tranquilizer die Wahrscheinlichkeit für eine „Enthemmung" mit sehr bedrohlichem emotionalen Kontrollverlust steigt. Stattdessen verschrieb er zusätzlich Depakote, um die „bipolare Störung" unter Kontrolle zu bekommen.

Alec war inzwischen neuneinhalb Jahre alt und ging in die vierte Klasse. Als er Schulangst entwickelte und zunehmende Ängste und Unruhe zeigte, verschrieb der Psychiater noch Clonidine, ein Antihypertonikum für Erwachsene. Damit war der Junge unter dem Einfluss von 4 Psychopharmaka: Adderall, Klonopin, Depakote und Clonidine.

Der Psychiater versäumte zu erwähnen, dass Clonidine bei keiner einzigen psychiatrischen Krankheit zur Behandlung zugelassen ist. Stattdessen erzählte er den Eltern, es werde als „mildes Stabilisierungsmittel" verwendet. In Wirklichkeit ist Clonidine ein gefährliches Medikament zur Behandlung von Hypertonie bei Erwachsenen, das inzwischen zur bevorzugten Behandlung aufsässiger Kinder verwendet wird, weil es sie stark ruhigstellt. Ich habe erlebt, wie Kinder unter Clonidine mitten in der Sitzung einschlafen. Der Psychiater versäumte auch, den Eltern zu sagen, dass Clonidine in Verbindung mit einem Stimulans die Herzfunktion stören und tötliche Arrhythmien verursachen kann. Jedoch warnte er sie zutreffend davor, dass der Blutdruck steigen könne, wenn sie Clonidine plötzlich absetzen.

Als Alecs Verhalten unter den 4 Medikamenten immer heftiger und explosiver wurde, bestätigte der Psychiater, dass Alec eine bipolare Störung habe. Während des Schuljahres veränderte er einige der Dosierungen und experimentierte mit verschiedenen Stimulanzien. Inzwischen begann Alec zu erzählen, dass er sich umbringen wolle. Voller Angst und Enttäuschung brachten die Eltern Alec zu einem weltberühmten Psychiater am Nationalen Institut für Seelische Gesundheit (NIMH) in Bethesda, Maryland. Der neue Arzt bestätigte „alles", was die beiden vorherigen Ärzte gemacht hatten. Aber er bot eine neue Version an. Er erklärte, die entstehende bipolare Störung sei tatsächlich eine entstehende schizoaffektive Erkrankung – eine Mischung aus bipolarer Störung und Schizophrenie. Er verschrieb das Antipsychotikum Risperdal, sodass Alecs Register nun ganze 5 psychiatrische Medikamente umfasste, einige davon in Erwachsenendosen. Alec war nun 10 Jahre alt und wog weniger als 32 kg.

Der Psychiater erklärte nicht, dass Risperdal von der FDA nur für Erwachsene und nur zur Behandlung der Schizophrenie zugelassen ist. Auch ließ er etwas weg, was er den Eltern bei einem Minimum an ethischem oder medizinischem Standard, das man von ihm verlangen kann, hätte sagen müssen und was die Eltern tragischerweise ganz allein entdecken mussten.

Drei Monate nach Risperdal-Beginn fing Alec an, seltsame Bewegungen zu machen, als ob er mit einem riesigen Kaugummi im Mund kämpfte.

Seine über sein Verhalten ohnedies frustrierten Eltern versuchten mit Gewalt, seinen Mund zu öffnen, um zu sehen, auf was er da herumkaute. Dann dachten sie, er schneide ihnen, oder schlimmer: einer nur eingebildeten Person, Grimassen. Bald begann er auch mit den Augen zu blinzeln, als sähe er Ausbrüche glitzernden Lichts.

Als die Eltern Alecs Zustand dem NIMH-Experten berichteten, erklärte er, Alec zeige Zeichen von Tourette, eine Erkrankung unklarer Ursache, die eine Mischung aus Tics und Vokalisierungen umfasse. Er sagte ihnen nicht, dass Antipsychotika wie Risperdal üblicherweise andauernde Zuckungen, wie Alec sie zeigte, verursachen.

Der Psychiater entschied, dass Alecs zunehmende Berichte über abendliche „Geister" und „seltsame Schatten" von seiner Schizophrenie-ähnlichen Krankheit ausgelöste Halluzinationen sein könnten. Er wollte Alecs Risperdal-Dosierung erhöhen, in der Hoffnung, damit sowohl die Tics als auch die Halluzinationen unter Kontrolle zu bekommen. Tatsächlich kann Risperdal – wie andere Antipsychotika auch – genau die Tics und unnormalen Bewegungen kurzzeitig unterdrücken, die es selbst verursacht; aber damit verursacht es möglicherweise erst besonders starke Entstellungen und sogar körperliche Behinderungen. In meiner Praxis habe ich Kinder untersucht, deren Genick durch Risperdal-induzierte Spasmen des Genicks und der Schulter schmerzhaft in seiner Form verdreht war. Ich habe Kinder gesehen, deren Augen sich zeitweise in die Augenhöhlen verdrehten. Ich habe ein Kind untersucht, dessen Atmung durch Zwerchfellkrämpfe gestört war. Kinder mit solchen Medikamenten-verursachten Tics und Krämpfen gehören zu den tragischsten Fällen, die ich in meiner Praxis als Psychiater untersuchen musste. Für ihre Störungen gibt es keine erfolgversprechende Therapie, und nur wenige dieser Kinder mit solch deutlichen Tics und Krämpfen wurden wieder gesund – trotz Monaten und Jahren ohne Medikamente. Wenn die Störungen erst einmal einige Wochen und Monate angedauert haben, werden sie meist irreversibel.

Alecs Großmutter rettet ihn vor dem Psychiater
Als Alec diese seltsamen Symptome zu zeigen begann, bekam seine Großmutter den Verdacht, dass die Medikamente etwas mit seinem schlimmen Zustand zu tun haben könnten. In Büchereien, Buchläden und im Internet machte sie sich über die Medikamente sachkundig. Sie entdeckte eines meiner Bücher: „Ihr Medikament ist vielleicht Ihr Problem – Wie und Warum man mit psychiatrischen Medikamenten aufhören sollte" (1999), Coautor Dr. David Cohen. Sie erfuhr, dass Alecs Tics und Krämpfe eine Tardive Dyskinesia sind, eine neurologische Erkrankung, die gewöhnlich

von Antipsychotika wie Risperdal, Mellaril, Navane, Prolixin, Thorazine und Haldol verursacht wird. Die FDA verlangt, dass alle Antipsychotika (auch Neuroleptika genannt) einen Warnhinweis auf Tardive Dyskinesia anführen müssen, inklusive der neuesten Medikamente wie Zyprexa und Seroquel. Antipsychotika produzieren in jedem Jahr ihrer Anwendung bei erstaunlichen 5–8 Prozent der Patienten Tardive Dyskinesia; bei vierjähriger Anwendung kumulativ also bei 20–32 Prozent der Patienten. Ohne wissenschaftliche Belege kamen einige Ärzte auf die Idee, Risperdal verursache nicht so stark wie andere Antipsychotika Tardive Dyskinesia. Dies ermöglichte die weitverbreitete Verschreibung bei Kindern. Ich habe viele Risperdal-verursachte Fälle von Tardive Dyskinesia gesehen, und andere Fälle werden in der Literatur dargestellt. Nachdem die Großmutter mein Buch gelesen hatte, drängte sie Alecs Eltern, mich aufzusuchen. Meine Praxis war damals voll, aber als meine Frau die tragische Familiensituation erfuhr, die Alecs Mutter auf unserem Anrufbeantworter wiederholte, sorgte sie für einen Notfalltermin bei mir. Alec war nun 11 Jahre alt und in der 5. Klasse.

Vom ersten Kontakt mit den Eltern an war klar, dass die psychiatrischen Medikamente Alec zerstörten. Wenn der Prozess anhielte, würde Alec wahrscheinlich als geistig behinderter Erwachsener mit entstellenden und sogar behindernden Tics und Krämpfen im Gesicht und am Körper, die ihn für jedermann als Verrückten erscheinen lassen, enden. Ich erklärte den Eltern, dass Stimulanzien Tics verursachen oder zu ihrer Entstehung beitragen können, aber seltener und weniger schwerwiegend als Antipsychotika. Ich bat die Eltern, Alec als Notfall noch diesen Abend zu mir zu bringen.

Als ich Alec das erste Mal sah, zeigte er eindeutige Symptome von Tardiver Dyskinesia. Obwohl ich so etwas oft genug erlebt habe, machte mich das, was ich vorfand, doch sehr traurig. Ich war wieder bestürzt, dass einer meiner Kollegen einem Kind Risperdal verschreiben konnte und dann die zerstörerischen Folgen andauernd übersah. Alecs Kaubewegungen und Gesichtstics waren schon so ausgeprägt, dass ihn seine Mitschüler deshalb hänselten. Wenn seine Tics nicht nachließen oder verschwanden, würden sie seine weitere psychosoziale Entwicklung als Teen ernsthaft gefährden. Weil der Kautic seinen Kiefer beeinträchtigte, waren auch sein Essverhalten und seine Zähne gefährdet. Wenn die Medikamente nicht abgesetzt würden, könnte das Voranschreiten der Störung jeden Körpermuskel erfassen, von den Armen, den Beinen, dem Torso bis zum Sprechen, Schlucken und Atmen. Weil Alec das Risperdal nur wenige Monate genommen hatte und weil seine Eltern bereit waren, in engem Kontakt zu mir zu bleiben, plante ich ein rasches einwöchiges Ausschleichen. Innerhalb einer Woche hatten die Eltern bereits das Gefühl, er sei schon wieder „viel mehr unser Alec".

Seine Tics und Krämpfe verschlimmerten sich allerdings vorübergehend, wie man es oft in der Entzugsphase beobachten kann, nachdem die Medikamente reduziert oder abgesetzt wurden.

Die Arbeit mit Alec
Alec war ein begabtes, mutiges Kind, das sich kämpferisch mit aller Macht gegen die Verwirrungen seines Lebens und die Gifte in seinem Gehirn zu behaupten versuchte. Ich konnte leicht den reizenden und freundlichen Jungen sehen, der aufgeblüht war, bis die psychiatrischen Medikamente in sein Leben traten. Ich erklärte Alec, seine Geschichte zeige mir, dass er an keinerlei psychiatrischer Krankheit leide und dass seine Verhaltensstörungen aus einer Kombination von Medikamenten und der Schwierigkeit seiner Eltern, ihn richtig zu behandeln, herrührten. Ich erklärte weiter, dass es eine Menge Mitarbeit seinerseits erfordern werde, sein Verhalten wieder in Ordnung zu bekommen. Ich erinnerte ihn daran, dass er, bevor er damals Medikamente bekam, keinerlei Probleme hatte, sein Verhalten zu kontrollieren, wie alle anderen Kinder auch. Er reagierte auf meine Erklärungen, wie hart er daran arbeiten müsse, um sein Verhalten wieder unter Kontrolle zu kriegen, mit überraschendem Eifer.

Daraufhin fragte er: „Was ist mit ihnen?" und machte eine heftige Bewegung in Richtung seiner Eltern. Ich erklärte, er solle sich gegenüber seinen Eltern etwas respektvoller verhalten. Er könne davon ausgehen, dass ich dies ernst meinte, und zur Überraschung seiner Eltern akzeptierte er es. Ich sagte weiter zu ihm, dass ich ihm immer versuchen würde zu antworten, wenn er in respektvoller Weise fragen würde. In dieser Hinsicht müssten auch seine Eltern und seine Großmutter ihren Teil dazu beitragen. Sie müssten eine konsistentere und vernünftigere Umgangsart mit ihm entwickeln und mehr Zeit mit ihm verbringen. „Es ist klar, dass deine Eltern und deine Großmutter dich lieben", erklärte ich, „aber ihnen wurde von Ärzten eingeredet, dass du dein Verhalten nicht kontrollieren kannst und dass sie dir dabei auch nicht helfen könnten. Das hat der ganzen Familie sehr geschadet. Wir werden diese Situation rasch ändern können, wenn sich alle darauf einigen, miteinander mit mehr Selbstbeherrschung und Respekt in der Familie umzugehen."

„Wenn Sie das sagen, Doc", sagte Alec, lachte dann über seinen respektlosen Ton und bewies seine Fähigkeit zur Selbstkontrolle, indem er respektvoller hinzufügte: „Dr. Breggin." Ich musste auch lachen. Ich mochte dieses begabte Kind.

Nach dem sofortigen Absetzen des Risperdals als Notfall setzten wir die anderen Medikamente über die nächsten Monate hin langsam ab. Die Eltern waren zutiefst dankbar, dass ihr Sohn wieder zu ihnen zurückfand. Ich arbeitete mit der ganzen Familie, gelegentlich auch mit seinen Lehrern und dem Schuldirektor, damit sie mit seinem manchmal schwierigen Verhalten umgehen konnten.

Wenn ich mit Alec gelegentlich allein war, betonte ich, dass es nicht, wie er befürchtete, der Plan der Erwachsenen sei, sein Verhalten gegen seinen Willen zu ändern. Ich erklärte ihm, wie es in seinem eigenen Selbstinteresse liege, mehr Selbstdisziplin und Verantwortung zu gewinnen. Kinder reagieren auf eine vernünftige Diskussion viel besser, als viele Professionelle zu glauben scheinen. Sie wollen wissen, wie und warum sie ihr Verhalten ändern sollen. Unglücklicherweise hatte keiner der früheren Ärzte einmal mit ihm über seine eigene Fähigkeit, sein Verhalten zu steuern, gesprochen, warum er es so und so machen sollte und wie er es tun könnte.

Alec wuchs im ersten Jahr meiner Betreuung mehrere Zoll und wurde auch kräftiger. Seine Körperhaltung wechselte von einem wütenden Buckelkerl zu einer aufrechten Lafette, und sein Gesichtsausdruck verwandelte sich von düsterem Trotz in die ganze Bandbreite normaler und oftmals angeregtester Gefühle.

Alecs Schulnoten reichten von Hart-am-Abgrund-vorbei bis meistens C, später eine Mischung aus A und B. Er wurde wieder zu dem hellen Kind, das er gewesen war, bevor er psychiatrische Medikamente bekam.

Nachdem Alec mehrere Monate medikamentenfrei war, gehörte er zu den wenigen glücklichen Kindern, deren Tardive Dyskinesia sich vollständig auflöste. Eine sorgfältige Untersuchung zeigte zwar noch unnormale Zungen- und Kieferbewegungen, besonders bei Müdigkeit oder Anstrengung, die aber, wenn sie überhaupt jemand bemerkte, wie schlechte Angewohnheiten wirkten. Wahrscheinlich wurde Alec deshalb so gesund, weil seine Großmutter sofort misstrauisch geworden war, als die Tics auftauchten, und weil wir die Medikamente rechtzeitig stoppen konnten, bevor er sie Monate und Jahre eingenommen hatte.

Nach 2 Jahren beendeten Alec und seine Eltern die regelmäßige Behandlung bei mir, aber ich höre immer noch gelegentlich von Alec. Er ruft gern mal an, um mir Guten Tag zu sagen. Er macht Fortschritte in einer regulären High-School-Klasse, zeigt weder in der Schule noch zu Hause besondere Verhaltensprobleme. Er möchte aufs College gehen. Ich bin sicher: Nachdem er sich nicht mehr für geistig krank hält und sein Hirn giftfrei ist, wird er weiter blühen und gedeihen (Breggin und Cohen 2007).

Literatur

Arznei-Telegramm. (2005). http://www.arznei-telegramm.de/register/0504044.pdf. Zugegriffen: 10. Juni 2005.

Bangs, M. E., et al. (2008). Meta-analysis of suicide-related behavior events in patients treated with atomoxetine. *Journal of the American Academy of Child and Adolescent Psychiatry.* https://doi.org/10.1097/chi.0b013e31815d88b2.

Barkley, R. A., Fischer, M., Smallish, L., & Fletcher, K. (2003). Does the treatment of attention-deficit/hyperactivity disorder with stimulants contribute to drug use/abuse? A 13-year prospective study. *Pediatrics, 111*(1), 97–109.

Biederman, J., Monuteaux, M. C., Spencer, T., Wilens, T. E., & Faraone, S. V. (2009). Do stimulants protect against psychiatric disorders in youth with ADHD? A 10-year follow-up study. *Pediatrics, 124*(1), 71–78.

Brandon, C. L., & Steiner, H. (2003). Repeated methylphenidate treatment in adolescent rats alters gene regulation in the striatum. *European Journal of Neuroscience, 18*(6), 1584–1592.

Brandon, C. L., Marinelli, M., & White, F. J. (2003). Adolescent exposure to methylphenidate alters the activity of rat midbrain dopamine neurons. *Biological Psychiatry, 54*(12), 1338–1344.

Breggin, P. R. (1999). Psychostimulants in the treatment of children diagnosed with ADHD: Risks and mechanism of action. *International Journal of Risk & Safety in Medicine, 12,*3–35.

Breggin, P. R. (2002). *The Ritalin Fact Book. What your doctor won't tell you about ADHD and stimulant drugs.* New York: Perseus.

Breggin, P. R., & Cohen, D. (2007). Your drug may be your problem. How and why to stop taking psychiatric medications. http://www.grapinar.com.br/gaia/eng/mental/psydrug/psychiatry_drug_problem.pdf. Zugegriffen: 8. Sept. 2018.

Carlezon, W. A., Jr., Mague, S. D., & Andersen, S. L. (2003). Enduring behavioral effects of early exposure to methylphenidate in rats. *Biological Psychiatry, 54*(12), 1330–1337.

Charles, L., & Schain, R. (1981). A four-year follow-up study of the effects of methylphenidate on the behavior and academic achievement of hyperactive children. *Journal of Abnormal Child Psychology, 9*(4), 495–505.

Cherland, E., & Fitzpatrick, R. (1999). Psychotic side effects of psychostimulants: A 5-year review. *Canadian Journal of Psychiatry. Revue Canadienne de Psychiatrie, 44*(8), 811–813.

Deutsches Ärzteblatt. (16. Juni 2009). ADHS: FDA untersucht plötzliche Todesfälle unter Ritalin. http://www.aerzteblatt.de/nachrichten/36977/ADHS_FDA_untersucht_ploetzliche_Todesfaelle_unter_Ritalin.htm. Zugegriffen: 31. Juli 2018.

Drug Effectiveness Review Project. (2003). http://www.ohsu.edu/drugeffectiveness/. Zugegriffen: 31. Juli 2018.

El-Zein, R. A., Abdel-Rahman, S. Z., Hay, M. J., Lopez, M. S., Bondy, M. L., Morris, D. L., et al. (2005). Cytogenetic effects in children treated with methylphenidate. *Cancer Letters, 230*(2), 284–291.

Feuer, A. J., et al. (2016). Association of stimulant medication use with bone mass in children and adolescents with attention-deficit/hyperactivity disorder. *JAMA Pediatrics.* https://doi.org/10.1001/jamapediatrics.2016.2804.

Furman, L. M. (2003). Attention-deficit/hyperactivity disorder treatment and later drug use. *Pediatrics, 112*(6), 1459–1460.

Gatley, S. J., Volkow, N. D., Gifford, A. N., Fowler, J. S., Dewey, S. L., Ding, Y. S., et al. (1999). Dopamine-transporter occupancy after intravenous doses of cocaine and methylphenidate in mice and humans. *Psychopharmacology, 146*(1), 93–100.

Gould, M. S., Walsh, B. T., Munfakh, J. L., Kleinman, M., Duan, N., Olfson, M., et al. (2009). Sudden death and use of stimulant medications in youths. *The American Journal of Psychiatry, 166*(9), 992–1001.

Greenhill, L. L., Posner, K., Vaughan, B. S., & Kratochvil, C. J. (2008). Attention deficit hyperactivity disorder in preschool children. *Child and Adolescent Psychiatric Clinics of North America, 17*(2), 347–366.

Grund, T., et al. (2006). Influence of methylphenidate on brain development – An update of recent animal experiments. *Behavioral and Brain Functions 2,* 2. https://behavioralandbrainfunctions.biomedcentral.com/articles/10.1186/1744-9081-2-2. Zugegriffen: 8. Sept. 2018.

Holtmann, M., Kaina, B., & Poustka, F. (2006). Zytogenetische Veränderungen durch Methylphenidat? *Zeitschrift für Kinder- und Jugendpsychiatrie und Psychotherapie, 34*(3), 215–220.

Hoogman, M., et al. (2017). Subcortical brain volume differences in participants with attention deficit hyperactivity disorder in children and adults: A cross-sectional mega-analysis. *Lancet Psychiatry.* https://doi.org/10.1016/s2215-0366(17)30049-4.

Hüther, G. (2002). Die Folgen traumatischer Kindheitserfahrungen für die weitere Hirnentwicklung. Arbeitsgemeinschaft für Sozialberatung und Psychotherapie. http://www.agsp.de/html/a34.html. Zugegriffen: 8. Sept. 2018.

Iversen, L. (2009). *Speed, Ecstasy, Ritalin. Amphetamine – Theorie und Praxis.* Bern: Huber.

Kenagy, D. N., Bird, C. T., Webber, C. M., & Fischer, J. H. (2004). Dextroamphetamine use during B-2 combat missions. *Aviation, Space, and Environmental Medicine, 75,*381–386.

Krause, K.-H., Dresel, St., & Krause, J. (2000). Neurobiologie der Aufmerksamkeitsdefizit-/Hyperaktivitätsstörung. *Psycho, 26.*

Lisska, M. C., & Rivkees, S. A. (2003). Daily methylphenidate use slows the growth of children: a community based study. *Journal of Pediatric Endocrinology & Metabolism, 16*(5), 711–718.

Molina, B. S., et al. (2009). MTA at 8 Years: Prospective follow-up of children treated for combined-type ADHD in a multisite study. *Journal of the American Academy of Child and Adolescent Psychiatry.* https://doi.org/10.1097/chi.0b013e31819c23d0.

Moll, G. H., Heinrich, H., & Rothenberger, A. (2003). Methylphenidate and intracortical excitability: Opposite effects in healthy subjects and attention-deficit hyperactivity disorder. *Acta Psychiatrica Scandinavica, 107*(1), 69–72.

Moll, G. H., Hause, S., Ruther, E., Rothenberger, A., & Huether, G. (2001). Early methylphenidate administration to young rats causes a persistent reduction in the density of striatal dopamine transporters. *Journal of Child and Adolescent Psychopharmacology, 11*(1), 15–24.

Rapoport, J. L., & Inoff-Germain, G. (2002). Responses to methylphenidate in attention-deficit/hyperactivity disorder and normal children: Update 2002. *Journal of Attention Disorders, 6*(Suppl 1), 57–60.

Rapoport, J. L., Buchsbaum, M. S., Zahn, T. P., Weingartner, H., Ludlow, C., & Mikkelsen, E. J. (1978). Dextroamphetamine: Cognitive and behavioral effects in normal prepubertal boys. *Science, 199*(4328), 560–563.

Ricaurte, G. A., Mechan, A. O., Yuan, J., Hatzidimitriou, G., Xie, T., Mayne, A. H., et al. (2005). Amphetamine treatment similar to that used in the treatment of adult attention-deficit/hyperactivity disorder damages dopaminergic nerve endings in the striatum of adult nonhuman primates. *The Journal of Pharmacology and Experimental Therapeutics, 315*(1), 91–98.

Satterfield, J. H., Hoppe, C. M., & Schell, A. M. (1982). A prospective study of delinquency in 110 adolescent boys with attention deficit disorder and 88 normal adolescent boys. *The American Journal of Psychiatry, 139*(6), 795–798.

Smith, D. E., & Fisher, G. M. (1970). An analysis of 310 cases of acute-high-dose metamphetamine toxicity in Haight-Ashbury. *Clinical Toxicology, 3,* 117–124.

Storeboe, O. J. et al. (2015). Methylphenidate for children and adolescents with attention deficit hyperactivity disorder (ADHD). *Cochrane Systematic Review.*

Vastag, B. (2001). Pay attention: Ritalin acts much like cocaine. *JAMA, 286*(8), 905–906.

Volkow, N. D. (2006). Stimulant medications: How to minimize their reinforcing effects? *American Journal of Psychiatry, 163,* 359–361.

Volkow, N. D., Fowler, J. S., Wang, G., Ding, Y., & Gatley, S. J. (2002). Mechanism of action of methylphenidate: Insights from PET imaging studies. *Journal of Attention Disorders, 1*(6 Suppl), 31–43.

Volkow, N. D., Wang, G. J., Fowler, J. S., & Ding, Y. S. (2005). Imaging the effects of methylphenidate on brain dopamine: New model on its therapeutic actions for attention-deficit/hyperactivity disorder. *Biological Psychiatry, 57*(11), 1410–1415.

Walitza, S., Werner, B., Romanos, M., Warnke, A., Gerlach, M., & Stopper, H. (2007). Does methylphenidate cause a cytogenetic effect in children with attention deficit hyperactivity disorder? *Environmental Health Perspectives,* 115(6).

Wang, G. J., Volkow, N. D., Fowler J. S., Ferrieri, R., Schlyer, D. J., Alexoff, D., Pappas, N., Lieberman, J., King. P, Warner, D., et al. (1994). Methylphenidate decreases regional cerebral blood flow in normal human subjects. *Life Sciences*, 54(9), PL143–PL146.

Zhang, H. Y., Du, M. L., Zhuang, S. Q., & Liu, M. N. (2005). Influence of methylphenidate on growth of school age children with attention deficit hyperactivity disorder. *Zhonghua Er Ke Za Zhi, 43*(10), 723–727.

18

ADHS und Sucht

Inhaltsverzeichnis

18.1 Wie Kokain 251
18.2 Wird hier unter den Teppich gekehrt? 253
18.3 „Wir waren höllisch überrascht!" 254
18.4 Es ist alles komplizierter 255
18.5 Die zweite Seite der Medaille 257
Literatur 258

18.1 Wie Kokain

Gene Haislip, Abteilungsleiter der DEA (USA), sagt:

> Wir sind das einzige Land der Welt, in dem Kinder eine solch riesige Menge von Stimulanzien verschrieben bekommen, die praktisch die gleichen Eigenschaften haben wie Kokain (DeGrandpre 2002).

Methylphenidat, der Wirkstoff in ADHS-Stimulanzien wie Ritalin etc., wirkt bekanntlich grundsätzlich wie Kokain und ist mit diesem auch pharmakologisch fast identisch (Volkow 1995; Vastag 2001). Und Kokain ist eindeutig gefährlich und suchterzeugend, sein Kauf, Verkauf und Gebrauch sind klare kriminelle Handlungen. Das einzig Paradoxe an Methylphenidat als Medikament besteht denn auch weniger in seiner nur scheinbar beruhigenden Wirkung auf unruhige Kinder, sondern in dem Umstand, dass es offenbar nicht süchtig macht. Wie ist das zu erklären?

Zum einen liegt dies an der oralen Einnahme des Psychopharmakons Ritalin. Eine orale Einnahme verzögert die Wirkstoffaufnahme und gilt deshalb generell nicht als ideale Verabreichung für Sucht. Sie verhindert durch ihren Umweg über den Verdauungstrakt den „Kick", das rasche „High" einer Droge. Die Kinder merken meist gar nichts von der schleichenden Medikamentenwirkung. Wer Ritalin missbrauchen will, umgeht denn auch die orale Einnahme zum Beispiel durch Schnupfen oder Spritzen. Dann wirkt es bei vergleichbarer Dosierung wie Kokain. Als Medikament ist Methylphenidat außerdem relativ niedrig dosiert, sodass neben seiner oralen Verzögerung auch diese Niedrigdosierung einer Suchterzeugung entgegen zu wirken scheint. Im Vergleich zu anderen Psychopharmaka wie zum Beispiel Prozac, das erst nach Wochen wirkt, stellt sich die Ritalin-Wirkung aber schon nach wenigen Minuten bis Stunden ein. Ritalin ist also trotz Niedrigdosierung und oraler Anwendung über den Verdauungstrakt ein starkes Psychopharmakon mit hohem Missbrauchs- und Suchtpotenzial.

Es wird gern verbreitet, dass die Frage, ob Methylphenidat süchtig mache, endgültig mit Nein zu beantworten sei: In der Tat gab es eine Reihe wissenschaftlicher Studien, die zeigten, dass angeblich von ADHS betroffene Menschen, die nicht mit Methylphenidat behandelt wurden, ein höheres Risiko zu späterer Drogenabhängigkeit aufwiesen als mit dem Psychopharmakon behandelte Patienten oder angeblich Gesunde. Methylphenidat mache aber nicht süchtig, es verhindere sogar spätere Drogensucht, wurde aus den Studien geschlossen (zum Beispiel Barkley et al. 2003). Dass bei diesen Studien unzulässige Kausalitäten zwischen Drogensucht und Verhalten wie bei ADHS hergestellt wurden, sei hier nur am Rande betont. Ob einer Drogensucht ein ADHS zugrunde liegt oder die Drogensucht nicht vielmehr Verhaltensstörungen à la ADHS hervorbringt, ist in Wahrheit ungeklärt. Davon einmal abgesehen waren diese Studien aber auch sonst methodisch eher bescheiden und ihr Wert deshalb zweifelhaft. Sie verwendeten meistens Selbstauskünfte der befragten Personen, die bekanntlich subjektiv verfälscht sein können. Hin und wieder ergab sich sogar der Verdacht methodischer Manipulation: Die allgemein bekannten kritischen Einwände gegen eine lobbygesteuerte Praxis wissenschaftlicher Veröffentlichungen im Pharmabereich müssen gerade hier besonders ernst genommen werden (Diller 24. März 2004).

Ins Bild passen auch nicht Forschungsergebnisse über Ritalin und Rauchen. Dass D-Amphetamin (Dexedrin) den Zigarettenkonsum erhöht, ist bereits bekannt. Aber obwohl Methylphenidat zu den meistverschriebenen

Substanzen bei ADHS zählt und sehr ähnliche Wirkungen wie Dexedrin zeigt, ist sein Zusammenhang mit dem Zigarettenkonsum bisher erstaunlicherweise nicht genau erforscht. Dass angebliche ADHSler mehr rauchen, ist bekannt. Aber dass Methylphenidat das Rauchen verstärkt und damit suchtfördernd wirkt, wird bestritten. Rush et al. konnten aber bestätigen, dass Methylphenidat bei gesunden Personen den Zigarettenkonsum eindeutig erhöht. Nachdem die Versuchspersonen (Raucher ohne ADHS, die nicht den Wunsch hatten, mit Rauchen aufzuhören) im halbblinden Versuch Methylphenidat bzw. ein Placebo bekommen hatten, rauchten sie als Folge der Methylphenidatgabe und in linearer Abhängigkeit von der Dosis die nächsten 4 Stunden mehr Zigaretten gieriger als sonst, aßen weniger und nahmen weniger Kalorien zu sich (Rush et al. 2005). Wie das die üblichen Ritalin-Propagandisten mit ihrer Behauptung vereinbaren, es verhalte sich alles in Wirklichkeit genau umgekehrt – Methylphenidat wäre nicht suchtfördernd, sondern geradezu suchteindämmend – würde ich gerne mal wissen.

18.2 Wird hier unter den Teppich gekehrt?

Russell Barkley et al. fanden übrigens, dass die Stimulanziengabe bei Kindern durchaus den Kokainmissbrauch als Erwachsener fördere (Barkley et al. 2003). Die Autoren bringen diesen statistisch bedeutsamen Zusammenhang dann aber methodisch wieder zum Verschwinden, indem sie den Schweregrad von ADHS und Verhaltensstörungen parallelisieren. Man weiß aus anderen Untersuchungen, dass in solchen Fällen gern unterschieden wird zwischen „reinem" ADHS und Verhaltensstörungen und dass dann unliebsame Ergebnisse gern auf die Verhaltensstörungen, nicht aber auf ADHS zurückgeführt werden (oder umgekehrt, wie es eben so passt).

Dieses Vorgehen von Barkley et al. kritisiert denn auch Lydia Furman, wie ich bereits erwähnt habe (Abschn. „Die Wirkung einer Droge"). Furman verdächtigt die Autoren der Datenmanipulation im erwünschten Sinne. Die Autoren seien nicht objektiv und neutral, sondern unterlägen ihrer Voreingenommenheit im Sinne einer grundsätzlichen Pro-Stimulanzien-Einstellung, der sich die statistischen Daten zu fügen hätten. Schließlich strengten sie sich nicht gleichermaßen an, ihre anderen, erwünschteren Ergebnisse ebenso kritisch zu überprüfen. Darauf entgegnet Barkley, dass das betreffende Ergebnis Zufall sein könne. Denn in vielen anderen, ebenfalls kritischen Überprüfungen habe sich nirgends ein Zusammenhang zwischen Stimulanzienbehandlung in der Kindheit und Drogenmissbrauch als Erwachsener gezeigt. Er bleibe bei seiner Überzeugung, dass es keinerlei überzeugenden Beleg für einen solchen Zusammenhang gebe. Der Leser solle sich selbst ein Bild davon machen, ob er (Barkley) voreingenommen sei (im Anschluss an Furman 2003).

18.3 „Wir waren höllisch überrascht!"

So die international renommierte Hirnforscherin Nora Volkow über ihren Befund, dass Methylphenidat (Ritalin) nicht nur genauso, sondern sogar stärker wirkt als Kokain.

> Das hatten wir nicht erwartet! (Volkow 1995)

Der Glaube, Ritalin sei lediglich ein mildes Stimulans, wurde in den vergangenen Jahrzehnten von Ärzten, der Pharmalobby und „ADHS-Funktionären" weit verbreitet und von vielen Millionen hilfesuchender Eltern gern angenommen. Man ließ sich all die Jahre allzu gern dadurch täuschen, dass Ritalin geringere Nebenwirkungen und kaum Suchtpotenzial im Vergleich mit anderen bzw. anders dosierten und zugeführten Amphetaminen zu entwickeln schien. Dabei war bei Anwendern und Klinikern aber recht schnell bekannt, dass Methylphenidat, ein Amphetaminabkömmling wie auch Ecstasy, Speed und Pervitin, bei entsprechender Dosierung und Einnahme, wie alle Amphetamine oder „Weckamine", süchtig machen kann und schädliche neurologische Wirkungen hat. Andererseits trugen die „hilfreichen" Wirkungen der Substanz auf die Verhaltensprobleme von ADHS-Kindern das ihre zur Verharmlosung der Schattenseite dieser Droge bei.

Dieser Glaube an eine harmlose, segensreiche Wundermedizin wurde mit dem Aufsatz „Warnung! Ritalin wirkt wie Kokain!" von Brian Vastag im Journal of American Medical Association gründlich erschüttert (Vastag 2001). Vastag diskutierte die Ergebnisse der Ritalin- und Kokainforschungen der Gruppe um Nora Volkow, die ihre Daten damit zusammenfasst, dass der Glaube, Ritalin sei ein harmloses Stimulans, „vollkommen unzutreffend" sei. G. Ricaurte et al. berichten über die von ihnen im Tierversuch festgestellte ernsthafte Hirnschädigung durch partyübliche Dosierungen von Ecstasy, der bekannten und ebenfalls stets verharmlosten Mode- und Partydroge (Ricaurte et al. 2002). Auch Ecstasy ist ein Amphetaminabkömmling, so wie Ritalin. Auch die Befunde Gerald Hüthers et al., denen zufolge Methylphenidat im Tierversuch dauerhafte Hirnschädigungen erzeugt, sind noch in lebhafter Erinnerung (Moll et al. 2001).

18.4 Es ist alles komplizierter

Die Forschungsstudien von Nora Volkow zeigen, dass die Dinge komplizierter sind, als bisher behauptet (zum Beispiel Volkow et al. 1999; Volkow und Insel 2003; Volkow und Swanson 2008). Die Forscher untersuchten die Auswirkungen langfristiger oraler Methylphenidatgabe auf Kokainsucht und striatale Dopamin-D2-Rezeptoren im Tierversuch. Sie fanden, dass bei längerfristiger Behandlung im Jugendalter die Neigung zur Kokainsucht im Erwachsenenalter abnahm, während die Verfügbarkeit der dopaminären D2-Rezeptoren über das Normalmaß der Kontrollgruppe hinaus anwuchs. Während in 6der Kontrollgruppe die D2-Verfügbarkeit mit wachsendem Alter abnahm, stieg sie in den behandelten Gruppen mit der Behandlungsdauer an. Bei kurzfristiger Behandlung zeigte sich allerdings eine unter das Normalmaß absinkende D2-Verfügbarkeit. Da man inzwischen aus anderen Studien von Volkow et al. weiß, dass eine niedrige D2-Rezeptorenzahl bei Mensch und Tier mit erhöhter Neigung zur Drogensucht einhergehen könnte (Volkow et al. 1999), befürchten die Autoren denn auch zu Recht, dass sich bei entsprechender Behandlungsdauer in entsprechendem Behandlungsalter eine erhöhte Neigung zur Drogensucht im Erwachsenenalter entwickeln könnte.

Volkow und Swanson stellen erneut heraus, dass es nach wie vor eine Kontroverse gebe, welche Effekte die frühe Methylphenidatgabe auf eine spätere Drogensucht habe (Volkow und Swanson 2008). Tatsache sei zunächst, dass Methylphenidat genauso wie andere suchtgefährdende Drogen die Dopaminkonzentration im Gehirn erhöhe und potenziell suchtgefährdend ist. Tatsache sei auch, dass Methylphenidat und Amphetamine mit der Gefahr einer Suchtentstehung missbraucht werden. Epidemiologische Studien haben gezeigt, dass der Zeitpunkt im Leben eines Menschen, zu dem er potenziell suchtgefährdenden Substanzen (wie Alkohol oder Nikotin) ausgesetzt ist, eine wesentliche Rolle für eine spätere Abhängigkeit spielt: Je früher, desto schädlicher. Jeder erfahrene Kliniker kann bestätigen, dass früher Gebrauch von Suchtmitteln spätere Drogensucht befördert. Schon Stanton hat dies herausgestellt (Stanton 1979). Andererseits wird behauptet, dass es für Kinder und Jugendliche mit ADHS geradezu suchtverhindernd sei, sie möglichst früh mit Methylphenidat zu behandeln. Wenn man bedenkt, dass Kinder mit ADHS ohnedies stärker zu späterer Drogensucht neigen, ist diese Kontroverse von erheblicher Bedeutung. Es sei verwunderlich, stellen die Autoren fest, wie wenige Studien sich mit dieser Kontroverse bisher befassten (Volkow und Swanson 2008). Aus Tierversuchen weiß man schon länger, dass kokainsüchtige Tiere Methylphenidat als Kokainersatz wählen.

Dasselbe wird von kokainsüchtigen Menschen berichtet (Breggin 2002). Lambert fand, dass mit Methylphenidat behandelte ADHS-Kinder als junge Erwachsene ein erhöhtes Risiko für Kokainmissbrauch hatten (Lambert 1988; Lambert und Hartsough 1998).

Volkow und Swanson zitieren 2 Forschungsstudien, die eine von Biederman et al. (2008), die andere von Mannuzza et al. (2008): Biederman verglich die spätere Drogensucht von medikamentierten versus nicht medikamentierten ADHSlern. Mannuzza untersuchte den Zusammenhang zwischen dem Lebensalter zu Beginn einer Medikation in der Kindheit mit späterem Drogenkonsum als Erwachsener. Er verglich auch den Drogengebrauch in einer ADHS-Gruppe im Vergleich zu einer Kontrollgruppe ohne ADHS und fand einen erhöhten Drogenmissbrauch in der ADHS-Gruppe. Dass erhöhter Drogenmissbrauch keineswegs spezifisch für ADHS ist, sondern bei nahezu jeder psychischen Störung komorbid ist, ist zum Beispiel für die Schizophrenie bekannt, bei der fast jeder zweite Kranke auch Drogenmissbrauch zeigt (Volkow 2009).

In beiden von Volkow und Swanson zitierten Studien ergab sich denn auch ein hoher Drogenmissbrauch in den Erwachsenengruppen (bis zu 45 Prozent), aber beide Studien zeigten auch, dass die kindliche Medikation mit Methylphenidat keinerlei (weder steigernden noch senkenden) Einfluss auf Drogenmissbrauch im Erwachsenenalter hatte. Diese Studien waren methodisch zwar nicht fehlerfrei (zu kleine Versuchsgruppen, nicht gleichverteilte und unklare Medikationsbedingungen und -dauern etc.) und geben deshalb auf die wichtige Frage nach dem Zusammenhang zwischen Lebensalter bei Beginn der Medikation und späterem Drogengebrauch keine klare Antwort. Man weiß aber aus anderen Studien, dass der Beginn einer Methylphenidattherapie in der Pubertät (im Unterschied zum Beginn in der Kindheit) die spätere Sensitivität für Kokain erhöht (Volkow und Insel 2003). Volkow und Swanson verweisen hier auf die bereits erwähnte MTA-Studie (Abschn. „Die MTA-Studie"), die mehr Aufschluss hierüber liefern könnte. Festzuhalten ist aber, dass beide zitierten Studien herausfinden, dass der Einsatz von Methylphenidat keineswegs späteren Drogenmissbrauch reduziert, wie vorher gern behauptet wurde. Auch die Annahme, frühe Methylphenidatgabe verringere das Entstehen von Verhaltensstörungen besser als eine spätere Gabe, wodurch auch späterer Drogenmissbrauch reduziert werde, lässt sich durch die bisherigen Ergebnisse der großen MTA-Studie nicht belegen: Dort hat sich gezeigt, dass die frühe Methylphenidattherapie spätere Verhaltensstörungen nicht verhindern kann. Auch die Tatsache, dass sich in den USA trotz eines dramatischen Anstiegs der Methylphenidatgabe die Zahl von Verhaltensstörungen nicht verringert hat, bestätigt dies (Volkow und Swanson 2008).

Man kann davon ausgehen, dass das letzte Wort noch nicht gesprochen ist, ob und unter welchen Bedingungen Methylphenidat spätere Drogensucht eindämmt oder fördert. Die bisherigen Studien sind zu undifferenziert und methodenschwach, sie haben sich zum Beispiel noch nie mit der so wichtigen Frage beschäftigt, ob die Methylphenidatgabe nicht im Sinne einer Substitution (wie Methadon für Heroin) selbst bereits eine Drogenabhängigkeit darstellen kann. Wenn eine psychische Störung mit erhöhter Suchtgefahr einhergeht, kann ja die Gabe eines Amphetaminabkömmlings durchaus die Möglichkeit einer legalisierten, medizinisch verbrämten Suchtförderung bedeuten. Der Kinderarzt sozusagen als Drogendealer.

> **Beispiel**
>
> Der SPIEGEL erzählt die Geschichte der ritalinsüchtigen Pharmazeutin Maria Westermann, die ihren Alltagsstress anfangs mit einer Pille alle 2 Tage beschwichtigen konnte. Aber bald konnte sie auf die tägliche Dosis nicht verzichten, und nach 7 Monaten musste sie 10 Tabletten täglich einnehmen, um die gewünschten Effekte zu erreichen. Als sie nach 2 Jahren bis zu 18 Tabletten am Tag schluckte, begann sie zu zittern und hatte ständige Kopfschmerzen. Nun ging es mit ihr bergab. Sie wurde reizbar, entwickelte paranoide Verfolgungsideen und musste stationär in eine Suchtklinik gehen (Der Spiegel 44/2009).

Man muss befürchten, dass solche Fälle zunehmen werden und die Behauptung, Ritalin mache nicht süchtig, Lügen strafen.

18.5 Die zweite Seite der Medaille

Dies führt uns nahtlos zur in der bisherigen Argumentation sträflich ausgeblendeten Betonung psychosozialer Einflüsse auf die Entstehung von Drogensucht. Die bisherigen Ausführungen mögen lediglich als neurobiologische Korrelate psychischer Erfahrungen gelten. Hat Drogensucht eher soziale oder biologische Ursachen? Das ist die typische Frage mit der Sowohl-als-auch-Antwort. Volkow und ihre Kollegen/innen entdeckten einen Mechanismus im Hirn, der zumindest unterschiedliche Reaktionen auf Rauschmittel erklären kann. Demnach spielt, wie gesagt, die Anzahl der Dopamin-D2-Rezeptoren im Hirn eine Rolle: Je weniger dieser Rezeptoren vorhanden sind (warum auch immer), desto eher schätzt eine Versuchsperson Methylphenidat. Menschen mit (warum auch immer) höherer

Rezeptorzahl, an denen normalerweise der Botenstoff Dopamin „andockt", beschrieben den Effekt von Methylphenidat eher als unangenehm. Aber Volkow und Kollegen/innen räumen immerhin ein, dass es noch „anderer Faktoren" bedürfe, um die Entstehung einer Drogenabhängigkeit zu erklären (Volkow et al. 1999). Diese Einschränkung lässt hoffen, dass in Zukunft in solche Untersuchungen endlich auch Umweltfaktoren einbezogen werden.

Denn diese „anderen" Ursachen (und die Antwort auf die obigen Warum-auch-immer-Fragen) liegen ohne Zweifel in den lebensgeschichtlich begründeten Lernerfahrungen eines Menschen, in den unterschiedlichen Nutzungsbedingungen seines Gehirns (Hüther 2002) begründet. Dass frühkindliche Traumatisierungen und psychosoziale Mangelerfahrungen vielfältige Verhaltens-, Entwicklungs- und Persönlichkeitsstörungen zur Folge haben können, ist mittlerweile wissenschaftliches Allgemeingut und muss hier nicht gesondert belegt werden. Dennoch wird dies in der internationalen Diskussion um ADHS nach wie vor total ausgeblendet. Früh gestörte Familienverhältnisse und Bindungsstörungen (Brisch und Hellbrügge 2009), symptomneurotisch bzw. charakterneurotisch gestörte Familiendynamiken (Richter 2007), insbesonders auch frühe Vaterlosigkeit bei Söhnen (Fthenakis 1985) sind lange bekannt als Risikofaktoren unter anderem für spätere Sucht und Kriminalität. In keiner bisherigen Studie wurden derartige lebensgeschichtliche Einflüsse einkalkuliert bzw. kontrolliert. Die Forschung zu ADHS ist bezeichnenderweise bisher nahezu ausschließlich biologistisch ausgerichtet, sie wird so die Frage nach den Ursachen von Sucht und ADHS nie umfassend beantworten können.

Literatur

Barkley, R. A., Fischer, M., Smallish, L., & Fletcher, K. (2003). Does the treatment of attention-deficit/hyperactivity disorder with stimulants contribute to drug use/abuse? A 13-year prospective study. *Pediatrics, 111*(1), 97–109.

Biederman, J., Monuteaux, M. C., Spencer, T., Wilens, T. E., MacPherson, H. A., & Faraone, S. V. (2008). Stimulant therapy and risk for subsequent substance use disorders in male adults with ADHD: A naturalistic controlled 10-year follow-up study. *The American Journal of Psychiatry, 165*, 597–603.

Breggin, P. R. (2002). *The ritalin fact book*. New York: Perseus.

Brisch, K. H., & Hellbrügge, T. (2009). *Bindung und Trauma: Entwicklung und Schutzfaktoren für die Entwicklung von Kindern*. Stuttgart: Klett-Cotta.

DeGrandpre, R. (2002). *Die Ritalingesellschaft. ADS: Eine Generation wird krankgeschrieben.* Weinheim: Beltz.

Der Spiegel. (44/2009). Wow, was für ein Gefühl. http://www.spiegel.de/spiegel/print/d-67510034.html. Zugegriffen: 08. Sept. 2018.

Diller, L. (24. März 2004). Ärzte im Dunkeln gelassen (Übersetzung: H. R. Schmidt). Washington Post. http://www.ads-kritik.de/ADS-Kritik25.htm. Zugegriffen: 31. Juli 2018.

Fthenakis, W. E. (1985). *Väter.* München: Urban und Schwarzenberg.

Furman, L. M. (2003). Attention-deficit/hyperactivity disorder treatment and later drug use. *Pediatrics, 112*(6), 1459–1460.

Hüther, G. (2002). Die Folgen traumatischer Kindheitserfahrungen für die weitere Hirnentwicklung. Arbeitsgemeinschaft für Sozialberatung und Psychotherapie. http://www.agsp.de/html/a34.html. Zugegriffen: 08. Sept. 2018.

Lambert, N. M. (1988). Adolescent outcomes for hyperactive children. Perspectives on general and specific patterns of childhood risk for adolescent educational, social, and mental health problems. *The American Psychologist, 43*(10), 786–799.

Lambert, N. M., & Hartsough, C. S. (1998). Prospective study of tobacco smoking and substance dependencies among samples of ADHD and non-ADHD participants. *Journal of Learning Disabilities, 31*(6), 533–544.

Mannuzza, S., Klein, R. G., Truong, N. L., Moulton, J. L., III, Roizen, E. R., Howell, K. H., et al. (2008). Age of methylphenidate treatment initiation in children with ADHD and later substance abuse: Prospective follow-up into adulthood. *The American Journal of Psychiatry, 165,* 604–609.

Moll, G. H., Hause, S., Ruther, E., Rothenberger, A., & Huether, G. (2001). Early methylphenidate administration to young rats causes a persistent reduction in the density of striatal dopamine transporters. *Journal of Child and Adolescent Psychopharmacology, 11*(1), 15–24.

Ricaurte, G. A., Yuan, J., Hatzidimitriou, G., Cord, B. J., & McCann, U. D. (2002). Severe dopaminergic neurotoxicity in primates after a common recreational dose regimen of MDMA („Ecstasy"). *Science, 297.*

Richter, H.-E. (2007). *Patient Familie: Entstehung, Struktur und Therapie von Konflikten in Ehe und Familie.* Gießen: Psychosozial.

Rush, C. R., Higgins, S. T., Vansickel, A. R., Stoops, W. W., Lile, J. A., & Glaser, P. E. (2005). Methylphenidate increases cigarette smoking. *Psychopharmacology, 181*(4), 781–789.

Stanton, M. D. (1979). The client as family member. Aspects of continuing treatment. In B. S. Brown (Hrsg.), *Addicts and aftercare. Community integration of the former drug user* (S. 81–102). Beverly Hills: Sage.

Vastag, B. (2001). Pay attention: Ritalin acts much like cocaine. *JAMA, 286*(8), 905–906.

Volkow, N. D. (1995). Is Methylphenidate like Cocaine? Studies on their pharmacokinetics and distribution in the human brain. *Archives of General Psychiatry, 52*(6), 456–463.

Volkow, N. D. (2009). Substance use disorders in schizophrenia – Clinical implications of comorbidity. *Schizophrenia Bulletin, 35*(3), 469–472.

Volkow, N. D., & Insel, T. R. (2003). What are the long-term effects of methylphenidate treatment? *Biological Psychiatry, 54,* 1307–1309.

Volkow, N. D., & Swanson, J. M. (2008). Does childhood treatment of ADHD with stimulant medication affect substance abuse in adulthood? *The American Journal of Psychiatry, 165,* 553–555.

Volkow, N. D., Wang, G. J., Fowler, J. S., Logan, J., Gatley, S. J., Gifford, A., et al. (1999). Prediction of reinforcing responses to psychostimulants in humans by brain dopamine D2 receptor levels. *The American Journal of Psychiatry, 156*(9), 1440–1443.

19

ADHS und Hirndoping

Inhaltsverzeichnis

19.1 Doping für alle... 264
Literatur 265

Dass Methylphenidat ganz unabhängig von ADHS auch bei „Gesunden" wirkt, habe ich bereits beschrieben. Die Zeiten, in denen man tatsächlich geglaubt hatte, dass der Stoff nur dann wirke, wenn jemand ADHS habe und damit die Diagnose bestätigt sei, sollten eigentlich längst vorbei sein. Ein anonymer Student, der Ritalin in einem Selbstversuch ausprobiert, beschreibt die Wirkung so:

> „Ich bin ein Zombie und lerne wie eine Maschine!" (Anonymus 18. Februar 2009)

Die USA-Forscher Rapoport und Inoff-Germain stellen in einem kurzen Bericht über den Forschungsstand fest, dass man seit der Entdeckung der Stimulanzienwirkung auf hyperkinetisches Verhalten durch Bradley und Bowen im Jahre 1941 fast ausschließlich hyperkinetische Schulkinder untersucht hat. Weil Stimulanzien, die allgemein als das Gehirn anregende Mittel gelten, bei diesen Kindern aber beruhigend wirkten, wurde ihre Wirkung als „paradox" bezeichnet. Forschungen der Methylphenidatwirkung bei gesunden Kindern und Jugendlichen und bei solchen mit von ADHS unabhängigen Störungen (zum Beispiel psychoreaktive Verhaltensstörungen) sowie bei jungen Erwachsenen machen aber deutlich, dass Stimulanzien bei gesunden und bei verhaltensgestörten Menschen gleiche Wirkungen auf das Verhalten haben. Die Erkenntnis, dass Stimulanzien praktisch in jedem Fall, ob gesund oder gestört, eine vergleichbare verhaltensändernde Wirkung haben, ist von sehr großer Bedeutung für das Verständnis der weltweiten, raschen Verbreitung von ADHS. ADHS und Methylphenidat sind wie siamesische Zwillinge, sie treten immer zusammen auf. Nach wie vor glauben Eltern und (leider auch) Fachleute nämlich, dass Ritalin eine spezifische Medizin für ADHS sei.

Stimulanzien wie Ritalin sind aber für alle Menschen, also auch Kinder, so etwas wie Kokain in Minidosierung. Methylphenidat wirkt grundsätzlich wie Kokain (Volkow 1995; Volkow et al. 2001). Stimulanzien wie Ritalin sind Amphetaminabkömmlinge und regen an, schärfen einige Sinne (andere nicht), erhöhen die Ausdauer und Leistungsfähigkeit, machen fit im Leistungssport und für harte Alltagsanforderungen einer Leistungsgesellschaft. In einem Beitrag der FAZ mit dem Titel „Wie die Deutschen sich im Büro dopen" lesen wir über einen Manager:

Und vor den wichtigen Terminen wirft er eine kleine Pille ein, ein Wundermittel namens Ritalin, das ihm die Sicherheit verleiht: „Ich bin ganz konzentriert, auch wenn wir die ganze Nacht verhandeln" (Nienhaus et al. 2008).

Eine Umfrage des Magazins Nature unter seinen Lesern – hauptsächlich Akademikern – ergab: Jeder fünfte gesunde Leser, unabhängig vom Alter, gab an, regelmäßig Medikamente zu nutzen, um seine Konzentration zu steigern. An erster Stelle der illegal verwendeten Medikamente stand Methylphenidat (Maher 2008). Eine Untersuchung der Deutschen Angestellten Krankenkasse (DAK) zeigte, dass „bei dem Wirkstoff Methylphenidat, der vorrangig zur Behandlung des ‚Zappelphilipp-Syndroms' (ADHS) und auch zur Konzentrationssteigerung eingesetzt wird, … der Abgleich von Verordnungs- und Diagnosedaten Auffälligkeiten ergab: Für mehr als ein Viertel der erwerbstätigen Versicherten erfolgte die verordnete Therapie mit Methylphenidat ohne dokumentierte oder nicht bestimmungsgemäße Erkrankung" (Süddeutsche Zeitung 2010). Bis zu 33.000 Berliner nehmen wegen des Leistungsdrucks am Arbeitsplatz Tabletten (darunter Methylphenidat). Dabei verursachen die Mittel häufig genau die Symptome, die sie eigentlich ausschließen sollten. Auch der Krankenstand liege in Berlin über dem Bundesschnitt, meldet die Berliner Morgenpost (Berliner Morgenpost 23. April 2009). Eine Gesellschaft wird krank geschrieben (DeGrandpre

2002), damit Stimulanzien zum Einsatz kommen können. ADHS und ihre „Medizin" als passgenaue Krankheit und Therapie in einer hochgerüsteten Leistungsgesellschaft.

Eine von der deutschen Bundesregierung geförderte Studie zum sogenannten Neuro-Enhancement stellt fest, dass immer mehr gesunde Menschen stimulierende Psychopharmaka benutzen, um sich im Alltag leistungsfähiger zu machen. Im Leistungssport wurde mit Ritalin gedopt. So mancher Leistungssportler leidet inzwischen an ADHS und darf dann Ritalin ganz legal verwenden, eine besonders trickreiche Dopingvariante. Ritalin hilft Schachspielern, Turniere zu gewinnen. Rund 2 Millionen Deutsche haben schon mindestens einmal versucht, ihr Gehirn chemisch aufzumöbeln, circa 800.000 machen dies sogar regelmäßig. In den USA ist das Neuro-Enhancement unter Studenten, Wissenschaftlern, Börsenmaklern weit verbreitet. Laut einer Kinderärztestudie ist dort der Missbrauch von Mitteln wie Ritalin bei 13- bis 19-Jährigen innerhalb von 8 Jahren um 75 Prozent gestiegen (Der Spiegel 44/2009, S. 47). Die Zahl der kassenärztlich verordneten Methylphenidattagesdosen ist in den vergangenen 10 Jahren von 8 auf 53 Millionen gestiegen, eine Steigerung um 66 Prozent (Schwabe und Paffrath 2009).

Auch der amerikanische Starautor und Professor Fukuyama, Autor des Buches „Das Ende des Menschen", sagt in einem Spiegel-Interview, dass in Zukunft kein Mensch mehr schlechte Laune haben werde:

> Das Soma unserer Gegenwart und unserer Zukunft heisst „Ritalin". Eigentlich soll es extrem hyperaktive Kinder beruhigen, vor allem Jungs. Aber tatsächlich wird es mehr und mehr verwendet wie Soma in Huxley's „Schöne neue Welt", als Mittel sozialer Kontrolle, damit Menschen leichter zu steuern und in eine Gemeinschaft zu integrieren sind. Sie sollen sich anpassen. In einigen amerikanischen Schulen bekommen 50 Prozent der Kinder Ritalin, und manchen wird gedroht, sie müssten die Schule verlassen, wenn sie es nicht nehmen. (Der Spiegel 21/2002)

Auf die herausfordernde Frage des Spiegel, was man denn gegen Friedlichkeit einwenden könne, Hitler oder Stalin unter Ritalin wären ja vielleicht ein Segen für die Menschheit gewesen, antwortet Fukuyama:

> Man könnte das die tragische Situation des Menschen nennen: ... alle guten Dinge sind mit den schlechten Dingen verbunden. Es ist möglich, dass Napoleon oder Cäsar von ähnlichen Kräften angetrieben wurden wie Beethoven oder van Gogh. All diese Leute hatten außergewöhnliche Ambitionen, es

waren keine normalen, gut ausbalancierten Leute. Ich glaube, dass alles, was außergewöhnlich ist am menschlichen Charakter, alles, was außergewöhnlich ist in der menschlichen Geschichte ein Ergebnis ist von Ehrgeiz, Aggression, Gefühlen, großen Sehnsüchten, dem Wunsch, etwas zu erreichen, was man noch nicht hat. Die Tabletten, über die ich gesprochen habe, würden das alles auslöschen. (Der Spiegel 21/2002)

19.1 Doping für alle

Wie gesagt, immer wieder wird behauptet, Methylphenidat wirke spezifisch nur bei angeblich ADHS-Erkrankten. Damit wird denn auch seine Verabreichung als Medikament begründet, denn wenn es auch bei Gesunden wirken würde, wäre es ja nicht wirklich ein Medikament.

In Klammern: Ganz so einfach ist es natürlich nicht, denn Morphium oder auch Cannabis wirken ja bekanntlich auch bei Gesunden, werden aber auch medikamentös eingesetzt. Allerdings sind hier die bei Gesunden und Kranken erhofften Wirkungen (zum Beispiel Schmerzlinderung versus Sinnesrausch) doch sehr unterschiedlich. Wie verhält sich dies bei Ritalin?

In einer Auswertung aller vorliegenden relevanten Forschungsstudien zur Wirkung von Methylphenidat bei Gesunden kommen Linssen et al. zum Ergebnis, dass bereits eine übliche Einmaldosis von Methylphenidat das Arbeitsgedächtnis, die Denkgeschwindigkeit, das verbale Lernen und Merken, die allgemeine Aufmerksamkeit und geistige Wachheit, das Nachdenken und Problemlösen deutlich verbessern (Linssen et al. 2014). Das sind alles Verbesserungen, die man auch bei ADHS-Patienten erzielen will. Es wird also deutlich, dass es keinen Unterschied macht, ob man Ritalin als Medikament oder als Neuro-Enhancement verwendet. Kein Wunder bei einem Amphetaminabkömmling. Kein Wunder also, wenn schulisch (aus welchen Gründen auch immer) beeinträchtigte Kinder mit Ritalin „besser" werden (aber nach Absetzen des Medikaments nicht bleiben), bis hin zu einer leserlicheren Handschrift. Kein Wunder, wenn es auch Menschen mit allerlei anderen Malaisen damit vorübergehend besser zu gehen scheint. Kein Wunder auch, wenn Ritalin als Alltagsdoping im Sinne von Neuro-Enhancement verwendet wird. Methylphenidat ist gar kein Medikament. Es ist eigentlich Doping für alle, leider vor allem für kleine Kinder. Eigentlich ein nach oben offener Markt für die Pharmaindustrie.

Der eigentliche Skandal liegt aber auch noch woanders: Sobald ein Kind die Diagnose ADHS hat, interessieren sich Kliniker und leider auch viele Eltern kaum noch dafür, ob psychosoziale Ursachen wie Missbrauch,

Vernachlässigung oder gestörte Familiendynamiken mitspielen. Darauf weist die Londoner Kinder- und Jugendpsychiaterin Louise Marie-Elaine Richards in einer Studie hin. Bei einem Vergleich von ADHS-Kindern mit verhaltensgestörten Kindern fanden Kliniker, die die Diagnose der Kinder nicht kannten, bei beiden Gruppen gleich viele psychosoziale Auffälligkeiten. Wenn sie allerdings die Diagnose kannten, übersahen sie solche Faktoren bei ADHS häufig (Richards 2012).

Für die Kinder kann das verheerende Folgen haben, wenn ihr wirkliches oft seelisches Leid mit der medizinischen Pseudodiagnose ADHS verdeckt und unerkannt bleibt. Die oft jahrelange Psychopharmaka-Medikation unter dem Deckmäntelchen einer angeblich körperlichen Krankheit ADHS sorgt dann dafür, solche psychosozialen Einflüsse weiter zu ignorieren. Richards fordert deshalb, die bereits umfangreich erforschten psychosozialen Faktoren bei Ätiologie, Diagnostik und Therapie von ADHS nicht länger zu leugnen. „Es wird Zeit für die bessere Integration von bio-psycho-sozialen Faktoren bei ADHS", sagt sie zu Recht (Richards 2012).

Literatur

Anonymus. (18. Februar 2009). Ich bin ein Zombie, und ich lerne wie eine Maschine. Ein Selbstversuch. ZEIT Campus. http://www.zeit.de/campus/2009/02/ritalin. Zugegriffen: 31. Juli 2018.

Berliner Morgenpost. (23. April 2009). Immer mehr Berliner dopen sich für den Beruf. http://www.morgenpost.de/berlin/article1079294/Immer_mehr_Berliner_dopen_sich_fuer_den_Beruf.html. Zugegriffen: 31. Juli 2018.

DeGrandpre, R. (2002). *Die Ritalingesellschaft. ADS: Eine Generation wird krankgeschrieben*. Weinheim: Beltz.

Der Spiegel. (21/2002). Schöner neuer Mensch. *Der Spiegel, 21*, 123 ff.

Der Spiegel. (44/2009). Wow, was für ein Gefühl. http://www.spiegel.de/spiegel/print/d-67510034.html. Zugegriffen: 8. Sept. 2018.

Linssen, A. M., Sambeth, A., Vuurman, E. F., & Riedel, W. J. (2014). Cognitive effects of methylphenidate in healthy volunteers: A review of single dose studies. *The International Journal of Neuropsychopharmacology, 15*, 1–17.

Maher, B. (2008). Poll results: Look who's doping. 9 April 2008. Nature, 452, 674–675. http://www.nature.com/news/2008/080409/full/452674a.html. Zugegriffen: 31. Juli 2018.

Nienhaus, L., Weiguny, B., Sievers, A.-C. (9. Dezember 2008). Wie die Deutschen sich im Büro dopen. Frankfurter Allgemeine. http://www.faz.net/aktuell/wirtschaft/cola-koks-und-ritalin-wie-die-deutschen-sich-im-buero-dopen-1582778.html. Zugegriffen: 31. Juli 2018.

Richards, L. M. (2012). It is time for a more integrated bio-psycho-social approach to ADHD. *Clinical Child Psychology and Psychiatry*. https://doi.org/10.1177/1359104512458228.

Schwabe, U., & Paffrath, D. (Hrsg.). (2009). *Arzneiverordnungs-Report 2009*. Berlin: Springer.

Süddeutsche Zeitung. (17. Mai 2010). Zwei Millionen Deutsche dopen. https://www.sueddeutsche.de/karriere/stress-am-arbeitsplatz-zwei-millionen-deutsche-dopen-1.472956. Zugegriffen: 31. Juli 2018.

Volkow, N. D. (1995). Is Methylphenidate like Cocaine? Studies on their pharmacokinetics and distribution in the human brain. *Archives of General Psychiatry, 52*(6), 456–463.

Volkow, N. D., Ding, Y. S., Fowler, J. S., Wang, G. J., Logan, J., Gatley, J. S., et al. (2001). Methylphenidate and cocaine have a similar in vivo potency to block dopamine transporters in the human brain. *Nuclear Medicine and Biology, 28*(5), 561–572.

20

Ein Paragraf und sein Missbrauch

Inhaltsverzeichnis

20.1 ADHS und § 35a. 269

Überall im Lande klagten die Jugendhilfeträger über die explodierenden Kosten in Verbindung mit dem § 35a des Kinder- und Jugendhilfegesetzes (KJHG). In den Medien wurde heftig über Sozialmissbrauch im Zusammenhang mit diesem Paragrafen geklagt. Ausgerechnet besonders gut und sehr gut verdienende Eltern bedienten sich mit seiner Hilfe beim Steuerzahler, um ihre angeblich nur verzogenen Kinder auf teure Privatschulen schicken zu können, wurde berichtet.

Dieser § 35a des KJHG verschafft Kindern und Jugendlichen, die „seelisch behindert oder von einer solchen Behinderung bedroht" sind, einen individuellen Leistungsanspruch beim Jugendhilfeträger. Früher waren solche Leistungen der Eingliederungshilfen dem § 39 des Bundessozialhilfegesetzes (BSHG) und damit dem überörtlichen Sozialhilfeträger zugeordnet gewesen. Das KJHG hat diese frühere Aufteilung, der zufolge „Verhaltensstörungen" und „Dissozialität" dem Zuständigkeitsbereich der Jugendhilfe, „seelische Behinderung" aber dem Sozialhilfeträger zugeordnet waren, beenden und eine jahrelange, unfruchtbare Abgrenzungsdiskussion beenden wollen. Eingliederungshilfen im Sinne dieses Paragrafen können stationär oder ambulant erfolgen. Sie können von einer Heimunterbringung bis zur außerschulischen Lese-Rechtschreib-Förderung reichen und in ambulanter Form auch in Erziehungs- und Familienberatungsstellen angeboten werden. Diese lobenswerte

Zielsetzung schaffte inzwischen allerdings neue Schwierigkeiten. Die gummiartige Formulierung einer „drohenden seelischen Behinderung" bietet sich zur Plünderung öffentlicher Kassen förmlich an. Vor allem die fehlende Eigenbeteiligung gut verdienender Eltern rückte die Eingliederungshilfe in ein zunehmend schiefes Licht. Eltern mit mehreren 100.000 Euro Jahreseinkommen musste der Steuerzahler zum Beispiel monatlich zusätzlich 2000 Euro für ein Internat für ihren schwierigen Sohnemann finanzieren. Meist reichte eine knappe ärztliche Bescheinigung, in der das Drohen einer „seelischen Behinderung" bestätigt wird. Eine Eigenbeteiligung sieht § 35a nicht vor. Bundesweit waren die Kosten für Eingliederungshilfen so auf über 400 Millionen Euro angestiegen, Tendenz steigend.

Aber auch andere Verschlimmbesserungen in diesem Teil des KJHG sind bemerkenswert: Berücksichtigt man, dass bei der Zuordnung der Eingliederungshilfe für „seelisch behinderte" Kinder und Jugendliche zur Jugendhilfe auf das bis dahin in § 39 BSHG enthaltene Kriterium der wesentlichen Behinderung verzichtet worden ist, so wird der Kreis der Anspruchsberechtigten erheblich erweitert: Auch Kinder und Jugendliche, die also nicht wesentlich behindert sind oder von einer solchen Behinderung bedroht sind, haben daher einen Rechtsanspruch auf Eingliederungshilfe. Darüber hinaus verzichtet § 35a KJHG auf die Voraussetzung der Dauerhaftigkeit („nicht nur vorübergehend") einer Behinderung, wie sie § 39 BSHG enthält. Daher besteht auch bei nur vorübergehenden bzw. vorübergehend drohenden „seelischen Behinderungen" ein Anspruch auf Eingliederungshilfe. Damit wird der Übergang zur Praxis der Erziehungsberatung sowohl hinsichtlich der Diagnostik wie auch in Bezug auf Beratung und Therapie fließend und eine Zuordnung zu der einen oder anderen Rechtsgrundlage sehr willkürlich. In der Praxis wird dabei auch oft nicht entsprechend berücksichtigt, dass im Einzelfall eine (oft unmögliche) Abgrenzung vorzunehmen ist: Krankheit, Behinderung oder erzieherischer Bedarf?

Die Fähigkeit zur Eingliederung in die Gesellschaft gilt dann im Sinne einer „seelischen Behinderung" als beeinträchtigt, wenn ihr die in § 3 Durchführungsverordnung genannten seelischen Störungen zugrunde liegen:

1. Körperlich nicht begründbare Psychosen
2. Seelische Störungen als Folge von Krankheiten oder Verletzungen des Gehirns, von Anfallsleiden oder von anderen Krankheiten oder körperlichen Beeinträchtigungen
3. Suchtkrankheiten
4. Neurosen und Persönlichkeitsstörungen

Diese Einteilung beruht aber auf einem veralteten psychiatrischen Diagnoseschema, das überdies nicht an Problemlagen von Kindern und Jugendlichen orientiert war. Deshalb ist von Kinderpsychiatern die Orientierung an neueren Klassifikationssystemen (lCD-10, DSM-IV) gefordert worden. Aber auch solche scheinbaren Modernisierungen lösen nicht das grundlegende Problem, dass nun eine Klassifikation der betroffenen Kinder und Jugendlichen nach drei unterschiedlichen Begriffssystemen erforderlich wird: Eine „seelische Behinderung" ist zum einen begrifflich gebunden an das Vorliegen einer seelischen Störung im Sinne einer Krankheit. Werden die Verhaltensauffälligkeiten, die zur Vorstellung eines Kindes oder Jugendlichen geführt haben, also als Krankheit diagnostiziert, so ergeben sich zunächst nur Ansprüche auf Krankenbehandlung nach § 27 Sozialgesetzbuch (SGB) V, nicht auf Leistungen der Jugendhilfe. Führt die seelische Erkrankung aber zugleich oder konsekutiv zur Beeinträchtigung bei der Eingliederung in die Gesellschaft, so ist sozialrechtlich von einer Behinderung zu sprechen und es entsteht damit ein Anspruch auf Eingliederungshilfe. Viele der Auffälligkeiten und neurotischen Bilder, die Kinder oder Jugendliche präsentieren, wie zum Beispiel Einnässen, Schlafstörungen, Schulleistungsprobleme, Ängste, Aggressionen, Konzentrationsschwierigkeiten, Unruhe können aber auch ein Anzeichen dafür sein, dass eine dem Wohl des Kindes oder Jugendlichen entsprechende Erziehung nicht gewährleistet ist, also ein erzieherischer Bedarf nach § 27 Abs. 2 KJHG und damit lediglich ein Anspruch auf Hilfe zur Erziehung besteht. Zwischen diesen unterschiedlichen Anspruchsgrundlagen sind klare Abgrenzungen in der Praxis aber oft gar nicht möglich.

20.1 ADHS und § 35a

Besonders die Diagnose ADS bzw. ADHS entwickelte sich auch für Jugendämter immer mehr zu einem Fass ohne Boden, in das alle möglichen und unmöglichen Probleme und Störungen von Kindern und Jugendlichen geschüttet werden. In den Jugendämtern sind regionale und überregionale Ärzte zunehmend namentlich bekannt, bei denen sich Eltern gezielt die ADHS-Diagnose holen, nicht selten auf der Basis eines Privathonorars und nach eher oberflächlicher Diagnostik. Private Nachhilfeeinrichtungen und Schulen sowie ADHS-Elternverbände und -Selbsthilfegruppen beraten Eltern bei der Antragstellung und schicken sie gezielt zu solchen Ärzten, um auf der Grundlage ihrer Diagnose vom Jugendamt (sprich Steuerzahler) eine schulische Nachhilfe, eine außerschulische Lese-Rechtschreib- oder

Rechenförderung (die die zuständige Schule gemäß ministeriellem Erlass eigentlich in der Regel innerschulisch vorhalten müsste, dies aber oft nicht genügend tut), eine ADHS-Freizeitmaßnahme, einen ADHS-Elternkurs, eine ADHS-Eltern-Kind-Kur bis hin zu einer teuren Spezialbeschulung bezahlt oder bezuschusst zu bekommen. Es gibt Jugendämter, die hierfür monatlich brutto mehr als 4000 Euro pro Kind zahlen. In einem bundesweit zur Kenntnis genommenen Gerichtsurteil wurde im Dezember letzten Jahres das Lübecker Jugendamt zur Zahlung der Kosten für eine Privatschule inklusive Internatsunterbringung für einen Schüler verurteilt, für den 2 Ärzte die Diagnose ADHS gestellt hatten. Das dortige Jugendamt hatte sich etwas hilflos verhalten. Anstatt die Diagnose ADHS grundsätzlich in Frage zu stellen und (kostengünstigere) fachlich-therapeutische Alternativen zu begründen, hatte es nur rein formal argumentiert.

Jugendämter gehen deshalb immer mehr dazu über, eigene Gutachter zu beauftragen, um der Flut von Gefälligkeitsgutachten bzw. unqualifizierten Stellungnahmen aller möglichen ADHS-Fachleute Herr zu werden. Vor allem die Abgrenzung von Krankheit, Behinderung und erzieherischem Bedarf muss aus der Sicht der Jugendämter in einem Gutachten genauer abgewogen werden. So ist es zum Beispiel durchaus möglich, ADHS als medizinische Krankheit zu betrachten, bei der im Einzelfall noch keine Integrationsprobleme aufscheinen, sodass Jugendhilfe gar nicht in der Pflicht ist (sondern die Krankenkasse). Wenn aber psychosoziale Integrationsprobleme drohen oder bereits ausgeprägt vorhanden sind, ist es auch möglich, das Vorliegen einer medizinischen Krankheit zu verneinen und bei Vorhandensein einer gestörten Familiendynamik einen primären erzieherischen Bedarf festzustellen, dem im Rahmen einer Psychotherapie zum Beispiel in einer Erziehungsberatungsstelle kostenlos entsprochen werden kann. Man kann den Standpunkt fachlich begründen, dass das angebliche Vorliegen einer ADHS allein keine seelische Behinderung (oder das Drohen einer solchen) bedeutet, sondern erst in Kombination mit familiären und psychosozialen Milieufaktoren, deren psychotherapeutische Bearbeitung dann aber Priorität haben sollte. Ich kenne aber Familien, die solche Entscheidungen bzw. Empfehlungen heftig ablehnen und lieber zum Verwaltungsgericht gehen, als ihre familiären Probleme wirklich ernsthaft familientherapeutisch anzugehen. Trotz in vielen Fällen jahrelanger vergeblicher „Odysseen" von einer Behandlung zur anderen haben sie bisher meist keine Gelegenheit gefunden oder nützen können, ihre eigene Verwicklung in die Probleme ihres Kindes familientherapeutisch zu verstehen. Dann soll es eben nicht selten § 35a bringen.

Am 8. Juli 2005 hat der Deutsche Bundesrat wesentliche Neuerungen zum § 35a SGB VIII beschlossen, denen vorher bereits der Bundestag zugestimmt hatte (im Rahmen von KICK: Kinder- u. Jugendhilfe-Erweiterungsgesetz). Danach wird von Eltern inzwischen eine Kostenbeteiligung verlangt, mit der sie sich an Privatbeschulungen und damit verbundenen Internats- und Heimunterbringungen ihrem Einkommen entsprechend werden beteiligen müssen. Gutachtliche Stellungnahmen bei (drohender) seelischer Behinderung dürfen nur noch von einem begrenzten Kreis von besonders qualifizierten Fachleuten erstellt werden (Kinder- und Jugendpsychiater, Kinder- und Jugendlichenpsychotherapeut, Psychologischer Psychotherapeut oder Arzt mit langer einschlägiger fachlicher Erfahrung) und müssen sich an die Diagnoseregeln des ICD-10 halten.

21

Konsenserklärungen und andere Weisheiten

Inhaltsverzeichnis

21.1 Die ADHS-Konsens-Konferenz: Ende der Epidemie? 274
21.2 Barkley will die Diskussion beenden 276
21.3 Timimi 277
21.4 Kinderarzt Hans von Lüpke 280
21.5 Die Italienische Erklärung 281
21.6 Konferenz ADHS 281
Literatur 289

Es ist bezeichnend für eine vorgeblich organische Krankheit namens ADHS, dass es mangels objektiver Forschungsbefunde sogenannter Konsenserklärungen bedarf. Ein Gremium von Fachleuten spricht dabei einen Text ab, wobei Fachleute, die das Konstrukt ADHS kritisch sehen, erst gar nicht zugelassen werden. Solche Konsenserklärungen sind denn auch einseitig und geben keineswegs den Konsens einer repräsentativen Fachleuteauswahl wieder. Dennoch gelten sie für Fachleute und Laien als Richtlinie und Stand der wissenschaftlichen Erkenntnis, werden unkritisch adaptiert und nicht weiter hinterfragt. Als hätte der Pabst eine Enzyklika verkündigt.

Derzeit kursieren mehrere solcher Konsenserklärungen, zum Beispiel diejenige der Deutschen Ärztekammer oder des amerikanischen ADHS-Gurus Barkley. Diese Erklärungen blenden grundsätzliche kritische Erwägungen völlig aus. Konferenz ADHS, ein freier und unabhängiger Zusammenschluss von ADHS-kritischen Fachleuten, hat deshalb eine eigene Konsenserklärung ausgearbeitet, die diese kritischen Aspekte zu ADHS zusammenfasst. Eine andere, ebenfalls kritische Konsenserklärung ist von Timimi (2004).

21.1 Die ADHS-Konsens-Konferenz: Ende der Epidemie?

Zunächst aber die kritische Würdigung einer solchen ADHS-Konsenskonferenz, die bereits 1998 unter Leitung der amerikanischen NIH (National Institutes of Health) zusammenkam. Sie stammt von Fred A. **Baughman,** Neurologe und Konferenzteilnehmer, USA, einem renommierten amerikanischen ADHS-Kritiker, der im Zusammenhang von ADHS von einem großen Betrug spricht (Übersetzung von mir; die im Originaltext eingefügten Literaturhinweise sind weggelassen und können im Originaltext nachgelesen werden):

Vergebliche Frage: Ist ADHS eine wirkliche Krankheit mit einer bestätigten körperlichen Abweichung (laut medizinischer Definition), oder liegt es an den Medien, dass diese „Epidemie" andauert und sich ausbreitet?

Ohne ein Jota an Beweis oder glaubwürdiger Wissenschaft erklärte das National Institut of Mental Health (NIMH), ADHD sei eine „Krankheit" und die Kinder „gehirnkrank", „anormal." CHADD (Kinder und Erwachsene mit ADS), 35.000 Mitglieder stark, finanziert durch Ciba-Geigy, Hersteller von Ritalin, hat diese „neurobiologische" Lüge verbreitet. Das US Department of Education unterstützt diese Etikettierung und Drogenbehandlung der Kinder, ohne sich ein eigenes und unabhängiges Bild zu machen.

Die „Epidemie" explodierte von 150.000 im Jahre 1970 auf 5 Millionen Kinder im Jahre 1997. Die Produktion von Ritalin stieg in dieser Zeit um 700 %. Als Neurologe, der täglich „Krankheit" von „keine Krankheit" unterscheiden muss, habe ich wirkliche Krankheiten entdeckt und beschrieben, aber ich fand bei den mit ADHS bezeichneten Kindern keine Krankheit, keine Abweichung. Auch die wissenschaftliche Literatur liefert keinen Beweis, dass ADHS eine Krankheit ist, das heißt dass diese Kinder „erkrankt" oder „anormal" sind.

Kety und Matthysse folgern: „... die ... Literatur liefert keine Beweise für ... biologische Abweichungen im Gehirn von seelisch Kranken." Das Office of Technology Assessment des amerikanischen Kongresses folgert: „Seelische Störungen werden auf der Grundlage von Symptomen eingestuft, weil es ... keine biologischen Marker oder Labortests gibt" (keine Möglichkeit der exakten Bestätigung, dass es wirkliche Krankheiten sind).

Pam beobachtet: „… dass jede emotionale Erfahrung physiologisch unspezifisch sein kann". Ernst, ein ADHS-Forscher, beklagt: „Die Definition … hat sich im Laufe der Zeit geändert …, was den Vergleich von Studien schwierig mache … Kinder, die entsprechend DSM-III-R diagnostiziert wurden, können nicht verglichen werden mit denjenigen, die nach DSM-III diagnostiziert wurden."

Ich habe regelmäßig an ADHS-Kapazitäten geschrieben und sie gebeten, mir den einen oder anderen Artikel aus der wissenschaftlichen Literatur zu benennen, der Beweise dafür anführt, dass ADHS eine Krankheit mit bestätigter, körperlicher Abweichung ist. Leber von der FDA reagierte: „… ist bisher keine unterscheidende Pathophysiologie (Abweichung) für die Störung abgegrenzt." Haislip von der Drogenvollzugsbehörde DEA, schrieb: „Uns ist nicht bekannt, dass ADHS validiert worden ist." Swanson von der Universität von Kalifornien, Irvine, hat nie geantwortet. Vor der Amerikanischen Gesellschaft für Jugendlichen-Psychiatrie folgerte er jedoch: „Ich hätte gern eine objektive Diagnose für ADHS. Die psychiatrische Diagnose ADHS … ist vollständig subjektiv … validieren wir sie!"

Castellanos von NIMH bekennt: „… wir haben bisher keine spezifische Pathophysiologie nachweisen können … wir werden durch den Glauben motiviert, dass dies in naher Zukunft möglich sein könnte." Carey, Universität von Pennsylvania, antwortete: „Es gibt keine solchen Studien. Es gibt viele Studien, die Zweifel aufwerfen, aber keine, die den Beweis erbringen, den Sie und ich suchen."

Unter der Überschrift „Ist ADHS eine gültige (valide) Störung?" folgerte Carey auf der Übereinstimmungskonferenz für ADHS vom 16.–18. November 1998: „… gewöhnlich wird angenommen, dass ADHS klar unterscheidbar von normalem Verhalten sei, ein neurobiologisches Ungleichgewicht bedeutet und von Umweltbedingungen ziemlich unbeeinflussbar sei. All diese Annahmen müssen aber aufgrund der Schwäche empirischer Beweise und der Stärke gegensätzlicher Erfahrungen unbewiesene Annahmen bleiben. Was derzeit in den Vereinigten Staaten als ADHS beschrieben wird, scheint eine Sammlung von im Normbereich liegenden Verhaltensvariationen zu sein. Diese Diskrepanz (zwischen wissenschaftlichen Belegen und der Praxis) lässt an der Gültigkeit des Konstrukts ADHS zweifeln."

Ohne einen Gegenbeleg zu Careys Aussagen sagt das Abschlussstatement der Konferenz (S. 3, Zeilen 10–13): „… wir haben keinen unabhängigen, gültigen Test für ADHS, und es gibt keine klaren Belege dafür, dass ADHS eine Gehirnstörung zugrunde liegt." Der Wissenschaftsautor A. C. Clarke warnt: „Wissenschaft basiert nicht auf der Übereinstimmung von Experten. Vielmehr schreitet sie voran durch das rigorose Infragestellen, unabhängiges Denken und, wenn es notwendig ist, durch den Mut, festzustellen, dass der Kaiser keine neue Kleidung hat."

Der Kaiser hat tatsächlich keine neuen Kleider! „Es ist nicht", wie ich in meiner Anhörung sagte, „nur eine Angelegenheit von Fehldiagnosen oder Über-Diagnosen, es ist ein vollständiger, hundertprozentiger Betrug!" Ohne Beweis einer Krankheit, das heißt ohne Beweis, dass die Kinder anders als normal sind, fragt man sich, woher der unerschütterliche Glaube, ADHS sei eine Krankheit, gekommen ist?

Afield, ein Psychiater, bezeugt 1992 vor dem Kongress in einer Anhörung zu psychiatrischem Krankenhausbetrug: „Was das DSM-III anbelangt: Jeder in diesem Raum passt selbst in zwei oder in drei der Diagnosen. Im DSM-IV wird es wieder einige neue Krankheiten geben. Jede neue Krankheit erhält ein neues Programm, neue Aufnahmen, ein neues System, sie abzurechnen ..." Carey beobachtete weiter: „ADHS-Verhalten wird breit und vollständig auf eine gestörte Hirnfunktion zurückgeführt. Das DSM-IV behauptet dies gar nicht, aber Lehrbücher und Journale."

Stephanie Hall, Ohio, glaubte, dass ADHS eine Krankheit sei. Sie nahm gutgläubig ihr Ritalin. Ihre Eltern, Mike und Janet Hall, glaubten auch daran. Stephanie Hall starb im Schlaf, 6 Tage vor ihrem 12. Geburtstag, nicht an ADHS – weil es so etwas nicht gibt –, aber am Ritalin, weil Ritalin ein Benzedrin ist und weil Benzedrin eine lange Geschichte plötzlicher Herztodesfälle hat, sogar bei Kindern. Es sind normale Kinder, die mit Drogen behandelt werden. Es gibt keinen Gegenbeweis! Es ist Zeit, die Frage aufzuwerfen „Ist es eine Krankheit oder nicht?", darauf eine konkrete Antwort zu verlangen und sie der Öffentlichkeit mitzuteilen. (Baughman 1999)

21.2 Barkley will die Diskussion beenden

Soweit der streitbare Baughman. Was eine weitere Konsenskonferenz, diesmal unter Leitung von Russel A. Barkley, einem amerikanischen Psychologen, im Jahre 2002 anbelangt: Die Teilnehmer dieser Konferenz und ihrer Konsenserklärung wehren sich gegen den wiederholt auch durch die Medien verbreiteten Vorwurf, dass „... sich die Wissenschaft nicht darüber einig sei, ob ADHS nun wirklich existiere oder nicht" und „... dass es sich bei dieser Störung nicht um ein wirkliches, real existierendes, sondern um ein triviales Leiden handelt" (Barkley 2002). Die Autoren heben hervor, dass ADHS von vielen amerikanischen Fachorganisationen und Vereinigungen als eine tatsächlich existierende Krankheit anerkannt werde. In diesem Zusammenhang könne man „... den Umstand nicht genug betonen, dass aus wissenschaftlicher Sicht die Meinung, dass ADHS nicht existieren würde, ganz einfach falsch ist", denn es gebe in Wissenschaft und Forschung ausreichende Erkenntnisse für ihre Existenz (Barkley 2002).

Weiter wird ausgeführt, dass die für diese Krankheit charakteristischen Defizite der Verhaltenssteuerung und der Aufmerksamkeit ohne Zweifel zu schwerwiegenden Einschränkungen wesentlicher Lebensbereiche (zum Beispiel soziale Beziehungen, Erziehung, Familien- und Berufsleben) bei den Betroffenen führten. Sämtliche Zweifel an ADHS könnten deshalb ausgeschlossen werden. Zudem zeigten neurobiologische Untersuchungen übereinstimmend, dass ADHS-Betroffene in einer oder mehreren Hirnregionen (Frontallappen, Stammganglien und Anteile des Kleinhirns) eine weniger starke Hirnaktivität aufweisen. Diese Regionen zeigten zusätzlich eine mangelnde Reaktion auf entsprechende Reize. Die Konsenserklärung betont, „… dass die der ADHS zugrunde liegenden Primärsymptome nicht oder gar ausschließlich durch Umweltfaktoren zu erklären sind" (Barkley 2002). Das solle nicht heißen, dass soziale Umstände unwichtig wären, sie trügen aber kaum zur Entstehung und Ausprägung der Symptome bei. All dies lasse weder Ärzte noch Psychologen oder andere Forscher zweifeln, dass ADHS eine wirklich existierende Krankheit sei. Gestützt auf unzählige Studien, die die Wirksamkeit einer medikamentösen Behandlung aufzeigen, sollten ADHS-Betroffene eine entsprechende Behandlung erhalten, die eine medikamentöse Therapie kombiniert mit pädagogischen, erzieherischen und sozialen Maßnahmen. Die Autoren appellieren abschließend an die Medien, diese als gültig definierte Krankheit in Zukunft so zu beschreiben, wie dies in der Wissenschaft der Fall sei, und mit der Propaganda aufzuhören, ADHS sei eine erfundene Krankheit (Barkley 2002). Fundierte Kritik am Konstrukt ADHS als Propaganda zu diffamieren dient aber sicher nicht einer kontroversen, aber dennoch seriösen wissenschaftlichen Diskussion.

21.3 Timimi

Der englische Psychiater Sami Timimi und weitere 32 Fachleute wehren sich 2004 in einer eigenen ADHS-Konsenserklärung dagegen, dass Barkley in seiner Konsenskonferenz die Fachdiskussion über Sinn und Unsinn von ADHS für beendet erklären wollte. Die Autoren um Timimi fragen sich, warum bedeutende Psychiater und Psychologen um Barkley eine Erklärung beschließen, die die freie Diskussion über Sinn und Unsinn der weitverbreiteten Diagnose und medikamentösen Behandlung von ADHS unterbinden will. Wenn wissenschaftliche Erkenntnisse zu ADHS so eindeutig seien wie behauptet, bräuchte es doch eigentlich gar keine solche Konsenserklärung (Timimi 2004).

Der wirkliche Grund für das Konsenspapier von Barkley et al. liege darin, dass die Annahmen, ADHS sei eine echte medizinische Krankheit und Psychopharmaka seien wirkliche Heilmittel, inzwischen durch die wissenschaftliche Kritik erschüttert wurden. Es sei nicht nur gegen Geist und Praxis jeder Wissenschaft, den wissenschaftlichen Diskurs über die Gültigkeit von ADHS zu beenden, wie es das Barkley-Konsenspapier verlange. Es gebe im Gegenteil eine ethische und moralische Verpflichtung zu einem solchen Diskurs. Die Autoren führen weiter aus (wobei ich auch hier die jeweiligen Literaturbelege des Originalartikels (s. Timimi 2004) weglasse. Der hieran interessierte Leser wird auf den Originalartikel verwiesen; es bleibt dort jedenfalls keine der gemachten Aussagen unbelegt),

1. dass der Forschungsstand nicht die Behauptung stütze, bei ADHS-Kindern handele es sich um eine homogene Gruppe mit einer gemeinsamen und spezifischen neurobiologischen Störung. Es gebe keine kognitiven, metabolischen oder neurologischen Marker für ADHS, weshalb es auch keinen medizinischen Test für die Diagnose gebe. Es gebe bereits seit 30 Jahren offenkundige Schwierigkeiten, die Störung überhaupt eindeutig zu definieren;
2. dass trotz der Versuche, die Diagnosekriterien zu standardisieren, erhebliche Unterschiede zwischen Diagnostikern nicht nur verschiedener Nationen, sondern sogar ein und derselben Nation bestehen. In den USA schwanke zum Beispiel die Zahl der Diagnosen innerhalb eines Staates von Gemeinde zu Gemeinde um den Faktor 10;
3. dass drei Viertel aller mit ADHS diagnostizierten Kinder auch die Kriterien für andere psychiatrische Störungen (Verhaltensstörungen, Angststörungen, Depressionen etc.) erfüllen. Solch hohe Komorbiditäten legten aber den Schluss nahe, dass sich das ADHS-Konstrukt zur Erklärung des klinischen Alltags gar nicht eigne;
4. dass nach nunmehr 25-jähriger bildgebender Forschung und über 30 Studien immer noch die simple Studie fehle, in der eine Gruppe unbehandelter ADHSler mit einer Gruppe behandelter verglichen werde. Die bisherigen bildgebenden Studien hätten unspezifische und inkonsistente Ergebnisse erbracht, wobei die Untersuchungsgruppen klein waren und in keinem Falle klinisch abnormale Gehirne gefunden worden seien (ganz zu schweigen von ADHS-spezifisch abnormalen). Tierstudien lassen zudem vermuten, dass die in einigen Studien bei Kindern gefundenen Hirnbesonderheiten eine Folge ihrer Medikamentierung sein können;

5. dass sogar ein Regierungsbericht der USA zu ADHS feststelle, dass es keine überzeugenden Belege dafür gebe, dass ADHS eine biochemische Störung sei;
6. dass die Erforschung möglicher Umweltfaktoren als Ursache für ADHS bisher weitgehend unterblieben ist, obwohl es vielfältige Erfahrungen gibt, dass psychosoziale Faktoren wie Traumen oder Missbrauch ursächlich sein können;
7. dass Forschungsergebnisse zur Genetik und Vererbung Interpretationssache seien. Die Genetik von ADHS sei nicht unterscheidbar von Verhaltensstörungen und anderen externalisierenden Störungen, und auch die Vererbung sei nicht spezifisch, falls es eine solche überhaupt gibt;
8. dass die Menge der an Kinder gegebenen Psychopharmaka in den USA besorgniserregend sei. Im Jahre 1996 hätten 6 Prozent aller Kinder im Alter von 6–14 Jahren Psychopharmaka bekommen, ein Prozentsatz, der heute wahrscheinlich noch höher sei. Auch der Psychopharmakaverbrauch bei Vorschulkindern im Alter von 2–4 Jahren sei stark angestiegen. Eine Studie in Virginia habe in 2 Schuldistrikten bei 17 Prozent aller weißen Grundschüler Psychopharmakakonsum festgestellt. Aber die Autoren der internationalen Konsenserklärung um Barkley glauben dennoch, dass derzeit leider nur weniger als die Hälfte aller Kinder mit ADHS angemessen medikamentös behandelt würden;
9. dass viele der Mitautoren der Barkley-Konsenserklärung wohlbekannte Fürsprecher einer medikamentösen Behandlung von Kindern mit ADHS seien, aber nirgends ihre diesbezüglichen finanziellen Interessen und Verbindungen zur Pharmaindustrie offenlegten;
10. dass Psychostimulanzien keine ADHS-spezifische Behandlung darstellen, sondern auch bei normalen Kindern und ganz unabhängig von ihrer Diagnose wirken. Eine Metaanalyse von Studien zur Methylphenidatwirkung zeige, dass die Studien methodisch schlecht und voller Fehler seien, dass Kurzzeiteffekte inkonsistent, Nebenwirkungen aber häufig seien und dass Langzeiteffekte über 4 Wochen hinaus nicht belegt werden;
11. dass die Autoren der Konsenserklärung behaupten, unbehandelte ADHS führe bei den Betroffenen zu erheblichen Folgebeschwerden, wobei sie aus einem statistischen Zusammenhang eine fragliche Kausalbeziehung ableiten. Andere Forschungen hätten ergeben, dass medikamentöse Behandlung bestenfalls einen fast bedeutungslosen Langzeiteffekt habe;
12. dass den möglichen Langzeitwirkungen von Psychostimulanzien mehr Sorge zukommen sollte, als Barkley et al. zulassen wollen.

Psychostimulanzien haben erhebliche medizinische, aber auch psychosoziale Nebenwirkungen und sind grundsätzlich suchterzeugend;
13. dass man trotz der heftigen Bemühungen des Barkley-Papiers, Kinder, Eltern oder Lehrer aus der Verantwortung für ADHS herauszunehmen, ein aufbauendes und engagiertes familienberaterisch-erzieherisches psychosoziales Unterstützungsangebot aufbauen müsse.

Die Autoren berücksichtigen auch ausführlich kulturell-gesellschaftliche Aspekte bei ADHS, worauf ich hier der Kürze halber nicht weiter eingehen kann. Sie fassen abschließend zusammen, dass sich Barkley et al. sehr schlecht verkaufen, wenn sie weitere Kritik an Diagnostik und Behandlung von ADHS mit der Behauptung gleichsetzen, die Erde sei eine Scheibe. Es sei sehr bedauerlich, dass Barkley die wissenschaftliche Diskussion vorzeitig beenden wolle, denn der Forschungsstand zeige, dass die Debatte noch lange nicht zu Ende sei (Timimi 2004).

21.4 Kinderarzt Hans von Lüpke

Das Konzept des AD(H)S stellt keine medizinisch definierte Erkrankung dar, sondern ist der Versuch, eine Serie von Verhaltensauffälligkeiten in Analogie zum medizinischen Modell eines Syndroms zusammenzufassen. Dadurch sollen diese Auffälligkeiten kontrollierbar gemacht werden.

Die als AD(H)S zusammengefassten Auffälligkeiten haben vielfältige Ursachen und sind in ihrem Schweregrad ebenfalls unterschiedlich zu bewerten. Die einheitliche Etikettierung bringt das Risiko mit sich, dass leichte vorübergehende Probleme überbewertet und schwerwiegende (etwa frühe Formen einer Psychose) nicht erkannt und angemessen behandelt werden.

Es erscheint sinnvoll, Auffälligkeiten wie Hyperaktivität, Aufmerksamkeitsstörung oder Impulsivität analog zum Phänomen Fieber nicht als Teilaspekte einer Störung, sondern als Symptome einer jeweils zu klärenden Grundproblematik zu verstehen und zu behandeln. Darüber hinaus sind diese Symptome nicht Ausdruck eines Defekts, sondern können als Ansatz zu einem Bewältigungsversuch von schwerwiegenderen Problemen verstanden werden. Dieser Aspekt begünstigt auch den therapeutischen Zugang.

Eine medikamentöse Behandlung kann (analog zum Fieber) bereits vor Klärung der ursächlichen Zusammenhänge angebracht sein, wenn andere Maßnahmen nicht ausreichen, um eine die Beteiligten in zunehmendem Maße überfordernde Belastung zu mindern.

Hirnorganische Befunde sagen nichts über eine mögliche Ursache aus: Sie können auch durch Umwelteinflüsse bedingt sein. Die Klärung solcher

Zusammenhänge hat, wenn sie sachgemäß erfolgt, nichts mit Schuldzuweisungen zu tun.

Auch die Arbeit von Lehrer/innen wirkt sich unmittelbar auf die Gehirnentwicklung aus. Die besondere Chance dieser Berufsgruppe für den Umgang mit den als AD(H)S klassifizierten Kindern liegt in der intimen, oft über längere Entwicklungsperioden reichenden Kenntnis der Kinder und ihrer spezifischen Probleme.

Die besondere Komplexität der Problematik bringt es mit sich, dass keine Profession allein über ausreichende Kompetenzen verfügen kann. Auch besteht die Gefahr der Überforderung, besonders für engagierte Lehrer/innen. Kooperation der an dieser Problematik beteiligten Berufsgruppen ist daher unverzichtbar (Lüpke 2003).

21.5 Die Italienische Erklärung

In Italien hat sich – anders als in Deutschland – eine große ADHS-kritische Bewegung entwickelt, die sich in einer eigenen Stellungnahme dagegen verwahrt, dass ADHS eine genetisch bedingte und biologisch zu erklärende Krankheit sei. Sie plädiert für eine Ethik, die sich für eine psychopharmakologische Unversehrtheit der Kinder einsetzt und als therapeutischen Bezugsrahmen der klinischen Pädagogik bzw. Psychotherapie den Vorzug gibt (s. Psychologische ADHS-Therapie unter http://www.adhs-schweiz.ch).

371 Wissenschaftler, Psychiater, Psychotherapeuten, Professoren, Ärzte und 125 Institutionen mit über 220.000 Mitgliedern haben sich dieser Stellungnahme unter der Überschrift „Giú la mani dai bambini" („Hände weg von unseren Kindern") bisher angeschlossen. Es wird festgestellt, dass ADHS keine eigene Krankheit sei. Die Diagnose und ihre Verfahren werden für mangelhaft befunden, die pharmakologische Therapie wird abgelehnt, weil sie ethisch unvertretbar sei, keine positiven Langzeitwirkungen erziele und nur unerwünschtes Verhalten unterdrücke. Es wird dafür plädiert, ADHS als Krankheit abzuschaffen (Giú La Mani Dai Bambini 2005).

21.6 Konferenz ADHS

Das Kuratorium der Konferenz ADHS stellt einleitend zu seiner ADHS-kritischen Konsenserklärung fest:

> ADHS: Eine der größten Kontroversen in der Geschichte des Fachgebiets Kinder- und Jugendpsychiatrie. (Riedesser 2006)

Leider spielt sich diese Kontroverse immer mehr unter Ausschluss der Öffentlichkeit ab. Immer häufiger verkümmert der eigentlich fruchtbare öffentliche Diskurs zu unkritischer, einseitig schulmedizinisch ausgerichteter und Pharma-gesponserter Darstellung, die Eltern, Lehrer und Erzieherinnen vorschnell auf eine biologistische Sicht kindlichen Verhaltens lenkt und sowohl die eigene Beteiligung am kindlichen Seelenleben und Verhalten, als auch das introspektive, empathische Verstehen der wirklichen Nöte unserer Kinder aus dem Blickfeld verliert. Unsere „Schnellfeuer-Kultur" (DeGrandpre 2002) verändert das Bewusstsein auch unserer Kinder und fordert ihren Preis, auch mit der zunehmenden Einnahme von Psychpharmaka. Eine ganze Generation wird krankgeschrieben, denn ADHS ist genau die „Krankheit", die in diese Kultur passt. Mit der zunehmend einseitig-biologistischen Sicht und Behandlung der seelischen Nöte unserer Kinder wird immer mehr von ihnen eine verstehende, die wirklichen psychischen Hintergründe und systemischen Zusammenhänge ihrer Nöte und Störungen ernst nehmende gesellschaftliche Verantwortlichkeit vorenthalten – ein weithin ausgeblendeter Skandal. Offensichtlich hat man lieber kranke als unglückliche Kinder (Wenke 2006).

Die Konsenserklärung versucht alles auf knappstem Raum zusammenzufassen und auf den Punkt zu bringen, was man gegenwärtig gegen das Konstrukt ADHS vorbringen muss. Und was, wie ich überzeugt bin, allemal ausreicht, um sich von ADHS endlich zu verabschieden:

ADHS: Die Störung

- ADHS wird in den gängigen Klassifikationssystemen DSM-IV und ICD-10 unterschiedlich dargestellt, sodass international kein Konsens besteht.
- Bei Kindern mit der Diagnose einer ADHS handelt es sich nicht um eine homogene Gruppe mit einer gemeinsamen und spezifischen Störung.
- Drei Viertel der mit ADHS diagnostizierten Kinder erfüllen auch die Kriterien für andere psychiatrische Störungen, weshalb es keine Störungsspezifität gibt. Die differenzielle Validität der Störung ist unbelegt.
- Vorgeblich ADHS-typische Symptomatiken finden sich gleichermaßen bei vielen anderen bekannten Störungen, wie Ängsten, Depressionen, Bindungs- und Beziehungsstörungen, Über- und Unterforderung, Traumatisierungen, Schilddrüsenstörungen, Intoxikationen, Seh- oder Hörstörungen, Entwicklungsverzögerungen etc. Sie sind deshalb unspezifisch und nicht ADHS-typisch.

- Es ist ungeklärt, ob die vorgeblichen Unterformen des Störungsbildes (mit oder ohne Hyperaktivität, mit oder ohne Aufmerksamkeitsdefizit) nosologisch und ätiologisch dieselbe Störung darstellen.
- Es ist unklar, warum ausschließlich Hyperaktivität, Aufmerksamkeitsdefizit und Impulsivität die vorgeblichen Kernsymptome eines Syndroms bilden sollen.
- Es ist fraglich, ob Impulsivität von Hyperaktivität nosologisch und ätiologisch zu unterscheiden ist.
- Eine ADHS-spezifische Aufmerksamkeitsstörung wurde bisher nicht gefunden.
- Die Forschungsübersicht bisheriger Vergleiche von ADHS mit anderen neuropsychologischen, neurobiologischen und genetischen Korrelaten zeigt, dass es keine ADHS-Spezifität gibt.

ADHS: Die Krankheit

- Es gibt keinen spezifischen kognitiven, metabolischen, neurologischen oder sonstwie gearteten Marker für eine Krankheit ADHS.
- Jahrzehntelange bildgebende Forschung erbrachte nur unspezifische und inkonsistente Ergebnisse. In keinem Fall wurden klinisch abnormale Gehirne gefunden, von ADHS-spezifischen Abnormalitäten ganz zu schweigen. Selbst wenn solche spezifischen Zusammenhänge feststellbar wären, wäre ADHS damit nicht kausal erklärt (Stichwort Neuroplastizität). Mancherorts gefundene Unregelmäßigkeiten können sogar auf dem Einfluss von zur vorgeblichen Therapie verabreichten Medikamenten beruhen.
- Die Genforschung zu ADHS erbrachte bisher nur bescheidene, unspezifische und vergleichsweise schwache Zusammenhänge.
- Genetik und Genese von ADHS sind nicht unterscheidbar von psychosozialen Verhaltensstörungen und anderen externalisierenden Störungen.
- Gene lenken direkt immer nur die Proteinsynthese, aber kein Verhalten. Den Faktor Genexpression, demzufolge die jeweilige Umwelterfahrung eines Menschen seinen Genotyp beeinflusst, hat die Genforschung zu ADHS bisher ignoriert, weshalb die bisherigen Forschungsergebnisse kausal zweifelhaft sind.
- Eine Vererbung (so es eine solche bei ADHS überhaupt gibt) ist ebenfalls nicht spezifisch. Die deskriptive Präsenz der Störung in familiären Stammbäumen stellt keinen Beleg für eine genetische Valenz dar. Zwillings- und Familienstudien zu ADHS sind obendrein beeinträchtigt durch die nicht belegte Annahme der jeweiligen pränatalen

Umwelt-Uniformität. Die innere, subjektive „Umwelt" eines Menschen wurde dabei noch nie erfasst.
- Wenn ein Kind nach DSM-IV 6 von 9 willkürlich zusammengestellten, nicht unbedingt krankhaften Verhaltensweisen zeigt, soll es an ADHS leiden. Da ADHS andererseits als Hirnfunktionsstörung gilt, ist ein derart willkürliches Störungskonstrukt menschen- und kinderfeindlich, weil ihm für eine solch folgenschwere Diagnose kein objektiver wissenschaftlicher Beleg zugrunde liegt.
- ADHS ist keine objektivierbare medizinische Krankheit, sondern ein Kulturprodukt. Sie wird im Rahmen von interessen- und industriegeleiteten Konsenskonferenzen per Beschluss definiert. Teilnehmer solcher Konferenzen waren bisher als Befürworter einer medikamentösen Behandlung von ADHS bekannt, ohne ihre finanziellen Verbindungen zur Pharmaindustrie offenzulegen. Mehr als die Hälfte der 28 Autoren, die am DSM-V arbeiten, mussten inzwischen Einkünfte aus der Pharmaindustrie offenlegen, der Leitautor der Konferenz sogar von 13 verschiedenen Firmen.

ADHS: Die Diagnostik

- Es existiert keinerlei ADHS-spezifisches medizinisches oder psychologisches Diagnostikum. ADHS lässt sich nicht spezifisch diagnostizieren.
- Es besteht Uneinigkeit darüber, ob für die Diagnose einer hyperkinetischen Störung Auffälligkeiten in allen 3 Kernbereichen (Unaufmerksamkeit, Hyperaktivität, Impulsivität) vorliegen müssen oder ob es verschiedene Unterformen von hyperkinetischen Störungen gibt.
- Gängige diagnostische Verfahren messen bestenfalls Symptome und Verhaltensweisen, die nicht spezifisch für ADHS sind, sondern für eine Vielzahl ganz unterschiedlicher Störungen stehen können (ADHS als diagnostischer Sammeltopf).
- Die ADHS-Diagnose beruht auf unzuverlässigen Informationsquellen: Eltern- und Lehrer-Fragebögen sind invalide und unzuverlässig. Sie weichen erheblich voneinander ab, sind subjektiv und beurteiler- sowie situationsabhängig. Eine spezifische Zuordnung zu ADHS erlauben sie nicht.
- Die Diagnostik beruht überwiegend auf subjektiven Verhaltenseinschätzungen und normativen Bewertungen. Objektive Marker, die eine medizinische Krankheit begründen könnten, gibt es nicht.
- Die Diagnosekriterien sind sehr vage formuliert. Formulierungen wie „oft", „exzessiv", „häufig" lassen weiten Spielraum für eine willkürliche Diagnose.

- Die folgenschwere Diagnose ADHS kommt durch simples Aufsummieren von subjektiven Beobachtungen von zweifelhaft problematischem Verhalten zustande. Der Cutpoint wird dabei willkürlich durch Konsenskonferenzen festgelegt. Wenn ein Kind zum Beispiel 6 von 9 ärgerlichen, aber nicht unbedingt krankhaften Verhaltensweisen zeigt, soll das nach dem gängigen medizinischen Modell ein Beweis sein, dass sein Gehirn defekt sei.
- Es herrschen diagnostische Willkür und Konfusion. Es gibt keine deutliche Unterscheidbarkeit von Phänomen, Symptom, Syndrom und Morbus.
- Wird eine Störung des Kindes oder ein Unbehagen des Beurteilers (Lehrer, Arzt, Eltern, Erzieher, Gesellschaft) gemessen?
- Kultureller, schulischer und familiärer Kontext werden bei der Diagnostik nicht berücksichtigt. Die Diagnostik ist einseitig kindzentriert und ignoriert jedweden systemischen Kontext.
- Wenn ein Kind daheim und in der Schule Lern- und Verhaltensprobleme zeigt und in Tests angeblich ADHS-typische Ergebnisse aufweist, bedeutet dies keineswegs, dass eine Krankheit namens ADHS dafür ursächlich ist.
- Welche medizinischen und psychologischen Tests und/oder Verhaltensbeobachtungen bei der Diagnostik eingesetzt werden müssen, ist ungeklärt und basiert allein auf einem mehr oder weniger anerkannten Konsens von einigen nach unklaren Kriterien auserwählten Fachleuten.
- Das Ausschlusskriterium E des DSM IV, wonach ADHS vorliegen soll, wenn alles andere ausgeschlossen ist (ADHS als Ausschlussdiagnose), ist nicht nur aus wissenschaftlichen, sondern auch aus schlicht pragmatischen Gründen nicht erfüllbar.
- Die Mehrzahl der Diagnosen erfolgt nicht korrekt nach den konsensualen Diagnoserichtlinien und ist von daher falsch.
- Die Diagnose ADHS liefert keinerlei zusätzliche Information oder Aufschluss, die über die Verwendung anderer einschlägiger Diagnosen hinausreichten.
- Die Mehrzahl der medikamentierten Kinder erhält Psychopharmaka aufgrund von im Sinne der Diagnoserichtlinien falschen Diagnosen. Nicht nur zwischen Diagnostikern verschiedener Nationen, sondern auch zwischen solchen derselben Nation gibt es erhebliche Unterschiede in der Prävalenz.

ADHS: Die Medikation

- Die starke Zunahme der Verschreibungen von hochwirksamen Psychopharmaka bei Kindern in den letzten Jahren ist alarmierend. Schon immer mehr Vorschulkinder werden mit Psychopharmaka behandelt. Angesichts der erheblichen Zweifel am medizinischen Konstrukt ADHS erhält der überwiegende Teil dieser Kinder die Medikamente ohne eine hinreichende Indikation.
- Die Wirkung der Medikamente wird trotz tausender Studien noch immer nicht völlig verstanden. Ihre Langzeitwirkung auf das noch in Entwicklung befindliche kindliche Gehirn ist nicht ausreichend erforscht. Ergebnisse von Tierstudien geben diesbezüglich begründeten Anlass zur Sorge.
- Die Medikamentierung wird zu Unrecht als Therapie bezeichnet. Die Medikamente heilen nicht, ihre verhaltensändernde Wirkung ist auf die Wirksamkeitsdauer beschränkt. Nach Absetzen der Mittel ist kein bleibender Verhaltenseffekt zu erwarten, der denjenigen einer nicht medikamentösen Psychotherapie übersteigt. Auch Schulleistungen und Lernerfolge insbesonders in komplexen kognitiven Lernbereichen lassen sich damit nicht dauerhaft verbessern.
- Die psychosozialen Folgen einer Dauermedikation im Sinne einer psychischen Abhängigkeit sowie Auswirkung auf Selbstkonzept und Selbstwert der betroffenen Kinder und ihrer Familien werden ignoriert und nicht erforscht. Die bestrittene Suchtgefahr darf nicht unabhängig vom gesellschaftlichen Umgang mit Medikamenten und anderen Hilfsstoffen zum Wohlbefinden („life-style medication") gesehen werden.
- Die zwischen Fach- und Elternverbänden und der Drogenbauftragten der Bundesregierung getroffene Vereinbarung der Nachrangigkeit einer Medikation erst nach Scheitern psychotherapeutischer und pädagogischer Hilfen wird weitgehend missachtet.
- Methylphenidat ist eine anregende Droge, die bei fast allen Menschen, unabhängig von einer Diagnose, die Aufmerksamkeit steigert, ähnlich Nikotin und Alkohol. Die vorgeblich „paradoxe" und ADHS-spezifische Wirkung auf unruhige Kinder gibt es nicht, weil auch diese Kinder weiter angeregt werden. Die individuelle Wirkung des Stoffes belegt nicht das Vorhandensein einer ADHS im Sinne einer Bestätigung der Diagnose („ex juvantibus").
- Die Medikamente unterdrücken lediglich unerwünschtes oder störendes Verhalten für die Dauer ihrer Wirkung. Es ist ein Irrtum, zu glauben, unter der Medikamentenwirkung trete die „wahre" oder „gesunde" Persönlichkeit eines Kindes ans Tageslicht.

- Wenn keine wirksamen psychotherapeutischen oder pädagogischen Hilfen erfolgen, ist die Medikation rasch chronisch, weil nach Abklingen der Wirkung das störende Verhalten sofort wieder auftritt, sodass bald wieder (Dauer-)Medikamente gegeben werden müssen. Es besteht die Gefahr einer Rund-um-die Uhr-Dauermedikation mit psychischer Abhängigkeit.
- Dissozial-aggressives Verhalten wird nicht nennenswert verbessert. Methylphenidate erzielen längerfristig keine besseren Therapieeffekte als nicht medikamentöse psychotherapeutisch-psychoedukative Therapien, haben aber ernst zu nehmende Nebenwirkungen (unter anderem Wachstumsstörungen, Appetitstörungen, Verhaltensstörungen, langfristig möglicherweise Hirnfunktionsstörungen). Die teils erheblichen Nebenwirkungen der Medikamente werden bagatellisiert und für das Ziel teils zweifelhafter, künstlich erzeugter und flüchtiger Verhaltensänderungen allzu leicht in Kauf genommen. Im Zusammenhang mit dem permanenten Verleugnen psychischer, familiärer und sozialer Störungsursachen wirkt das ausschließlich medikamentöse Vorgehen nicht selten wie eine medizinalisierte Form der Kindesvernachlässigung und -misshandlung.

ADHS: Die Biologisierung

- Das Konstrukt ADHS entspringt dem gegenwärtig immer noch anhaltenden Trend zur Biologisierung der menschlichen Kultur. Unter einer naturwissenschaftlichen Ausrichtung sollen im Rahmen einer Synthese auch die Sozialwissenschaften „biologisiert" werden (Soziobiologie). Obwohl diese Vereinheitlichung heute bereits als gescheitert gelten kann, wird sie bei ADHS weiter realisiert. Ein genetischer Determinismus bzw. Purismus, der Milieueinflüsse auf Entwicklung und Verhalten weitgehend leugnet, beherrscht unverändert einseitig die Szene. Die Herstellung eindimensionaler Ursache-Wirkungs-Zusammenhänge beim Krankheitsmodell ADHS bleibt hinter den aktuellen Erkenntnissen der Hirnforschung zurück. Dies ist antidialogisch und antipädagogisch.
- Der Glaube an ADHS als organischer Krankheit stigmatisiert Kinder zu Unrecht als krank und hirnfunktionsgestört. Dem Selbstwertgefühl und Selbstkonzept der Kinder wird damit ein schwerer Schaden zugefügt.
- Vor allem aber werden den Kindern vorrangige psychotherapeutische und pädagogische Hilfen, die eine verstehende und nachhaltige Situations- und Selbstverbesserung der Betroffenen anstreben, oftmals mit der Begründung vorenthalten, diese Maßnahmen seien nachrangig oder überflüssig, wenn erst einmal eine Medikation greife. Der in einschlägigen

Richtlinien geforderte Standard einer multimodalen Therapie ist in der Praxis die Ausnahme.
- Die scheinbar psychiatrische Diagnose ADHS und ihre pseudowissenschaftliche Verbrämung sollen Eltern, Lehrer, Ärzte, Psychologen, Erzieherinnen etc. dabei unterstützen, bedrohliches kindliches Verhalten verdrängen zu können, die je ganz eigene dialogische Verantwortlichkeit zu leugnen. Man hat sozusagen lieber kranke als unglückliche Kinder.
- Dieser alltägliche Biologismus, demzufolge Lehrer, Eltern und Ärzte schnell bereit sind, auffälliges kindliches Verhalten auf ein „biochemisches Ungleichgewicht" zurückzuführen, anstatt über ihre eigene Beteiligung und Möglichkeiten zur Einflussnahme nachzudenken, bedarf einer dringenden und kritischen Reflexion. Es wird nicht mehr nach dem Warum eines Verhaltens, nach seinem Sinn in einer phänomenalen, subjektrelativen Welt gefragt. Statt eines therapeutischen Dialogs zwischen Erwachsenem und Kind wird das Kind zum bloßen Diagnose- und Medikationsobjekt.

ADHS: Empfehlungen

- Das Konstrukt ADHS muss völlig neu gesichtet und kritisch überprüft werden mit der Fragestellung, inwieweit es wissenschaftlich wirklich elaboriert und praktisch sowie ethisch vertretbar und sinnvoll ist.
- Der Erforschung, Diagnostik und Behandlung kindlicher Verhaltensstörungen wie ADHS muss ein entwicklungspsychologisches Konzept zugrunde gelegt werden.
- Es herrschen diagnostische Willkür und Konfusion. Vor allem muss der familiäre und gesellschaftliche Einfluss auf das kindliche Problemverhalten namens ADHS in Forschung, Diagnostik und Therapie intensiv erforscht und ernst genommen werden.
- Eine Medikation muss endlich wirklich nur noch nachrangig erfolgen. Vorrang müssen immer psychotherapeutisch-pädagogische, die Familie und das Sozialsystem einbeziehende Hilfen haben.
- Das Konstrukt erlaubt keine klare Unterscheidung von Phänomen, Symptom, Syndrom und Morbus. Angesichts seiner nosologischen Zweifelhaftigkeit und angesichts des Umstandes, dass kindliches Problemverhalten als psychoreaktiv gesund oder auch mit anderen gängigen, aber weniger belasteten Störungsbildern erfasst werden kann, ist dieses Konstrukt nicht nützlich. Es sollte in der jetzigen Konzeption grundlegend

revidiert oder völlig aufgegeben werden. ADHS ist keine medizinische Krankheit, sondern ein willkürlich gesetztes Kunstprodukt.
- Eltern, Lehrer, Pädagogen, Psychologen, Ärzte sowie die Gesundheitsbehörden sollten eine ADHS-Diagnose bezweifeln und zu einer kritischen Aufklärung beitragen.

Literatur

Barkley, R. A. (2002). International consensus statement on ADHD. *Journal of the American Academy of Child and Adolescent Psychiatry, 41*(12), 1389.

Baughman, F. A. (1999). The ADHD consensus conference: End of the epidemic. *The Brown University Child and Adolescent Behavior Letter, 15*(2), 8.

DeGrandpre, R. (2002). *Die Ritalingesellschaft. ADS: Eine Generation wird krankgeschrieben.* Weinheim: Beltz.

Giú La Mani Dai Bambini. (2005). Italienische Konsenserklärung. http://www.giulemanidaibambini.org/stampa/glm_diconodinoi__37.pdf. Zugegriffen: 08. Sept. 2018.

Riedesser, P. (2006). Einige Argumente zur ADHS-Kontroverse in der Kinder- und Jugendpsychiatrie. In M. Leuzinger-Bohleber, Y. Brandl, & G. Hüther (Hrsg.), *ADHS – Frühprävention statt Medikalisierung.* Göttingen: Vandenhoeck & Ruprecht.

Timimi, S., et al. (2004). A critique of the international consensus statement on ADHD. *Clinical Child and Family Psychology Review, 7*(1).

von Lüpke, H. (2003). AD(H)S als medizinisches Modell: Auf der Suche nach Halt. In O. Appel & G. Zeitlinger-Brückmann (Hrsg.), *So geht's! AD(H)S in der Schule.* Speyer: Institut für schulische Fortbildung und schulische Beratung des Landes Rheinland-Pfalz.

Wenke, M. (2006). *ADHS – Diagnose statt Verständnis? Wie eine Krankheit gemacht wird.* Frankfurt a. M.: Brandes & Apsel.

22

Hallo Eltern

Inhaltsverzeichnis

22.1	Eltern tun gut daran, eine ADHS-Diagnose zu bezweifeln	292
22.2	Eine Mutter schreibt	294
22.3	Hauptaufgabe: Ein harmonisches Familienleben	295
22.4	Deprivationsforschung	297
22.5	Eltern sind verschieden	298
22.6	Protektionsforschung	299
22.7	Trotz Trennung und Scheidung: Eltern bleiben Eltern	300
22.8	Das Märchen vom ADHS-Kind	302
22.9	Warum immer nur Verhaltenstherapie?	303
22.10	Die Praxisstudie	305
22.11	Pillen für den Körper, Psychotherapie für die Seele?	305
22.12	Positive Erziehung	306
	22.12.1 Die Spirale der Gewalt	307
	22.12.2 Leicht gesagt!	309
22.13	Sinnvolle Trainings- und Elternkurse	311
22.14	Zehn Goldene Regeln bei ADHS-Verdacht	312
22.15	Familientherapie bei ADHS	315
22.16	Odysseen fehlgeschlagener Therapien	316
22.17	(K)ein Problem der Kindererziehung?	317
22.18	Mutimodale Therapie greift zu kurz	318
22.19	ADHS braucht man gar nicht	321
Literatur		322

Eine repräsentative Umfrage, die das Sozialforschungsinstitut Forsa im Auftrag der Zeitschrift „Eltern" unternahm, erbrachte ein erschreckendes Ergebnis: Auf die Frage „Von welchen gesundheitlichen Störungen fürchten Sie am meisten, dass Ihr Kind sie bekommen könnte?" nannten mit Abstand die meisten Eltern – nämlich 44 Prozent – die Aufmerksamkeitsdefizit-/Hyperaktivitätsstörung (ADHS) (Forsa-Erhebung 2009). So weit ist es inzwischen mit der völlig unbegründeten Verunsicherung, ja Verängstigung von Eltern in Bezug auf die Modekrankheit ADHS also schon gekommen. Verunsicherte, verängstigte Eltern sind natürlich schlechtere Erzieher, so dass man befürchten muss, die geschürte Angst vor ADHS zieht Erziehungsfehler nach sich, die in ADHS münden können. Die Katze beißt sich sozusagen in den eigenen Schwanz, eine klassische sich selbst erfüllende Prophezeiung. Was ist zu tun?

22.1 Eltern tun gut daran, eine ADHS-Diagnose zu bezweifeln

Dieser Rat, den Hüther und Bonney in ihrem Bestseller „Neues vom Zappelphilipp" geben (Hüther 2017, ist keineswegs provozierend gemeint. Vielmehr macht er sehr viel Sinn, wenn man immer wieder hört, erlebt und liest, dass Eltern unzufrieden sind, wenn bei ihrem Kind diese Diagnose trotz eingehender Untersuchung **nicht** gestellt wird. Die gegenwärtige populäre „Fachliteratur", die Ratschläge in einschlägigen Internet-Selbsthilfegruppen und die im Bekanntenkreis erlebte „hilfreiche" Ritalin-Wirkung verleiten viele besorgte Eltern zu vorschnellen Selbstdiagnosen und zur Pseudosicherheit, ihr Kind habe diese „Krankheit" auch. In den Sammeltopf ADHS passt eben irgendwie immer fast alles, was Kinder, Jugendliche und Erwachsene an Verhaltensschwierigkeiten zeigen.

Wenn Eltern ihre Probleme in den einschlägigen Internetforen schildern, habe ich noch selten gelesen, dass ihnen jemand sagt, ihre Probleme könnten alles Mögliche bedeuten, viel wahrscheinlicher Erziehungs- und Familienprobleme als eine Hirnfunktionsstörung im Sinne von ADHS. Stattdessen rät man ihnen fast durchweg ausschließlich, gezielt ADHS ärztlich (nicht etwa psychologisch) abklären zu lassen, die Adresse eines passenden Arztes wird gleich nachgeliefert. Es handelt sich dann selten um einen wirklich kompetenten Arzt, sondern einen, von dem sich herumgesprochen hat, dass er die Diagnose ADHS gern und häufig stellt. Man warnt die Eltern häufig sogar, zu einem Fachmann zu gehen, der ADHS kritisch gegenübersteht. Solch ein Arzt oder Psychologe sei dann ganz einfach inkompetent. Wir wissen aber, dass Diagnosen nicht immer sehr valide und zuverlässig, sondern stark Diagnostiker-abhängig sind, gerade bei so sehr unklaren Krankheitsbildern wie ADHS. Ob ich zu einem Psychoanalytiker, einem kritischen Psychologen oder einem von ADHS überzeugten Arzt gehe (letztere gibt es in Wirklichkeit wahrscheinlich weniger, als viele glauben. Nicht wenige von ihnen betreiben aus rein ökonomischen Notwendigkeiten eine oberflächliche ADHS-Diagnostik), entscheidet über die Diagnose erheblich mit. Und Eltern wählen durch ihre bewusste Diagnostiker-Auswahl auch die erwartete bzw. gewünschte Diagnose. Im Sinne von „selbsterfüllenden Prophezeiungen" schließt sich dann jeweils der Kreis, und alle scheinen zufrieden.

Angesichts des sicher großen Ausmaßes an Falschdiagnosen, angesichts der Unzulänglichkeit des diagnostischen Instrumentariums für ADHS, angesichts der gravierenden stigmatisierenden psychosozialen Langzeitfolgen der Diagnose vor allem für Kinder (angeblich genetisch bedingte, vererbbare Hirnstoffwechselstörung) und der ungewissen Langzeitauswirkungen von Methylphenidat bei Kindern, angesichts der in Wirklichkeit fehlenden wissenschaftlichen Klarheit des Syndroms ADHS hätten Eltern zunächst einmal allen Grund, an dieser Diagnose zu zweifeln.

Ganz abgesehen davon, dass es, wie bereits ausgeführt, sowieso keine wissenschaftlich objektivierte, valide und unbestrittene ADHS-Diagnostik gibt, entsprechen die meisten Diagnosen nicht einmal dem Mindeststandard der ärztlichen Diagnoserichtlinien. Aus einer Arbeit von Angold geht hervor, dass 75 Prozent der Kinder, die mit Stimulanzien behandelt werden, die nach DSM-IV notwendigen diagnostischen Kriterien für ADHS überhaupt nicht erfüllten. Fast 60 Prozent der Diagnosen waren ganz einfach falsch (Angold et al. 2000; Lehmkuhl und Lehmkuhl 2002). Das mag mit daran liegen, dass diese Richtlinien unpraktisch, weil zu zeit- und kostenaufwendig, andererseits fachlich für viele Praktiker auch nicht überzeugend sind, weil teils willkürlich-theoretisch erstellt. Ausschlussdiagnosen („wenn nichts mehr übrig bleibt, nennen wir es halt ADHS") bei einem Syndrom („was es genau ist, wissen wir nicht") bringen natürlich von Hause aus diagnostische Unmöglichkeiten und unhandbare Diagnoseprozeduren mit sich, zumal das diagnostische Instrumentarium selbst (Fragebogen, Eltern- und Lehrerbeurteilungen; einen spezifischen ADHS-Test gibt es gar nicht) methodisch problematisch ist und das Syndrom selbst uneinheitlich und vieldeutig beschrieben wird.

Die erwähnten erschreckenden Untersuchungsergebnisse, die bei 75 Prozent aller mit ADHS diagnostizierten Kinder in den USA eine

Falschdiagnose feststellen, beunruhigen nachhaltig. Sie belegen, dass in der klinisch-diagnostischen Praxis sehr oberflächlich und die diagnostischen Richtlinien leichtfertig ignorierend vorgegangen wird. Wird eine medizinische Krankheit gemessen oder nur normale Verhaltensvariationen oder psychoreaktive Verhaltensstörungen unterschiedlichster Genese? Wenn 3 Fachleute über ADHS sprechen, meint wahrscheinlich jeder von ihnen etwas anderes, ganz abgesehen von den vielen nur ganz oberflächlich informierten Eltern betroffener Kinder, die teils abenteuerliche Vorstellungen von den Problemen ihrer Kinder wider besseren Wissens und aufgrund der mangelhaften Aufklärung durch „Fachleute" mit dem Etikett ADHS bemänteln.

22.2 Eine Mutter schreibt

Beispiel

„Ich habe einen 11-jährigen Sohn, der seit 3 Jahren in der Schule immer mehr abbaut. Jetzt sind wir bei totaler Leistungsverweigerung angekommen. Weil er seinen Pflichten als Schüler nicht nachkommt, hatten wir jetzt eine Klassenkonferenz seinetwegen. Ich war so verzweifelt, dass ich zum Jugendamt gegangen bin. Dort bin ich zum ersten Mal darauf hingewiesen worden, dass mein Sohn ADHS haben könnte. Ich habe mich sofort im Internet über diese Krankheit informiert und festgestellt, dass mein Sohn unheimlich viele Symptome aufweist. Die Lehrer wollen aber nichts über meine Vermutung hören. Er wird nun für 2 Wochen vom Unterricht ausgeschlossen. Er darf auch nicht an den normalen Pausen mit seinen Klassenkameraden teilnehmen. Wie soll ich mich nun verhalten?"

Dieses traurige, aber typische Beispiel enthält alles, was man derzeit in der ADHS-Szene im Internet an Fehlern beobachten kann: Niemand, weder Mutter noch Jugendamt noch Schule, versucht überhaupt nur, die Hintergründe des schulischen Leistungsabfalls des Kindes zu ergründen oder zu verstehen. Die Mutter lässt sich vom Jugendamt mit dem Hinweis auf ADHS abwimmeln. Wieso geht sie überhaupt zum Jugendamt? Und statt nun zum Psychologen zu gehen, „informiert" sie sich im Internet und findet selbst die vorgebliche Diagnose, die alles erklärt. Die Lehrer empfinden dies natürlich als „Ausrede", ohne aber selbst eine bessere und hilfreichere Erklärung zu haben; sie machen es sich leicht und sanktionieren nur. Und um dem Ganzen dann die Krone aufzusetzen, rät man dieser Mutter im Forum, einen Rechtsanwalt einzuschalten, um gegen die Schule vorzugehen! Streiten statt Verstehen! Am Schluss wird der Mutter dann geraten, einen „ADHS-Arzt" zu finden („Name kommt per E-Mail"), der dann endlich Ritalin verschreibt.

22.3 Hauptaufgabe: Ein harmonisches Familienleben

Ach Gott ja, werden Sie seufzend sagen, darauf läuft also alles wieder mal hinaus? Wer hätte das nicht bis zum Überdruss bereits gewusst? Immer sind die Eltern schuld!

Es tut mir ja auch wirklich leid, aber so trivial es klingen mag, es ist und bleibt nun mal bei ernsthafter Betrachtung auch für ADHS das Grundrezept. Ein harmonisches Familiensystem mitsamt einem kindgerechten psychosozialen Umfeld macht eindeutig den Hauptfaktor aus, wenn wir Verhaltensstörungen unserer Kinder wirkungsvoll verhindern wollen (Lesesne et al. 2003).

Zu einem harmonischen Familiensystem gehört aber natürlich längst nicht mehr nur die klassische Kernfamilie aus Vater, Mutter und Kind. Zur Erziehung eines Kindes braucht es ein ganzes Dorf, wie eine alte indianische Weisheit sagt. Die weitere (Patchwork-)Familie, die Nachbarschaft, der Kindergarten und -hort, die Schule und ihre Ganztagsbetreuung, die Peergroup von Gleichaltrigen, die Berufswelt, letztlich auch das gesamtgesellschaftliche Klima: Alles zusammen prägt uns und unsere Kinder und muss im Hinblick auf so etwas wie Kindeswohl und kindentwicklungsförderliche Bedingungen ständig kritisch überprüft werden.

Weil nach wie vor der frühkindliche Einfluss der Kernfamilie im Vordergrund steht, sind Eltern nach wie vor in erster Linie in der Verantwortung. Dies soll hier nun aber nicht der Ort sein, erschöpfend über Kindererziehung zu sprechen. Aber das aus meiner Sicht Wichtigste möchte ich kurz zusammenfassen, weil es auch für ADHS grundlegend ist. Denn anstatt in hilflose und nutzlose Panik wegen ADHS zu geraten, können Eltern fast alles tun, was Kinder brauchen, um entwicklungsförderlich heranzuwachsen und keine wie auch immer gearteten psychogenen Verhaltensstörungen zu entwickeln.

„Was ist die ideale Erziehung?" fragte die Zeitschrift GEO. Ich möchte daraus Einiges zitieren und kommentieren (Kucklick 2002). Die Autoren fassen 3 wichtige Erkenntnisse der neueren psychologischen Forschung, in soliden und methodisch sauberen Studien gewonnen, so zusammen:

- Eltern haben einen enormen Einfluss auf die Entwicklung ihrer Kinder, was Verhaltensgenetiker in den letzten 15 Jahren zu Unrecht in Abrede gestellt haben (zum Beispiel besonders Steven Pincker).
- Es lässt sich ziemlich genau sagen, worin eine gute und effektive Erziehung besteht.
- Eltern können effektive Erziehung lernen.

Man könne heute zwar keineswegs von einer „Erziehungskatastrophe" sprechen, aber die allgemeine erzieherische Verunsicherung der Eltern sei unübersehbar. Erziehung ist in unserer modernen Welt schwieriger geworden und muss sich neuen Herausforderungen stellen, denen sich viele Eltern nicht gewachsen fühlen. Zunehmend werde deshalb auf diese Herausforderungen mit Medikamenten geantwortet, und Zehntausende von „hyperaktiven" Kindern würden mit dem Psychomedikament Ritalin behandelt. Man müsse sich fragen, ob „Hyperaktivität" tatsächlich ein neues Phänomen oder nur ein Modebegriff sei – oder ein altbekanntes Verhalten, das nur durch unsere Verstädterung und die Zerstörung kindlicher Bewegungsräume brisant wird.

Dass der Umweltfaktor (hier: die Familie) ausschlaggebend ist, ob eine irgendwie genetisch mitbedingte Krankheit überhaupt in Erscheinung tritt oder nicht, zeigt die berühmte prospektive finnische Studie von Tienari et al. mit Adoptionskindern, deren leibliche Eltern an Schizophrenie litten. Ob diese Kinder in ihren Adoptivfamilien ebenfalls an Schizophrenie erkrankten oder nicht, hing von der Harmonie in der Adoptivfamilie ab: War die Familie harmonisch, erkrankten diese Kinder genauso selten wie Kinder der Durchschnittsbevölkerung; war die Familie disharmonisch, erkrankten sie so häufig, wie es das genetische Genrisiko erwarten ließ. Harmonisches Familienleben wirkt also wie ein Schutzschild gegen (auch genetische) Risiken jeder Art. Disharmonische Familien dagegen verstärken solche Risiken und machen eine Erkrankung erst manifest (Tienari et al. 1994).

Einen beeindruckenden wissenschaftlichen Beleg der Bedeutung der Eltern hat auch Marion Forgatch vorgelegt. Sie untersuchte frisch geschiedene, alleinerziehende, in ärmlichen Verhältnissen lebende Mütter mit kleinem Sohn 10 Jahre lang. Dabei verglich sie 2 Gruppen, von denen die eine eine dreimonatige Elternschulung erlebt hatte, die andere nicht. Die Unterschiede bei Müttern und Söhnen waren erstaunlich. Die umfassenden Verbesserungen bei den Kindern, deren Müttern geholfen worden war, wurden auch von ihren Lehrern (die nicht wussten, welche Kinder in welcher Gruppe waren) festgestellt. Es gab keinerlei Medikamente. „Es gibt inzwischen beeindruckende Belege für die Spätfolgen von früher Erziehung", sagt Rainer Silbereisen, Jena, damaliger Präsident der Deutschen Gesellschaft für Psychologie (Kucklick 2002).

Der autoritative Erziehungsstil (ein etwas missverständlicher Ausdruck), gekennzeichnet durch Warmherzigkeit, Einfühlung, Anregung, Konsequenz, Gegenseitigkeit, Interesse etc. wird dargestellt und am Beispiel des Triple P („Positive Parental Program"), eines nachgewiesenermaßen effektiven Elterntrainings, als besonders erfolgversprechend für eine gesunde Kinderentwicklung empfohlen. Ein anderer, von mir praktizierter und wissenschaftlich evaluierter Eltern-Trainingskurs ist EFFEKT: Entwicklungsförderung in Familien, entwickelt von Friedrich Lösel (Lösel et al. 2004).

22.4 Deprivationsforschung

Die technischen Möglichkeiten der modernen Hirnforschung belegen eindrücklich schon länger bekannte psychologische Erkenntnisse über die Entwicklung unserer Kinder. Die Bindungsforschung, die Deprivationsforschung sowie die Protektionsforschung einerseits und die moderne Hirnforschung andererseits treffen sich immer mehr. Das ist unglaublich faszinierend. Ich möchte hier ein wenig zur Deprivations- und zur Protektionsforschung sagen. Diese beiden Forschungszweige fragen, wie es kommt, dass Kinder unter ungünstigen familiären Lebensbedingungen als Erwachsene teilweise erkranken, teilweise aber sich auch durchaus „normal" entwickeln können. Die Forschung hat nämlich ergeben, dass bis zu 30 Prozent der Kinder, die unter sehr ungünstigen Bedingungen aufwachsen, als Erwachsene dennoch relativ gesund sind, während die Mehrzahl sich schlechter entwickelt als Kinder unter günstigeren Bedingungen.

Diese Forschungsrichtung (beginnend mit Spitz und Bowlby) versucht, diejenigen Lebensbedingungen dingfest zu machen, die beim Menschen zur Entwicklung psychischer Störungen beitragen können. Da es strittig ist, ob ADHS eine psychische oder eine genetisch bedingte Störung darstellt (oder ein Zusammenspiel aus beidem), ist diese Forschung natürlich gerade hier sehr interessant. Hier zusammenfassend eine kurze Liste von bisher bekannten Risikofaktoren für Kinder, deren Zusammenhang mit späterer psychischer oder psychosomatischer Störung als nachgewiesen gelten kann (nach Dornes 2000):

- Niedriger sozioökonomischer Status
- Schlechte elterliche Schulbildung
- Große Familie auf wenig Wohnraum
- Kontakte mit Einrichtungen der sozialen Kontrolle
- Kriminalität oder Dissozialität eines Elternteils
- Chronische Disharmonie/Beziehungspathologie in der Familie
- Psychische Störungen der Mutter oder des Vaters
- Unerwünschtheit
- Alleinerziehende Mutter
- Autoritäres väterliches Verhalten
- Verlust der Mutter

- Häufig wechselnde frühe Beziehungen
- Altersabstand zum nächsten Geschwister kleiner als 18 Monate
- Uneheliche Geburt
- Sexueller und/oder aggressiver Missbrauch

22.5 Eltern sind verschieden

Man findet folgende Familiendynamiken auch bei ADHS-Kindern (vgl. Neraal und Wildermuth 2008, S. 75 ff.; Gerspach 2009):

- Verstrickte, das heißt unabgegrenzte Familienbeziehungen führen zu depressiven Symptomen beim Kind.
- Kontrollierende und von Gleichgültigkeit geprägte Interaktionen resultieren in Angstsymptomen und Depressionen beim Kind.
- Kritische und feindselige innerfamiliäre Interaktionen sind mit ADHS-Symptomen und psychosomatischen Störungen des Kindes verbunden.
- Mädchen aus verstrickten Familienbeziehungen neigen zu depressiven Symptomen, Jungen eher zu ADHS-Symptomen.

Staufenberg listet eine Rangreihe von Familiendynamiken auf, die sie in ADHS-Familien findet (vgl. Staufenberg 2011, S. 171 ff.):

1. Aufgeklärte Eltern. Sie schwanken zwischen Besorgnis und Erleichterung, dass „es genetisch bedingt" und keinen Erziehungsproblemen oder Familienkonflikten geschuldet ist.
2. Sensible/besorgte Eltern. Ihnen ist ihre eigene Beteiligung für das kindliche Verhalten zugänglich
3. Überängstliche Eltern. Sie sind unsicher, ob sie den Anforderungen der Elternschaft gerecht werden und verleugnen oftmals aggressive Impulse.
4. Hilflose/überforderte Eltern. Sie kämpfen meist mit starken Schuldgefühlen. Oft liegen dem Gefühl der Überforderung Ängste zugrunde, die verleugnet oder verdrängt werden müssen.
5. Verleugnende/verharmlosende und externalisierende Eltern. Sie kommen typischerweise auf Druck gesellschaftlicher Institutionen, deren Vertreter/innen nicht in der Lage sind, das abweichende Verhalten des Kindes zu halten und zu verändern. Zunächst versuchen diese Eltern, den Erzieher/innen und Lehrer/innen die Schuld für die krisenhafte Situation zuzuschreiben.

6. Ambivalente/innerlich ablehnende Eltern mit deutlich wahrnehmbarer Ambivalenz ihrem Kind gegenüber.
7. Verwahrlosende und missbrauchende Eltern. Hier sind Eltern gemeint, deren versäumte Fürsorgepflicht unterhalb der Schwelle gesetzlich erfasster Vernachlässigung liegt. Oftmals zeigen ihre Kinder Anzeichen einer emotionalen Frühverwahrlosung.
8. Manifest psychisch kranke Eltern. In Fällen stationärer Behandlung aufgrund wiederkehrender psychotischer Episoden bedeutet diese Trennung für die Kinder sowohl Entlastung als auch Verlust.

22.6 Protektionsforschung

In Hochrisikogruppen, also Gruppen von Menschen mit vielen Risikofaktoren, hat man diejenigen Personen herausgesucht, die sich trotzdem gut entwickelt haben (Häfner 2012). Es zeigte sich, dass sie sich durch folgende bisher bekannte „Schutzfaktoren" von den anderen unterschieden:

- Dauerhafte, gute Beziehung zu mindestens einer Bezugsperson
- Attraktives Mutterbild
- Großfamilie bzw. kompensatorische Elternbeziehungen bzw. Entlastung der Mutter
- Gutes Ersatzmilieu nach Mutterverlust
- Mindestens durchschnittliche Intelligenz
- Robustes, kontaktfreudiges, aktives Temperament
- Soziale Förderung in Schule, Jugendgruppe, Kirche
- Hoher sozioökonomischer Status
- Verlässlich unterstützende Bezugspersonen im Erwachsenenalter
- Lebenszeitlich späteres Eingehen schwer auflösbarer Bindungen (zum Beispiel spätere Heirat, späteres Kinderkriegen)

Typischerweise gibt es nur sehr wenige Studien über einige solcher Faktoren bei Kindern mit der Diagnose ADHS. Für deren psychosoziales Milieu hat man sich bisher fast nicht interessiert, weil der starre medizinische Forscherblick ausschließlich in Richtung Genetik ging. Man kann aber vermuten, dass es in Familien mit diesen Kindern ein erhöhtes Ausmaß an psychosozialen Risikofaktoren gibt, und dass es andererseits bei „vorbelasteten" Kindern bei Vorhandensein von protektiven Faktoren nicht zu einer ADHS-Symptomatik kommt. Es wird höchste Zeit, dass die ADHS-Forschung auch mal in diese Richtung blickt.

Die ADHS-Forschung hat sich bisher in zigtausenden Studien fast ausschließlich mit der Suche nach organisch-genetischen Ursachen sowie mit der medikamentösen Behandlung beschäftigt, ohne überzeugend fündig zu werden (Diller 2003b). Eben weil die Identifikation beweisbarer Ursachen bisher nicht gelungen ist, hat man sich mit Präventionsfragen nicht weiter befasst. Es gibt fast keinerlei Berichte über kontrollierte Effekte psychotherapeutischer Behandlungen, die etwas über die Entwicklung dieser Kinder von Geburt an aussagen. Man weiß auch noch fast gar nichts über die mittel- und langfristigen Verhaltensweisen und Besonderheiten von Familien mit ADHS-Kindern. Hier liegen große Aufgaben vor uns, und erst ganz langsam kommt dieser wissenschaftliche Zug ins Laufen. In Deutschland zum Beispiel wird an der sogenannten Profilstudie des BV-AÜK und der Charité Berlin gearbeitet. Ich bin fest überzeugt, dass die bessere Erforschung psychotherapeutischer Behandlungsmöglichkeiten die heute noch dominierende medikamentöse Behandlung in Zukunft weitgehend ersetzen oder stark zurückdrängen wird, sodass man eines Tages nur noch circa 5 Prozent der heute medikamentös behandelten Kinder weiterhin medikamentös unterstützend und auch zeitlich begrenzter behandeln müssen wird.

Eine der ganz wenigen prospektiven Studien, die sich mit der frühen Vorbeugung gegen die ADHS-Symptomatik befassen, stammt von G. C. Rappaport et al. 51 Kinder im Alter zwischen 2–4,5 Jahren, die unter Unaufmerksamkeit, Sprachstörungen und/oder motorischen Entwicklungsstörungen mit und ohne Hyperaktivität litten, wurden im Alter von 8–10 Jahren nachuntersucht, nachdem sie nicht medikamentös mit Beschäftigungs- und Sprachtherapie behandelt worden waren. 20 dieser 51 Kinder hatten die Diagnose ADHS, und 8 von diesen 20 hatten Geschwister mit ebenfalls einer ADHS-Geschichte. Diese Kinder konnten mit ihren unbehandelten Geschwistern als Kontrollgruppe verglichen werden. Es zeigte sich bei ihnen im Schulalter ein bedeutsamer Rückgang der ADHS-Problematik. Die Autoren stellen fest, dass ihre Stichprobe noch zu klein für Verallgemeinerungen ist und regen Überprüfungen an größeren Gruppen an (Rappaport 1998).

22.7 Trotz Trennung und Scheidung: Eltern bleiben Eltern

Wenn sich Paare mit Kindern trennen, kommen besondere Aufgaben auf die Familien zu: Das bislang geordnete Bild des gemeinsamen Zusammenlebens ist zerstört. Die Beziehung zwischen Eltern und Kind muss neu gestaltet werden. Kinder brauchen in dieser neuen Lebenssituation besondere Unterstützung, denn auch wenn Paare sich trennen, bleiben sie weiterhin Vater und Mutter. Nicht wenigen Eltern gelingt es aber zumindest zeitweise nicht, ihre gemeinsame Verantwortung als Eltern relativ unverändert weiter zu leben, wenn ihre Paarbeziehung zerbrochen ist. Kränkungen, Demütigungen, Aggressionen, Rachewünsche machen sich breit und nehmen wenig Rücksicht auf die Kinder. Die Kinder fühlen sich oftmals zwischen Mutter und Vater hin- und hergerissen, werden zum Spielball der elterlichen Auseinandersetzungen. Immer häufiger spielen ADHS und Ritalin eine verhängnisvolle Rolle in diesem Psychokrieg.

Ein Beispiel:

> **Beispiel**
>
> Nach einer längeren Zeit ehelicher Spannungen findet Herr M. eine Geliebte und verlangt von seiner Frau die Scheidung, woraufhin Frau M. einen eher demonstrativen Selbstmordversuch mit Schlaftabletten unternimmt. Herr M. lässt sich dadurch nicht verunsichern und zieht in die Wohnung seiner neuen Partnerin. Frau M. ist fürchterlich gekränkt und wütend und kann sich mit dem Ende ihrer Ehe nicht abfinden. Sie erträgt in der Folgezeit deshalb auch nicht, dass der gemeinsame 7-jährige Sohn Thomas seinen Vater unverändert liebt und Umgang mit ihm und seiner neuen Partnerin pflegt. Sie verhindert unter Angabe vorgeschobener Gründe die Kontakte zwischen Vater und Sohn, was der Vater beim Familiengericht beklagt. Vater und Mutter beeinflussen offen und verdeckt das Kind gegeneinander, sodass Thomas bald verhaltensauffällig wird: Er gibt sich zunehmend aggressiv, unaufmerksam in der Schule und oppositionell gegenüber der Mutter. Der Vater, der dies bemerkt, verwendet es als Beleg für die erzieherisch überforderte Mutter und beantragt das Aufenthaltsbestimmungsrecht für seinen Sohn. Damit die Verhaltensprobleme des Kindes rasch verschwinden und dem Vater damit der Wind aus den Segeln genommen wird, geht die Mutter mit Thomas zu einem in ADHS-Kreisen empfohlenen Kinderarzt und lässt bei Thomas ADHS diagnostizieren sowie Ritalin verordnen. Der Arzt registriert lediglich die Symptome des Kindes, ohne den familiären Hintergrund zu würdigen. Als der Vater dies erfährt, verbietet er der Mutter die Ritalin-Gabe und verklagt den Kinderarzt, der seinem Sohn ohne väterliche Zustimmung ein unter das Betäubungsmittel fallendes Psychopharmakon verschrieb. Fortsetzung folgt!

Statt Psychopharmaka im Verlauf einer Trennungs- und Scheidungskrise zu missbrauchen, sollten Eltern zum Beispiel besser in einer Erziehungs- oder Lebensberatungsstelle ihre Trennung einvernehmlich und damit zum Wohle des Kindes zu regeln versuchen. Nur so werden sie dem Kind wirklich gerecht und ersparen sich selbst viel Geld und Nervenkraft, die im Verlaufe solcher oft jahrelang anhaltender Familienschlachten, über die Kinder psychisch ernsthaft erkranken können, als Preis bezahlt werden müssen.

22.8 Das Märchen vom ADHS-Kind

Dies ist der Titel des bekannten Buches von Thomas Armstrong, das ich allen Eltern empfehlen möchte, die nach Therapie und Hilfe ohne Psychopharmaka für ihr Kind suchen (Armstrong 2002). Die Lektüre dieses Buches führt dazu, die Existenz von ADHS als spezifischer medizinischer Krankheit endgültig ad acta zu legen. Es gibt kein ADHS, es gibt kein ADHS-Kind, sondern es gibt viele verschiedene Kinder mit vielen verschiedenen Gründen für ihre Unaufmerksamkeit und Unruhe. ADHS als medizinische Krankheit ist ein Mythos, ein Märchen.

Das ist die Kernthese, die Armstrong im ersten Teil seines leicht zu lesenden und sehr spannenden Buches ausleuchtet. Das Märchen von ADHS wird gründlich entmystifiziert. Die starke Umweltabhängigkeit der bei verschiedenen Fachleuten noch dazu unterschiedlichen Syndromatiken, die Unmöglichkeiten der Differenzialdiagnostik, das von einer Maschinenmetaphorik geprägte biologistische Krankheitsmodell und die Ergebnislosigkeit der jahrzehntelangen Suche nach eindeutigen genetischen oder körperlichen Ursachen, das „Abstempeln" und Stigmatisieren der betroffenen Kinder sowie die Entlarvung der riesigen ADHS-PR-Kampagne werden eindrücklich dargestellt. ADHS sei eine simplifizierende Antwort auf die komplizierte Welt unserer Kinder und tue den Kindern damit Unrecht. Armstrong liefert einige sehr interessante nicht biologische Erklärungen für ADHS, darunter die Annahme, dass das Konstrukt ADHS als soziale Intervention dafür diene, die bestehende soziale Ordnung aufrechtzuerhalten. Er zitiert dafür das Beispiel des um 1850 sehr angesehenen amerikanischen Arztes S. A. Cartwright, der die Neigung der schwarzhäutigen Sklaven wegzulaufen, als medizinische Krankheit („Drapetomanie") entdeckt hatte.

Die sozialinterventive Funktion dieser neuen Krankheit bestand darin, das Nachdenken über die wirklichen, psychosozialen Gründe für das Flüchten der Sklaven zu verhindern. Aber das ist nur eine von 7 Erklärungen des Autors dafür, dass ADHS gesellschaftlich benötigt wird. Eine sehr differenzierte Darstellung der Vor- und Nachteile der Medikation der Kinder mündet in die Empfehlung, Ritalin nur in 3 Fällen anzuwenden: Wenn eindeutige neurologische Krankheiten diagnostiziert wurden (Hirnschäden, Bleivergiftungen, Parkinsonismus, Narkolepsie etc.), wenn für kurze Zeit im Sinne einer Krisenintervention Kindern, die schwere Krisen (akute Traumata durch Gewalterfahrung oder massive Familienkrisen etc.) durchmachen, rasch geholfen werden muss und wenn nach allerdings wirklich ernsthafter Erfahrung, dass nichts anderes hilft, nur noch Ritalin übrigbleibt.

Der Hauptteil des Buches stellt 50 Vorgehensweisen zum Umgang mit grundsätzlich allen auffälligen Kindern (und damit auch mit ADHS-Kindern) dar, die alle ohne Psychopharmaka und ohne Zwang auskommen. Apropos Zwang: Verhaltensmodifikation und die damit einhergehenden Praktiken, wie sie in der gängigen Ratgeberszene propagiert werden, lehnt der Autor als zu autoritäre Kontrollstrategien ab.

Die vorgestellten Vorgehensweisen haben alle eines gemeinsam: Sie brauchen keinerlei Medikament (auch kein homöopathisches, pflanzliches oder vitaminäres) und keinen Zwang, und sie haben sich empirisch und/oder wissenschaftlich bewährt. Auf diese Weise berücksichtigt Armstrong in seiner Auswahl kognitive, edukative, soziale, verhaltensbezogene, psychologische, ökologische und physische Ansätze. Zu jeder Vorgehensweise werden wissenschaftliche Bezugsquellen angeführt. Auch die Familientherapie wird als wichtig erkannt. Ich finde diese Zusammenstellung genial. Ein Fragebogen erleichtert es Eltern, die für ihr Kind geeigneten Vorgehensweisen einzugrenzen.

22.9 Warum immer nur Verhaltenstherapie?

In nahezu allen hergebrachten ADHS-Internetseiten und populären ADHS-Ratgebern finden Sie den mehr oder weniger dringenden Rat, eine Medikation bei ADHS nicht ohne begleitende Verhaltenstherapie und/oder Elterntraining durchzuführen. Wenn Sie dies als fachlicher Laie lesen, gehen Sie sicher davon aus, dass dieser Rat überall deshalb so ausschließlich gegeben wird, weil ihn wissenschaftliche Forschungsergebnisse begründen. Dem ist aber nicht so.

Verhaltenstherapie und Elterntraining sind zwar allgemein bewährte und in ihrer Wirksamkeit wissenschaftlich recht gut belegte Verfahren. Sie zu empfehlen ist also allgemein vollkommen berechtigt. Dass aber ausschließlich diese Methoden bei ADHS indiziert sein sollen, alle anderen offenbar nicht, bedarf besonderer Begründung. Wenn es Forschungsergebnisse gäbe, die belegen, dass Verhaltenstherapie bei ADHS wirksamer ist als Familientherapie oder Kinderpsychotherapie oder Ergotherapie oder Autogenes Training oder Grüne Algen oder Homöopathie oder gar keine Therapie oder … (die Reihe ließe sich noch sehr weit fortsetzen), dann wäre der ausschließliche Rat zur Verhaltenstherapie berechtigt. Aber: Solche Forschungsergebnisse gibt es nicht. Schon gar nicht ist belegt (und dieser Eindruck wird oft vermittelt), dass psychoanalytisch-systemische Therapien wirkungslos seien.

Wenn man also wissenschaftlich gar nicht begründen kann, warum eine bestimmte Psychotherapiemethode angezeigt sein soll, andere aber nicht, fragen Sie sich natürlich, wie die Autoren dazu kommen, diesen Rat dennoch so ausschließlich zu geben.

Nun, die Antwort ist einfach: Weil sie es aufgrund ihrer Theorie von ADHS so glauben! Sie glauben nämlich, ADHS sei ursächlich eine genetisch bedingte, vererbbare Hirnstoffwechselstörung, die von der Umwelt, der Erziehung und der Erfahrung völlig unabhängig ist. Wenn ich sage, sie glauben dies, will ich zum Ausdruck bringen, dass dies wissenschaftlich in keiner Weise hinreichend belegt ist. Aber wenn man dies so glaubt, scheint Verhaltenstherapie die geeignete Methode zu sein, weil dabei zum Beispiel die elterliche Erziehung eines Kindes kaum eine Rolle spielt, die Familie mit ihrer ganz eigenen Dynamik keine Rolle spielt, die sonstige Umwelt des Kindes (Kindergarten, Schule, Wohnumfeld) kaum eine Rolle spielt. Nur das angeblich kranke Kind ist Ansatzpunkt der Therapie.

Seine angebliche hirnorganische Krankheit lässt sich zwar nicht diagnostizieren und heilen, aber mit Medikamenten und mit Trainingsmethoden mildern. Selbst wenn keine ADHS-Symptome mehr messbar seien, sei ADHS nicht geheilt. Die Eltern und die sonstige Umwelt können erzieherisch eigentlich gar nichts falsch gemacht haben, sie werden aber ein bisschen unterstützt („gecoacht"), nicht mehr „gleich in die Luft" zu gehen. Dem Kind werden alternative Reaktionsmuster im Umgang mit „seinem" ansonsten unheilbaren ADHS antrainiert. So fügt sich die Empfehlung zur Verhaltenstherapie scheinbar nahtlos ins biologistische ADHS-Konzept ein.

Aber Verhaltenstherapie leugnet ja die Umwelt, die Lernerfahrungen eines Kindes in seiner Familie keineswegs! Woran sie ansetzt, sind ja ganz individuelle Lernerfahrungen. Wie passt dies nun aber zusammen mit der (sowieso durch nichts begründbaren) Überzeugung, ADHS sei erfahrungsunabhängig? Sollen nur sekundäre, ADHS-reaktive Erfahrungen wegtrainiert werden?

Wie dem auch sei, wissenschaftlich lässt sich der ausschließliche Rat zur Verhaltenstherapie nicht begründen. Die gegenwärtige Praxis sieht ja so aus, dass die meisten Langzeitmedikationen bei Kindern keinerlei ernsthaftere Psychotherapie einschließen. Ritalin tut es auch ganz allein. Wie Hüther sagt: „Das Medikament bügelt alles flach." Selbst in der MTA-Studie hat Barkley seine eigene Verhaltenstherapiemethode im Vergleich mit Ritalin besiegt.

Ich fände es zusammenfassend ehrlicher, wenn die überzeugten ADHS-ler raten würden, Ritalin zu geben und sonst gar nichts. Wenn sie weiterhin Verhaltenstherapie empfehlen, widersprechen sie sich darin, dass ADHS erfahrungsunabhängig sei. Der Einwand, bei der Verhaltenstherapie würden nur die als Folge von ADHS gelernten Verhaltensweisen behandelt, nicht ADHS selbst, ist wissenschaftlich durch nichts belegt. Wenn man bedenkt, dass bis zu circa 80 Prozent der gegenwärtig als ADHS diagnostizierten Kinder nur psychoreaktiv verhaltensgestört sind (also gar kein ADHS haben), ist der allgemeine Rat zur Psychotherapie natürlich erstrangig.

Wie bereits erwähnt: Seriös wäre der Rat, jede bewährte und wissenschaftlich anerkannte Psychotherapie (ob Familientherapie, Heilpädagogik, Spieltherapie, Ergotherapie, Verhaltenstherapie etc.) erst einmal ohne Medikation ernsthaft durchzuführen. Manchmal (viel, viel seltener, als behauptet) bleibt auch dann nichts anderes übrig als eine (begleitende) Medikation. Aber der Rat zur Pille für den Störenfried muss in Zukunft sehr viel stärker hintanstehen.

22.10 Die Praxisstudie

Sant'Unione und Wildermuth berichten in einer katamnestischen Studie mit 93 psychoanalytisch behandelten Kindern und ihren Familien, dass eine Medikation in der Regel überflüssig ist. Im Mittelpunkt der Therapie stand eine psychodynamische, familientherapeutische Intervention in den Lebensbereichen Familie, Schule und Freizeit. Karamnestisch zeigte sich in allen Lebensbereichen durchschnittlich in zwei Drittel der Fälle eine gute bis mäßige Verbesserung der Symptomatik, im verbleibenden Drittel ergab sich kein Unterschied. Im Schulbereich trat bei 2,2 Prozent der Kinder eine Verschlechterung ein (Sant'Unione und Wildermuth 2007).

22.11 Pillen für den Körper, Psychotherapie für die Seele?

Der Glaube an ADHS als einer körperlichen Störung führt zur Überzeugung, dass nur eine körperbezogene Therapie Sinn mache, eben die Gabe eines Medikaments, das in den Hirnstoffwechsel eingreift. Wer würde einen Beinbruch oder eine Meningitis mit Psychotherapie heilen wollen? Das wäre ein Kurpfuscher.

Bei menschlichem Verhalten – und etwas anderes ist ADHS nicht – liegt die Sache aber anders. Denn immer mehr stellt sich mithilfe der modernen bildgebenden Verfahren der Hirnforschung heraus, dass Psychotherapie ähnliche oder identische Wirkungen hat wie pharmazeutische

Medikamente, ja sogar allein die Erwartung einer Wirkung bei Placebos (einem Scheinmedikament) kann dieselbe, hirnfunktional nachweisbare Wirkung hervorrufen wie ein echtes Medikament. Im Zusammenhang mit der Ritalin-Diskussion bei ADHS ist das deshalb so interessant, weil es erwarten lässt, dass auch hier Psychotherapie, wenn sie vorhanden ist und angenommen wird, genauso in den Hirnstoffwechsel eingreift wie das Medikament und es (inklusive all seiner Nebenwirkungen) überflüssig machen kann.

Nach einer bekannt gewordenen Studie von Baxter, Schwartz und Mitarbeitern aus dem Jahre 1996 zur Veränderung des Gehirnmetabolismus bei Zwangserkrankungen nach sowohl Pharmako- als auch Psychotherapie (Schwartz et al. 1996) liegt auch eine ähnliche Untersuchung für depressive Störungen vor. 24 Patienten mit unipolarer „major depressive disorder" (MDD) und 16 Kontrollpersonen wurden verglichen. Die Messung der Gehirndurchblutung erfolgte mittels Positronenemissionstomographie mit Fluorodeoxyglucose, die Werte wurden vor und nach der Behandlung mit einem Antidepressivum oder Psychotherapie erhoben: Es zeigte sich, dass sich sowohl mit medikamentöser als auch psychotherapeutischer Behandlung die bei den Patienten beobachteten metabolischen Hirnveränderungen normalisierten (Brody et al. 2001). Eltern sollten also eine psychologisch-psychotherapeutische Hilfe der Medikation grundsätzlich vorziehen. Die hirnfunktionellen Wirkungen sind vergleichbar, die Nebenwirkungen nicht.

22.12 Positive Erziehung

Wenn ein Kind schüchtern, traurig, verträumt und ein Mädchen ist, findet es bei Erwachsenen meistens rasch Sympathie, Mitleid und Einfühlung. Es wird sozusagen für sein Verhalten belohnt. Dagegen erlebt ein gesunder, überaktiver und expansiver Junge leicht Gegenwind. Besonders Erwachsene, die auf Disziplin und respektvolle Unterordnung von Kindern Wert legen, geraten sofort mehr oder weniger in Ärger, Grenzsetzungen und dominante Herausforderung.

Diese ganz einfache Alltagserfahrung ist der Kernpunkt für eine erfolgreiche Zusammenarbeit und entwicklungsfördernde Beziehungspflege mit expansiven Kindern. Wenn der Erwachsene seinem spontanen Impuls nachgibt, ein solches Kind autoritär in seine Schranken weisen zu wollen, wenn er seinen Ärger und seine Gereiztheit zum Ausdruck bringt, erlebt das Kind permanente Misserfolge, Missachtung und Demütigung. Sein Selbstwertgefühl geht kontinuierlich den Bach hinunter. Es sammelt Hass und Verzweiflung in sich an. Solche Kinder äußern schon früh Selbstmordgedanken, verachten sich selbst, haben Angst vor der Schule und vor anderen Kindern. Sie sind sekundär neurotisiert.

> **Beispiel**
> Der 9-jährige Benno kommt zum Beispiel aus der Schule und sagt zu seiner Mutter, er wolle sterben. Er könne gar nichts, habe keinen Freund und wolle jetzt sofort ins Bett. Die Lehrerin könne ihn nicht leiden, sie habe den ganzen Vormittag auf ihm herumgemeckert und ihn vor allen anderen lächerlich gemacht, weil sie gesagt habe: „Unser Benno braucht halt immer besonders lange, bis er was kapiert. Aber dafür ist er immer der Beste beim Herumzappeln!"

Es ist erstaunlich, dass bei der Ursachenforschung für jugendliche Amokläufe stets an alles Mögliche gedacht wird – von Computerspielen bis zum erzieherischen Versagen der Eltern –, aber die oft jahrelange Demütigung im Klassenzimmer durch Lehrer und Mitschüler selten Beachtung findet.

22.12.1 Die Spirale der Gewalt

Es gilt also, sehr genau darauf zu achten, im Umgang mit ganz normalen, aber expansiven Kindern nicht die Selbstbeherrschung zu verlieren, sozusagen nicht den Gaul durchgehen zu lassen. Der Erwachsene soll stets freundlich und gelassen, bei Bedarf konsequent und streng, aber möglichst nicht strafend, demütigend oder verletzend sein. Denn sonst kann sich die Beziehung sehr rasch wechselseitig aufschaukeln im Sinne einer Gewaltspirale, die jede pädagogische Entwicklungsförderung zunichte macht. Auf der Seite des Erwachsenen liefe diese Spirale etwa so ab:

- Stufe 1: Problemverhalten übersehen. Erwünschtes Verhalten fördern.
- Stufe 2: Problemverhalten freundlich verbitten. Erwünschtes Verhalten fördern.
- Stufe 3: Problemverhalten freundlich unterbinden. Erwünschtes Verhalten fördern.
- Stufe 4: Problemverhalten tadeln, bestrafen. Erwünschtes Verhalten fördern.
- Stufe 5: Problemverhalten bestrafen. Erwünschtes Verhalten ignorieren.

- Stufe 6: Das Kind tadeln, schimpfen, beleidigen. Erwünschtes Verhalten ignorieren.
- Stufe 7: Das Kind tadeln, schimpfen, beleidigen und strafen. Erwünschtes Verhalten ignorieren.

Die Kunst besteht darin, Problemverhalten so lange wie möglich zu übersehen und dem Kind dabei keine negative Aufmerksamkeit zu geben, dafür aber erwünschtes Verhalten durchgehend zu fördern. Wir neigen bei expansiven Kindern sehr rasch dazu, das Problemverhalten in den Fokus unserer Aufmerksamkeit zu nehmen und die (anfangs manchmal geringen) Darbietungen erwünschten Verhaltens zu übersehen oder gering zu schätzen. Das Resultat ist eine Verstärkung des Problemverhaltens und eine Verschlechterung der Beziehung. Der Fokus muss also genau umgedreht werden: Das Problemverhalten muss einen geringen bis gar keinen Stellenwert bekommen, erwünschtes Verhalten sollte stets ganz eindeutig im Vordergrund pädagogischen Handelns stehen. Dies verstärkt erwünschtes Verhalten und schafft eine auf Sympathie und Zuneigung basierende Beziehung als optimale Voraussetzung nicht nur für schulisches Lernen des Kindes. Man nennt das eine positive Erziehung.

Die Stufen 1–3 versprechen auf Dauer also die besten Aussichten auf Erfolg. Wenn bei Stufe 4 das Tadeln oder Strafen die Ausnahme ist und der Erwachsene hinterher geeignete Aussöhnungsmaßnahmen mit dem betroffenen Kind unternommen hat, muss man sich keine Sorgen machen. Die ausschlaggebende Förderung erwünschten Verhaltens stünde ja weiterhin im Vordergrund. Solche Aussöhnungen können darin bestehen, dass man, nachdem der Ärger verraucht ist, mit dem Kind noch einmal auf die Situation zurückkommt und ihm einsichtig macht, warum man sich so geärgert habe, dass es einem leid tue und man versuchen wolle, in Zukunft hilfreicher miteinander umzugehen. Wenn das Kind dann seinerseits „Besserung" verspricht, ist die Situation vorerst bereinigt.

Ab Stufe 5 wird es allerdings kritisch bis unmöglich, eine entwicklungsförderliche pädagogische Beziehung zum Kind aufrechtzuerhalten. Das Ganze versinkt immer mehr in wechselseitiger Verweigerung, Verbitterung und emotionaler Katastrophe. Das Kind wird quasi lernbehindert und schulpsychologisch traumatisiert. Die Eltern treten in einen oft sehr heftigen Krieg mit Lehrer, Schule und Schulbehörde ein, der das Kind zusätzlich stark belastet. Der erfahrene Psychologe Dieter Krowatschek wusste ein Lied davon zu singen, welche teils perfiden Methoden manche Lehrer hier anwenden. Er spricht von einer Angst des Lehrers vor dem überaktiven Kind, die zu einer Verteidigungsstrategie mithilfe verbaler

Aggression, pseudosachlichem Notendruck und verletzender Ironie führen kann (Krowatschek 2011). Solche Kinder werden dann rasch als ADHS-Kinder diagnostiziert, weil sich Eltern mit dieser Diagnose Verständnis und Entspannung für ihr Kind in der Schule erhoffen und diagnostizierende Ärzte sich für die psychosozialen Hintergründe im Klassenzimmer nicht interessieren. Nicht selten setzt aber auch der Lehrer selbst die Eltern unter Druck, dem Kind Ritalin verschreiben zu lassen (sonst müsse es auf die Förderschule), weil er auf diesem unglücklichen Weg aus der selbstgestellten pädagogischen Falle wieder herauszukommen hofft.

Je höher die Stufe der Spirale der Gewalt ist, in der ein Kind bisher gesteckt hat und von der aus man mit einer Therapie oder pädagogischen Maßnahme startet, um so länger wird es in der Regel dauern, bis das Kind auf die Veränderungen positiv anspricht und sich Verbesserungen zeigen. Der Erwachsene darf also nicht kapitulieren, wenn es seine Zeit dauert, bis das bisher oft jahrelang emotional misshandelte Kind wirklich neues Vertrauen gewonnen hat. Positive Verhaltensänderungen stellen sich schrittweise ein, wobei das Zurückdrehen der Spirale nur um eine einzige Stufe bereits ein erheblicher Erfolg sein kann. Wenn man schließlich bei Stufe 3 landet, kann dies bei einem anfänglich stark auffälligen Kind schon das endgültige Wunschergebnis sein, das nicht stärker verbessert werden müsste.

Ich möchte betonen, dass dies alles speziell mit ADHS rein gar nichts zu tun hat, sondern allgemeine pädagogische Basiserkenntnisse beschreibt. Denn eine spezielle ADHS-Pädagogik gibt es natürlich gar nicht. Alles, was gegenwärtig angeblich spezifisch für den pädagogischen Umgang mit ADHS-Kindern die Runde macht und teils teuer verkauft wird, ist in Wahrheit pädagogisches Allgemeingut, von dem grundsätzlich alle Kinder profitieren. Expansive Kinder – aber bei weitem nicht sie allein – brauchen nur besonders deutlich eine solche positive Pädagogik. Überhaupt alle Kinder mit belastetem familiären Hintergrund, wenig Selbstwertgefühl, Teilleistungsschwierigkeiten, traumatischen Erfahrungen oder sonstwie begründeten erschwerten Lernvoraussetzungen sind besonders auf eine positive Erziehung angewiesen. Aber auch all die anderen Kinder profitieren davon für ihre Persönlichkeitsentwicklung und ihren Schulerfolg.

22.12.2   Leicht gesagt!

Positive Erziehung, also die Betonung der Förderung erwünschten Verhaltens bei weitgehendem Übersehen negativen Verhaltens, klingt so leicht, stellt aber Erwachsene im Alltag auf eine teils harte Probe. Je stärker das

Problemverhalten des Kindes, umso mehr. Aber gerade dann ist es ausschlaggebend, durchzuhalten und konsequent positiv zu erziehen. So manches verhaltensschwierige Kind reagiert nämlich anfangs auf positive Erziehung paradox, also mit einer Intensivierung seines Problemverhaltens. Es testet den Erwachsenen sozusagen darauf, ob er es wirklich ernst meint oder ob alles nur wieder so ein Trick ist. Schließlich hat es oft genug leidvolle Erfahrungen mit unzuverlässigen Erwachsenen gemacht. Erst, wenn es überzeugt ist, dass es der Erwachsene wirklich ernst meint, wird es sich öffnen, positiv reagieren und „geheilt" sein.

Die gegenwärtigen strukturellen Bedingungen in unseren Schulen setzen einer positiven Erziehung leider sehr oft Grenzen. Die Klassen sind viel zu groß, um sich intensiver mit einzelnen Kindern beschäftigen zu können. Eine Grundschulklasse dürfte nicht mehr als 10–12 Kinder umfassen. Die Lehrer müssten kontinuierlich im Sinne eines innerschulischen Qualitätsmanagements hinterfragen, wie die Qualität ihrer entwicklungsförderlichen Beziehungspflege im Klassenzimmer konkret aussieht. Dies müsste durch verpflichtende Intervisions- und Supervisionszirkel geschehen, in denen Lehrer sich untereinander oder mit externen Supervisoren in ihrer Alltagsarbeit hinterfragen (lassen) und so ständig an ihrer qualitativen, psychologisch-pädagogischen Klassenzimmerproblematik arbeiten.

In einer Schulklasse mit 30 Schülern, davon 10 expansiven, stößt der Lehrer natürlich rasch an seine Grenzen. Auch eine überlastete alleinerziehende Mutter mit existenziellen Alltagsproblemen kann rasch kapitulieren. Deshalb gelingt positive Erziehung bei stark expansiven Kindern nur im Rahmen eines kleinen Netzwerks, das unterschiedliche Helfer um das Kind und seine Familie herum aufbauen und pflegen müssen. Um ein Kind zu erziehen, braucht es ein ganzes Dorf, sagt ein afrikanisches Sprichwort. Zu diesem Dorf, sprich: Netzwerk, gehören mindestens das Kind mit seiner Familie, der Kinderarzt, die Lehrerin und die regionale Erziehungsberatungsstelle oder ein Sozialpädiatrisches Zentrum. Manchmal gehört auch das Jugendamt dazu. Jeder dieser Beteiligten muss bestrebt sein, dieses Netzwerk um ein Kind herum aufzubauen und zu pflegen. Im Auftrag der sorgeberechtigten Eltern des Kindes darf zusammengearbeitet werden, dürfen Informationen ausgetauscht und Vorgehensweisen aufeinander abgestimmt werden. Keinesfalls darf gegeneinander oder mit sich ausschließenden fachlichen Konzepten gearbeitet werden, weil das Kind dies sofort wieder als einen Beweis für die Unzuverlässigkeit und Inkonsequenz der Erwachsenen erleben würde. Im Mittelpunkt dieses Netzwerks steht das Ziel einer psychoedukativ-psychotherapeutisch-orientierten Hilfestellung fürs Kind und nicht die primäre medizinische Orientierung an einer Medikation.

Was Erwachsene unbedingt vermeiden müssen, ist Streit wegen des expansiven Kindes. Schuldvorwürfe schaden in jedem Fall, nur das einvernehmliche Zusammenwirken zum Wohle des Kindes hilft. Das betrifft Lehrer und Eltern, Nachbarn und Familie, Verwandte und Familie, aber auch Eltern untereinander. Wenn ADHS und eine entsprechende Medikation zum Streitthema zwischen den Eltern wird, zum Beispiel im Rahmen einer Trennungs- und Scheidungskrise, hat es verheerende Auswirkungen aufs Kind. In solch einem Falle sollten sich die Eltern unbedingt in einer Erziehungsberatungsstelle fachlich helfen lassen, vernünftige und einvernehmliche Lösungen zu finden.

22.13 Sinnvolle Trainings- und Elternkurse

Es gibt eine Reihe von guten Trainings- und Therapieprogrammen für verhaltensauffällige, expansive und konzentrationsgestörte Kinder, die allesamt im Vorfeld einer Medikation eines Kindes Anwendung finden sollten und eine Medikation meistens überflüssig machen. Aber auch für Eltern aller anderen Kinder sind die Angebote nützlich. Ich kann die folgenden empfehlen:

Überaktive Kinder im Unterricht Ein Programm zur Förderung der Selbstwahrnehmung, Strukturierung, Sensibilisierung und Selbstakzeptanz unruhiger Kinder im Unterricht und in der Gruppe; (Krowatschek 2011).

Marburger Konzentrationstraining (MKT) für Schulkinder Krowatschek, D. (2011). Verlag Borgmann.

EFFEKT – Entwicklungsförderung in Familien Eltern-Kinder-Training; F. Lösel, Psychologisches Institut der Friedrich-Alexander-Universität Erlangen-Nürnberg 2009 (http://www.effekt-training.de/).

TIP: Training im Problemlösen Ein Training für Grundschüler; F. Lösel, Psychologisches Institut der Friedrich-Alexander-Universität Erlangen-Nürnberg 2009 (http://www.effekt-training.de/html/tip.html).

Faustlos Ein für Schulen und Kindergärten entwickeltes Curriculum zur Förderung sozial-emotionaler Kompetenzen und zur Prävention von aggressivem Verhalten; M. Cierpka 2009 (http://www.faustlos.de/faustlos/index.asp).

Stresspräventionstraining für Kinder im Grundschulalter J. Klein-Heßling und A. Lohaus (2012), Hogrefe.

Training für Kinder mit Aufmerksamkeitsstörungen C. Jacobs et al. (2012), Hogrefe.

Starke Eltern – starke Kinder Dieser Elternkurs wird vom Deutschen Kinderschutzbund angeboten; Honkanen-Schoberth, P. (2003). Starke Kinder brauchen starke Eltern. Der Elternkurs des Deutschen Kinderschutzbundes. 2. Aufl. Berlin: Deutschen Kinderschutzbund.

Triple P (Positive Parenting Program) Jedes Verhalten kann erlernt und verlernt werden. Das Programm zeigt, wie Eltern das kindliche Verhalten lenken können, indem sie erwünschte Verhaltensweisen konsequent loben und unerwünschte Verhaltensweisen konsequent ahnden (www.triplep.de).

STEP Das Kurskonzept geht davon aus, dass hinter jedem kindlichen Handeln, auch hinter störendem, der Wunsch nach Akzeptanz steckt. Eltern werden angeleitet, das Verhalten ihrer Kinder vor diesem Hintergrund zu verstehen und so ein liebevolles Miteinander zu schaffen (www.instep-online.de).

KESS (kooperativ, ermutigend, sozial, situationsorientiert) Das Elterntraining wurde von der Arbeitsgemeinschaft für katholische Familienbildung Bonn entwickelt. Die positiven Seiten des Kindes werden in den Vordergrund gerückt. Eltern lernen zu verstehen, was das Kind mit störendem Verhalten sagen will (www.kess-erziehen.de).

Gordon-Familientraining Das Training des amerikanischen Psychologen Thomas Gordon befasst sich mit der gestörten Kommunikation zwischen Eltern und Kindern. Das Vertrauen und die wechselseitige Aufmerksamkeit in der Familie werden mittels verschiedener Kommunikationstechniken gestärkt (www.gordonmodell.de).

22.14 Zehn Goldene Regeln bei ADHS-Verdacht

Regel 1: Holen Sie sich Hilfe
Wenn Ihr Kind ungewöhnliche, besorgniserregende Verhaltens- und/oder Entwicklungsprobleme zeigt, wenden Sie sich an Ihren Kinderarzt, ein Frühförderzentrum (FFZ), ein Sozialpädiatrisches Zentrum (SPZ) oder

eine Erziehungsberatungsstelle (EB). In diesen Einrichtungen achtet man auf möglichst alle Faktoren im Leben Ihres Kindes, also nicht nur auf seine körperliche Seite, sondern auch auf seine Seele, seine Familie, seine Umwelt, seine Persönlichkeit. Während Sie für das FFZ und das SPZ die Überweisung eines Kinderarztes zur Kostenübernahme durch Ihre Krankenkasse brauchen, können Sie in die (kostenfreie) EB ohne ärztliche Überweisung gehen. Auch in der EB ist die Zusammenarbeit mit Ärzten sichergestellt.

Regel 2: Meiden Sie ADHS-Spezialisten
Vermeiden Sie im Allgemeinen Ärzte, Psychologen oder andere „Fachleute", die derzeit als „ADHS-Spezialisten" firmieren. Vermeiden Sie im Allgemeinen auch „ADHS-Spezialkliniken". Ein Teil solcher Fachleute und Kliniken sieht oft nicht mehr die gesamte Bandbreite normaler über leichter bis schwerer beeinträchtigter Kinder, sondern nur noch einen eher extremen Ausschnitt davon („Tunnelblick"), weshalb sie vielleicht schneller bereit sind, Ihr Kind als „pathologisch" einzuschätzen und vorschnell medikamentös zu behandeln. Außerdem neigen sie zu einer oft allzu biologistischen (also nur die körperliche Seite betonenden) Sichtweise, die die sehr wichtigen psychosozialen Einflüsse vernachlässigt. Ein nicht geringer Teil dieser Einrichtungen und Fachleute hat nur aus marktwirtschaftlichen Überlegungen das Kürzel „ADHS" in sein Fachangebot aufgenommen, arbeitet aber ansonsten unverändert wie vorher.

Regel 3: Meiden Sie alternative Heilmethoden
Vermeiden Sie angebliche Fachleute, die Ihnen zu „alternativen" Heilmethoden wie Nahrungsergänzungsstoffen (zum Beispiel Algen), Allergietests, Kräutern, Craniosacrale Therapie, Zahnsanierungen (Amalgam) etc. bei ADHS raten. Meist handelt es sich um unwissenschaftlichen Nepp, der Sie sehr viel Geld kosten kann. Lassen Sie sich auch keine übertriebene oder ideologisch begründete Panik (wie zum Beispiel von Scientology) vor Medikamenten bzw. Stimulanzien (zum Beispiel Ritalin) einreden.

Regel 4: Wählen Sie einen Therapeuten mit kritischer Einstellung zur Stimulanzienbehandlung
Fragen Sie den untersuchenden Arzt oder Psychologen, wie seine allgemeine Einstellung zur Stimulanzienbehandlung von Kindern ist. Entscheiden Sie sich für einen Arzt oder Psychologen, der Stimulanzien bei Kindern zwar nicht grundsätzlich ablehnt, sie aber als letztes und andere Behandlungen nur unterstützendes Mittel betrachtet, das erst (und dann zeitlich begrenzt) zum Einsatz kommen soll, wenn sich psychotherapeutische oder psychoedukativentwicklungsfördernde Maßnahmen allein als nicht ausreichend gezeigt haben.

Regel 5: Informieren Sie sich über die multimodale Behandlung
Fragen Sie den Arzt oder Psychologen, wie er die sogenannte multimodale Behandlung bei ADHS praktiziert, insbesonders, mit welchen anderen Fachkräften (Lehrer, Erzieherinnen, EB-Stelle etc.) er bei Ihrem Kind kindbezogen gewöhnlich zusammenarbeitet und welchen Stellenwert er dabei Stimulanzien einräumt. Wenn er den eindeutigen Schwerpunkt nicht auf psychotherapeutisch-psychoedukative bzw. entwicklungsfördernde Maßnahmen setzt, sondern rasch den Rezeptblock für Stimulanzien zücken will, wechseln Sie den Arzt oder Psychologen.

Regel 6: Lehnen Sie eine alleinige Psychostimulanzientherapie ab
Wenn der Arzt oder Psychologe als ersten und alleinigen Schritt Stimulanzien empfiehlt, lehnen Sie dieses Vorgehen ab und fragen stattdessen nach psychotherapeutischen bzw. psychoedukativen oder entwicklungsfördernden Maßnahmen. Wenn er Ihnen dabei nicht viel anzubieten hat, nicht mit anderen diesbezüglichen Fachleuten kooperiert oder sogar von diesem Vorgehen abrät und allein oder zu allererst auf Psychostimulanzien setzt, wechseln Sie den Arzt oder Psychologen.

Regel 7: Achten Sie auf ein familientherapeutisch-systemisches Gesamtkonzept
Verlangen Sie bei der Anwendung psychotherapeutischer bzw. psychoedukativer Maßnahmen, dass nicht nur Ihr Kind, sondern auch Sie als Vater und Mutter und gegebenenfalls auch die Geschwister Ihres Kindes in die Maßnahmen eng einbezogen werden (familientherapeutisch-systemisches Gesamtkonzept der Therapie bei ADHS). Effektive multimodale Therapie bei ADHS baut auf einer systemischen Familientherapie auf, also auf einer die Ressourcen der gesamten Familie und des näheren psychosozialen Umfeldes des Kindes einbeziehenden Therapie. Wenn Ihr Arzt oder Psychologe dies nicht unterstützt oder nicht leisten kann, wechseln Sie ihn.

Regel 8: Meiden Sie die Bezeichnung ADHS
Sprechen Sie mit oder über Ihr Kind nie in dem Sinne, es „habe ADHS". Das würde so klingen, als leide es an einer Krankheit. Zum einen ist wissenschaftlich nicht belegt, dass es ADHS als medizinische Krankheit überhaupt gibt. Zum anderen vermeiden Sie damit eine schädigende Stigmatisierung, die das Selbstwertgefühl und die soziale Integration Ihres Kindes unnötig gefährdet. Ihr Kind hat stattdessen Entwicklungs- und/oder Verhaltensschwierigkeiten, für die es Hilfe gibt. Sprechen Sie von seinen Verhaltensschwierigkeiten stets in positiv-kritischer, aufbauend-wohlwollender Bewertung.

Regel 9: Vermitteln Sie die Stimulanziengabe als vorübergehende Unterstützung
Wenn Ihr Kind dennoch begründetermaßen und vorübergehend Stimulanzien (wie Ritalin) nehmen muss, glauben und sagen Sie nie, dies sei Medizin gegen irgendeine dauerhafte oder unheilbare körperliche oder hirnbetreffende Krankheit ADHS. Dies ist wissenschaftlich nicht belegt und traumatisiert Ihr Kind psychologisch nur unnötig. Erklären Sie stattdessen, dass das Medikament nur vorübergehend dabei helfen kann, in der Psychotherapie oder sonstigen Fördermaßnahme Fortschritte zu machen, und dass man das Medikament nicht mehr brauche, wenn die Fortschritte anhalten. Ihr Kind soll das Medikament nur als vorübergehende Unterstützung auf dem Wege zu einer Verbesserung, die das Medikament überflüssig machen wird, begreifen. Ihr Kind soll mit Ihnen gemeinsam das Ziel verfolgen, selbstverantwortlich ohne ein Medikament leben zu lernen. Es macht für Ihr Kind psychologisch einen erheblichen Unterschied, ob es glauben muss, so krank zu sein, dass es (lebenslänglich) ein starkes Medikament einnehmen muss oder dass es ein Medikament nur vorübergehend zur Unterstützung einer Fördermaßnahme/Psychotherapie etc. nehmen kann.

Regel 10: Versuchen Sie, das Stimulans abzusetzen
Setzen Sie einvernehmlich mit Ihrem Arzt/Psychologen und Ihrem Kind das therapiebegleitende Stimulans während der Psychotherapie bzw. Fördermaßnahme immer wieder probeweise und situationsbezogen ab, um auszuprobieren, ob man darauf – zumindest in bestimmten Situationen – bereits verzichten kann. Die Qualität Ihres Arztes zeigt sich unter anderem in seiner Bereitschaft, dies zu unterstützen. Ziel der multimodalen systemischen Therapie muss das dauerhafte Wiederabsetzen der Medikamente sein. Belohnen bzw. loben Sie Ihr Kind regelmäßig und deutlich, wenn sein Verhalten ohne Medikament positiv ist (auch bei anfangs nur kurzen Episoden).

22.15 Familientherapie bei ADHS

Der Fokus einer Behandlung von ADHS-Kindern liegt auf der Psychotherapie und Psychoedukation, im Falle von Kindern auf der systemischen Familientherapie und systemischen Psychoedukation. Im Gegensatz zur multimodalen Therapie der Schulmedizin, die die Methylphenidatbehandlung leider immer noch an erster Stelle und Verhaltenstherapie bzw. Elterntraining (soweit sie überhaupt zur konsequenten Anwendung kommen) lediglich als Unterstützung sieht, sollte man die Prioritäten genau umgekehrt betrachten: Vorrangig müssen psychoedukative, psychotherapeutische Maßnahmen sein, die nur im Ausnahmefall medikamentös vorübergehend unterstützt werden müssen. Nur so ist der zwischen Ärzten und dem Bundesministerium für Gesundheit getroffene Konsens bei der Anwendung von Methylphenidat bei Kindern zu verstehen. Auch M. Döpfner aus Köln sagt, dass nur circa ein Drittel der ADHS-Kinder medikamentös behandelt werden muss (pers. Mitteilung 2015). Ritalin darf in der Regel erst am Ende ernsthafter Psychotherapieversuche stehen. Es ist eben nicht das Mittel der ersten Wahl.

Das Bundesinstitut für Arzneimittel und Medizinprodukte (BfArM) hat eine Entscheidung der Europäischen Kommission umgesetzt, die auf einem wissenschaftlichen Gutachten des Ausschusses für Humanarzneimittel (CHMP) der Europäischen Arzneimittelagentur basiert. Mit Wirkung zum 1. September 2009 wurde damit die Zulassung von Arzneimitteln mit dem Wirkstoff Methylphenidat (zum Beispiel Ritalin) dahingehend geändert, dass die Nachrangigkeit einer medikamentösen Behandlung bei vorrangig psychotherapeutisch-psychoedukativer Therapie nunmehr umgesetzt werden muss sowie qualitativ strengere Auflagen bei Diagnostik und Verlaufskontrolle als wichtige Elemente zur zukünftigen Verhinderung von nichtindizierten, vorrangigen und ausschließlichen Behandlungen mit Psychopharmaka hervorzuheben sind. Der Bundesverband Deutscher Psychologinnen und Psychologen (BDP) hat diese Veränderungen ausdrücklich begrüßt (Berufsverband Deutscher Psychologinnen und Psychologen 2009).

22.16 Odysseen fehlgeschlagener Therapien

Eltern von ADHS-Kindern berichten oft von einer jahrelangen regelrechten Odyssee bisher fehlgeschlagener Hilfs- und Therapieversuche, bis sie am Schluss mittels der ADHS-Diagnose bei Ritalin landen und damit Entlastung finden. Wir haben einmal 84 solcher elterlicher Odysseen-Schilderungen, wie man sie im Internet findet und wie sie uns berichtet worden sind, ausgewertet („Odysseen-Studie", unveröff. Manuskript) und unter anderem gefunden, dass die Odysseen aus einer Mischung aus inkompetenten Helfern und Therapeuten sowie einer intensiven elterlichen Abwehrhaltung gegen die bewusste Wahrnehmung familiärer Störungen gespeist werden. In keinem der Fälle hatte bisher ein Versuch einer systemischen, auf die Familie des Kindes bezogenen therapeutischen Intervention stattgefunden, bei dem auch die Eltern Gegenstand psychotherapeutischer

Interventionen waren. Es wurde fast durchwegs isoliert am kranken Kind herumgedoktert, ohne intensiven Einbezug seines familiären oder außerfamiliären Milieus. Eine bereits klassische Erkenntnis der Familientherapie besagt hingegen, dass das Problem eines Familienmitgliedes erst im Kontext seiner Familie und Familiengeschichte verständlich und behandelbar wird. Sein Problem steht für etwas in seiner Familie, es ist Symptom eines übergeordneten Familienproblems. Über den Kausalzusammenhang zwischen diesem seinem Problem mit dem übergeordneten Familienproblem mag man grundsätzlich und im Einzelfall unterschiedlicher Auffassung sein. Über ihre Koinzidenz und wechselseitige Beeinflussung besteht allerdings kaum ernsthafter Zweifel.

22.17 (K)ein Problem der Kindererziehung?

Unter hartgesottenen ADHS-Anhängern wie dem amerikanischen „ADHS-Guru" Barkley herrscht allerdings eine ganz andere, eine extrem biologistische Auffassung. Ich zitiere Barkley aus einem Interview (ADHD ist die englische Bezeichnung für ADHS):

Frage: Es gibt 6000 Studien, Hunderte von doppelblinden Untersuchungen, und trotzdem besteht immer noch Uneinigkeit (über ADHD). Wieso?
Barkley: Es gibt teilweise deshalb Uneinigkeit über ADHD, weil wir Medikamente anwenden, um die Krankheit zu behandeln und die Menschen dies beunruhigend finden. Aber es gibt auch Beunruhigung, weil ADHD als (genetisch-biologische) Krankheit eine tiefsitzende Überzeugung verletzt, die die Menschen über das Verhalten von Kindern haben. Wir sind alle mit der fast unbewussten Vorstellung aufgewachsen, dass kindliche Verhaltensstörungen weitgehend zurückzuführen seien auf die Art und Weise, wie sie von ihren Eltern und Lehrern erzogen werden. Dass es ein Problem der Kindererziehung sei, wenn ein Kind außer Kontrolle ist, stört und nicht gehorcht. Wir verdanken dies Freud und Watson und anderen, die unser Alltagswissen prägen, uns glauben zu machen, dass Verhaltensprobleme erlernt seien. Und nun kommt diese Krankheit ADHD daher, die kindliches Verhalten sehr stark stört, und hat nichts zu tun mit Lernen oder elterlichen Erziehungsfehlern. Damit werden diese tiefsitzenden Überzeugungen über missratene Kinder und ihre Verhaltensstörungen natürlich verletzt. Und solange es diesen Konflikt gibt zwischen Wissenschaftlern, die sagen, die Krankheit sei überwiegend genetisch und biologisch bedingt, und der Öffentlichkeit, die sagt, soziale Ursachen seien ausschlaggebend, wird es weiter heftige Kontroversen geben. (Barkley 2001; Übersetzung H. R. Schmidt)

Soweit die aus meiner Sicht verkehrte Welt Barkleys. Unter Klinikern besteht im Gegensatz zu ihm kaum Zweifel an der Erkenntnis, dass psychologische Familienprobleme Hauptursache oder zumindest Hauptrisikofaktor für kindliche Verhaltensprobleme darstellen. Viele kindlichen Verhaltensprobleme entstehen oder erscheinen nicht (zumindest nicht in erheblicher Ausprägung), wenn familiäre Hintergrundprobleme fehlen. Sie verschwinden (oder reduzieren zumindest ihre Intensität), wenn die Familienprobleme beigelegt werden können. Selbst eher körperlich begründbare Verhaltensprobleme können bei Fehlen chronischer oder massiverer familiärer Hintergrundprobleme weniger intensiv bis völlig unauffällig sein bzw. besser kompensiert werden oder keine sekundären Probleme entwickeln. Eine bekannte und vorbildliche, fast klassische Studie, die diese allgemeinen Zusammenhänge gut und beispielhaft belegt, stammt von Esser und Schmidt (1992).

Carlson et al. haben in einer einzigartigen Untersuchung gezeigt, dass in erster Linie Familienfaktoren darüber entscheiden, ob ein Kind ADHS, also die Symptome Hyperaktivität und Aufmerksamkeitsstörung, entwickelt oder nicht (Carlson et al. 1995).

22.18 Mutimodale Therapie greift zu kurz

Die bisher von Medizinern konzipierte multimodale Therapie bei ADHS erscheint in diesem Zusammenhang als Stückwerk. Der familiendynamische Aspekt fehlt völlig. L. H. Diller, aber auch Th. Armstrong betonen, wie wichtig ein familienorientiert-systemisches Verständnis und Therapieren bei ADHS ist, in der klinischen Praxis dominiert aber überall ein eingeengtes, biologisch auf das „kranke" Kind zentriertes (oft rein medikamentöses) Vorgehen (Diller 2003a; Armstrong 2002). Der Mythos von der lebenslänglichen Krankheit ADHS spiegelt denn auch womöglich nur die Ineffizienz dieses biologischen Sparprogramms wider, das die Psyche, die Familie und die Familiengeschichte des Kindes völlig ausblendet. Der Verdacht, das gängige medizinische ADHS-Konzept erwachse unter anderem aus genau diesem Abwehrmechanismus, bietet sich zwanglos an.

Eine wirklich multimodale Therapie bei muss deshalb in einer systemischen Familientherapie bestehen, in deren Rahmen sich kindbezogene Maßnahmen (auch eine Medikation) sinnvoll einbauen lassen müssen. Teamarbeit von Familie, Familientherapeut, Arzt, Kindertherapeut, Erzieherin bzw. Lehrer ist notwendige (Burt et al. 2003) Voraussetzung. Besonders die Väter müssen in jedem Fall – auch bei geschiedenen Eltern – mit einbezogen werden. Die konfliktarme und konstruktive

Zusammenarbeit der Eltern stellt den Hauptfaktor eines hilfreichen Familiensystems dar. Aber auch Geschwister finden ihre Rolle im Kontext der familiären Veränderungen, die helfen können.

Eine allein auf das ADHS-Kind zentrierte Problemsicht und Therapie ist jedenfalls in keinem Fall ausreichend. Die meisten Eltern, die darüber klagen, dass sie schon „alles" versucht hätten und nichts geholfen habe, waren nur auf das dysfunktionale Kind zentriert. Sich selbst haben sie unfreiwillig ausgespart, mit Erzieherinnen und Lehrern lagen sie oft im Konflikt, und die Hilfseinrichtungen, mit denen sie es bisher zu tun hatten, haben sie darin unfreiwillig noch bestärkt. Viele Eltern von ADHS-Kindern haben eine auffallend funktionale, gegenständliche Wahrnehmung von ihrem Kind. Sie betrachten ihr verhaltensauffälliges Kind oft nicht viel anders als ihr defektes Auto, bei dem irgendein Teil ausgewechselt werden muss, damit es wieder funktioniert. Mit ihnen selbst hat alles nichts zu tun. Es fällt ihnen sehr schwer, in Beziehungen zu denken und zu fühlen und ihre Verantwortung für die Störung des Kindes in ihrer Beziehungsgestaltung zu suchen. Nicht selten sind sie deshalb einer Psychotherapie nicht zugänglich. Psychopharmaka bedienen ihre funktionale Sichtweise der Probleme besser.

Erstes Beispiel:

> **Beispiel**
> Eine Mutter beklagt sich heftig über ihren 9-jährigen Sohn: Er mache seine Hausaufgaben nicht regelmäßig, obwohl sie täglich neben ihm sitze und in Absprache mit der Lehrerin alles kontrolliere. Sohnemann müsse in der Schule täglich aufschreiben, was an Hausaufgaben anfalle, und die Lehrerin kontrolliere dies ihrerseits. Und trotzdem schaffe es der Sohn immer wieder, keine oder falsche Hausaufgaben zu machen, trotz Ritalin morgens und mittags. Sie sei völlig ratlos.

Zweites Beispiel:

> **Beispiel**
> Wieder beklagt eine Mutter („mit den Nerven völlig fertig") das Verhalten ihres Sohnes, der Wutanfälle bekomme, keine Freunde finde, nicht mit ihr rede, nicht nach Hause komme, lüge und stehle. Auch sie sei völlig ratlos und erhoffe sich im Internet Medikamententipps.

In ADHS-Internetforen finden wir unzählige derartige Beispiele, denen eines gemeinsam ist: Die Mütter fragen nur danach, ob und wie sie die Probleme mittels Psychopharmaka in den Griff bekommen könnten. Sie fragen, ob ihr Kind vielleicht unter- (selten über-) dosiert sei oder das Medikament durch ein anderes ersetzt werden sollte. Oder sie suchen nach „alternativen" Therapien wie Homöopathie, Nahrungsergänzungsmitteln, Kiss-Therapie und dergleichen. Sie sind nämlich überzeugt davon, dass ihr ADHS-Kind medizinisch krank ist und vordringlich medikamentös oder (seltener) alternativ behandelt werden muss. Wenn das Verhalten ihres Kindes nicht wunschgemäß ist, kann es aus ihrer Sicht nur am Medikament und seiner Anwendung liegen. Deshalb fragen sie natürlich erst gar nicht, wie sie das Verhalten ihres Kindes im weiteren Familiensystem vielleicht verstehen könnten, um dann für Abhilfe sorgen zu können. Sie fragen nicht, ob das Verhalten ihres Kindes vielleicht etwas zu tun haben könnte mit ihrem Erziehungsstil, mit ihrem Familienklima, mit ihrer Ehekrise oder ihren wirtschaftlichen Problemen, mit ihrer Scheidung, mit ihren eigenen psychischen Störungen. Sie fragen einfach immer nur nach einem Medikament, und ansonsten sind sie vollkommen ratlos!

Neraal schildert fallbezogen einige psychodynamische Hintergründe, die hinter der Oberflächendiagnose ADHS wirken können: depressive Problematik mit Suiziddrohung bei Geschwisterrivalität vor Migrationshintergrund; übermäßiger Erwartungsdruck an ein Kind bei Paarproblematik der Eltern; ein posttraumatisches Belastungssyndrom mit schweren emotionalen Störungen; Rollendiffusion mit Abgrenzungsproblemen in Familien; die Auseinandersetzung mit einem psychisch kranken Vater; Folgen der Vernachlässigung durch psychisch kranke Eltern; Beziehungsproblematik bei einem ehemals frühgeborenen Kind (Neraal und Wildermuth 2008). All solche psychischen Hintergründe werden in der schulmedizinischen ADHS-Diagnostik übersehen, es gibt meistens gar keine ICD-Nummern dafür. Deshalb spielen diese Faktoren dann natürlich auch therapeutisch keine Rolle. Die ADHS-Diagnostik verhindert damit systematisch eine wirklich angemessene Psychotherapie der Kinder.

In Laienkreisen, aber auch in ADHS-Fachkreisen kommt kaum jemand auf die Idee, nach solchen Familienfaktoren (und wie sie sich subjektiv aus der Sicht eines Kindes darstellen), zu fragen. Alle ergehen sich in ziemlich leichtfertigen und pseudokompetenten medikamentösen Ratschlägen und verallgemeinern ihre eigenen völlig subjektiven ADHS-Probleme. Bestenfalls schimpft man auf Lehrer oder Erzieherinnen, die keine Rücksicht auf das ADHS des Kindes nehmen oder ADHS nicht anerkennen. Was man so schmerzlich vermisst, ist der ernsthafte Versuch, die Sicht des Kindes ein- und ernst zu nehmen. Was bewegt den Sohn wirklich, die Mutter und die Lehrerin bei den Hausaufgaben zu unterlaufen? Was bewegt den Sohn wirklich, mit Wutanfällen und Weglaufen zu reagieren? Es ist einfach unzulässig und verantwortungslos, solche Einfühlungsversuche mit der Ausrede zu unterlassen, das Kind sei einfach nur krank und brauche bloß ein passendes Medikament. Die derzeitige ADHS-Szene macht sich schuldig an unseren Kindern, weil sie es unterstützt, dass sich Eltern gar nicht mehr in ihre Kinder einfühlen, sich selbst dabei nicht hinterfragen und in ihrem eigenen Verhalten die Sicht des Kindes nicht angemessen wirksam werden lassen.

In immer mehr Fällen erscheint auch die Schule bzw. unser Schulsystem als wichtiger ADHS-Bedingungsfaktor. Viele Eltern von ADHS-Kindern haben zu Hause kaum Probleme mit ihrem Kind, werden allerdings manchmal täglich durch Telefonanrufe des Lehrers aufgeschreckt, weil sich das Kind in der Schule angeblich so störend verhalte. Hier wird deutlich, wie wichtig auch der Einbezug dieses Lehrers in ein familientherapeutisches Konzept ist. Im schulmedizinischen ADHS-Konstrukt wird er – wenn überhaupt! – bestenfalls als Diagnostik-Hilfsperson zum Ausfüllen von Fragebögen, in denen er selbst aber gar nicht vorkommt, herangezogen. Ähnliches geschieht zunehmend bereits mit Erzieherinnen in Kindertagesstätten.

22.19 ADHS braucht man gar nicht

Einige Kliniker, die mit ADHS zu tun haben, erwecken den Eindruck, sie benötigten für ihre Methode das schulmedizinische ADHS-Konstrukt. Döpfner, wie bereits erwähnt, setzt zum Beispiel aber bei der Mehrzahl (mindestens 60 Prozent) seiner sicher besonders ausgeprägten ADHS-Kinder keine Psychopharmaka ein, beim Rest nur ergänzend. Seine ADHS-Therapie ist nichts anderes als Psychotherapie mit gelegentlicher medikamentöser Unterstützung (Döpfner et al. 2000). Krowatschek kommt bei bisher circa 5000 Kindern gänzlich ohne Medikamente aus. Seine Methode ist eine reine psychotherapeutisch orientierte Übungsmethode, für deren Begründung es des ADHS-Konzepts überhaupt nicht bedarf (Krowatschek 2001). Bonney behandelt die Kinder mit einer kommunikationstheoretisch (aber auch anders) begründbaren Psychotherapie ohne jedes Medikament und ohne wirkliche Notwendigkeit des ADHS-Konzepts (Bonney 2001).

Für die psychotherapeutische und pädagogische Praxis hat das ADHS-Konzept im Grunde keinerlei wirkliche oder spezifische Bedeutung. Die Praxis aller gängigen Behandlungen lässt sich völlig ohne das fragliche ADHS-Konzept begründen. Hüther und Bonney finden es denn auch symptomatisch, dass eine halbe Million Beiträge zum Thema ADHS vorliegen, die sich der medikamentösen Behandlung widmen und nur knapp

3000, die sich der psychotherapeutischen Praxis zuwenden. Sie betonen den Zuwachs an Angsterkrankungen und insistieren auf dem großen Einfluss, den Stress und emotionale Unsicherheit vom Mutterbauch an auf die Entwicklung des Hirns haben können (Hüther und Bonney 2002). Armstrong erläutert in seinem bereits erwähnten Buch „Das Märchen vom ADHS-Kind" 50 unterschiedliche, zwangs- und medikamentenfreie Alternativen zum schulmedizinisch-psychiatrischen Ritalin-plus-Verhaltenstherapie-Schmalspurmodell (Armstrong 2002).

Literatur

Angold, A., Erkanli, A., Egger, H. L., & Costello, E. J. (2000). Stimulant treatment for children: A community perspective. *Journal of the American Academy of Child and Adolescent Psychiatry, 39*(8), 975–984.

Armstrong, Th. (2002). *Das Märchen vom ADHS-Kind*. Paderborn: Junfermann.

Barkley, R. A. (2001). Frontline-interview. http://www.pbs.org/wgbh/pages/frontline/shows/medicating/interviews/barkley.html. Zugegriffen: 31. Juli 2018.

Berufsverband Deutscher Psychologinnen und Psychologen (BDP). (2009). Diagnosequalität mangelhaft. Psychologen beklagen Defizite im Umgang mit ADHS. Pressemitteilung 09. September 2009. http://www.bdp-verband.org/bdp/presse/2009/09_adhs.html. Zugegriffen: 9. Sept. 2018.

Bonney, H. (2001). Systemische Therapie bei ADHD-Konstellationen. In W. Rotthaus (Hrsg.), *Systemische Kinder- und Jugendlichenpsychotherapie*. Heidelberg: Carl Auer.

Brody, A. L., et al. (2001). Regional brain metabolic changes in patients with major depression treated with either paroxetine or interpersonal therapy. *Archives of General Psychiatry, 58*, 631–640.

Burt, S. A., Krueger, R. F., McGue, M., & Iacono, W. (2003). Parent-child conflict and the comorbidity among childhood externalizing disorders. *Archives of General Psychiatry, 60*(5), 505–513.

Carlson, E. A., Jacobvitz, D., & Sroufe, L. A. (1995). A developmental investigation of inattentiveness and hyperactivity. *Child Development, 66*(1), 37–54.

Diller, L. H. (2003a). *ADS u. Co. Braucht mein Kind Medikamente?*. Mannheim: Walter.

Diller, L. H. (2003b). ADHD: Realta o Mito Americano? *Quaderni ACP, 10*(3), 24–25.

Dornes, M. (2000). *Die emotionale Welt des Kindes*. Frankfurt a. M: Fischer.

Döpfner, M. (2004). *Persönliche Mitteilung*.

Döpfner, M., Frölich, J., & Lehmkuhl, G. (2000). *Hyperkinetische Störungen*. Göttingen: Hogrefe.

Esser, G., & Schmidt, M. H. (1992). Prävalenz und Verlauf psychischer Störungen im Kindes- und Jugendalter. *Zeitschrift für Kinder- u. Jugendpsychiatrie, 20,* 232–242.
Forsa-Erhebung. (2009). Kindergesundheit. https://www.presseportal.de/pm/17951/1370921. Zugegriffen: 10. Sept. 2018.
Gerspach, M. (2009). *Psychoanalytische Heilpädagogik.* Stuttgart: Kohlhammer.
Häfner, H. (2012). *Psychosen – Früherkennung und Frühintervention.* Stuttgart: Schattauer.
Honkanen-Schoberth, P. (2003). *Starke Kinder brauchen starke Eltern. Der Elternkurs des Deutschen Kinderschutzbundes* (2. Aufl.). Berlin: Deutschen Kinderschutzbund.
Hüther, G., & Bonney, H. (2002). *Neues vom Zappelphilipp.* Mannheim: Walter.
Hüther, G., Bonney, H. (2017). *Neues vom Zappelphilipp: ADS verstehen, vorbeugen und behandeln.* Beltz.
Jacobs, C., Heubrock, D., Muth, D., & Petermann, F. (2012). *Training für Kinder mit Aufmerksamkeitsstörungen.* Göttingen: Hogrefe.
Klein-Heßling, J., & Lohaus, A. (2012). *Stresspräventionstraining für Kinder im Grundschulalter.* Göttingen: Hogrefe.
Krowatschek, D. (2001). *Alles über ADS.* Mannheim: Walter.
Krowatschek, D. (2011). *Marburger Konzentrationstraining (MKT) für Schulkinder.* Dortmund: Borgmann.
Kucklick, C. (2002). *Die hohe Kunst des Helfens. GEO, 4,* 126–154.
Lehmkuhl, G., & Lehmkuhl, U. (2002). *Praxis der Kinderpsychologie und Kinderpsychiatrie, 6.*
Lesesne, C. A., Visser, S. N., & White, C. P. (2003). Attention-deficit/hyperactivity disorder in school-aged children: Association with maternal mental health and use of health care resources. *Pediatrics, 111*(5 Pt 2), 1232–1237.
Lösel, F., Beelmann, A., & Plankensteiner, B. (2004). Prävention dissozialen Verhaltens durch soziale Kompetenztrainings für Kinder: Eine systematische Evaluation ihrer Wirkungen. *Recht der Jugend und des Bildungswesens, 52,* 496–522.
Neraal, T., & Wildermuth, M. (Hrsg.). (2008). *ADHS: Symptome verstehen – Beziehungen verändern.* Gießen: Psychosozial.
Pers. Mitteilung (2015).
Rappaport, G. C., et al. (1998). Is early intervention effective in preventing ADHD? *The Israel Journal of Psychiatry and Related Sciences, 35*(4), 271–279.
Sant Unione, A. M., Wildermuth, M. (2007). Zur Therapie des hyperkinetischen Syndroms inkl. seiner Unterformen (ADS, ADHS, hyperkinetische Störung des Sozialverhaltens) sowie der damit einhergehenden komorbiden Störungen in der sozialpsychiatrischen Praxis. *Forum für Kinder- und Jugendpsychiatrie, 17*(2–3).
Schwartz, J. M., Stoessel, P. W., Baxter, L. R., Jr., Martin, K. M., & Phelps, M. E. (1996). Systematic changes in cerebral glucose metabolic rate after successful behavior modification treatment of obsessive-compulsive disorder. *Archives of General Psychiatry, 53*(2), 109–113.

Staufenberg, A. M. (2011). *Zur Psychoanalyse der ADHS. Manual – Katamnese – Behandlung*. Frankfurt a. M.: Brandes & Apsel.

Tienari, P., Wynne, L. C., Moring, J., Lahti, I., Naarala, M., Sorri, A., et al. (1994). The Finnish adoptive family study of schizophrenia. Implications for family research. *The British Journal of Psychiatry, 23*, 20–26.

23

Können wir ADHS-Kinder verstehen?

Inhaltsverzeichnis

Literatur 328

Im Rahmen eines psychoanalytischen Gender-Forschungsprojekts zu ADHS hat Heinemann 43 Familien mit 49 als ADHS diagnostizierten Kindern im Hausbesuch ausführlich befragt und kennengelernt (Heinemann 1992, 2003). Ihr geht es darum, der Frage nachzugehen, die unbewussten Konflikte der Kinder, die diese Diagnose erhalten, psychoanalytisch im Sinne des „Szenischen Verstehens" (Lorenzer 1983) verstehen zu können. „Was verbirgt sich aus psychoanalytischer Sicht hinter der Diagnose, die derzeit so inflationär gestellt wird?", fragt sie. Die Methode des szenischen Verstehens nach Lorenzer versucht, aktuelle Szenen, wie sie eine Familie spontan darstellt, als Reproduktionen oder Darstellung erwünschter Szenen der Familienmitglieder vor dem Hintergrund ihrer Biografien zu erklären und verstehbar zu machen. Dabei wird auch immer die spontane emotionale Reaktion der Erwachsenen (inklusive des Therapeuten bzw. Lehrers etc.) auf das Verhalten eines Kindes als Diagnostikum einbezogen, also ein echt systemischer Ansatz (s. a. Heinemann et al. 1992). Diese Zugehensweise zu ADHS wiegelt die Probleme der Kinder also nicht damit ab, dass auf eine organische und nicht einfühlbare Krankheit rekurriert wird. Stattdessen wird ernsthaft versucht, die meist unbewussten Motive der Kinder in ihrer Familie zu verstehen und ihnen mittels dieses Verstehens zu helfen. Um dies zu verdeutlichen, hier ein Ausschnitt aus einem der 3 Fallbeispiele, die Heinemann anführt:

Im Kindergarten hat Johann (5) massive Probleme. Er hört nicht auf die Erzieherinnen, macht anderen Kindern die Spielsachen kaputt, wird abgelehnt und darf bei Ausflügen nicht mitgehen ... Der Kinderarzt diagnostizierte „ADS mit Hyperaktivität". Seitdem bekomme er Amphetaminsaft ... Auf Aufforderung der Mutter kam Johann jetzt zu uns. Er wollte mir sogleich sein Zimmer zeigen und mit mir Schach spielen ... Auf meine Frage, was ihn so am Schach begeistere, meinte er: dem König die Dame wegnehmen. Als ich mich an eine Regel nicht mehr erinnere und die Mutter fragte, gab diese mir einen Tipp. Erregt und wütend sprang Johann auf, beschimpfte seine Mutter, rannte im Zimmer herum, war sogleich hyperaktiv, woraufhin ihn die Mutter zu trösten versuchte ... Johann wurde immer unruhiger, zog an Vater und Mutter, ließ sich auf den Boden fallen, ging zur Toilette, kam mit offener Hose zurück. Der Vater stand hilflos und wie angewurzelt da. Können wir Johanns Unruhe psychoanalytisch verstehen?

Frau A. beschreibt sich selbst als besonders ängstlich. Johann bleibt an die Angst der Mutter gebunden, zeigt gegenüber der Mutter ein stark besitzergreifendes Verhalten. Er muss die Angst der Mutter beschwichtigen. Er sucht ihre Nähe (nachts auch im Bett) provoziert ihre Ängste und wehrt sich gleichzeitig gegen ihre übermäßige Nähe durch Hyperaktivität. Johanns Vater dagegen wagt nicht, „dazwischen" zu gehen oder zu disziplinieren und steht hilflos dabei. „Während die Mütter ... disziplinieren, drohen, schimpfen, stehen die Väter meist ohne ein Wort zu sagen dabei." Dadurch bleiben die Söhne meist in einer fast sexualisierten körperlich-seelischen Annäherung an die Mutter fixiert, aus der sie sich durch Wegbewegungsimpulse immer wieder zu entfernen suchen. Das Verbot der Mutter wird provoziert, aber nicht eingehalten, was eine hochgradige Erregung erzeugt. „Die Hyperaktivität dient bei Jungen der Abwehr inzestuöser Ängste und Phantasien bei einem Verleugnen der väterlichen Autorität ..." Die Väter steuern dabei durch reale Abwesenheit oder Ohnmächtigkeit oder Desinteresse ihren sehr wichtigen Teil bei. Das Kind bleibt also dauerhaft zu nahe bei der Mutter und zu weit entfernt vom Vater – eine allgemein neurotisierende Konstellation für das Kind". (Heinemann et al. 1992).

Auch die gestörte Familienkonstellation des 15-jährigen Peter (ein Beispiel aus meiner Erziehungsberatungsstelle), seit 4 Jahren ununterbrochener Methylphenidatpatient eines Kinder- und Jugendpsychiaters, spielte weder in seiner Diagnostik noch Therapie bisher irgend eine Rolle. Die inzestuöse Mutter-Sohn-Beziehung (beide pflegten sich beispielsweise Zungenküsse zu geben) bei ausgestoßenem Vater, den Alex das letzte Mal mit 3 Jahren gesehen hatte und dem er mit seinen eigenen Worten den „Schädel einschlagen werde", wenn er mal wieder auftauche, war bisher niemandem aufgefallen. Alex hat ja ADHS, und das sitzt im Kopf, und die Familie habe damit „nix" zu tun (so die Mutter, die auch gar keine Aufarbeitung der Familiendynamik wünschte, sondern nur Geld vom Jugendamt für eine teure Privatschule).

Diese klassisch-ödipale Familiendynamik findet man in nicht wenigen ADHS-Familien, übrigens auf ihre eigene Art auch bei Mädchen. Das Verstehen und Verändern solcher chronisch belastenden Konfliktkonstellationen wirkt heilsam. Auch bei ADHS. Und warum auch gerade bei ADHS nicht? Handelt es sich dabei doch in der Regel um nichts anderes als Verhaltensauffälligkeiten ohne medizinisch relevantes pathologisches Substrat. Findet man aber bei den Kindern medizinisch-neurologische Krankheits- oder Störungszeichen, existieren dafür genügend bessere und spezifischere Diagnosen.

Hopf hofft denn auch, dass sich das Bewusstsein bei allen Beteiligten durchsetzen wird, dass der lebensgeschichtliche Hintergrund beim hyperaktiven und unkonzentrierten Kind von entscheidender Bedeutung sei:

> Wenn das anerkannt wird, dann wird sich auch die Erkenntnis durchsetzen, dass Veränderung durch Psychotherapie möglich und nötig ist. Ritalin ist dann nur noch in akuten Fällen notwendig, echte Veränderung bewirkt die Psychotherapie (Häußler und Hopf 2002).

Für die psychotherapeutische Behandlung hyperaktiver Kinder stehen in Deutschland mehr als 1500 analytische Kinderpsychotherapeuten zur Verfügung, unterstreicht Marieanne Simon, Pressesprecherin der Vereinigung Analytischer Kinder- und Jugendlichen-Psychotherapeuten in Deutschland (VAKJP) auf einer wissenschaftlichen Jahrestagung vom in 2002 in Stuttgart:

> Die Kinder finden mit ihren Eltern in der Psychotherapie nicht nur Heilung von den quälenden und nervenaufreibenden Symptomen, sondern auch zu einer emotionalen Einsicht in die krankmachenden Zusammenhänge (Simon 2002).

Hopf weist auch darauf hin, dass Kinder in analytischer Psychotherapie für sich selbst ein „Ausschleichen" des Psychopharmakons Ritalin in die Wege leiten. „Sie handeln damit selbstverantwortlich und im Wissen um ihre Probleme", unterstreicht der Experte in der Behandlung hyperaktiver Kinder.

So ist das Aufgeben des Medikamentes ein erster Schritt zur Heilung und gibt den Blick frei für das psychische Leiden dieser Kinder und ihrer Familien. In die Behandlung werden die Eltern begleitend miteinbezogen, da auch sie Verständnis für ihre Situation brauchen (Häußler und Hopf 2002).

Leuzinger-Bohleber et al. verfolgten mit einer methodisch sehr guten (repräsentativen, prospektiven und randomisierten) Studie das Ziel, empirisch nachzuweisen, dass ein zweijähriges integratives (nicht medikamentöses) Präventions- und Interventionsprogramm im Kindergarten zu einem statistisch nachweisbaren Rückgang psychosozialer Anpassungsstörungen (insbesondere von ADHS) bis zum Zeitpunkt der Einschulung führt. Nach einer Basiserhebung in allen Städtischen Kindergärten Frankfurts (n = 5300 Kinder) wurde 2003 eine repräsentative Stichprobe von 14 Kindertagesstätten (Kitas) mit 500 Kindern und eine ebenso große Kontrollgruppe bestimmt. Von 2004–2006 wurde in diesen Kindertagesstätten die Studie durchgeführt, die aus verschiedenen „Bausteinen" bestand (Supervision des Teams, wöchentliche psychoanalytisch-pädagogische Arbeit mit den Kindern in den Kitas, Elternarbeit, Schulung der Erzieher/innen, Einzel- und Familientherapien in den Kitas bei „Problemfamilien"). Es konnte bestätigt werden, dass sowohl das aggressive als auch das ängstliche Verhalten der Kinder der Interventionsgruppe statistisch signifikant abnahm. Auch die Hyperaktivität nahm ab, interessanterweise aber lediglich bei den Mädchen statistisch signifikant (Leuzinger-Bohleber 2008; Fischmann et al. 2007).

Literatur

Fischmann, T., Leuzinger-Bohleber, M., & Staufenberg, A. (2007). ADHS – Indikation für psychoanalytische Behandlungen? Einige klinische, konzeptuelle und empirische Überlegungen ausgehend von der Frankfurter Präventionsstudie. *Praxis der Kinderpsychologie und Kinderpsychiatrie, 56*(4), 356–385.

Häußler, G., & Hopf, H. (2002). Psychoanalytische Theorien. In Bovensieoen, G. et al. (Hrsg.), *Unruhige und unaufmerksame Kinder*. Brandes & Apsel.

Heinemann, E. (1992). Psychoanalyse und Pädagogik im Unterricht der Sonderschule. In E. Heinemann, et al. (Hrsg.), *Gewalttätige Kinder*. Frankfurt a. M: Fischer.

Heinemann, E. (2003). ADS mit und ohne Hyperaktivität bei Jungen und Mädchen – Ein psychoanalytisches Forschungsprojekt zur Genderforschung. *Analytische Kinder- und Jugendlichenpsychotherapie, 117,* 25–43.

Heinemann, E., Rauchfleisch, U., & Grüttner, T. (1992). *Gewalttätige Kinder*. Frankfurt a. M: Fischer.

Leuzinger-Bohleber, M. (2008). *Frankfurter Präventionsstudie*. Frankfurt a. M.: Sigmund-Freud-Institut.

Lorenzer, A. (1983). Sprache, Lebenspraxis und szenisches Verstehen in der psychoanalytischen Praxis. *Psyche, 37,* 97–115.

Simon, M. (2002). Hyperaktiven Kindern wird durch Psychotherapie geholfen. Pressemitteilung. http://www.vakjp.de. Zugegriffen: 24. Sept. 2018.

24

Familientherapie ist die Methode der Wahl

Inhaltsverzeichnis

Literatur 331

Wie gesagt, die gegenwärtig grassierende multimodale ADHS-Therapie, bestehend aus Methylphenidat und Verhaltenstherapie des Kindes, ist nur symptomorientiert und doktert allein am angeblich kranken Kind herum, ohne die so wichtigen systemischen Familiendynamiken zu berücksichtigen. Oft findet nicht einmal eine Verhaltenstherapie statt, sondern es bleibt bei einer nicht selten viele Jahre anhaltenden Pillenschluckerei bei unverändert pathologisierenden Milieubedingungen. Diese Art von Therapie nimmt die Kinder nicht ernst und greift viel zu kurz. Sie ignoriert hartnäckig den „Patient Familie" (Richter 2007), ein grundsätzlicher Fehler, den die Familientherapie in Deutschland bereits vor über 40 Jahren überwunden hat (Richter et al. 1976).

In einer Familientherapie steht immer das Familiensystem im Fokus der Behandlung. Individuelle Symptome eines Familienmitglieds (also auch so etwas wie ADHS) werden im Hinblick auf ihren innerfamiliären Sinn untersucht und behandelt. Die Grunderkenntnis ist, dass individuelle Symptome eines Familienmitglieds nur dann wirklich erfolgreich behandelt werden können, wenn die familiäre Dynamik, die sie aufrecht erhält und benötigt, so verändert wird, dass sie aufgegeben oder verwandelt werden können. Symptome haben einen unbewussten Sinn und Zweck. Klassische psychodynamische Familientherapien beziehen sich dabei auf die Rollentheorien von Richter (2007), das Delegationsmodell von Stierlin (1982), die Beziehungsanalyse von Bauriedl (2004), die Familienkonstellationen von Toman (1979) oder die Mehrgenerationsperspektive von Sperling (Massing et al. 2006). Die erste systematische Darstellung von Familientherapie in einer deutschen Erziehungsberatungsstelle stammt von Gerlicher et al. (1977). Systemische Familientherapien beziehen sich zum Beispiel auf Minuchin (1997); Haley (1994); Watzlawik et al. (2007) oder die Mailänder Gruppe um Boscolo, Cecchin und Palazzoli (Boscolo et al. 1977).

Neraal schildert die erfolgreiche Familientherapie einschließlich späterer Katamnese von 10 ADHS-Kindern mit teils sehr schweren familiären Traumatisierungen und Störungen. Einige davon habe ich weiter oben bereits erwähnt. 9 der Kinder waren im Vorfeld der Familientherapie mit Methylphenidat behandelt worden, was aber nur bei einem einzigen Kind anfangs eine positive Wirkung zeigte, die allerdings nicht anhielt. Bei allen Kindern konnte die Medikation im weiteren Therapieverlauf abgesetzt werden. Das Setting der Therapien war jeweils unterschiedlich, aber immer wurde das Familiensystem und meist auch das familiäre Umfeld (Schule, Heim, Jugendamt, Erzieherinnen) einbezogen. Teils erfolgte die Therapie ganz ohne das Kind und nur mit den Eltern. Alle 10 Kinder machten eine günstige Entwicklung (Neraal und Wildermuth 2008). Aus meiner eigenen langjährigen klinischen Praxis mit Familien von ADHS-Kindern kann ich bestätigen, dass immer dann, wenn Eltern bereit und in der Lage waren, sich auf einen aufdeckenden, selbstreflektorischen Therapieprozess einzulassen, die ADHS-Symptomatik des Indexpatienten zurückging oder verschwand und eine Medikation nicht erforderlich war. Wie Neraal betrachte auch ich die unspezifischen Oberflächenphänomene Aufmerksamkeitsstörung, Hyperaktivität und Impulsivität als Ausdruck innerer Spannungszustände, deren genauerer psychodynamischer Hintergrund jeweils erst noch entschlüsselt werden muss (Neraal und Wildermuth 2008).

Die Oberflächendiagnose ADHS (Lüpke 2009) mitsamt ihrer gegenwärtig kümmerlichen multimodalen Therapie muss also unbedingt und dringend überwunden werden. Sie verleugnet in skandalöser Weise die wirklichen Probleme und Nöte unserer Kinder. Sie doktert oberflächlich am angeblich kranken oder gestörten Kind herum, anstatt den diagnostischen und therapeutischen Blick endlich um die familiären, psychodynamisch-systemisch-psychosozialen Zusammenhänge zu erweitern. In diesem Sinne muss ein Umkehrprozess eingeleitet werden: weg von dem jährlich wachsenden Konsum der Psychodroge Ritalin, hin zu einem tieferen systemischen Verständnis und zur Heilung unserer beunruhigten Kinder. Ich bin fest überzeugt, dass die bessere Erforschung psychotherapeutischer

Behandlungsmöglichkeiten der ADHS-Kinder die heute noch dominierende medikamentöse Behandlung in Zukunft weitgehend ersetzen oder stark zurückdrängen wird, sodass wir eines Tages nur noch einen Bruchteil der Kinder unterstützend und zeitlich begrenzt medikamentös behandeln müssen. Aus der langjährigen Praxis meiner Erziehungsberatungsstelle schätze ich, dass nur 5 Prozent der ADHS-diagnostizierten Kinder bei umfassender (das psychosoziale Umfeld einbeziehender) Familientherapie zeitweilige medikamentöse Unterstützung brauchen. Die Medikation ist dabei aber nicht das Hauptargument für eine intensivierte familientherapeutische Hilfe. Vielmehr spielt eine Rolle, dass wir die Kinder ernster nehmen müssen, genauer hinschauen müssen und besser verstehen lernen müssen, was die wirklichen psychosozialen Ursachen ihrer angeblichen Störung ADHS sind. Familientherapie ist hierfür die Methode der Wahl.

Literatur

Bauriedl, T. (2004). *Auch ohne Couch: Psychoanalyse als Beziehungstheorie und ihre Anwendungen.* Stuttgart: Klett-Cotta.
Boscolo, L., Selvini, M., Cecchin, G., & Palazzoli, M. S. (1977). *Paradoxon und Gegenparadoxon. Ein neues Therapiemodell für die Familie mit schizophrener Störung.* Stuttgart: Klett.
Gerlicher, K., Brackmann, S., Neuhäuser, G., Schmidt, H. R., Stockhammer, M., & Toman, W. (1977). *Familientherapie in der Erziehungsberatung.* Weinheim: Beltz.
Haley, J. (1994). *Direktive Familientherapie. Strategien für die Lösung von Problemen.* München: J. Pfeiffer.
von Lüpke, H. (2009). Buchbesprechung. *Analytische Kinder- und Jugendlichenpsychotherapie, 143*(3), 443.
Massing, A., Reich, G., & Sperling, E. (2006). *Die Mehrgenerationen Familientherapie.* Göttingen: Vandenhoeck & Ruprecht.
Minuchin, S. (1997). *Familie und Familientherapie: Theorie und Praxis struktureller Familientherapie.* Freiburg: Lambertus.
Neraal, T., & Wildermuth, M. (Hrsg.). (2008). *ADHS: Symptome verstehen – Beziehungen verändern.* Gießen: Psychosozial.
Richter, H.-E. (2007). *Patient Familie: Entstehung, Struktur und Therapie von Konflikten in Ehe und Familie.* Gießen: Psychosozial.
Richter, H.-E., Strotzka, H., & Willi, J. (1976). *Familie und seelische Krankheit. Eine neue Perspektive der Psychologischen Medizin und der Sozialtherapie.* Reinbek: Rowohlt.

Stierlin, H. (1982). *Delegation und Familie: Beiträge zum Heidelberger familiendynamischen Konzept.* Berlin: Suhrkamp.

Toman, W. (1979). *Familientherapie. Grundlagen, empirische Erkenntnisse und Praxis.* Darmstadt: Wissenschaftliche Buchgesellschaft.

Watzlawick, P., Beavin, J. H., & Jackson, D. D. (2007). *Menschliche Kommunikation: Formen, Störungen, Paradoxien.* Mannheim: Huber.

25

Unsere impulsiven Kinder: Ein wahrnehmungspsychologisches Konzept

Inhaltsverzeichnis

25.1 FAIR 335
Literatur 337

Bei einem Teil der ADHS-Kinder liegt nicht so sehr ein psychodynamisches Grundproblem vor, sondern eher ein Problem ihres kognitiven Stils (das sicherlich auch erziehungsbedingt sein kann). Wenn Kinder unter Aufmerksamkeitsproblemen leiden, kann man ihnen in diesen Fällen mit Aufmerksamkeits- und Konzentrationstrainings helfen, solange daraus kein Drill wird, der die möglicherweise auch psychischen Hintergründe ihrer Probleme ausblendet. Ich habe mit einer Kombination aus Familientherapie und Aufmerksamkeitstraining gute Erfahrungen gemacht.

Die Wahrnehmungspsychologie hat ein Konzept erforscht, das die impulsive versus reflexive Herangehensweise von Kindern bei Denk- und Wahrnehmungsaufgaben betrifft. Überstürztes Arbeiten, vorschnelles Antworten, also unüberlegt-hastig mit vielen Fehlern: So handeln Kinder, die einen impulsiven kognitiven Stil haben. Demgegenüber gehen die reflexiven Kinder überlegt und langsamer vor und machen nur wenige Fehler.

Das Konzept der *Impulsivität-Reflexivität* berücksichtigt also die Faktoren Zeit und Qualität bei einer Aufgabenlösung. Impulsive Kinder sind zu schnell und machen viele Fehler, reflexive sind langsamer und machen wenige Fehler (damit gibt es natürlich auch noch 2 weitere Gruppen: die schnellen und trotzdem fehlerarmen sowie die langsamen und trotzdem fehlerträchtigen Kinder; erstere sind wohl eher die Hochbegabten, letztere eher die Behinderten). Die Forschung verwendete sehr häufig den Matching Familiar Figures Test (MFF oder MFFT, Kagan 1965), der eine zuverlässige Diagnostik des persönlichen kognitiven Stils eines Kindes erlaubt. In Deutschland wurde an der Universität Dortmund auf dem MFF aufbauend der Dortmunder Aufmerksamkeitstest für Kinder und Jugendliche (DAT-KJ) entwickelt (Lauth 1996). Der Test ist nicht einer der sonst üblichen ziemlich stupiden Konzentrations- und Aufmerksamkeitstests, sondern verlangt das genaue Hinschauen und Vergleichen von alltäglichen Figuren, was für die Kinder nicht nur spannend ist, sondern vor allem mehr Bezug zur Alltagsaufmerksamkeit hat als die in den sonstigen Tests verlangte Fließbandleistung. Ich weiß nicht, ob Sie solche kleinen Rätsel in der Tageszeitung kennen, bei denen es um den Vergleich von 2 komplexen Bildern geht, die sich in einigen Details unterscheiden; so ähnlich funktioniert dieser Test. Es zeigten sich bisher vielerlei Zusammenhänge zwischen kognitivem Stil und allgemeiner Aufmerksamkeit, Konzentration, Hyperaktivität, Schulleistung, Legasthenie, Dyskalkulie, ADHS etc., sodass man *Impulsivität-Reflexivität* als eine grundlegende Dimension betrachten kann, die bei allen kognitiven und persönlichkeitsbezogenen Aufgabenstellungen und Verhaltensweisen eine wichtige Rolle zu spielen scheint. Die impulsiven Kinder schneiden regelmäßig schlechter ab, sobald die Aufgaben etwas schwieriger werden (bei leichten Aufgaben sind sie manchmal sogar im Vorteil). Es zeigten sich auch Zusammenhänge mit elterlichen Erziehungsstilen, der Mutter-Kind-Interaktion und der individuellen Lerngeschichte eines Kindes. Inkonsequente oder autoritäre, die Selbstständigkeits- und Selbstkontrollentwicklung behindernde Erziehungserfahrungen des Kindes fördern einen impulsiven kognitiven Verhaltensstil.

Schon bei Säuglingen kann man unterschiedliche kognitive Stile beobachten, sodass man annehmen kann, dass die beschriebenen Erziehungsfehler bei einem Kind, das sozusagen von Geburt an eher neugierig und extrovertiert ist, einen impulsiven kognitiven Stil besonders stark fördern. Auch soziale Schichtunterschiede sind deutlich: Impulsive Kinder entstammen häufiger sozial niedrigeren Schichten als die reflexiven. Wenn impulsive Schüler einen impulsiven Lehrer haben, verstärkt das ihre Impulsivität erheblich. Umgekehrt nimmt ihre Impulsivität deutlich ab, wenn sie einen reflexiven Lehrer haben. Impulsive Kinder sind genauso intelligent wie reflexive, sie können ihre Talente aber wegen ihres überstürzten kognitiven Stils nicht so gut verwirklichen. Reflexive Kinder haben eine bessere Selbstkontrolle, sie können warten, bekommen nicht so rasch Angst vor schwierigen Aufgaben, haben mehr Selbstvertrauen und können deshalb ihre Begabungen insgesamt besser realisieren. In alter klinischer Diktion würden wir sagen: Impulsive Kinder sind neurotisch gehemmt.

Überhaupt scheint der Stein der Weisen in der erzieherischen Förderung der Selbstkontrolle und Selbstständigkeit der Kinder zu liegen. Diese alte pädagogische Weisheit hat die ADHS-Forschung erfreulicherweise wiederentdeckt. R. A. Barkley sieht in ADHS eine Störung der exekutiven Funktionen im präfrontalen Kortex und schlägt anstelle des Begriffs ADHS die Bezeichnung BID („Behavior Inhibition Disorder", Störung der Verhaltenshemmung) vor. Hyperaktivität und Aufmerksamkeitsdefizite sind in seinem Konzept nicht die Kernsymptome, sondern die Folge der gestörten Impuls- und Selbstkontrolle (Barkley 1997a, b). Solche Annahmen sind von anderen zwar schon vor vielen Jahren gemacht worden, als es ADHS noch gar nicht gab, aber man freut sich ja trotzdem, wenn gerade Barkley wieder dabei landet. Und wenn er nun noch endlich sein ganzes biologistisch-medizinisch-genetisches Störungs- und Krankheitsbrimborium wegließe, wären wir wieder bei der wirklich lohnenden Frage, wie man Kinder erziehen und unterrichten sollte, damit sie einen einigermaßen reflexiven kognitiven Stil, der sich auch auf ihr sonstiges psychosoziales Verhalten auswirken wird, entwickeln können.

Dass impulsive Kinder reflexiver werden können, ist eindeutig belegt, an Trainings, Kursen, Familientherapien, Erziehungsberatungen, Lehrer- und Erzieherinnencoachings – kurz: an kindbezogenen Spielräumen – sollte es nicht mangeln. Alles muss sich darauf ausrichten, dass unsere Kinder Lebensbedingungen vorfinden, die ihnen helfen, selbstkontrollierte, selbstbewusste (beides auch Grundlage eines echten Altruismus), ganz einfach glückliche Menschen werden zu können, die ihre Begabungen angemessen realisieren können. Richten wir doch endlich darauf unseren klinischen Fokus und nicht mehr auf Pseudofragen nach Genen und Medikamenten für angeblich genetisch und hirnfunktionell kranke oder gestörte Kinder. Unsere ADHS-Kinder sind nicht gestört. Sie sind gesunde Kinder, die bessere Spielräume brauchen (Gebauer und Hüther 2004). Und wenn die fehlen, sind sie nicht krank, sondern sie werden gestört.

25.1 FAIR

Wir haben ein Aufmerksamkeitstraining für impulsive Kinder entwickelt, das eine Kombination aus kindbezogenem Gruppentraining mit Familientherapie anbietet. Das ist vollkommen neu. Bisherige einschlägige Trainings und Kurse klammern entweder die Eltern und die Familiendynamik aus, oder sie funktionieren nur bei intakten Familien. Für belastete Familien und Eltern stellen sie meist zu hohe und zu abstrakte Anforderungen, die die Eltern im familiären Alltag nicht nachhaltig umsetzen können, die zu wenig in die psychologische Tiefe gehen und zu wenig auf die jeweils ganz unterschiedliche familiäre Konstellation des Kindes individuell abgestimmt sind.

FAIR (**F**amilienorientiertes **A**ufmerksamkeitstraining für **I**mpulsive Kinde**r**) basiert auf dem eben erläuterten Impulsivitäts-Reflexivitäts-Konzept von Kagan et al. (Kagan 1965), eingebettet in systemisch-tiefenpsychologisch orientierte Familientherapie. Die kognitiv und im Verhalten impulsiven Kinder werden bei der Einübung eines reflexiven kognitiven Wahrnehmungsstils unterstützt (inklusive häuslicher Übungen mit den Eltern). Parallel dazu wird familientherapeutisch an den individuellen Familiendynamiken gearbeitet, die die kindliche Verhaltensstörung bedingen und/oder aufrechterhalten. Das Kindertraining findet in der Spielgruppe („Käpt'n Nemo Club") statt. Die Eltern treffen sich in der Elterngruppe. Jedes Kind wird psychologisch getestet, und jede Familie erhält je nach Bedarf zusätzliche Einzelfamilientherapie.

Da diesem Konzept zufolge Impulsivität viele verschiedene Ursachen hat, muss das therapeutische Vorgehen auch auf jede Familie individuell abgestimmt sein. Ein schematisches Elterneinheitstraining in der Gruppe würde dieses Ziel verfehlen. Nur Familientherapie für jede Familie einzeln kann die Besonderheiten jedes Einzelfalles angemessen berücksichtigen. Die Besonderheiten jeder Familie fließen auch ins Kindertraining insofern ein, als auch hier auf jedes Kind individuell – gemäß der Besonderheit seiner Familienkonstellation – eingegangen wird. Bei Bedarf werden auch Kindergarten bzw. Schule angemessen ins Training einbezogen.

FAIR ist geeignet für hyperaktive, unkonzentrierte, impulsive Kinder (Alter 9–12 Jahre) und ihre (auch unvollständigen) Familien. Die Familien müssen zur intensiven Mitarbeit bereit sein. Alle Familien absolvieren zunächst ein ausführliches anamnestisches Erstgespräch, gefolgt von einer psychologischen Testuntersuchung der Kinder. Nur mindestens durchschnittlich intelligente Kinder mit impulsivem Verhalten und Wahrnehmungsstil werden aufgenommen. Je Training werden 8 Familien zugelassen. Bei ADHS-diagnostizierten Kindern, die bereits Stimulanzien oder andere Medikamente einnehmen, erfolgt das Training in enger Zusammenarbeit mit den behandelnden Ärzten mit dem Ziel, die Medikamente auszuschleichen bzw. durch das Training so weit wie möglich überflüssig zu machen.

FAIR-Programm
1. Familienanamnese/Familienerstgespräch
2. Psychologische Testuntersuchung des Kindes
3. Erster Familientreff: Alle 8 Familien treffen sich zur Begrüßung, allgemeine Einführung in das FAIR-Konzept
4. Kindergruppe: 15 Treffen zu je 90 Minuten, ein Treffen wöchentlich
5. Familientherapie: Je nach Bedarf und Absprache
6. Elterngruppe: 5 Abende zu je 2 Stunden
7. Ein halbes und 2 Jahre später: Nachbefragung von Eltern, Kindern, Lehrern, Erzieherinnen (Katamnese)

Literatur

Barkley, R. A. (1997a). *ADHD and the Nature of Self-Control*. New York: Guilford Press.

Barkley, R. A. (1997b). Behavioral inhibition, sustained attention, and executive functions: Constructing a unifying theory of ADHD. *Psychological Bulletin, 121*, 65–94.

Gebauer, K., & Hüther, G. (2004). *Kinder brauchen Wurzeln*. Ostfildern: Patmos.

Kagan, J. (1965). Impulsive and reflexive children: Significance of conceptual tempo. In J. D. Krumboltz (Hrsg.), *Learning and the educational process* (S. 133–161). Chicago: Rand McNally.

Lauth, G. W. (1996). Dortmunder Aufmerksamkeitstest (DAT). In G. W. Lauth & K. D. Hänsgen (Hrsg.), *Kinderdiagnostisches System*. Göttingen: Hogrefe.

26

Schlussplädoyer

Unsere Kinder sind zu schade und zu wertvoll für solch ein im wahrsten Wortsinne billiges Störungskonstrukt, als das ADHS daherkommt. Die massenhafte Leugnung ihrer wirklichen Probleme mittels Psychopharmaka ist ein Skandal, der uns umtreiben muss. Die gern belächelte Laienauffassung, bei ADHS handele es sich um Kinder, die ein Aufmerksamkeitsdefizit in dem Sinne haben, dass sie zu wenig Aufmerksamkeit bekommen, trifft in Wahrheit den Nagel auf den Kopf: ADHS ist keineswegs eine Krankheit des Kindes, sondern eine Systemstörung, bei der Familie, Kindergarten, Schule und Gemeinwesen die wahren Patienten sind. Menschliches Verhalten hat immer einen Sinn und eine Geschichte, die oft generationsübergreifend wirkt. ADHS vernichtet diesen Sinn und diese Geschichte und gibt sich mit einer kümmerlichen Zustandsbeschreibung mittels Fragebogenerhebung zufrieden.

ADHS: Das klingt so beeindruckend wissenschaftlich! In Wahrheit ist ADHS wissenschaftlich betrachtet ein so lächerliches Kunstprodukt, dass es nun Zeit wird, endlich davon Abschied zu nehmen. Wenn Ritalin im Extremfall vorübergehend wirklich notwendig ist, braucht es nicht die Diagnose einer angeblichen Krankheit namens ADHS: Ritalin wirkt auch ohne. Es bügelt sowieso alles flach, vor allem die Lebendigkeit, Kreativität und unbändige Lebenslust unserer Kinder, bis sie endlich nicht mehr aus der Reihe tanzen und sich zombiehaft in Reih und Glied einordnen. Im Kontext einer offenbar zunehmend entwurzelten, beschleunigten, wertfreien, globalisierten und verwirrenden Wohlstandsgesellschaft bieten ADHS und Ritalin ein für immer mehr Menschen beruhigendes Zaubermittel der Disziplinierung und

Zwangsanpassung an verstörende Verhältnisse. Man kann kaum abschätzen, welch gewaltiges Potenzial an Intellektualität, schöpferischem Widerstand und Kreativität unserer Gesellschaft damit längerfristig verlorengeht. Die meisten früheren Künstler und Wissenschaftler, die wir verehren, würden heute wohl mit Ritalin betäubt und gleichgeschaltet. Die kleine Nachtmusik von Mozart gäbe es gar nicht.

Biologie kann Psychisches eben nie begründen oder erklären. Die Einschätzung einer „normalen" psychoreaktiven Verhaltensauffälligkeit genügt deshalb in vielen Fällen vollkommen. Alles andere ist die Sache von Forschung, nicht von täglicher Praxis. Erhebliche Nebenwirkungen der Diagnose ADHS lassen sich mit einer solchen Einschätzung zum Wohle des Kindes vermeiden: Die psychischen Folgeschäden einer Stigmatisierung als hirngestörter Mensch finden nicht statt. Die seelische und vielleicht auch körperliche Abhängigkeit von einem die Hirntätigkeit verändernden Medikament und die damit einhergehende Fremdbestimmung („nicht ich habe das gemacht, sondern mein ADHS") passieren nicht. Kurz- und Langzeitschäden der Medikation bleiben aus. Eltern und Gemeinwesen werden nicht aus der Verantwortung entlassen und mit ihren Schuldgefühlen allein gelassen.

Stattdessen setzt die Einschätzung einer psychoreaktiven Verhaltensauffälligkeit alle Beteiligten instand, ihre Verantwortung aktiv anzunehmen, sich anzustrengen, die Entwicklungschancen des Kindes real zu verbessern. Systemische Psychotherapie und Psychoedukation als Hilfe zur Selbsthilfe im psychosozialen Netzwerk (Motto: im Mittelpunkt das Kind) entmündigen das Kind und seine Familie nicht als krank, als Patient. Eltern, Kindergarten, Schule, Verwandtschaft, Nachbarschaft sind in jedem Einzelfall gefragt. Qualifiziertes und reichliches Personal im Kindergarten, in der Offenen Ganztagsschule, in der viel kleineren Schulklasse sind nur bei kurzsichtiger Betrachtung teuer.

ADHS ist der Ausdruck eines zunehmenden Unverständnisses, einer zunehmenden Unduldsamkeit für unsere Kinder, Ausdruck eines wachsenden Aufmerksamkeitsdefizits der Gesellschaft. Statt daran selbstkritisch zu arbeiten, wird die Störung immer öfter ins Kind verschoben und mit Psychopharmaka zugeschüttet.

Hören wir damit endlich auf! Die Pharmaindustrie kann es leicht verschmerzen.

Weiterführende Literatur

Amft, H., Gerspach, M., & Mattner, D. (2004). *Kinder mit gestörter Aufmerksamkeit.* Stuttgart: Kohlhammer.
Armstrong, T. (2007). *Das Märchen vom ADHS-Kind/50 sanfte Möglichkeiten, das Verhalten Ihres Kindes zu verbessern – Ohne Zwang und ohne Psychopharmaka.* Paderborn: Junfermann.
Blech, J. (2004). *Die Krankheitserfinder: Wie wir zu Patienten gemacht werden.* Frankfurt a. M.: Fischer.
Bovensiepen, G. (2002). *Unruhige Kinder: Psychoanalyse des hyperkinetischen Syndroms.* Frankfurt a. M.: Brandes & Apsel.
Bovensiepen, G., Hopf, H., & Molitor, G. (Hrsg.). (2002). *Unruhige und unaufmerksame Kinder. Psychoanalyse des hyperkinetischen Syndroms.* Frankfurt a. M.: Brandes & Apsel.
Brand, I. (1997). *Integrationsstörungen. Diagnose und Therapie im Erstunterricht.* Würzburg: Edition Bentheim.
Breggin, P. R. (1996). *Giftige Psychiatrie.* Heidelberg: Carl Auer.
Breggin, P. R. (1997). *Giftige Psychiatrie. Bd. 2: Was Sie über Psychopharmaka und Biologie bei 'Angst', 'Panik', 'Zwang', 'Eßstörungen', 'Sucht' und kindlichen Verhaltensauffälligkeiten wissen sollten.* Heidelberg: Carl Auer.
Breggin, P. R. (2002). *The Ritalin fact book: What your doctor won't tell you: What your doctor won't tell you about ADHD and stimulant drugs.* Nashville: Westview Pub Inc.
DeGrandpre, R. (2005). *Die Ritalin-Gesellschaft: ADS: Eine Generation wird krankgeschrieben.* Weinheim: Beltz.
Diller, L. H. (2003). *ADS und Co. Braucht mein Kind Medikamente?* Mannheim: Walter.

Doktor Schrecklichkeit. (2005). *Struwwelhitler. A Nazi Story Book*. Berlin: Autorenhaus.
Dornes, M. (2001). *Der kompetente Säugling. Die präverbale Entwicklung des Menschen*. Frankfurt a. M.: Fischer.
Gebauer, K. (2005). *Kinder brauchen Wurzeln: Neue Perspektiven für eine gelingende Entwicklung*. Mannheim: Walter.
Heinemann, E., & Hopf, H. (2006). *AD(H)S: Symptome – Psychodynamik – Fallbeispiele – Psychoanalytische Theorie und Therapie*. Stuttgart: Kohlhammer.
Hüther, G. (2005). *Das Geheimnis der ersten neun Monate. Unsere frühesten Prägungen*. Mannheim: Walter.
Hüther, G. (2006a). *Die Macht der inneren Bilder. Wie Visionen das Gehirn, den Menschen und die Welt verändern*. Göttingen: Vandenhoeck & Ruprecht.
Hüther, G. (2006b). *Bedienungsanleitung für ein menschliches Gehirn*. Göttingen: Vandenhoeck & Ruprecht.
Hüther, G., & Bonney, H. (2002). *Neues von Zappelphilipp. ADS/ADHS: Verstehen, vorbeugen und behandeln*. Mannheim: Walter.
Köhler, H. (2001). *Schwierige Kinder gibt es nicht. Plädoyer für eine Umwandlung des pädagogischen Denkens*. Stuttgart: Freies Geistesleben.
Köhler, H. (2008). *War Michel aus Lönneberga aufmerksamkeitsgestört? Der ADS-Mythos und die neue Kindergeneration*. Stuttgart: Freies Geistesleben.
Krowatschek, D. (2003). *Was tun? Mein Kind ist ein Zappelphilipp. ADS-Kinder verstehen und erziehen*. Hamburg: AOL-Verlag.
Leuzinger-Bohleber, M., Brandl, Y., & Hüther, G. (2006). *ADHS – Frühprävention statt Medikalisierung. Theorie, Forschung, Kontroversen: Schriften des Sigmund – Freud -Instituts* (4. Aufl.). Göttingen: Vandenhoeck & Ruprecht.
Neraal, T., & Wildermuth, M. (Hrsg.). (2008). *ADHS. Symptome verstehen, Beziehungen verändern*. Gießen: Psychosozial.
Postman, N. (1987). *Das Verschwinden der Kindheit*. Frankfurt a. M.: Fischer.
Prekop, J. (1996). *Unruhige Kinder. Ein Ratgeber für beunruhigte Eltern*. München: Kösel.
Prekop, J. (1997). *Der kleine Tyrann. Welchen Halt brauchen Kinder?* München: dtv.
Raschendorfer, N. (2003). *ADS – Und wenn es das gar nicht gibt? Handlungsalternativen und Strategien für den Alltag*. Mülheim an der Ruhr: Verlag An der Ruhr.
Rühling, H. (2003). *ADS – Hilfen für unruhige Kinder*. Reinbek: Rowohlt.
Schweizer, C. (1997). *Was unsere Kinder unruhig macht. Ein Elternratgeber. Aufklärung über Ursachen der Hyperaktivität. Empfehlungen zur Förderung der normalen Entwicklung*. Stuttgart: Trias.
Toman, W. (1991). *Familienkonstellationen. Ihr Einfluss auf den Menschen*. München: Beck.
Voß, R. (Hrsg.). (1983). *Pillen für den Störenfried? Absage an eine medikamentöse Behandlung abweichender Verhaltensweisen bei Kindern und Jugendlichen*. Hamm: Hoheneck.

Voß, R. (1999). *Keine Pillen für den Zappelphilipp*. Reinbek: Rowohlt.
Wagner, I. (2001). *Aufmerksamkeitstraining mit impulsiven Kindern*. Magdeburg: Dietmar Klotz.
Wenke, M. (2006). *ADHS: Diagnose statt Verständnis? Wie eine Krankheit gemacht wird. Eine phänomenologische Kritik*. Frankfurt a. M.: Brandes & Apsel.

MIX
Papier aus verantwortungsvollen Quellen
Paper from responsible sources
FSC® C105338

If you have any concerns about our products,
you can contact us on
ProductSafety@springernature.com

In case Publisher is established outside the EU,
the EU authorized representative is:
**Springer Nature Customer Service Center GmbH
Europaplatz 3, 69115 Heidelberg, Germany**

Printed by Libri Plureos GmbH
in Hamburg, Germany